高等院校经济管理类"十三五"规划教材

新高教金课建设系列 大信会计审计丛书

内部控制与风险管理

Internal Control & Risk Management

叶陈刚 韩 燕 胡咏华 主编

中国财经出版传媒集团

经济科学出版社

Economic Science Press

图书在版编目（CIP）数据

内部控制与风险管理／叶陈刚，韩燕，胡咏华主编．—北京：
经济科学出版社，2019.8
高等院校经济管理类"十三五"规划教材．新高教金课
建设系列 大信会计审计丛书
ISBN 978 - 7 - 5218 - 0908 - 4

Ⅰ. ①内… Ⅱ. ①叶… ②韩… ③胡… Ⅲ. ①企业内部
管理 - 风险管理 - 高等学校 - 教材 Ⅳ. ①F272.3

中国版本图书馆 CIP 数据核字（2019）第 192817 号

责任编辑：杜 鹏 张 燕
责任校对：蒋子明
责任印制：邱 天

内部控制与风险管理

叶陈刚 韩 燕 胡咏华 主编
经济科学出版社出版、发行 新华书店经销
社址：北京市海淀区阜成路甲 28 号 邮编：100142
编辑部电话：010 - 88191441 发行部电话：010 - 88191522
网址：www. esp. com. cn
电子邮件：esp_bj@ 163. com
天猫网店：经济科学出版社旗舰店
网址：http：//jjkxcbs. tmall. com
固安华明印业有限公司印装
787 × 1092 16 开 23 印张 480000 字
2019 年 11 月第 1 版 2019 年 11 月第 1 次印刷
ISBN 978 - 7 - 5218 - 0908 - 4 定价：49.00 元
（图书出现印装问题，本社负责调换。电话：010 - 88191510）
（版权所有 侵权必究 打击盗版 举报热线：010 - 88191661
QQ：2242791300 营销中心电话：010 - 88191537
电子邮箱：dbts@ esp. com. cn）

新高教金课建设系列·大信会计审计丛书

编 委 会

顾　问：丁平准　吴益格　方正生　曲晓辉

主　任：王立彦　张新民　吴卫星　耿建新　王华

主　编：叶陈刚　胡咏华　陈晓　叶建明　刘风明　孟焰

副主编（排名不分先后）：
叶康涛　李青原　辛清泉　董必荣　陈红　方红星　张兆国
陈德球　袁淳　靳庆鲁　张敦力　李洪　陈小林　王爱国

委　员（排名不分先后）：
程新生　杨肃昌　吴秋生　唐国平　田高良　崔学刚　李志强
王竹泉　李婉丽　刘中华　陈宋生　郑建明　郑石桥　马忠
干胜道　刘建中　彭程　周龙　李秉祥　代彬　程平
杨太康　胡伟　张荣刚　唐雪松　陈玉罡　沈洪涛　李宾
韩志娟　谢泽敏　陆军　王微伟　陈晓溪　吴永民　邱兆学
张劲松　张建军　张卫民　刘国武　郑国洪　吕力　刘毅
郭强华　李连华　余怒涛　袁振兴　南星恒　杨忠海　胡本源
姚文韵　章卫东　韦琳　李志斌　吕凡　岳贤平　冯华
连远强　程文莉　傅宏宇　朱友干　王达政　柯树林　李百兴
郑海东　戴文涛　陶萍　徐素波　李海霞　郭艳萍　李月娥
张少堂　李立成　张岩　和森勤　陈文武　龙伟　常法亮
徐荣华　周俊敏　孟祥霞　肖开红　李春友　赵岩　卢相君
梁毕明　吕广仁　夏频　孙永军　李维刚　谢柳芳　谢赞春
张宏亮　张国永　江岭　栾广斌　张欣　杨存博　黄海燕
王扬　李雷　聂顺江　李珂　杜敏　刘学兵　李家瑗

前 言
INTRODUCTION

21 世纪初，美国发生了数起震惊全球的财务舞弊案，这直接导致 2002 年《萨班斯—奥克斯利法案》的出台，这是继《美国 1933 年证券法》和《美国 1934 年证券交易法》颁布以来最严格的公司监管法律。该法案对公司内部控制评价和风险管理提出了非常严格的要求。

2004 年美国 COSO 委员会发布的《企业风险管理——整合框架》，将内部控制融入其中，内部控制发展进入一个新的阶段。报告指出，风险管理框架应建立在内部控制框架的基础上，内部控制则是企业风险管理的基础。

早在 2006 年 7 月 15 日，受国务院委托，由财政部牵头，联合国资委、证监会、审计署、银监会、保监会发起成立企业内部控制标准委员会，许多监管部门、大型企业、行业组织、中介机构、科研院所的领导和专家学者积极参与，为构建我国企业内部控制标准体系提供了组织和机制保障。

2008 年，中国财政部、证监会、审计署、银监会、保监会五部委联合发布了《企业内部控制基本规范》（以下简称《基本规范》），并于 2009 年 7 月在上市公司范围内执行，这标志着中国版《萨班斯法案》的正式启动。2010 年 4 月 26 日，又发布了《企业内部控制配套指引》（以下简称《指引》）。《指引》连同此前发布的《基本规范》，标志着适合我国的企业内部控制规范体系已基本建成。

经济发展迅速，企业之间竞争激烈，有效的内部控制与风险管理机制的实施与完善可以提升企业经营效率，规避风险及有助于企业战略目标的实现，保证财务信息的完整及经营的合法合规性等。但是，从我国目前的状况看来，企业普遍缺乏内部控制和风险管理的意识，然而内部控制与企业风险管理之间的联系是十分紧密的，其关系也需要明确。基于此，我们对内部控制和风险管理进行了详尽的阐述。

本教材分为三个部分。第一部分为内部控制篇，主要介绍了内部控制的概述、内部控制理论的形成和发展、内部控制理论框架、内部控制的其他支持系统建设、内部控制系统的设计、内部控制信息的评价与披露，共六章。第二部分为风险管理篇，包括风险与风险管理的基本概念、企业风险管理的组织与方法、企业风险管理的目标设定与风险识别、企业风险分析与评价、风险应对策略与措施、企业风险评估与控制系统、风险的信息披露与审计，共七章。第三部分即最后一章，介绍内部控制与风险管理的相关性，也即公司治理、内部控制与风险管理研究。本教材将理论与实践紧密结合，在每章开头加入一些具有时效性和针对性的案例，引发读者思考，章尾有对应的练习题，有助于读者巩固知识点。

为了增强本教材的可读性和信息量，我们引用大量报刊和书籍文献的有关资料作为本书的专栏、实例和案例讨论题，我们对被引用的各位作者（包括注名的和未注名的）表示感谢。同时，真诚感谢长期以来关心、帮助和支持作者学习、工作与生活的各位老师、领导、亲人、朋友、同事和同学们。经济科学出版社会计分社委托编者主编撰写《内部控制与风险管理》，在此深表谢意。

本教材由国务院学位办审计专业硕士指导委员会委员、中国注册会计师协会职业道德委员会委员、中国管理现代化研究会管理思想与商业伦理专业委员会副主任委员、大信会计师事务所审计研究院副院长、博士生导师叶陈刚教授（执笔第一章）、北京理工大学经济系主任韩燕副教授（执笔第二章）、大信会计师事务所（特殊普通合伙）首席合伙人胡咏华（执笔第三章）高级会计师担任主编，副主编由李志强教授（河南大学商学院副院长，执笔第四章）、王孜（上海财经大学博士、学报编辑，执笔第十四章）、叶陈云（山东管理学院会计学院副教授、内部控制与风险管理研究所所长，执笔第五章）、吴永民（大信会计师事务所管理咨询部总经理，执笔第六章）担任，参编人员有王海菲（吉林财经大学副教授，执笔第七章）、宋晓文（河南工业大学副教授，执笔第八章）、王艳艳（山东青年政治学院讲师、对外经济贸易大学博士生，执笔第九章）、裴丽（东北大学秦皇岛分校博士，执笔第十章）、刘桂春（北方工业大学经济与管理学院副教授，执笔第十一章）、张琦（对外经济贸易大学博士生，执笔第十二章）与黄冠华（对外经济贸易大学博士生，执笔第十三章）。

我们的目标是编写一本高水平的《内部控制与风险管理》，但由于本书选题属于现代管理学科前沿课题，可供借鉴与参考的资料有限，撰写难度较大，任务重，工作量大，加之时间和能力所限，书中难免有不妥及疏漏之处，恳请读者批评指正，以利改进与完善。

叶陈刚于北京惠园

2019 年 9 月 18 日

目 录
CONTENTS

绪　　论

在本章中，你将学到：

1. 内部控制的概念和分类
2. 内部控制的目标
3. 内部控制产生的根源和背景
4. 内部控制的局限性

◇ **本章重点与难点**

1. 各组织对内部控制的定义
2. 内部控制的目标
3. 内部控制的作用
4. 内部控制的局限性

引例

盘点那些被内部控制缺陷绊住的 IPO 失败企业

绩丰岩土

反馈意见：发行人是否存在体外循环虚构采购、销售的情况。报告期内是否还存在其他关联方资金往来的情形，发行人关于资金管理、关联交易、防止关联资金占用的内部控制制度的建立及有效执行情况。

内控缺陷：关联交易、资金占用

致瑞传媒

反馈意见：发行人在采购与销售过程中是否曾发生商业贿赂行为，相关内部控制制度是否健全并能有效执行，相关风险是否充分揭示。报告期内，发行人实际控制人及其控制的企业曾存在占用发行人资金的情形，且金额较大，发行人的资金管理制度是否严格。

内控缺陷：商业贿赂、资金占用

普天铁心

反馈意见：发行人报告期内多次大额资金通过往来单位获取银行贷款、为客户获取银行贷款、开具无真实交易背景的银行承兑汇票，累计通过往来单位取得银行贷款总额 18 370.00 万元，向供应商转让票据融资总额 2 241.94 万元。请发行人代表说明：

（1）上述行为是否存在利益输送、违法违规、影响销售真实性及收入确认准确性的情形；

（2）发行人内部控制制度是否健全并得到有效执行。

请保荐代表人发表核查意见。

内控缺陷：票据融资、违规贷款

清溢光电

反馈意见：请保荐代表人进一步说明对于发行人关联方或潜在的关联方是否存在代公司支付相关费用的核查情况，并对发行人是否存在内部控制风险发表核查意见。

内控缺陷：信息披露

（资料来源：搜狐财经 中国内部审计 2018 – 02 – 02）

第一节　内部控制的概念和分类

企业内部控制是企业发展和组织效率需求提高的产物，随着企业组织形态进化、社会环境变化而不断深化。自 20 世纪 30 年代美国《1934 年证券交易法》提出内部控制概念以来，内部控制的内涵和外延都发生了深刻的变化。内部控制由外部审计界发端、企业监管部门参与，通过企业界为主体的经营管理实践，不断总结和发展，形成了完整的理论体系和实践框架。不同国家、不同组织机构基于不同的角度和层次，对内部控制的认识和分析得到了不同的概念。

一、国际上不同国家和机构对内部控制概念的界定

（一）COSO 报告

目前，现代内部控制最具有权威性的框架当属美国反虚假财务报告委员会下属的发起人委员会（以下简称 COSO 委员会）发布的《企业风险管理——整合框架》（即 ERM 框架，当前最新版本为 2017 年正式版）。ERM 框架将全面风险管理定义为：全面风险管理是一个由企业的董事会、管理层和其他员工共同参与的，应用于企业战略制定和企业内部各个层次和部门的，用于识别可能对企业造成潜在影响的事项并在其风险偏好范围内管理风险的，为企业目标的实现提供合理保证的过程。

在这个定义中，全面风险管理具有多目标驱动、全员、全过程、合理保证的特性。风险管理受一个或多个不同类型但相互交叉的目标驱动，由董事会、管理当局和组织中各个层级的人员共同实施，持续应用于生产经营活动的全过程，通过识别影响主体的潜在不利事项，采取恰当政策和方法将风险控制在风险容量以内，从而为目标实现提供合理保证。

根据 ERM 框架，内部控制包括三个维度：第一维是企业的目标；第二维是全面风险管理要素；第三维是企业的各个层级。第一维企业的目标有四个，即战略目标、经营目标、报告目标和合规目标。第二维全面风险管理要素有八个，即内部环境、目标设定、事件识别、风险评估、风险应对、控制活动、信息和交流、监控。第三维企业的层级，包括企业层面、各职能部门、各条业务线及下属各子公司。ERM 三个维度的关系如下：全面风险管理的八个要素都是为企业的四个目标服务的；企业各个层级都要坚持同样的四个目标；每个层次都必须从以上八个方面进行风险管理。

ERM 框架从公司治理的角度对内部控制进行研究。内部控制包括两个层面：第一个层面是公司层面，即所有者对经营者的控制，通过一套有效的制衡机制，对经营者进行激励和约束，促使经营者科学决策、努力经营，减少逆向选择和道德风险；第二个层面是业务层面，即经营者对生产经营活动的控制，通过对业务过程中的业务流、资金流、信息流和人员流进行监控，提高管理效益和效率，实现既定目标。《2013 年 COSO 版内部控制实施指南》中对内部控制的定义如下：内部控制是一套流程，受组织的董事会、管理层和其他员工所影响，被设计并用来为组织提供合理保证，使其实现运营、报告和遵循目标。

（二）加拿大 CoCo 委员会的控制指南

加拿大特许会计师协会（CICA）下属的控制规范委员会（Criteria of Control

Board，以下简称 CoCo 委员会）专门对控制系统的设计、评估和报告进行研究，并发布相关指南。CoCo 委员会于 1995 年发布的"控制指南"（Guidance on Control）（以下简称 CoCo 指南），将"内部控制"的概念扩展到"控制"，其定义为"控制是一个企业中的要素集合体，包括资源、系统、过程、文化、结构和任务等，这些要素结合在一起，支持达成该企业的目标"。

CoCo 指南明确指出，控制的性质具有四个特点：（1）控制需要企业内所有成员的参与，包括董事会、管理层和所有其他员工；（2）控制对达成企业目标只能提供合理的保证，而不是绝对的保证；（3）控制的终极目的是为了创造价值，而不只是单纯地控制成本；（4）有效的控制需要保持独立和整体、稳定和适应变化之间的平衡。

根据 CoCo 指南，控制由四个基本要素构成：目标、承诺、能力、学习和监督。目标是指明确企业发展的方向及发展过程中的风险和机遇，包括任务、前景和战略计划。承诺是指企业应培育互相信任的氛围，建立和沟通以诚信为基石的伦理价值观。企业的人力资源政策、权力和职责的界定应与企业的伦理价值观和目标一致。能力要素强调，员工应拥有设计和执行控制活动所必需的知识、资源、技术和工具，以增强企业的竞争力。学习和监督着眼于企业的发展，是指从工作中持续学习和自我检查。CoCo 指南进一步从上述四个方面提出有效控制的 20 个规范标准。

与 COSO 报告相比，CoCo 指南提供了更为广泛、更具前瞻性的内部控制概念。例如，CoCo 指南强调对内部控制的评估应着眼于与未来业绩、机会与风险相关的信息，认为追求机会的能力与必要时灵活地快速作出反应的能力对组织发展十分必要。

（三）巴塞尔委员会的内部控制

巴塞尔委员会发布的《银行组织内部控制系统框架》（*Framework for Internal Control Systems in Banking Organizations*，FICSBO，以下简称《巴塞尔框架》）是银行内部控制研究的历史性突破。此框架一经发表便为各国银行监管当局承认和接受，目前已经成为建立与评价银行内部控制的权威依据。《巴塞尔框架》并没有对内部控制作出明确定义，而是规定了内部控制的五个构成要素：管理监督和控制文化、风险识别和评价、控制活动和职责分离、信息与沟通、监管和缺陷纠正，并基于五个要素提出 13 条原则。这些原则明确指出，董事会和高管人员对内部控制建立和执行的有效性负有最终责任；要求银行对经营中的风险进行有效识别和持续评估；特别强调银行应实行恰当的职责分离制度；要求银行建立有效的信息系统与沟通渠道。

《巴塞尔框架》吸收和借鉴了 COSO 报告的内容精髓，因此两者在整体结构上十分相似，但同时也存在一定差异。《巴塞尔框架》的内容更加具体、更具有可操作性。通过针对每一个要素制定相关内控建立和评估的原则，明确了主要的控制点和控制流程。《巴塞尔框架》还明确了董事会、管理当局、业务部门和内部审计部门在内部控制系统的责任。

（四）信息系统审计和控制联合会的内部控制

信息系统审计和控制联合会（以下简称 ISACA），成立于 1969 年，是国际上最负盛名的信息控制理论研究及研究资料的出版机构，是一个专门从事 IT 治理相关技术研究、教育的国际组织。2000 年 7 月 ISACA 发布了信息及相关技术的控制目标（Controlled Objectives for Information and Related Technology，COBIT）。COBIT 是一个基于 IT 治理概念的、面向 IT 建设过程的 IT 治理实现指南和审计标准，其目标是为信息系统审计提供公认的信息安全和控制评价标准。

COBIT 将信息系统的作业过程划分为规划和组织、获得和建设、交付和运行、监督四个阶段，各阶段共包括 34 个具体步骤。建立电子商务系统的内部控制程序和政策应以 COBIT 框架的 34 项作业步骤作为控制流程主线，针对各步骤的作业内容、控制目标和固有风险，选择 COSO 报告中的相应控制要素及控制要点来构成本环节的相应控制政策。COBIT 将 IT 过程、IT 资源及信息与企业的策略与目标联系起来，形成一个三维的体系结构。其中，IT 准则维集中反映了企业的战略目标，主要从质量、成本、时间、资源利用率、系统效率、保密性、完整性、可用性等方面来保证信息的安全性、可靠性、有效性；IT 资源维主要包括以信息、应用系统、设施及人在内的信息相关的资源，这是 IT 治理过程的主要对象；IT 过程维则是在 IT 准则的指导下，对信息及相关资源进行规划与处理，从信息技术的规划与组织、获取与实施、交付与支持、监督与评估等四个方面确定了 34 个信息技术处理过程，每个处理过程还包括更加详细的控制目标和审计方针以对 IT 处理过程进行评估。

二、我国的内部控制概念

2006 年 7 月 15 日，受国务院委托，财政部牵头，由财政部、国资委、证监会、审计署、银监会、保监会联合发起成立企业内部控制标准委员会，许多监管部门、大型企业、行业组织、中介机构、科研院所的领导和专家学者积极参与，为构建我国企业内部控制标准体系提供了组织和机制保障。

2008 年 6 月，财政部会同证监会、审计署、银监会、保监会五部委发布《企业内部控制基本规范》（以下简称《基本规范》），要求自 2009 年 7 月 1 日起首先在上市公司范围开始施行，鼓励非上市的大中型企业执行。《基本规范》的发布标志着我国内部控制制度建设取得了重大突破，基本形成以各单位具体实施为基础、监管部门为主导、会计师事务所等中介机构咨询服务为支撑、政府监管和社会评价相结合的内部控制实施机制。

《基本规范》对内部控制作出如下定义：内部控制，是由企业董事会、监事会、经理层和全体员工实施的、旨在实现控制目标的过程。内部控制的目标是合理保证企业经营管理合法合规、资产安全、财务报告及相关信息真实完整，提高经营效率和效果，促进企业实现发展战略。

《基本规范》在形式上借鉴了 COSO 报告内部控制五要素框架，同时在内容上体现了其风险管理八要素框架的实质，构建了以内部环境为重要基础、以风险评估为重要环节、以控制活动为重要手段、以信息沟通为重要条件、以内部监督为重要保证的五要素框架。上述要素相互联系、相互促进，构成一个统一的企业内部控制框架。

2017 年 6 月财政部印发《小企业内部控制规范（试行）》，要求符合《中小企业划型标准规定》所规定的微型企业标准的企业参照执行本规范，小企业应当结合自身实际情况和管理需要建立适当的内部控制监督机制，对内部控制的建立与实施情况进行日常监督和定期评价。小企业应当围绕控制目标，以风险为导向确定内部控制建设的领域，设计科学合理的控制活动或对现有控制活动进行梳理、完善和优化，确保内部控制体系能够持续有效运行。

三、内部控制的分类

内部控制从不同角度、按照不同标准可以划分为若干不同类型。

（一）按控制主体分类

内部控制从组织内部的控制主体角度可分为董事会控制、管理者控制、员工控制，从而形成三个层级的内部控制：一是以董事会为主体的公司治理控制；二是以管理者为主体的管理控制；三是以员工为主体的任务控制或作业控制[①]。

（二）按控制实施方式分类

内部控制从控制实施方式角度可分为正式控制和非正式控制，委托型控制和直接型控制。根据制度设计和实施方式不同，控制方式划分为正式控制和非正式控制。正式控制是指通过组织正式的组织结构和制度程序加以实施控制。非正式控制是通过正式控制以外的，诸如信任、奖励、交谈、文化等途径实施控制。根据权力集中程度不同，控制方式划分为委托型控制和直接型控制。委托型控制是指委托人与受托人之间是一种信任与被信任关系的控制。在此控制类型中，委托人给受托人设定一个活动的框架，受托人在这个框架内可以充分发挥自己的能动作用，受托人的行为主要靠信托责任和合约来约束。直接型控制就是在一个实体内部上级对下级的过程控制。

（三）按控制目标分类

内部控制从控制目标角度可分为遵循相关法规的控制、保证报告可靠性的控制、实现经营或效率和效果的控制与促进实现企业战略目标的控制。

---

① 张先治. 内部管理控制论 [M]. 北京：中国财政经济出版社，2004：2.

第二节　内部控制的目标

一、不同国家和组织对内部控制目标的表述

任何一项制度都是为满足特定需求而产生的。内部控制目标是指企业通过实施内部控制所要达到的预期效果。在内部控制发展的初期，企业将内部控制定位在纠错与防范舞弊。随着社会经济、技术发展，人们对内部控制的认识已突破原有会计和审计的局限。内部控制的目标也随之拓展和深化。20 世纪 90 年代以来，不同国家和组织先后颁布内部控制框架，这些框架明确指出内部控制的目标，并且大多采用列举式加以列示。本书对现有内部控制框架关于内部控制目标进行比较（见表 1 - 1）。

表 1 - 1　　　　　　　　　　　　　内部控制目标比较

内部控制框架	内部控制目标
COSO 报告 （2013）	1. 促进战略目标的实现 2. 经营效率和效果 3. 报告的可靠性 4. 遵循适用的法律和法规
CoCo 报告 （1995）	1. 经营效果和效率 2. 内部报告和外部报告的可靠性 3. 遵循适用的法律和法规
Turnbull 报告 （1999）	1. 对公司面临的业务、经营、财务等主要风险做出适当反应，提升公司效果和效率 2. 有助于确保内部报告和外部报告质量 3. 有助于确保遵循相关法律、监管规定及公司内部的政策和行为守则
Basle 报告 （1998）	1. 经营活动的效率和效果（业绩目标） 2. 财务及管理信息的可靠性、完整性和及时性（信息目标） 3. 遵循适用的法律和监管规定（遵循性目标）
《企业内部控制 基本规范》 （2008）	1. 促进战略目标的实现 2. 经营效率和效果 3. 财务会计报告及管理信息的真实可靠 4. 资产的安全完整 5. 遵循国家法律法规以及有关监管要求

资料来源：笔者整理。

由表 1 - 1 可以看出，内部控制目标可以归纳为两个层次、五个目标。

第一层次：战略层次。战略层次包括一个目标，即战略目标。

战略目标反映了管理层就主体如何努力为其利益相关者创造价值所作出的选择，是高层次的目标，与其使命相关联并支撑其使命。战略是实现企业目标的全面性、方向性的行动计划。企业在考虑实现战略目标的各种方案时，必须考虑与各种战略相伴的风险及其影响，对于同样的战略目标可以选择不同的战略加以实现，而不同的战略则具有不同的风险。因此，企业在战略选择之前，有必要对当前的经营状况进行评估，分析内、外部环境因素，公司在行业中所处的位置及面临的机遇和挑战，不断审视当前的目标与使命。

第二层次：业务层次，包括四个目标，即经营目标、报告目标、合规目标和资产目标。

1. 经营目标。经营目标与企业经营的有效性和效率有关，包括业绩和盈利目标的实现，需要反映企业运营所处的特定经营、行业和经济环境。

2. 报告目标。报告目标与报告的可靠性有关。企业报告包括内部和外部报告，可能涉及财务和非财务信息。可靠的报告为管理层提供适合其既定目标的准确而完整的信息，支持管理层的决策，并对主体活动和业绩实施有效监控。财务报告向外界报告使用者提供与企业财务状况、经营成果等有关的会计信息，反映企业管理层受托责任的履行情况，有助于报告使用者作出经济决策；内部控制报告可以增强首席执行官（CEO）及其他高层管理人员的控制意识，传递高层管理人员对内部控制的承诺，进而增强内部控制的有效性。

3. 合规目标。合规目标与企业活动的合法性有关。企业从事活动必须符合相关的法律和法规，并有必要采取具体措施。这些法律法规可能与市场、价格、税收、环境、员工福利，以及国际贸易有关。企业需要根据相关的法律法规制定最低的行为标准并作为企业的遵循目标，企业的合规记录可能对它在社会上的声誉产生极大的正面或负面影响。

4. 资产目标。资产目标即资产的安全完整目标，是我国内部控制体系在CO-SO框架基础上结合国情的创新，资产的安全与完整对于我国企业尤其是国有企业有非常重要的现实意义，近年来国有资产流失的案件屡有发生，内部控制应该将其作为一个重要的目标来加以实现。

二、设定内部控制目标

企业的战略目标一般是稳定的，但与其相关的业务层面的目标具有动态性，会随着内部和外部的条件而调整。在内部控制目标的设定过程中，首先要确定企业层面的目标，即战略目标。

1. 制定战略目标。战略目标需要通过董事会及员工的相互沟通后确定，同时还要有支持其实现的资金预算及战略计划。战略目标的制定需要经过如下四个阶段：

（1）明确企业发展目标。企业在其中长期规划中应明确自身的发展目标和发展方向，通过培训、宣传手册、领导讲话等方式将企业层面的目标清晰地传达给员工。

（2）制定实现目标的战略规划。企业通过 SWOT 分析，在了解自身的优势、劣势、机会和威胁的基础上制定帮助企业实现目标的战略规划。

（3）制定年度计划及资金预算。企业根据制定的中长期战略规划，编制年度经营计划、年度资金预算等。该年度经营计划及预算应符合企业中长期战略规划的效益目标、投资方向和投资结构。

（4）企业编制《企业预算管理办法》，明确编制预算的基本原则、内容、编制依据等。

2. 确定业务层面目标。业务层面目标包括如上所述的运营目标、报告目标、合规目标和资产目标，它来自企业战略目标及战略规划，并制约或促进企业战略目标的实现。业务层面的目标应具体并具有可衡量性，且与重要业务流程密切相关。业务层面目标的制定需要经过如下四个阶段：

（1）制定业务层面目标。企业的总目标及战略规划为业务层面的目标指明方向，业务层面根据自身的实际情况及总体目标的要求提出本单位的目标，通过上下不断沟通最终确定。

（2）根据企业的发展变化，定期更新业务活动的目标。

（3）配置资源以保证业务层面目标的顺利实现。企业在确定各业务单位的目标之后，将人、财、物等资源合理分配下去，以保证各业务单位有实现其目标的资源。

（4）分解业务目标并下达。企业确定业务层面的目标后，再将其分解至各具体的业务活动中，明确相应岗位的目标。

3. 合理确定风险承受能力。为了合理确定风险承受能力，在目标设定阶段企业必须解决以下三个基本问题：

（1）风险偏好。风险偏好是指企业在实现其目标的过程中愿意接受的风险的数量。我们可以采用定性和定量两种方法对风险偏好加以度量。风险偏好与企业的战略直接相关，在战略制定阶段，企业应进行风险管理，考虑将该战略的既定收益与企业的风险偏好结合起来，目的是帮助企业的管理者在不同战略间选择与企业的风险偏好相一致的战略。

（2）风险容忍度。风险容忍度是指在企业目标实现的过程中对差异的可接受程度，是企业在风险偏好的基础上设定的对相关目标实现过程中所出现的差异的可容忍限度。在确定各目标的风险容忍度时，企业应考虑相关目标的重要性，并将其与企业风险偏好联系起来。

（3）风险组合观。企业风险管理要求企业管理者以风险组合的观点看待风险，对相关的风险进行识别并采取措施使企业所承担的风险在风险偏好的范围内。对企业内每个单位而言，其风险可能落在该单位的风险容忍度范围内，但从企业总体来看，总风险可以超过企业总体的风险偏好范围。因此，应以企业总体的风险组合的观点看待风险。

三、内部控制的目标结构

根据表 1-1，我们可以看到，与传统的会计、审计视角相比，现有内部控制目标有明显的进步。但是，我们认为，现有内控目标的各目标之间缺乏逻辑上的系统性和层次性。显然，战略目标与遵循目标、报告目标属于不同层次的目标。将不同层次的目标列举在一起必然会影响内部控制目标的理解，从而不利于目标的实现。因此，本书认为有必要构建内部控制的目标结构。

1. 终极目标。内部控制目标应从属于企业目标，相应地，内部控制的终极目标应服务于企业目标。企业作为营利性的组织，关注价值的创造。因此，内部控制的终极目标是实现企业价值最大化。企业在建立健全内部控制制度的过程中应以是否能实现企业价值最大化为标准。

2. 基本目标。企业价值的变化有两个方向：一是价值的增加；二是价值的减少。价值的增加来自销售的增加、市场的扩张，价值的减少则是由于风险发生带来的损失。内部控制从本质上讲是一个防御系统，这就决定了其基本使命在于风险的防范与控制。通过管理风险，内部控制能够促进企业价值增长。因此，我们将内部控制的基本目标定位在预防和控制风险，这样既符合内部控制的客观属性，又符合管理的主观需要。因为一方面，内部控制本质上是一个风险的预防和控制系统，具有防守性质；另一方面，预防和控制风险，也是企业实现价值增长的途径之一。

3. 具体目标。在基本目标的指导下，内部控制需要针对企业面临的各种风险，制定明确和具体的目标，将基本目标具体化。本书将内部控制的具体目标归纳为如下四个。

合规目标：遵循法律法规和内部规章制度。国有国法，家有家规。企业只有遵守国家的各项法律法规和监管制度，才可能实现正常的生产运营。只有企业内部管理制度得到贯彻落实，才可能实现发展战略和经营目标。从这个意义上来说，内部控制是其他制度得以实施的基础。

报告目标：保证财务报告和内部报告的真实可靠。保证财务报告的真实可靠，是内部控制的重要目标。事实上，很多国家正是基于会计信息的可靠性考虑，要求企业制定内部控制制度。以严厉著称的《萨班斯—奥克斯利法案》，其核心是要求上市公司建立健全内部控制，以保证财务报告的可靠性。

资产目标：保证资产安全完整。资产是企业运行的基础，通过内部控制防范和控制资产管理环节的风险与损失是管理者的基本要求。

经营目标：提高、改善企业的经营效率和效果。前面已谈到，内部控制本质上是防御系统，而不是进攻系统，因此无力承担研发设计和市场开拓等任务。那么内部控制如何实现经营目标呢？内部控制通过流程梳理、组织架构、岗位设置、相互牵制等一系列制度安排识别生产经营过程中的风险因素，并加以防范和控制，从而提高经营效率，最终实现经营目标。

内部控制的目标体系如图 1 - 1 所示。

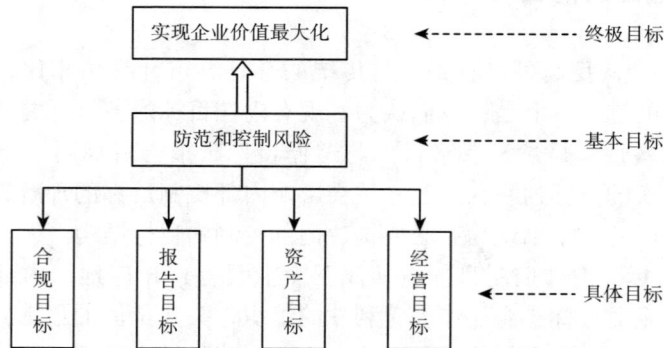

图 1 - 1　内部控制目标体系构成

第三节　内部控制产生和发展的基础

内部控制是人类社会发展到一定阶段的产物，并随着人类社会的发展而不断发展。经济发展、信息技术发展以及管理科学技术发展是内部控制产生的基础和前提条件，也是推动内部控制发展的重要动力源泉。

一、受托责任机制是内部控制产生的根源

现代企业制度下企业所有权（ownership）和经营权（management）是分离的。自 19 世纪以来，随着科技进步，生产力水平迅猛发展，企业规模迅速扩大，传统的单一所有者和经营者合一的企业所提供的资金已不能满足企业发展所需要的资本。为解决这一问题，产生了合伙企业，随着经济发展和法律制度不断完善，产生了公司形式的企业。企业股东人数增加，企业经营管理日趋复杂，分权经营模式逐步盛行起来。公司的所有者股东将资本注入企业，并不参与企业的日常经营活动，经营管理权由企业所有者（委托人）授予管理者（代理人）。由此产生受托责任。

受托责任产生新的问题——代理问题。首先，企业所有者和管理者目标利益不一致。委托人的主要目标是股东价值最大化，即希望他们所投入企业的资本增值，资本收益不断增加；而代理人也是追求自身效用最大化的理性经济人，代理人除了追求更高的经济收入外，还追求包括名誉、权力、地位、舒适的办公条件以及在职消费等。这些目标显然偏离了股东财富最大化的目标，代理人为自己的利益很可能会侵害委托人的利益。其次，两者风险偏好不一致。股东作为委托人因为其可以分散投资，在代理问题的研究领域里通常认为他们承担的风险是中性

的；而作为代理人管理者，其人力资本无法有效分散，因此与股东相比，代理人是风险厌恶型的。风险偏好的不一致，使管理者为回避风险而放弃有利于股东财富增加的机会。最后，两者所享有的信息是不对称的。管理者往往具备较高的专业知识，通过直接参与企业的日常经营，掌握有关企业财务状况、经营成果和现金流量等大量"一手"信息。所有者专业知识相对贫乏，通常不参与企业的日常经营，企业经营状况的信息来自管理者的报告，对企业经营者的努力程度不可能做到准确的评价。由于已经授权，所以无法对代理人实施完全的监督，无法准确判断经营者是否尽力追求股东的利益。所有者和管理者之间的信息不对称，很容易导致管理者做出有逆向选择（adverse selection）和道德风险（moral hazard）的决策。逆向选择是指在执行委托代理契约之前，管理者因占有某种私有信息而侵害所有者利益；道德风险是指在执行契约过程中，管理者利用私有信息选择不利于所有者的利己行为。由于上述三个内在的矛盾存在于委托代理机制，管理者不可能完全按照所有者的利益目标履行契约，进而产生了代理问题。

为了使委托代理关系能够存在下去，并维持企业的正常运转，企业必须建立一种信任机制，而内部控制就是这种信任机制的其中一种制度安排。在健全的内部控制制度之下，企业管理者能够保证提供的财务报告不存在重大的虚假信息；在健全的内部控制制度之下，企业各级员工才可能遵循各种规章制度，提高企业经营效率和效果，最终实现股东价值最大化。

二、工业化生产是内部控制产生的经济基础①

作为现代意义上的内部控制，它是工业化革命和机器大生产的结果。那么，工业化革命和机器大生产是如何关联从而催生出内部控制的呢？这主要决定于大机器作业的特定生产方式。我们知道，作为工业化革命成就的机器大生产，是以内部的严密分工为基础的。因为在大机器生产条件下，生产工序复杂化，生产作业链条延长，专业化程度大大提高，这种情况下再要求每个人完成所有的工序是不可能的，而且即使可能，也不利于效率的提高。所以，此时岗位设立、按岗分工就成为一种必然选择。但是，按岗分工之后，就出现了岗位之间如何协调的问题。如果相互之间协调不好，非但效率不能提高，恐怕连正常的生产作业都无法开展下去。这种情况下内部控制就应运而生了。因为内部控制的功能之一就是合理地划分岗位职责、权限，解决岗位之间的协调问题。

三、竞争加剧是内部控制发展的外在要求

当今的经济环境发生了巨大变化，企业面临的竞争日益加剧。第一，外部环境的不确定性大大增加。客户市场、原材料市场、服务市场等各方面充满不

---

① 李连华. 内部控制理论结构［M］. 厦门：厦门大学出版社，2007.

确定性。这一变化直接导致了企业经营中的风险加大。企业稍有不慎，就可能带来灭顶之灾。例如，丰田汽车由于忽视了对刹车系统外包服务体系的质量管理，出现刹车踏板问题，招致对整个品牌的信誉和市场的巨大打击。第二，内部管理要求不断提高。为了能够在竞争中脱颖而出，企业必须不断提高效率、降低成本。为此，企业应提高管理的标准化和规范化，在这种管理体系下，不论企业的高层管理人员还是一般员工，都可以按照某种操作规范和程序自觉地完成本职工作，而不需要借助于前任的经验或某个人的亲自指导。内部控制就具有这样的功能，通过建立内部控制，企业可以把各项工作以岗位职责、工作流程的形式确定下来，使企业的运行变得标准化和规范化，从而提高经营效率，有效降低运营成本。

四、其他科学理论是内部控制发展的技术支撑

（一）内部控制是控制论在管理领域的应用

20 世纪 40 年代，维纳发表了著名的《控制论：或关于在动物和机器中控制和通信的科学》一书，标志着控制论的产生，此后控制论的思想和方法已经渗透到了几乎所有的自然科学和社会科学领域。控制论是一门研究机器、生命社会中控制和通信的一般规律的科学，是研究动态系统在变化的环境条件下如何保持平衡状态或稳定状态的科学。根据控制论，控制系统所共有的基本特征是信息的交换和反馈过程，利用这些特征可以达到对系统的认识、分析和控制的目的，保证系统的平衡稳定。从控制系统的主要特征出发来考察，管理系统是一种典型的控制系统。管理系统中的控制过程在本质上与工程的、生物的系统是一样的，都是通过信息反馈来揭示成效与标准之间的差，并采取纠正措施，使系统稳定在预定的目标状态之上的。内部控制正是吸收了控制论的思想和方法，才得以发展。

（二）内部控制是制度经济学应用的结果

20 世纪 40 年代，经济学领域出现一个重要的学科分支——制度经济学。根据制度经济学的理论，制度无非是人类社会用以约束人们行为的规则或规范。这些规则或规范，不仅将对人们的行为选择产生影响，还通过各种行为选择将要招致的成本和净收益来影响人们的选择。人们在做选择时，才对其行为结果有了比较准确的预期，经济活动中的不确定性得以减少[①]。内部控制正是受到制度经济学的影响，才突破了会计和审计角度的局限，产生现代意义上的内部控制制度。

---

① 贺卫，伍山林. 制度经济学 [M]. 北京：机械工业出版社，2003.

第四节 内部控制固有的功能和局限

一、内部控制的功能

（一）有效抵御风险，实现持续健康发展

在市场经济环境下，企业在生产经营过程中会遇到各种各样的风险。如果不能积极、有效地防范风险，轻则影响企业的发展，重则导致企业倒闭。而且，在风险面前，不论企业规模大小，概莫能免。国内外这方面的案例有很多。

从国外来看，巴林银行——百年老店，由于疏于控制，小交易员里森酿成大祸，在 14 亿美元巨亏之下，巴林银行只有接受破产的命运；安然——能源巨鳄，财务报告舞弊无法长期掩盖经营的失败，最终公司倒闭，首席执行官（CEO）和首席财务官（CFO）成为阶下囚；雷曼兄弟——华尔街五大券商之一，漠视风险，大量投资次贷衍生金融产品，尽管曾经过大风大浪，但终究没能逃过次贷危机。

从国内来看，中航油新加坡公司——昔日的明星企业，虽有完善的内控制度和《风险管理手册》，但不重视实施，期权投资失控，招致公司申请破产的命运；邯郸某银行缺少基本的内部控制制度，两位金库管理员"如同从自家菜园摘白菜一样"，转移金库资金近 5100 万元。这些企业失败的原因尽管多种多样，但仔细分析，我们发现，它们存在一个共同的问题——风险管理失效。可以说，正是由于缺乏有效的风险管理机制使企业走上不归之路。

因此，企业为了长期生存，并且逐步发展壮大，就必须重视风险防范。古今中外成功的企业对于风险防范都非常重视，只是采用的防范手段不同而已。对于现代企业而言，防范风险最为有效的方法是建立一个健全而有效的内部控制制度。好的内部控制是一道有效的风险"防火墙"，它使企业的组织体系具有免疫力和过滤功能，从而有能力抵御各种风险，持续、健康地发展，实现基业长青。

首先，内部控制具有一个强有力的运行机制，为企业抵御风险、实现健康持续发展提供合理保证。内部控制由预防机制、纠错机制和激励机制三个运行机制共同组成。内部控制立足于预防机制，通过优化控制环境奠定企业良好的风险管理基础，运用不相容职务相互分离、授权审批等方法建立相互制衡的控制体系，防止企业在生产经营中出现重大失误以及员工利用职务之便舞弊。由于内部控制固有的局限性以及其他人为、客观的原因，在实际执行中可能发生预防机制失效，此时内部控制启动第二道防线——纠错机制。顾名思义，纠错机制对已经发生的失控事件及时地进行制止，并采用相应的补救措施以防类似事件再次发生。纠错机制主要通过监控要素实现。内部控制作为一种制度安

排，其核心在于引导组织内不同目标的个体向企业的既定目标努力。为此，内部控制在预防机制和纠错机制之外，还必须对个体的行为结果进行奖励与惩罚，即建立激励机制。

其次，内部控制作为一种制度安排，可以将各种资源有机地整合在一起，为企业创造价值。企业所拥有的各种经济要素，如资金、设备、人员等，只有依靠一套完善的制度才能融合在一起并形成真实的生产能力。从这种意义上讲，内部控制制度就像一种黏合剂可以把这种生产要素有机、有序地组合在一起。假如没有内部控制制度，那么所有的生产要素都如同一盘散沙，只能是一种潜在的生产能力，无法在企业内部合理地安排和使用，当然这样的企业就很难生存下去。

（二）保障资产安全、完整

资产，正如会计准则所定义的，是能够为企业带来经济利益流入的经济资源。一方面，资产是企业安身立命之所在，构成了企业生存和发展的物质基础。根据政治经济学，资产包括生产资料和生产工具。因此，如果企业没有资产，既不可能形成生产能力，也不可能运用生产能力，当然不可能完成生产经营任务，无法实现经营目标。另一方面，资产也是企业经营成果的体现，是财富的表现形式。企业的重要目标之一是获取利润。而盈利的表现形式无非是现金和实物等各种形式的资产。从这意义上讲，企业生产经营是为了实现资产的保值和增值。

实现企业的资产安全和完整，可以有很多种能够选择的管理措施。总体上，有三条思路都可以实现这个目标。第一条思路是按照人治的思想来解决这个问题，即把资产交给最为可靠的人去保管。同时，不让有劣迹表现的人接触企业的资产和物质。在这种方式下只要保管员选择得当，企业的资产安全和完整基本上是有保证的。这里之所以说"基本上"是安全的，是因为这种方式下尽管保管员是可靠的、值得信赖的，不存在保管员监守自盗的问题，但是它却无法完全保证和避免其他人进入保管室或仓库进行盗窃。尤其在保管室或仓库不是十分牢靠的情况下，这种事件发生的概率将很高。第二条思路是按照技术思路来解决这个问题，即把保管室或仓库的门设计得很好，很坚实；或者把保管室或仓库的锁设计得很严密，用诸如密码锁、指纹锁等先进技术以防止无关人员进入保管室或仓库。在这种方式下，资产的安全性和完整性也会增加，但是同样也只能是"基本上"保证资产的安全和完整，因为这种偏好技术或者依靠技术手段解决资产失盗的做法，可以有效地防止保管员之外的人接触和盗窃企业的资产，但是无法避免保管员监守自盗的问题。特别是当企业的保管员行为不端时，再坚实的门窗、再高级的门锁也是形同虚设。第三条思路是按照制度管理的思路来解决资产安全和完整的问题。按照这种管理方法，企业为了资产的安全和完整需要制定一系列管理制度，比如，制定资产交接制度、资产入库制度、资产出库制度、限制接近资产制度、资产的盘点清查制度、丢失资产的罚款制度、保管员的选聘制度、保管员的激励制度等，通过这些制度的有效实施来确保资产不被侵害和挪用。在上述三条解决问题的思路中，这种思路无疑是最全面、最可靠的，可以说是企业资产安全和完整的最重要的一道防线。因为：第一，它可以通过选聘制度、盘点制度和罚款制度解决保管员的监守自盗问题；第二，它可以通过限制接近制度、出入库制度等避免保管员之外的人员盗取资产。同时，保管员为了履行职责，避免资产在自己手上丢失而被处罚，也必然会积极主动地购置必要的保管设备和工具，从而使技术措施相应地得到落实。所以，技术设施和人治管理都只是补充，只有健全有效的内部控制制度才是解决资产安全问题的根本之道。①

（三）提高会计信息质量

在市场经济环境中，会计信息具有十分重要的经济意义，这一点已逐渐被人们所认识。

首先，会计信息是企业契约机制的核心内容。根据契约理论，企业是一系列契约的联合体。因此，企业可以看作理性主体之间的一组契约。这些理性主体，或者说企业所联结的契约关系人主要包括：（1）股东，股东向企业投入权益性资本，要求其权益性资本得以保全，并得到满意的投资回报；（2）债权人，债权人将资金提供给企业使用，要求企业按期还本付息；（3）经理，经理运用其丰富的管理知识和先进的管理技术对企业的生产经营活动进行管理，要求得到满意的工资、报酬等；（4）职工，职工为企业提供劳动，要求能够得到满意的工资和报酬；（5）政府，政府向企业提供公共物品，获得企业的社会贡献——税收；（6）外部审计人员，外部审计人员为企业提供审计服务，要求得到约定的审计收费；（7）顾客，顾客将款项交给企业，要求企业提供满意的产品和服务；（8）供应商，供应商向企业提供原材料、产品或劳务，要求得到相应的价款。根据契约，每个理性主体都要向企业提供一定的资源（资本、知识、技能、服务或信息），作为回报允许每个主体从企业中获得相应的利益。

在现代企业中，所有权和经营权的分离，使委托代理成为普遍现象，管理者与股东之间形成的便是委托代理契约。企业与其他利益相关者之间也构成委托代理关系。由于一方面委托者和受托者双方各自的利益不同，并且作为理性主体，双方都努力追求各自利益的最大化，另一方面，委托者和受托者之间存在信息不对称，因此，就会引发逆向选择和道德风险。

为了保证各方契约关系人的利益和契约的顺利实施，在契约条款中常常包括对各方行为的限制，涵盖了契约的谈判、制定、履行及其监督。而这些限制需要以各种信息为依据，其中会计信息是最为重要的信息。不同的会计信息，会引发利益在各主体之间的不同分配。会计作为企业契约耦合体的内部游戏规则，可以确定企业组织内部代理人的权利，明确代理人业绩的评判标准及其报酬支付方式，从而成为企业整体契约机制的核心内容。

---

① 李连华. 内部控制理论结构 [M]. 厦门：厦门大学出版社，2007.

其次，会计信息是企业利益相关者进行决策的信息基础。从企业外部来看，投资者根据会计信息进行投资决策，决定是继续持有、增加还是出售投资；债权人根据会计信息进行信贷决策；国家以会计信息为依据，进行宏观经济调控、税费征收和监管等。

从企业内部来看，企业管理当局在进行管理决策时，必然需要一定的信息。这些信息有一些是管理者自身积累和观察到的信息，这部分信息在很大程度上具有管理经验的性质。而另外一部分信息，尤其是过去的信息和管理者不能亲自观察到的信息，则必须依靠会计系统加以提供。事实上，随着企业规模的扩大，集团公司乃至跨国公司的成立，管理当局在进行管理决策中，越来越依靠会计信息系统的支持。

最后，会计信息是资本市场正常运转的必备条件。健康、高效的资本市场离不开真实、可靠的会计信息系统。众所周知，资本具有趋利性。那么，如何判断"利"之所在？当然必须以一定的会计信息为基础。从这个意义上讲，会计信息是引导资本流动的指示器。离开会计信息系统这个条件，我们无法正确判断企业的经营状况和经营成果，资本也就无法顺畅地流动。如果出现虚假会计信息，必然导致经济的混乱和经济决策的失误，以及社会资源的逆向流动，造成资源的浪费。因此，市场经济越发达，资本市场越发达，会计信息便越重要。

会计信息要发挥在企业管理、资本市场和社会经济中的作用，就必须具有一定的质量特征。所以，对会计信息提出质量要求，不仅是企业利益相关者的经济利益之所在，也是维持经济社会中的正常信任关系和保证社会经济系统顺利运行的重要基础之一。

会计信息要在各方利益相关者的决策中、社会经济和资本市场发展中发挥作用，必须满足一定的质量标准。而我国会计信息质量却不容乐观，会计信息舞弊现象时有发生。

通过某种制度安排来规范企业的会计行为，防范无意的或有意的错误和舞弊，以此解决会计信息失真，提高会计信息的质量。这种方法从制度角度入手，通过企业内部某种制度机制的制定和实施，达到"想舞弊而无法舞弊"的目标。显然，内部控制是最佳解决方案。内部控制有助于解决会计信息失真问题。

大量案例表明，从国外或者国内情况来看，会计信息失真的发生，很大程度上并不是源于会计准则本身的问题，而是企业为了谋取私利，故意所为。对于这类虚假会计信息，只有通过建立、健全有效的内部控制制度才能够加以防范。这是会计信息质量得以保证的制度基础。因此，近几年来，我国政府和监管当局积极推动企业内部控制的建设，先后颁布多部内部控制规范。健全、有效的内部控制，可以通过以下控制机制遏制会计信息舞弊，提高会计信息质量：第一，它通过不相容岗位相互分离、授权审批、预算控制，可以防止虚假会计信息行为；第二，它通过审核、对账制度、资产清查制度等，可以发现虚假会计信息行为；第三，它通过绩效考核和惩罚机制等，可以惩处虚假会计信息行为，同时防止其他人模仿。

作为企业而言，内部控制是企业各项管理工作的基础，是企业健康有序发展的基础。实践证明，企业一切管理工作都是从建立内部控制开始的，企业的一切活动都无法游离于内部控制之外。可以说："控制则强、失控则乱、无控则亡"，切莫将内部控制当作可有可无的一纸空文。没有内部控制，由于道德和诚信的维系，可能一时不会出纰漏，但出了问题，必定是内部控制的失控。

二、内部控制的局限性

（一）成本限制

由于内部控制受到成本效益原则的制约，管理层在设计和实施某项内部控制时要权衡内部控制的利弊得失，如果增加控制环节而导致过于降低工作效率，就可能会放弃实施这项内部控制。由于企业资源有限，对于很少发生或不经常发生的经济业务也不会制定控制制度，当这些经济业务发生时，控制制度对这些经济业务将无法控制。

（二）人为错误

智者千虑，必有一失。内部控制的设计会受到设计人员经验和知识水平的限制而存在缺陷，同时当执行人员因粗心、精力不集中、身体欠佳、判断失误或误解上级发出的指令时，内部控制制度也会失效。

（三）串通舞弊

内部控制制度达到控制目的的前提是公司员工按照制度规定办事，但当员工合伙舞弊和内外串通共谋时，会导致内部控制的失灵。如，出纳和会计合伙动用公司资金，保管员和财产记录人员合伙作假，业务人员同顾客、供应商串谋，无论多么完善的控制制度都显得苍白无力。

（四）滥用职权

各种控制程序是管理工具，但任何控制程序也不能发现和防止那些负责执行监督控制的管理人员滥用职权或不正当使用权利。管理当局的干预一直是导致许多重大舞弊发生和财务报告失真的一个重要原因。在某些情况下，对于担任控制职能的人员越权管理、滥用职权，即使具有良好设计的内部控制，也不能发挥其应有的作用。内部控制作为企业管理的组成部分，它理所当然地要按照管理人员的意图运行，尤其是企业负责人的决策更是起决定性的作用。决策出了问题，贯彻决策人意图的内部控制也就失去了应有的控制作用。

（五）制度失效

内部控制制度是针对制度制定时的经济业务，内部控制可能会因经营环境、业务性质的改变而削弱或失效，可能会对不正常的或未预料到的业务类型失去控制能力。现在企业处在经常变化的环境之中，为保持竞争能力，势必要经常调整经营策略，这就导致原有的控制制度对新增的业务内容失去控制作用。

（六）非经常性事项

内部控制一般针对常规业务活动而设计。因此，一旦发生异常或未预计的经济业务，内部控制往往就有失控或原有控制不适用的可能，从而降低内部控制的作用。

本章小结

本章介绍了国际上不同国家和机构，以及我国对内部控制的定义。内部控制从不同角度、不同标准的分类。内部控制目标主要可归纳为两个层次、五个目标。内部控制产生和发展的基础，受托责任制是内部控制产生的根源。最后介绍了内部控制固有的功能和局限。

重要名词

内部控制
内部控制目标
受托责任
串通舞弊

练习题

一、单选题

1. 下列选项中，可以由同一人担任的职务是（　　）。

A. 财产的保管和会计记录　　　　　　B. 业务经办和授权批准

C. 审核监督和财产保管　　　　　　　D. 业务经办和审核监督

2. 建立健全和有效实施内部控制，评价内部控制的有效性是（　　）的责任。

A. 企业董事会　　　　　　　　　　　B. 企业管理层

C. 内部审计委员会　　　　　　　　　D. 注册会计师

3. 《内部控制——整合框架》认为，内部控制的目标不包括（　　）。

A. 经营的效率和效果　　　　　　　　B. 财务报告的可靠性

C. 遵循适用的法律法规　　　　　　　D. 实现公司的发展战略

4. 现代内部控制假设不包括（　　）。

A. 控制实体假设　　　　　　　　　　B. 可控性假设

C. 复杂人性假设　　　　　　　　　　D. 牵制性假设

5. "内部控制应当贯穿决策、执行和监督全过程，覆盖企业及其所属单位的各种业务和事项"依据的内部控制原则是（　　）。

A. 全面性原则　　　　　　　　　　　B. 重要性原则

C. 制衡性原则   D. 适应性原则

6. 1992 年，美国 COSO 委员会发布了（   ）。

A. 《内部控制——整合框架》   B. 《企业风险管理——整合框架》

C. 《证券法》   D. 《证券交易法》

二、多选题

1. 有关方面在内部控制评价中的职责和任务包括（   ）。

A. 董事会对内部控制评价承担最终的责任

B. 经理层负责组织实施内部控制评价工作

C. 内部控制评价机构根据授权承担内部控制评价的具体组织实施任务

D. 各专业部门应负责组织本部门的内部控制自查、测试和评价工作

2. 下列有关企业内部控制的表述中，正确的有（   ）。

A. 内部控制是一个过程

B. 内部控制是由企业的董事会和管理层实施的

C. 有效的内部控制可以绝对保证控制目标的实现

D. 内部控制不仅是制度和手册，而且是渗透到企业活动之中的一系列行为

3. 下列各项中，属于导致内部控制固有局限原因的有（   ）。

A. 控制的有效性会受到决策过程中人为判断的影响

B. 内部控制只能为控制目标的实现提供合理保证

C. 管理人员可能会凌驾于内部控制之上

D. 内部控制的设计与实施需要考虑成本与效益

4. 关于美国 COSO 委员会发布的《内部控制——整合框架》（1992）和《企业风险管理——整合框架》（2004）之间的关系，下列说法正确的有（   ）。

A. 后者并没有取代前者，对于那些着眼于内部控制的主体，前者依旧有用

B. 后者增加了战略目标，并将报告目标扩大到非财务报告

C. 后者延续了前者中有关主体风险偏好、风险容忍度和风险组合观等基本概念，将风险评估扩充为目标设定、事项识别、风险评估、风险应对等四个要素

D. 前者和后者都认为风险发生在主体的各个层次上，并且来源于许多内部和外部因素

5. 与《内部控制——整合框架》（1992）相比，2013 年 5 月，美国 COSO 委员会发布的修订后的《内部控制——整合框架》的主要变化有（   ）。

A. 修改了内部控制核心定义

B. 概括了"对诚信和道德价值观的承诺"等17条原则

C. 将报告的范围从对外财务报告目标扩展到内部和外部、财务和非财务的报告目标

D. 将目标设定作为内部控制的组成部分

6. 下列有关企业内部控制目标的表述中，正确的有（   ）。

A. 企业经营管理合法合规   B. 追求利润最大化

C. 财务报告真实完整   D. 促进企业实现发展战略

三、判断题

1. 企业应当根据国家有关法律法规和企业章程，建立规范的公司治理结构和议事规则，明确决策、执行、监督等方面的职责权限，形成科学有效的职责分工和制衡机制。 （   ）

2. 企业内部控制一般缺陷、重要缺陷、重大缺陷，应当由董事会最终予以认定。 （   ）

3. 如果会计师事务所在内部成立咨询部门和审计部门，两个部门之间相互独立，人员不交叉使用，则可以为同一企业提供内部控制审计和咨询服务。 （   ）

4. 根据全面性原则，内部控制应当在全面控制的基础上，关注重要业务事项和高风险领域。 （　　）

5. 在决策时人为判断可能出现错误和由于人为失误可能会导致内部控制失效。 （　　）

6. 内部控制是一个结果，而不是一个过程。 （　　）

思 考 题

1. 内部控制的目标是什么？
2. 内部控制产生的内外部原因是什么？
3. 内部控制的功能有哪些？
4. 如何理解内部控制的局限性？

内部控制理论的形成和发展

在本章中，你将学到：

1. 西方国家内部控制的发展历程：从内部牵制到内部控制制度到内部控制结构到内部控制整体框架
2. 我国内部控制的发展：从《企业内部会计控制规范》到《企业内部控制基本规范》
3. 美国《萨班斯法案》的出台背景及主要内容
4. 《企业内部控制基本规范》与《萨班斯法案》的对比

◇ **本章重点与难点**

1. 根据内部控制整体框架，内部控制的整体目标与五大要素
2. 《萨班斯法案》出台背景
3. 《萨班斯法案》中302条款与404条款的主要规定
4. 《企业内部控制基本规范》中内部控制的五要素

引例

康美药业股份有限公司发致股东信致歉

【康美药业发致股东信致歉：快速发展导致财务管理不完善】2019 年 4 月 29 日康美药业周三凌晨发出由董事长马兴田签发的致股东信，信中说："作为民营企业，我们出现了由于过去快速发展而带来的内部控制不健全、财务管理不完善的局面，很多薄弱环节在内外部环境的压力下更加凸显。对于公司治理不完善、内部管理制度不健全、信息披露不规范等问题带来的困扰，我们向所有股东朋友们致以最诚恳的歉意。"

注：康美药业近期因财报出现近 300 亿元货币资金消失等重大会计差错而深陷舆论漩涡。

（资料来源：笔者根据东方财富网资料整理）

第一节 西方内部控制理论的产生和演进

在公元前 3000 多年以前，内部控制的思想已经在人们的日常经济生活中得以运用。经过人类历史的漫长发展，现代内部控制作为一个完整概念，于 20 世纪的工业革命时期首次提出。此后，内部控制理论不断完善，逐渐被人们了解和接受。具体来说，内部控制理论和实务大致经历五个发展阶段。

（一）内部牵制

1912 年，R. H. 蒙哥马利在《审计：理论与实践》一书中提出了"内部牵制"理论，认为"两个或两个以上的个人或部门无意识地犯同样错误的可能性很小；两个或两个以上的个人或部门有意识地串通舞弊的可能性大为低于单独一个人或部门舞弊的可能性"，因此，内部牵制"要求在经营管理中凡涉及财产物资和货币资金的收付、结算及其登记工作，应当由两个或两个以上的人员来处理，以便彼此牵制，查错防弊"。内部牵制应该主要包括以下四种职能。

（1）实物牵制，例如把保险柜的钥匙交给两个以上的工作人员，不同时使用两把以上的钥匙，保险柜就打不开。

（2）物理牵制，例如仓库的门不按正确程序操作就打不开，甚至会自动报警。

（3）分权牵制，例如采购与审批、验收业务都分别由不同的人或部门去处理，以预防错误和舞弊的发生。

（4）簿记牵制，例如定期将明细账与总账进行核对。

内部牵制可以看作内部控制的雏形阶段，目的就是查错防弊，形式是通过人员之间职能的牵制实现对财产物资和货币资金的控制，主要是针对执行层面。

内部牵制思想从其出现到理论的产生大概经历了几千年的时间。而理论的成形离不开社会大环境。工业革命后，以资本和技术为代表的社会生产力取得了飞跃发展，公司规模逐步扩大，内部结构愈加复杂，再加上外部竞争的加剧，亟须强化内部管理。这时出现了以泰勒为代表的管理学家，他们提出了"管理"与"控制"等概念，要求把管理的计划职能与执行职能分开，强调职务分离。这是内部牵制理论形成的时代背景。

（二） 内部控制制度

麦克逊·罗宾斯药材公司审计案例使得审计界开始重视对内部控制的审查。20 世纪 40～70 年代，审计理论与实务的发展推进了内部控制的发展。

1936 年美国注册会计师协会（AICPA）在《独立注册会计师对财务报表的审查》公告中，首次提出审计师在制定审计程序时，应审查企业的内部牵制和控制，并且从财务审计的角度把内部控制定义为"保护公司现金和其他资产，检查簿记事务的企业内部控制的发展、比较与评价准确性，而在公司内部采用的手段和方法"。这是首次正式使用"内部控制"术语。

1949 年美国注册会计师协会所属审计程序委员会在其专门报告《内部控制：一个协调的系统要素及其对管理层和独立公共会计师的重要性》（*Internal Control—Elements of a Coordinated System and Its Importance to Management and the Independent Public Accountant*）中首先对内部控制下了定义："内部控制包括组织的计划和企业为了保护资产，检查会计数据的准确性和可靠性，提高经营效率，以及促使遵循既定的管理方针等所采用的所有方法和措施。"与 1936 年的定义不同的是，该定义是从企业经营管理的角度来定位内部控制的，内容不仅包括与会计和财务部门直接有关的控制，还包括预算控制、成本控制、定期报告、统计分析、培训计划和内部审计以及技术与其他领域的经营活动，从理论上给出了内部控制的广泛内涵。

审计人员认为 1949 年的定义过于广泛，超出了他们评价被审计单位内部控制所应承担的职责。为此，AICPA 所属的审计程序委员会 1958 年颁布第 29 号审计程序公报，对内部控制定义做了正式修改，把内部控制分为会计控制和管理控制。会计控制"由组织计划和所有保护资产、保护会计记录可靠性或与此相关的方法和程序构成。会计控制包括授权与批准制度；记账、编制财务报表、保管财务资产等职务的分离；财产的实物控制以及内部审计等控制"。管理控制"由组织计划和所有为提高经营效率、保证管理部门所制定的各项政策得到贯彻执行或与此直接相关的方法和程序构成。管理控制的方法和程序通常只与财务记录发生间接的关系，包括统计分析、时动分析、经营报告、雇员培训计划和质量控制等"。

前者强调与公司财产安全、会计记录的可靠性有关的方法和程序；后者则强调与提高经营效率有关的方法和程序。这种划分对于审计有重要意义，审计人员可以在评价企业内部控制制度的基础上确定实质性测试的范围和方式，在一定程度上降低了审计成本，提高了审计效率。

1973 年，第 1 号审计标准公告（SAS），对会计控制和管理控制给出下列定义：

（1）会计控制。会计控制由组织计划以及与保护资产和保证财务资料可靠性有关的程序和记录构成。会计控制旨在保证：根据管理层的一般授权或特殊授权执行交易；交易的记录必须有利于按照一般公认会计原则或其他有关标准编制财务报表，落实资产责任；只有在得到管理部门批准的情况下，才能接触资产；按照适当的间隔期限，将资产的账面记录与实物资产进行对比，一经发现差异，应采取相应的补救措施。

（2）管理控制。管理控制包括但不限于组织的计划以及与管理部门授权办理经济业务的决策过程有关的程序和记录。这种授权活动是管理部门的职责，它直接与管理部门执行该组织的经营目标有关，是对经济业务进行会计控制的起点。

然而这种划分却带来了消极的后果，审计人员与管理人员对内部控制的认识和理解的分歧与差异很大，财务人员和审计人员只关注内部会计控制，对内部管理控制却不关心。这种人为地划分将完整的内部控制体系给割裂了，从而遭到多方批评和质疑。

（三）内部控制结构

20 世纪 70 年代以后，内部控制研究的重点从一般含义转向具体内容。

20 世纪 60 年代以后，美国进入审计诉讼爆发时期。大量的公司破产倒闭或陷入财务困境，审计风险前所未有地大大增加，审计行业也面临着巨大的社会压力——广大投资者不禁怀疑为什么经过注册会计师审计的报表与事实有这么大的出入，从而将审计人员告上法庭。

与此同时，行业内部也进行自省和检查。1985 年 6 月，美国注册会计师协会（AICPA）、美国会计学会（AAA）、财务经理协会（FEI）、国际内部审计师协会（IIA）以及管理会计师协会（IMA）共同组成了反虚假财务报告全国委员会（Treadway Committee），探讨财务舞弊的根源。

1987 年反虚假财务报告全国委员会发布一份调查报告，即著名的《全国委员会关于反虚假财务呈报的报告》（*Report of the National Commission on Fraudulent Financial Reporting*）。该报告指出，在其所调查的舞弊财务报告中 50% 源于内部控制的失效。另外，由于内部控制的概念和解释不统一，导致管理层、内部审计人员以及外部审计人员对内部控制的理解产生偏差。也就是说，企业组织规模的扩大和经营复杂程度的提高等审计环境的变化使得当时的内部控制概念——"内部会计控制"和"内部管理控制"已经不能保证在提高审计效率、降低审计成本的同时保证审计的质量。

在这种背景下，Treadway 委员会组成了 COSO 委员会（Committee of Sponsoring Organization of the Treadway Commission），专门研究内部控制。

1988 年，美国注册会计师协会发布了第 55 号审计准则公告《会计报表审计中对内部控制结构的关注》，拓展了审计师在财务报表审计中考虑内部控制的责任，修改了内部控制的定义，用"内部控制结构"取代了"内部控制"，不再区分会计控制和管理控制，而是确立了一种控制结构，指出"企业的内部控制结构包括为合理保证企业特定目标而建立的各种政策和程序"，并指出内部控制结构包括控制环境、会计系统和控制程序三个要素。从此，内部控制由"二分法"进入"三分法"——内部控制结构阶段。

1. 控制环境。控制环境是指企业为其雇员创造的工作氛围。控制环境的因素包括：

（1）适当的控制环境中最重要的因素是管理当局的作风。许多例子证明，管理当局的欺诈或不当行为会成为雇员效仿的对象。管理当局的行为表率和适当的沟通是有效控制环境中重要因素。当管理当局的行为无法起到表率作用时，控制环境就遭到了破坏。如果某位经理一边说"不要把钥匙借给其他人或把你的密码告诉其他人"，一边自己又出借钥匙或透露密码，那他实际是发送一组矛盾信号。"行动胜于言词"。管理当局的不当行为成为其他人无视控制程序的合理借口。

（2）清晰的组织结构。当企业的每一个人都能够权责分明、各司其职，则发生舞弊的可能性大大减少。清晰的组织结构有助于追查丢失的财产。

（3）有效的内部审计部门。虽然研究表明内部审计人员只能发现大约20%的雇员舞弊，但是设置内部审计人员本身就对反舞弊具有重大影响。内部审计人员所进行的独立核查使得想要实施舞弊的人怀疑自己是否能够得逞并逍遥法外。

2. 会计系统。所有舞弊包括三个要素：偷盗资产、掩盖舞弊行为、转移。有效的会计系统可以提供审计轨迹，使得舞弊能被发现或难以掩盖。舞弊通常通过会计记录加以掩盖。通过检查未附有凭证的交易记录和不合理的会计报表金额，可以发现舞弊。

3. 控制程序。控制程序是为了保证公司目标实现的程序。包括：职责划分和相互牵制；授权批准制度；独立稽核；实物防护；凭证和记录。

（1）职责划分和相互牵制。职责划分是将职责划分为两部分，以避免某个人员完全操纵某项工作。相互牵制是同一项工作要求有两个人一起完成。国家自然科学基金委员会下中挪用2亿元科研资金，原因是他既做会计又做出纳。

（2）独立稽核。理论依据是：如果人们知道其工作或活动受到其他人的监督，则实施或掩盖舞弊的机会将大大减少。

（3）授权批准制度。长虹公司因合作伙伴美国APEX家电进口公司拖欠4.6亿美元巨款而遭受巨大坏账损失。虽然APEX是长虹的长期合作伙伴，但是在确定信用政策时，长虹考虑坏账风险的策略是难以理解的。因为长虹是在APEX公司拖欠国内多家公司的巨额欠款情况下，还与其签订了巨额赊销合同，如果长虹有合理的内部控制制度，这些情况或许不会发生。

（4）实物防护。可以防止资产的失窃，如保险柜、防护墙。

（5）凭证和记录。很少用于防范性的控制，但可以有效地发现舞弊。

总之，这一阶段的内部控制开始关注组织整体层面的控制，侧重于研究组织的决策、执行、监督以及相互之间的关系，并以此为依据来设计组织的控制体系。

（四）内部控制整体框架

1992 年，COSO 委员会提出了报告《内部控制——整合框架》（以下简称内控框架），这一报告在内部控制的发展过程中具有重要意义。

《2013 版 COSO 内部控制实施指南》中对内部控制的定义如下：内部控制是一套流程，受组织的董事会、管理层和其他员工所影响，被设计并用来为组织提供合理保证，使其实现运营、报告和遵循目标。

该框架下，内部控制定义为"是由企业董事会、管理层和其他人员共同实施的，为经营的效率效果性、财务报告的可靠性、相关法规的遵循性等目标的实现而提供合理保证的过程"。

COSO 内控框架下的内部控制其核心内容可概括为：三大控制目标、五大构成要素。

控制目标包括经营的效率效果性、财务报告的可靠性、法律和法规的遵从性。

COSO 控制框架包括控制环境、风险评估、控制活动、信息与沟通、监控五个要素，覆盖了公司生产经营活动的所有空间和时间，包括从文化理念到考核结果的评价等各个方面。

1. 控制环境，是指董事会与管理层对内部控制的态度、认知度和行动。包括：（1）员工的诚实性和道德观，如有无描述可接受的商业行为、利益冲突、道德行为标准的行为准则。（2）员工的胜任能力，如雇员是否能够胜任质量管理要求。（3）董事会或审计委员会，如董事会是否独立于管理层。（4）管理哲学和经营方式，如管理层对人为操纵或错误记录的态度。（5）组织结构，如信息是否到达合适的管理阶层。（6）授予权利和责任的方式，关键部门经理的职责是否有充分规定。（7）人力资源政策和实施，如是否有关于雇佣、培训、提升和奖励雇员的政策。

2. 风险评估，是管理层识别并采取相应行动，来管理对经营、财务报告、符合性目标有影响的内部或外部风险，包括风险识别和风险分析。风险识别包括对外部因素（如技术发展、竞争、经济变化）和内部因素（如员工素质、公司活动性质、信息系统处理的特点）进行检查。风险分析涉及估计风险的重大程度、评价风险发生的可能性、考虑如何管理风险等。

每个企业都面临着诸多来自内部和外部的风险，影响企业既定目标的实现。因此，必须形成一套有效机制，按照一定标准来识别、分析和管理影响目标实现的相关风险，并适时加以管理。

3. 控制活动，此概念替代了"控制程序"。控制活动是指那些有助于管理层决策顺利实施的政策和程序，也包含对风险采取的控制措施。控制活动存在于企业上下各个层面、各项作业和所有部门。它们通常包括批准、授权、核实、调节和审查经营业绩、保护资产安全和严格职责分工等。控制活动由两部分构成，即政策（policy）和程序（process）。政策是目标，程序是实现政策的操作规程。

4. 信息与沟通（information and communication）。信息与沟通是指必须确定哪些是企业经营管理所需的信息并将其及时传递给相关人员，以便员工履行其职责，全方位支持和执行。信息不仅包括内部产生的信息，还包括与企业经营决策和对外报告相关的外部信息。沟通的方式有政策手册、财务报告手册、备查簿，以及口头交流或管理示例等。

5. 监控（monitoring）。监控是对内部控制体系有效性进行评价的过程。对内部控制体系的监督可以通过持续性监督、独立评价或是将两者结合起来进行。目的是保证内部控制持续有效。

这五个要素是相互关联的。控制环境是其他控制要素的基础，如果控制环境出了问题，企业的内部控制就不可能有效；在规划控制活动时，对企业可能面临的风险进行详细了解；另外，控制哲学、政策和程序必须在组织内有效地沟通；内部控制的设计和执行必须受到有效地监控。

（五）基于企业风险管理整合框架的内部控制

进入 21 世纪后，美国先后爆发了安然、世纪通信、施乐等重大财务舞弊丑闻，人们意识到内部控制框架中可能存在的缺陷，即原有的内部控制框架对于风险的防范和化解强调不够，无法满足企业对风险管理的需求。

美国在 2002 年颁布了《萨班斯—奥克斯利法案》（*Sarbanes-Oxley Act*，以下简称《萨班斯法案》），这部法律扩充了长期持续的对公众公司保持内部控制制度的规定，要求管理当局证实，并由独立审计师鉴证这些制度。人们迫切需要一个能够提供关键原则和概念、通用语言以及明晰的方向和指南的企业风险管理框架。

COSO 委员会在 1992 年报告的基础上，对《萨班斯—奥克斯利法案》的要求进行扩展，于 2004 年 9 月 29 日发布了《企业风险管理——整合框架》。《企业风险管理——整合框架》提出了风险组合的观念，并且增加了三个风险管理要素，即"目标制定""风险识别""风险反应"。《企业风险管理——整合框架》（*Enterprise Risk Management Integrated Framework*，简称 ERM 框架）拓展了内部控制框架，关注于企业风险管理这一更加宽广的领域。根据整合框架，企业风险管理包括了四项目标和八大要素。这四项目标是战略目标、经营目标、报告目标和合规目标。八大要素分别为内部环境、目标制定、风险识别、风险评估、风险应对、控制活动、信息与沟通、监控。

与内部控制框架的定义和内涵相比，ERM 框架更加明确，具体并且拓展或创新了以下概念和内涵：

（1）增加了战略目标。明确了从企业战略制定阶段就必须进行风险管理，内部控制要为企业战略制定和实施的全过程提供合理保证。

（2）将财务报告的可靠性目标发展为报告的可靠性目标。即企业管理层要对发布的所有报告的可靠性负责。

（3）明确内部控制的重点是企业的风险，而风险管理最重要的是识别影响组织的潜在事项，并把风险控制在组织的风险偏好范围之内。为了区分风险与机会，ERM 框架将风险界定为可能有负面影响的事项，并且明确指出风险控制是一个全员参与、全方位管理的过程。

该整合框架对于内部控制的发展有里程碑式的意义：

（1）内部控制由审计导向转为管理导向。由于最初内部控制理论研究人员主要来自会计审计行业和学术界，因此对内部控制的研究不可避免地带有审计导向的烙印。然而，美国安然、世界通信等一系列公司财务丑闻的发生导致加强企业风险管理的呼声越来越高。因此，COSO 委员会希望新的 ERM 框架能够为企业董事会和管理者提供一个用来衡量企业管理团队处理风险以及评价企业风险管理有效性的有力工具。虽然 ERM 框架来源于内部控制框架，但制定的指导思想却有着重要区别：ERM 框架将企业内部控制和风险管理融为一体，是企业管理的重要组成部分。

（2）由财务报告导向的控制转为风险防范导向的控制。一直以来，内部控制理论关注的重点在于公开披露的财务报告，防止财务报告舞弊的发生。然而，财务报告反映的主要是企业过去的财务状况和经营成果，前瞻性较差；并且大多数财务舞弊是管理层在企业出现经营困境时采取的策略，因此仅强调与财务报告相关的内部控制并不能防止企业战略、经营管理上的失败。另外，企业面临的不确定性主要来自政治、法律、宏观经济、竞争格局以及内部的组织人事、质量、业务等方面，这些风险积累到一定程度并发生损失后才会在财务数据上有所体现。因此，以财务报告为关注重点的内部控制理论已经滞后。而 ERM 框架明确将企业风险管理作为内部控制重点，在战略的制定和实施过程中直接管理风险，将事后的反映控制改为事前分析控制，将企业经营风险控制到企业能接受的程度。

第二节　《萨班斯法案》和 404 条款

（一）《萨班斯法案》出台的背景

2001 年开始美国爆发出一系列的财务丑闻案，对美国经济乃至世界经济产生了重大影响，同时严重打击了投资者的信心。尤其是安然公司的财务丑闻，不仅对全球金融市场产生巨大冲击，还导致了百年老店——原五大会计师事务所之一的安达信的倒闭。

安然（Enron）公司是一家能源公司，曾是美国第七大上市公司和全球最大的能源交易商。安然从 1997 年以来，主要通过"组织创新""交易设计"和"衍生工具"等方式，创立了近 3 000 家特殊目的实体（Special Purpose Entity,

SPE），利用这些网络与安然公司进行不具有经济实质的关联交易。安然公司在1997~2000年期间高估了至少4.99亿美元利润、低估了数十亿美元负债。2001年12月2日安然公司宣布申请破产保护时，其流通市值由最高时的680亿美元跌至不足2亿美元。安然公司自1985年成立以来，其财务报表一直由安达信审计。1997~2000年出具的审计报告均为无保留意见。2000年，安达信为安然公司出具了两份报告，一份是无保留意见加解释性说明段（对会计政策变更的说明）的审计报告，另一份是对安然公司管理当局声称其内部控制能够合理保证其财务报表可靠性予以认可的评价报告。经过与安达信的磋商，安然公司2001年11月向美国证券交易委员会（SEC）提交报告，对过去5年财务报表的利润、股东权益、资产总额和负债总额进行了重大的重新表述，并明确提醒投资者：1997~2000年经过审计的财务报表不可信赖。

紧接着安然公司破产案，世界通信公司（Worldcom）也爆发出财务丑闻，2002年6月25日世界通信向媒体宣布，内部审计发现，2001年度以及2002年第一季度，世界通信虚增利润38.52亿元。2002年11月5日世界通信承认的虚假会计利润已经超过93亿美元。世界通信曾经以1150亿美元股票市值成为美国第25大公司。2002年7月21日，世界通信向法院申请破产保护时，申报的资产总额高达1070亿美元，成为美国有史以来最大的破产案。

正是在这一系列丑闻披露的背景下，美国前总统布什在2002年7月签署了《2002年公众公司会计改革和投资者保护法案》又称 *Sarbanes-Oxley Act*（即《萨班斯—奥克斯利法案》法案，以下简称《萨班斯法案》）。

《萨班斯法案》出台后，美国政府要求所有在美国上市的海外企业于2006年7月15日起，要由独立的外部审计师遵照《萨班斯法案》的要求出具审计报告，同时对上市公司披露的定期财务报告和内部控制报告提出了强制要求。

（二）《萨班斯法案》的主要内容及核心条款

《萨班斯法案》对会计行业的监管、审计独立性、财务信息披露、公司责任、证券分析师行为、证券交易委员会的权利和职责、法律责任等诸多方面作出规定。包括：（1）专门成立由5人委员组成的公众公司会计监督委员会（Public Oversight Board，PCAOB），专事会计行业的注册、调查、监管、惩戒等；（2）限制会计师事务所向审计客户提供的非审计服务（如许多咨询服务）；（3）要求公司首席执行官（Chief Executive Officer，CEO）和首席财务官（Chief Financial Officer，CFO）对公司财务报告是否公允地反映了公司财务状况和经营成果作出保证；（4）对故意提供虚假财务报告、故意销毁、隐匿、伪造财务报告、证券欺诈等犯罪行为处以重典（涉嫌财务报告的犯罪行为最高可处20年监禁，而涉嫌欺诈的犯罪行为则最高可处25年监禁）等。

《萨班斯法案》中最重要的两个条款是302条款和404条款。302条款和404条款的制定对于公司建立完善的内部控制制度和公司治理结构起到了一个指导作用，通过建立一个完善的内部控制体系，使企业随时监管自身的财务和生产经营状况。302 条款要求公司的首席执行官和首席财务官在提交定期财务公告的时候，提交一份个人签署的书面认证文件和对财务报告的真实性负责的一份声明。404 条款则要求在提交定期财务报告出台之后，由公司出具一份内部控制评估报告。

（三）404 条款的主要内容

该条款原文如下：

1. 规则要求。证券交易委员会应要求所有依照《1934 年证券交易法案》第 13（a）或第 15（d）条款编制的年度报告中都包含一份内部控制报告，这份内部控制报告应该：

（1）表明公司管理层有建立和维持财务报告内部控制系统及相关控制程序充分有效的职责。

（2）包含管理层在最近一个财政年度年底对财务报告内部控制系统及程序有效进行评估的结果。

2. 内部控制评估与报告。对公司财务报告进行审核的注册公共会计公司应对公司管理层内部控制评估进行鉴证，并出具鉴证报告。鉴证应执行委员会发布或认可的准则。这种鉴证不应成为一种单独的业务。

对于上市公司来说，404 条款的实施必须由公司董事、管理层、404 项目小组、内部审计总监与其他人士积极参与，一般来说分为以下四个阶段：（1）公司应制订内部控制详细目录，确定内部控制是否足够，并与内部控制框架进行对照；（2）记录控制措施评估方式以及未来将被用来弥补控制缺陷的政策和流程（如果存在）；（3）测试工作，以确保控制措施和补救手段起到预期作用；（4）管理层要将前述三个阶段的活动情况进行总结并撰写报告。

404 条款明确规定了管理层应承担设立和维持一个应有的内部控制结构的职责。该条款要求上市公司必须在年报中提供内部控制报告和内部控制评价报告；上市公司的管理层和注册会计师都需要对企业的内部控制系统作出评价，注册会计师还必须对公司管理层评估过程以及内部控制系统结论进行相应的检查并出具正式意见。

（四）实务界执行《萨班斯法案》的反馈

《萨班斯法案》执行以来得到了较好的评价，比如，公司与投资者的关系大为改善、企业控制环境得以明显改观、企业风险得到较好控制、资本市场的吸引力得以增强等。404 条款已揭示出许多上市公司有重大缺陷。上市公司为达到其要求，内部控制水平不断提高，揭示出重大缺陷的公司的数量在逐年下降，2003 年是 638 家，2004 年是 502 家，2005 年是 363 家。[①]

然而，也有人指出，法案的方法很偏激，尤其是其中的 404 条款，因为执行

---

① 孟焰，张军. 萨班斯法案 404 条款执行效果及借鉴 [J]. 审计研究，2010（3）：96－100.

该条款要花费巨大的人力和物力，404 条款被称为《萨班斯法案》中最昂贵的条款。404 条款究竟有多昂贵？根据国际财务执行官（FEI）对 321 家企业的调查结果，每家需要遵守《萨班斯法案》的美国大型企业第一年实施 404 条款的总成本将超过 460 万美元。这些成本包括 35 000 小时的内部人员投入、130 万美元的外部顾问和软件费用以及 150 万美元的额外审计费用（增幅达到 35%）。全球著名的通用电气公司就表示，404 条款致使公司在执行内部控制规定上的花费已经高达 3000 万美元。[①]

2002 年《萨班斯法案》是自 1933 年《证券法》和 1934 年《证券交易法》颁布以来对上市公司和证券监管影响最大的法案，也是美国证券交易委员会由传统的信息披露监管转向信息披露和公司治理监管并重的转折点。

第三节　我国内部控制理论的变化和发展

一、内部控制规范的雏形

我国早在西周时期，官厅组织结构就已经比较完备。据《周礼》记载，在当时的西周王朝，周王为最高统治者，在周王之下设有天官冢宰、地官司徒、春官宗伯、夏官司马、秋官司寇和冬官考工等六大官职。西周时期的内部牵制主要包括：（1）财物分管，即在天官冢宰下分设大府、玉府、内府、外府、职币等机构，分管王朝的财物；（2）职务分离，即会计记账、收入核算、支出核算和实物保管分别由不同官员实施；（3）内部稽核，即宰夫行使稽核职权，负责组织对财物保管部门年度、月度、旬度的财物出入和经济收支情况进行详细、全面的稽核，并以稽核结果作为评定官吏政绩优劣的依据。

从历史发展来看，我国古代内部控制制度始于西周，完善于唐朝，衰落于宋代。

1949～1992 年，我国实行的是计划经济体制，企业没有自主权、投资权和筹资权、用人权和解雇权等，财产可以统一调拨、资金可以统一调度，一切听从国家计划的安排。没有内部控制的称谓，所以当时的内部控制十分不全面、不完善，有的只是生产控制、成本控制、财产安全控制等。

20 世纪 90 年代以后，我国开始实行市场经济体制，并设立股份公司和资本市场，在改革开放的同时开始借鉴西方的公司治理及监管措施，一系列跟公司规范有关的法律法规制度开始出台。

中国注册会计师协会在 1996 年发布了《独立审计具体准则第 9 号——内部控制与审计风险》，要求注册会计师在审计过程中必须了解被审计单位的内部控制。认为内部控制是为了保证业务、资产、会计资料的相关要求而制定和实施的

---

① 陈赛珍. 解析 404 条款：萨班斯法案最大的挑战［J］. 会计师，2005.

政策与程序。内部控制包括控制环境、会计系统和控制程序。

1999 年修订、2000 年实施的新《会计法》是我国第一部体现内部会计控制要求的法律，该法对内部控制需达到的目标、内部会计控制的内容以及运用方法做了具体要求。目标方面涉及会计行为、会计资料、单位资产等；内容方面从会计控制角度涉及整个业务活动。内部控制方法包括：不相容职务相互分离控制、授权批准控制、会计系统控制、预算控制、财产保全控制、风险控制、内部报告控制、电子信息技术控制。

二、内部控制规范的形成——《内部会计控制规范》

自 2001 年 6 月起，财政部发布了《内部会计控制规范——基本规范》《内部会计控制规范——货币资金》《内部会计控制规范——采购与付款》《内部会计控制规范——销售与收款》《内部会计控制规范——工程项目》等专项规范，并发布了《内部会计控制规范——担保》《内部会计控制规范——对外投资》《内部会计控制规范——成本费用》，对单位内部会计控制和与会计相关的控制进行了原则性详细规范。

《内部会计控制规范——基本规范》中指出，"内部会计控制是指单位为了提高会计信息质量，保护资产的安全、完整，确保有关法律法规和规章制度的贯彻执行等而制定和实施的一系列控制方法、措施和程序。"内部会计控制的目标包括：提高会计信息质量；保护资产的安全完整；确保有关法律法规的贯彻执行。

但是，全文未对"内部会计控制"作出界定。在总则第二条关于内部控制的定义中也未涉及"内部会计控制"和"内部控制"的关系，造成存在以下问题："内部会计控制"和"内部控制"两个概念混用；另外在内部会计控制的总标题下，该规范中各章的内容已经大大超出内部会计控制的范畴，但又未包揽内部控制的全部内容。而会计控制是内部控制的重要内容但不是其全部内容。

2001 年 1 月 31 日中国证监会发布《证券公司内部控制指引》，目的是引导证券公司规范经营，完善证券公司内部控制机制，增强证券公司自我约束能力，推动证券公司现代企业制度建设，防范和化解金融风险。内部控制应充分考虑控制环境、风险识别与评估、控制活动与措施、信息沟通与反馈、监督与评价等要素。

有效的内部控制应为证券公司实现下述目标提供合理保证：

（1）保证经营的合法合规及证券公司内部规章制度的贯彻执行。

（2）防范经营风险和道德风险。

（3）保障客户及证券公司资产的安全、完整。

（4）保证证券公司业务记录、财务信息和其他信息的可靠、完整、及时。

（5）提高证券公司经营效率和效果。

可以看出，不同的组织或部门对内部控制目标的设定是不同的，没有反映出企业内部控制具有普遍意义的概括性目标。

三、中国版《萨班斯法案》——《企业内部控制基本规范》

（一）出台背景

改革开放以来，国有企业改革如火如荼，但同时弊病凸显，内部控制的缺失是其中之一。我国上市公司频繁出现的大股东侵占上市公司资金、上市公司违规担保等问题，严重影响了资本市场的健康发展，打击了中小股东的投资信心，恶化了中国的金融环境。加强上市公司监管，完善上市公司内外治理，是建立现代企业制度的一部分。

2006 年 7 月 15 日，财政部牵头成立我国"企业内部控制标准委员会"，研究制定我国企业内部控制规范。2007 年 3 月 2 日，财政部发布了《企业内部控制规范——基本规范》和 17 项具体规范（征求意见稿），向全国征求意见。

2008 年，中国五部委联合发布了《企业内部控制基本规范》（以下简称《基本规范》），并于 2009 年 7 月在上市公司范围执行，这标志着中国版《萨班斯法案》的正式启动。2010 年 4 月 26 日，财政部、证监会、审计署、银监会、保监会联合发布了《企业内部控制配套指引》（以下简称《指引》）。该配套指引包括 18 项《企业内部控制应用指引》《企业内部控制评价指引》《企业内部控制审计指引》，并规定自 2011 年 1 月 1 日起在境内外同时上市的公司执行，2012 年 1 月 1 日起在上交所、深交所主板上市公司执行。《指引》连同此前发布的《基本规范》，标志着适合我国的企业内部控制规范体系已基本建成。

（二）内部控制的目标

根据《企业内部控制基本规范》，内部控制是由企业董事会、监事会、经理层和全体员工实施的、旨在实现控制目标的过程。内部控制的目标是合理保证企业经营管理合法合规、资产安全、财务报告及相关信息真实完整，提高经营效率和效果，促进企业实现发展战略。内控框架、ERM 框架和《基本规范》中控制目标的比较如表 2 - 1 所示。

表 2 - 1　　　内控框架、ERM 框架、《基本规范》中控制目标的比较

	内控框架	ERM 框架	《企业内部控制基本规范》
目标	经营的效率效果性 财务报告的可靠性 法律和法规的遵从性	战略目标 经营目标 报告目标 合法目标	经营管理合法合规 资产安全 财务报告及相关信息真实完整 提高经营效率和效果 促进企业实现发展战略

（三）内部控制的要素

根据《企业内部控制基本规范》，内部控制包括下列五个要素。

1. 内部环境。内部环境是企业实施内部控制的基础，一般包括治理结构及权责分配、内部审计、人力资源政策、企业文化等。

（1）治理结构及权责分配。规定了股东（大）会、董事会、监事会和经理层的职责。股东（大）会享有法律法规和企业章程规定的合法权利，依法行使企业经营方针、筹资、投资、利润分配等重大事项的表决权。董事会对股东（大）会负责，依法行使企业的经营决策权。监事会对股东（大）会负责，监督企业董事、经理和其他高级管理人员依法履行职责。经理层负责组织实施股东（大）会、董事会决议事项，主持企业的生产经营管理工作。

董事会负责内部控制的建立健全和有效实施。监事会对董事会建立与实施内部控制进行监督。经理层负责组织领导企业内部控制的日常运行。企业应当成立专门机构或者指定适当的机构具体负责组织协调内部控制的建立实施及日常工作。

企业应当在董事会下设立审计委员会。审计委员会负责审查企业内部控制，监督内部控制的有效实施和内部控制自我评价情况，协调内部控制审计及其他相关事宜等。审计委员会负责人应当具备相应的独立性、良好的职业操守和专业胜任能力。

（2）内部审计。内部审计机构应当结合内部审计监督，对内部控制的有效性进行监督检查。内部审计机构对监督检查中发现的内部控制缺陷，应当按照企业内部审计工作程序进行报告；对监督检查中发现的内部控制重大缺陷，有权直接向董事会及其审计委员会、监事会报告。

（3）人力资源政策。包括员工的聘用、培训、辞退与辞职；员工的薪酬、考核、晋升与奖惩；关键岗位员工的强制休假制度和定期岗位轮换制度；掌握国家秘密或重要商业秘密的员工离岗的限制性规定及其他政策。

企业应当将职业道德修养和专业胜任能力作为选拔和聘用员工的重要标准，切实加强员工培训和继续教育，不断提升员工素质。

（4）企业文化。企业应当加强文化建设，培育积极向上的价值观和社会责任感，倡导诚实守信、爱岗敬业、开拓创新和团队协作精神，树立现代管理理念，强化风险意识。董事、监事、经理及其他高级管理人员应当在企业文化建设中发挥主导作用。企业员工应当遵守员工行为守则，认真履行岗位职责。

2. 风险评估。风险评估是企业及时识别、系统分析经营活动中与实现内部控制目标相关的风险，合理确定风险应对策略。

企业开展风险评估，应当准确识别与实现控制目标相关的内部风险和外部风险，确定相应的风险承受度。

企业识别内部风险，应当关注下列因素：

（1）董事、监事、经理及其他高级管理人员的职业操守、员工专业胜任能力等人力资源因素。

（2）组织机构、经营方式、资产管理、业务流程等管理因素。

（3）研究开发、技术投入、信息技术运用等自主创新因素。

（4）财务状况、经营成果、现金流量等财务因素。

（5）营运安全、员工健康、环境保护等安全环保因素。

（6）其他有关内部风险因素。

企业识别外部风险，应当关注下列因素：

（1）经济形势、产业政策、融资环境、市场竞争、资源供给等经济因素。

（2）法律法规、监管要求等法律因素。

（3）安全稳定、文化传统、社会信用、教育水平、消费者行为等社会因素。

（4）技术进步、工艺改进等科学技术因素。

（5）自然灾害、环境状况等自然环境因素。

（6）其他有关外部风险因素。

企业应当综合运用风险规避、风险降低、风险分担和风险承受等风险应对策略，实现对风险的有效控制。

风险规避是企业对超出风险承受度的风险，通过放弃或者停止与该风险相关的业务活动以避免和减轻损失的策略。

风险降低是企业在权衡成本效益之后，准备采取适当的控制措施降低风险或者减轻损失，将风险控制在风险承受度之内的策略。

风险分担是企业准备借助他人力量，采取业务分包、购买保险等方式和适当的控制措施，将风险控制在风险承受度之内的策略。

风险承受是企业对风险承受度之内的风险，在权衡成本效益之后，不准备采取控制措施降低风险或者减轻损失的策略。

企业应当结合不同发展阶段和业务拓展情况，持续收集与风险变化相关的信息，进行风险识别和风险分析，及时调整风险应对策略。

3. 控制活动。控制活动是企业根据风险评估结果，采用相应的控制措施，将风险控制在可承受度之内。

控制措施一般包括：不相容职务分离控制、授权审批控制、会计系统控制、财产保护控制、预算控制、运营分析控制和绩效考评控制等。

4. 信息与沟通。信息与沟通是企业及时、准确地收集、传递与内部控制相关的信息，确保信息在企业内部、企业与外部之间进行有效沟通。

企业应当对收集的各种内部信息和外部信息进行合理筛选、核对、整合，提高信息的有用性。

企业可以通过财务会计资料、经营管理资料、调研报告、专项信息、内部刊物、办公网络等渠道，获取内部信息。

企业可以通过行业协会组织、社会中介机构、业务往来单位、市场调查、来信来访、网络媒体以及有关监管部门等渠道，获取外部信息。

企业应当将内部控制相关信息在企业内部各管理级次、责任单位、业务环节之间，以及企业与外部投资者、债权人、客户、供应商、中介机构和监管部门等有关方面之间进行沟通和反馈。信息沟通过程中发现的问题，应当及时报告并加以解决。重要信息应当及时传递给董事会、监事会和经理层。

企业应当建立反舞弊机制，坚持惩防并举、重在预防的原则，明确反舞弊工作的重点领域、关键环节和有关机构在反舞弊工作中的职责权限，规范舞弊案件的举报、调查、处理、报告和补救程序。

企业至少应当将下列情形作为反舞弊工作的重点：

（1）未经授权或者采取其他不法方式侵占、挪用企业资产，牟取不当利益。

（2）在财务会计报告和信息披露等方面存在的虚假记载、误导性陈述或者重大遗漏等。

（3）董事、监事、经理及其他高级管理人员滥用职权。

（4）相关机构或人员串通舞弊。

5. 内部监督。内部监督是企业对内部控制建立与实施情况进行监督检查，评价内部控制的有效性，发现内部控制缺陷，应当及时加以改进。

内部监督分为日常监督和专项监督。日常监督是指企业对建立与实施内部控制的情况进行常规、持续的监督检查；专项监督是指在企业发展战略、组织结构、经营活动、业务流程、关键岗位员工等发生较大调整或变化的情况下，对内部控制的某一或者某些方面进行有针对性的监督检查。

专项监督的范围和频率应当根据风险评估结果以及日常监督的有效性等予以确定。

企业应当制定内部控制缺陷认定标准，对监督过程中发现的内部控制缺陷，应当分析缺陷的性质和产生的原因，提出整改方案，采取适当的形式及时向董事会、监事会或者经理层报告。

内部控制缺陷包括设计缺陷和运行缺陷。企业应当跟踪内部控制缺陷整改情况，并就内部监督中发现的重大缺陷，追究相关责任单位或者责任人的责任。

企业应当结合内部监督情况，定期对内部控制的有效性进行自我评价，出具内部控制自我评价报告。

内部控制自我评价的方式、范围、程序和频率，由企业根据经营业务调整、经营环境变化、业务发展状况、实际风险水平等自行确定。

（四）与《萨班斯法案》的比较

《企业内部控制基本规范》以及2006年颁布的《企业会计准则》《独立审计准则》都是我国与国际接轨的重大改革，体现了中国经济与全球经济的进一步接轨和整合。《企业内部控制基本规范》被誉为中国版的《萨班斯法案》。但是二者也有显著的区别，如表2-2所示。

表2-2 《企业内部控制基本规范》与《萨班斯法案》的区别

项目	《企业内部控制基本规范》	《萨班斯法案》
适用范围	除上市公司外，还鼓励非上市公司与其他大中型企业加强企业内部控制管理	只限于上市公司
具体规定	原则性规定	详细
严厉程度	没有规定未达标如何处罚	企业必须达到法案要求，否则要受到严厉惩罚

《企业内部控制基本规范》为上市公司加强内部控制建设提供了权威的指引，是我国内部控制发展的一个里程碑。不仅有利于上市公司提高经营管理水平和风险管理能力，还有助于提高中国海外上市企业的整体形象。

第四节　企业内部控制配套指引简介

为了促进企业建立、实施和评价内部控制，规范会计师事务所内部控制审计行为，根据国家有关法律法规和《企业内部控制基本规范》，财政部会同证监会、审计署、银监会、保监会制定了《企业内部控制应用指引第 1 号——组织架构》等 18 项应用指引、《企业内部控制评价指引》和《企业内部控制审计指引》（以下简称企业内部控制配套指引）。为确保企业内部控制规范体系平稳顺利实施，财政部等五部门制定了实施时间表：自 2011 年 1 月 1 日起首先在境内外同时上市的公司施行，自 2012 年 1 月 1 日起扩大到在上海证券交易所、深圳证券交易所主板上市的公司施行；在此基础上，择机在中小板和创业板上市公司施行；同时，鼓励非上市大中型企业提前执行。

本节对企业内部控制配套指引主要内容做简单介绍。

一、企业内部控制应用指引

为了促进企业实现发展战略，优化治理结构、管理体制和运行机制，建立现代企业制度，根据《中华人民共和国公司法》等有关法律法规和《企业内部控制基本规范》，制定内部控制应用指引共 18 项应用指引。其中包括：企业内部控制应用指引第 1 号——组织架构；企业内部控制应用指引第 2 号——发展战略；企业内部控制应用指引第 3 号——人力资源；企业内部控制应用指引第 4 号——社会责任；企业内部控制应用指引第 5 号——企业文化；企业内部控制应用指引第 6 号——资金活动；企业内部控制应用指引第 7 号——采购业务；企业内部控制应用指引第 8 号——资产管理；企业内部控制应用指引第 9 号——销售业务；企业内部控制应用指引第 10 号——研究与开发；企业内部控制应用指引第 11 号——工程项目；企业内部控制应用指引第 12 号——担保业务；企业内部控制应用指引第 13 号——业务外包；企业内部控制应用指引第 14 号——财务报告；企业内部控制应用指引第 15 号——全面预算；企业内部控制应用指引第 16 号——合同管理；企业内部控制应用指引第 17 号——内部信息传递；企业内部控制应用指引第 18 号——信息系统。

附《企业内部控制应用指引第 1 号——组织架构》及《企业内部控制应用指引第 2 号——发展战略》正文如下：

企业内部控制应用指引第1号——组织架构

第一章　总　　则

第一条　为了促进企业实现发展战略，优化治理结构、管理体制和运行机制，建立现代企业制度，根据《中华人民共和国公司法》等有关法律法规和《企业内部控制基本规范》，制定本指引。

第二条　本指引所称组织架构，是指企业按照国家有关法律法规、股东（大）会决议和企业章程，结合本企业实际，明确股东（大）会、董事会、监事会、经理层和企业内部各层级机构设置、职责权限、人员编制、工作程序和相关要求的制度安排。

第三条　企业至少应当关注组织架构设计与运行中的下列风险：

（一）治理结构形同虚设，缺乏科学决策、良性运行机制和执行力，可能导致企业经营失败，难以实现发展战略。

（二）内部机构设计不科学，权责分配不合理，可能导致机构重叠、职能交叉或缺失、推诿扯皮，运行效率低下。

第二章　组织架构的设计

第四条　企业应当根据国家有关法律法规的规定，明确董事会、监事会和经理层的职责权限、任职条件、议事规则和工作程序，确保决策、执行和监督相互分离，形成制衡。

董事会对股东（大）会负责，依法行使企业的经营决策权。可按照股东（大）会的有关决议，设立战略、审计、提名、薪酬与考核等专门委员会，明确各专门委员会的职责权限、任职资格、议事规则和工作程序，为董事会科学决策提供支持。

监事会对股东（大）会负责，监督企业董事、经理和其他高级管理人员依法履行职责。

经理层对董事会负责，主持企业的生产经营管理工作。经理和其他高级管理人员的职责分工应当明确。

董事会、监事会和经理层的产生程序应当合法合规，其人员构成、知识结构、能力素质应当满足履行职责的要求。

第五条　企业的重大决策、重大事项、重要人事任免及大额资金支付业务等，应当按照规定的权限和程序实行集体决策审批或者联签制度。任何个人不得单独进行决策或者擅自改变集体决策意见。

重大决策、重大事项、重要人事任免及大额资金支付业务的具体标准由企业自行确定。

第六条　企业应当按照科学、精简、高效、透明、制衡的原则，综合考虑企业性质、发展战略、文化理念和管理要求等因素，合理设置内部职能机构，明确各机构的职责权限，避免职能交叉、缺失或权责过于集中，形成各司其职、各负其责、相互制约、相互协调的工作机制。

第七条　企业应当对各机构的职能进行科学合理的分解，确定具体岗位的名称、职责和工作要求等，明确各个岗位的权限和相互关系。

企业在确定职权和岗位分工过程中，应当体现不相容职务相互分离的要求。不相容职务通常包括：可行性研究与决策审批；决策审批与执行；执行与监督检查等。

第八条　企业应当制定组织结构图、业务流程图、岗（职）位说明书和权限指引等内部管理制度或相关文件，使员工了解和掌握组织架构设计及权责分配情况，正确履行职责。

第三章　组织架构的运行

第九条　企业应当根据组织架构的设计规范，对现有治理结构和内部机构设置进行全面梳理，确保本企业治理结构、内部机构设置和运行机制等符合现代企业制度要求。

企业梳理治理结构，应当重点关注董事、监事、经理及其他高级管理人员的任职资格和履职情况，以及董事会、监事会和经理层的运行效果。治理结构存在问题的，应当采取有效措施加以改进。

企业梳理内部机构设置，应当重点关注内部机构设置的合理性和运行的高效性等。内部机构设置和运行中存在职能交叉、缺失或运行效率低下的，应当及时解决。

第十条　企业拥有子公司的，应当建立科学的投资管控制度，通过合法有效的形式履行出资人职责、维护出资人权益，重点关注子公司特别是异地、境外子公司的发展战略、年度财务预决算、重大投融资、重大担保、大额资金使用、主要资产处置、重要人事任免、内部控制体系建设等重要事项。

第十一条　企业应当定期对组织架构设计与运行的效率和效果进行全面评估，发现组织架构设计与运行中存在缺陷的，应当进行优化调整。

企业组织架构调整应当充分听取董事、监事、高级管理人员和其他员工的意见，按照规定的权限和程序进行决策审批。

企业内部控制应用指引第 2 号——发展战略

第一章　总　　则

第一条　为了促进企业增强核心竞争力和可持续发展能力，根据有关法律法规和《企业内部控制基本规范》，制定本指引。

第二条　本指引所称发展战略，是指企业在对现实状况和未来趋势进行综合分析和科学预测的基础上，制定并实施的长远发展目标与战略规划。

第三条　企业制定与实施发展战略至少应当关注下列风险：

（一）缺乏明确的发展战略或发展战略实施不到位，可能导致企业盲目发展，难以形成竞争优势，丧失发展机遇和动力。

（二）发展战略过于激进，脱离企业实际能力或偏离主业，可能导致企业过度扩张，甚至经营失败。

（三）发展战略因主观原因频繁变动，可能导致资源浪费，甚至危及企业的生存和持续发展。

第二章　发展战略的制定

第四条　企业应当在充分调查研究、科学分析预测和广泛征求意见的基础上制定发展目标。

企业在制定发展目标过程中，应当综合考虑宏观经济政策、国内外市场需求变化、技术发展趋势、行业及竞争对手状况、可利用资源水平和自身优势与劣势等影响因素。

第五条　企业应当根据发展目标制定战略规划。战略规划应当明确发展的阶段性和发展程度，确定每个发展阶段的具体目标、工作任务和实施路径。

第六条　企业应当在董事会下设立战略委员会，或指定相关机构负责发展战略管理工作，履行相应职责。

企业应当明确战略委员会的职责和议事规则，对战略委员会会议的召开程序、表决方式、提案审议、保密要求和会议记录等作出规定，确保议事过程规范透明、决策程序科学民主。

战略委员会应当组织有关部门对发展目标和战略规划进行可行性研究和科学论证，形成发展战略建议方案；必要时，可借助中介机构和外部专家的力量为其履行职责提供专业咨询意见。

战略委员会成员应当具有较强的综合素质和实践经验，其任职资格和选任程序应当符合有关法律法规和企业章程的规定。

第七条　董事会应当严格审议战略委员会提交的发展战略方案，重点关注其全局性、长期性和可行性。

董事会在审议方案中如果发现重大问题，应当责成战略委员会对方案作出调整。

企业的发展战略方案经董事会审议通过后，报经股东（大）会批准实施。

第三章　发展战略的实施

第八条　企业应当根据发展战略，制定年度工作计划，编制全面预算，将年度目标分解、落实；同时完善发展战略管理制度，确保发展战略有效实施。

第九条　企业应当重视发展战略的宣传工作，通过内部各层级会议和教育培训等有效方式，将发展战略及其分解落实情况传递到内部各管理层级和全体员工。

第十条　战略委员会应当加强对发展战略实施情况的监控，定期收集和分析相关信息，对于明显偏离发展战略的情况，应当及时报告。

第十一条　由于经济形势、产业政策、技术进步、行业状况以及不可抗力等因素发生重大变化，确需对发展战略作出调整的，应当按照规定权限和程序调整发展战略。

二、企业内部控制评价指引

为了促进企业全面评价内部控制的设计与运行情况，规范内部控制评价程序和评价报告，揭示和防范风险，根据有关法律法规和《企业内部控制基本规范》，制定内部控制评价指引。内容共五章二十七条：第一章 总则；第二章 内部控制评价的内容；第三章 内部控制评价的程序；第四章 内部控制缺陷的认定；第五章 内部控制评价报告。

附企业内部控制评价指引第一章、第二章、第三章正文如下：

第一章　总　　则

第一条　为了促进企业全面评价内部控制的设计与运行情况，规范内部控制评价程序和评价报告，揭示和防范风险，根据有关法律法规和《企业内部控制基本规范》，制定本指引。

第二条　本指引所称内部控制评价，是指企业董事会或类似权力机构对内部控制的有效性进行全面评价、形成评价结论、出具评价报告的过程。

第三条　企业实施内部控制评价至少应当遵循下列原则：

（一）全面性原则。评价工作应当包括内部控制的设计与运行，涵盖企业及其所属单位的各种业务和事项。

（二）重要性原则。评价工作应当在全面评价的基础上，关注重要业务单位、重大业务事项和高风险领域。

（三）客观性原则。评价工作应当准确地揭示经营管理的风险状况，如实反映内部控制设计与运行的有效性。

第四条　企业应当根据本评价指引，结合内部控制设计与运行的实际情况，制定具体的内部控制评价办法，规定评价的原则、内容、程序、方法和报告形式等，明确相关机构或岗位的职责权限，落实责任制，按照规定的办法、程序和要求，有序开展内部控制评价工作。

企业董事会应当对内部控制评价报告的真实性负责。

第二章　内部控制评价的内容

第五条　企业应当根据《企业内部控制基本规范》、应用指引以及本企业的内部控制制度，围绕内部环境、风险评估、控制活动、信息与沟通、内部监督等要素，确定内部控制评价的具体内容，对内部控制设计与运行情况进行全面评价。

第六条　企业组织开展内部环境评价，应当以组织架构、发展战略、人力资源、企业文化、社会责任等应用指引为依据，结合本企业的内部控制制度，对内部环境的设计及实际运行情况进行认定和评价。

第七条　企业组织开展风险评估机制评价，应当以《企业内部控制基本规范》有关风险评估的要求，以及各项应用指引中所列主要风险为依据，结合本企业的内部控制制度，对日常经营管理过程中的风险识别、风险分析、应对策略等进行认定和评价。

第八条　企业组织开展控制活动评价，应当以《企业内部控制基本规范》和各项应用指引中的控制措施为依据，结合本企业的内部控制制度，对相关控制措施的设计和运行情况进行认定和评价。

第九条　企业组织开展信息与沟通评价，应当以内部信息传递、财务报告、信息系统等相关应用指引为依据，结合本企业的内部控制制度，对信息收集、处理和传递的及时性、反舞弊机制的健全性、财务报告的真实性、信息系统的安全性，以及利用信息系统实施内部控制的有效性等进行认定和评价。

第十条　企业组织开展内部监督评价，应当以《企业内部控制基本规范》有关内部监督的要求，以及各项应用指引中有关日常管控的规定为依据，结合本企业的内部控制制度，对内部监督机制的有效性进行认定和评价，重点关注监事会、审计委员会、内部审计机构等是否在内部控制设计和运行中有效发挥监督作用。

第十一条　内部控制评价工作应当形成工作底稿，详细记录企业执行评价工作的内容，包括评价要素、主要风险点、采取的控制措施、有关证据资料以及认定结果等。评价工作底稿应当设计合理、证据充分、简便易行、便于操作。

第三章　内部控制评价的程序

第十二条　企业应当按照内部控制评价办法规定的程序，有序开展内部控制评价工作。

内部控制评价程序一般包括：制定评价工作方案、组成评价工作组、实施现场测试、认定控制缺陷、汇总评价结果、编报评价报告等环节。

企业可以授权内部审计部门或专门机构（以下简称内部控制评价部门）负责内部控制评价的具体组织实施工作。

第十三条　企业内部控制评价部门应当拟订评价工作方案，明确评价范围、工作任务、人员组织、进度安排和费用预算等相关内容，报经董事会或其授权机构审批后实施。

第十四条　企业内部控制评价部门应当根据经批准的评价方案，组成内部控制评价工作组，具体实施内部控制评价工作。评价工作组应当吸收企业内部相关机构熟悉情况的业务骨干参加。评价工作组成员对本部门的内部控制评价工作应当实行回避制度。

企业可以委托中介机构实施内部控制评价。为企业提供内部控制审计服务的会计师事务所，不得同时为同一企业提供内部控制评价服务。

第十五条　内部控制评价工作组应当对被评价单位进行现场测试，综合运用个别访谈、调查问卷、专题讨论、穿行测试、实地查验、抽样和比较分析等方法，充分收集被评价单位内部控制设计和运行是否有效的证据，按照评价的具体内容，如实填写评价工作底稿，研究分析内部控制缺陷。

三、企业内部控制审计指引

为了规范注册会计师执行企业内部控制审计业务，明确工作要求，保证执业质量，根据《企业内部控制基本规范》《中国注册会计师鉴证业务基本准则》及相关执业准则，制定内部控制审计指引，内容共七章三十五条：第一章　总则；第二章　计划审计工作；第三章　实施审计工作；第四章　评价控制缺陷；第五章　完成审计工作；第六章　出具审计报告；第七章　记录审计工作及附录中附录的内部控制审计报告参考格式。

附企业内部控制审计指引第一章、第二章、第三章正文如下：

第一章　总　　则

第一条　为了规范注册会计师执行企业内部控制审计业务，明确工作要求，保证执业质量，根据《企业内部控制基本规范》《中国注册会计师鉴证业务基本准则》及相关执业准则，制定本指引。

第二条　本指引所称内部控制审计，是指会计师事务所接受委托，对特定基准日内部控制设计与运用的有效性进行审计。

第三条　建立健全和有效实施内部控制，评价内部控制有效性是企业董事会的责任。按照本指引的要求，在实施审计工作的基础上对内部控制的有效性发表审计意见，是注册会计师的责任。

第四条　注册会计师执行内部控制审计工作，应当获取充分、适当的证据，为发布内部控制审计意见提供合理保证。

注册会计师应当对财务报告内部控制的有效性发表审计意见，并对内部控制审计过程中注意到的非财务报告内部控制的重大缺陷，在内部控制审计报告中增加"非财务报告内部控制重大缺陷描述段"予以披露。

第五条　注册会计师可以单独进行内部控制审计，也可将内部控制审计与财务报表审计整合进行（以下简称整合审计）。

在整合审计中，注册会计师应当对内部控制设计和运行的有效性进行测试，以同时实现下列目标：

（一）获取充分、适当的证据，支持其在内部控制审计中对内部控制的有效性发表的意见。

（二）获取充分、适当的证据，支持其在财务报表审计中对控制的风险评估结果。

第二章　计划审计工作

第六条　注册会计师应当恰当地计划内部控制审计工作，配备具有专业胜任能力的项目组，并对助理人员进行适当的督导。

第七条　在计划审计工作时，注册会计师应当评价下列事项对内部控制、财务报表以及审计工作的影响：

（一）与企业相关的风险。

（二）相关法律法规和行业概况。

（三）企业组织结构、经营特征和资本结构等相关重要事项。

（四）企业内部控制最近发生变化的程度。

（五）与企业沟通过的内部控制缺陷。

（六）重要性、风险等与确定内部控制重大缺陷相关的因素。

（七）对内部控制有效性的初步判断。

（八）可获取的、与内部控制有效性相关的证据的类型和范围。

第八条　注册会计师应当以风险评估为基础，选择拟测试的控制，确定测试所需收集的证据。

内部控制的特定领域存在重大缺陷的风险越高，给予该领域的审计关注就越多。

第九条　注册会计师应当对企业内部控制自我评价工作进行评估，判断是否利用企业内部审计人员、内部控制评价人员和其他相关人员的工作以及利用的程度，相应减少可能本应由注册会计师执行的工作。

注册会计师利用企业内部审计人员、内部控制评价人员和其他相关人员的工作，应当对其专业胜任能力和客观性进行充分评价。

与某项控制相关的风险越高，可利用程度就越低，注册会计师应当更多地亲自对该项控制进行测试。

注册会计师应当对发表的审计意见独立承担责任，其责任不因为利用企业内部审计人员、内部控制评价人员和其他相关人员的工作而减轻。

第三章　实施审计工作

第十条　注册会计师应当按照自上而下的方法实施审计工作。自上而下的方法是注册会计师识别风险、选择拟测试控制的基本思路。注册会计师在实施审计工作时，可以将企业层面控制和业务层面控制的测试结合进行。

第十一条　注册会计师测试企业层面控制，应当把握重要性原则，至少应当关注：

（一）与内部环境相关的控制。

（二）针对董事会、管理层凌驾于控制之上的风险而设计的控制。

（三）企业的风险评估过程。

（四）对内部信息传递和财务报告流程的控制。

（五）对控制有效性的内部监督和自我评价。

第十二条　注册会计师测试业务层面控制，应当把握重要性原则，结合企业实际、企业内部控制各项应用指引的要求和企业层面控制的测试情况，重点对企业生产经营活动中的重要业务与事项的控制进行测试。

注册会计师应当关注信息系统对内部控制及风险评估的影响。

第十三条　注册会计师在测试企业层面控制和业务层面控制时，应当评价内部控制是否足以应对舞弊风险。

第十四条　注册会计师应当测试内部控制设计与运行的有效性。

如果某项控制由拥有必要授权和专业胜任能力的人员按照规定的程序与要求执行，能够实现控制目标，表明该项控制的设计是有效的。

如果某项控制正在按照设计运行，执行人员拥有必要授权和专业胜任能力，能够实现控制目标，表明该项控制的运行是有效的。

第十五条　注册会计师应当根据与内部控制相关的风险，确定拟实施审计程序的性质、时间安排和范围，获取充分、适当的证据。与内部控制相关的风险越高，注册会计师需要获取的证据应越多。

第十六条　注册会计师在测试控制设计与运行的有效性时，应当综合运用询问适当人员、观察经营活动、检查相关文件、穿行测试和重新执行等方法。

询问本身并不足以提供充分适当的证据。

第十七条　注册会计师在确定测试的时间安排时，应当在下列两个因素之间作出平衡，以获取充分、适当的证据：

（一）尽量在接近企业内部控制自我评价基准日实施测试。

（二）实施的测试需要涵盖足够长的期间。

第十八条　注册会计师对于内部控制运行偏离设计的情况（即控制偏差），应当确定该偏差对相关风险评估、需要获取的证据以及控制运行有效性结论的影响。

第十九条　在连续审计中，注册会计师在确定测试的性质、时间安排和范围时，应当考虑以前年度执行内部控制审计时了解的情况。

本章小结

本章主要介绍了古今中外内部控制理论和实践的发展历程。在西方，内部控制的发展经历了内部牵制阶段、内部控制制度、内部控制结构、内部控制整体框架和基于企业风险管理整合框架的内部控制五个阶段。而《萨班斯法案》的 302 条款和 404 条款对内部控制实务提出了更高要求：302 条款要求公司的首席执行官和首席财务官在提交定期财务公告的时候，提交一份个人签署的书面认证文件和对财务报告的真实性负责的一份声明。404 条款则要求在提交定期财务报告出台之后，由公司出具一份内部控制评估报告。

我国于 2001 年颁布《内部会计控制基本规范》，2008 年，中国五部委联合发布了《企业内部控制基本规范》，该法案被称为中国版的《萨班斯法案》，该法案的颁布标志着适合我国的企业内部控制规范体系已基本建成。

重要名词

内部控制整体框架

《萨班斯法案》

企业内部控制基本规范

控制环境

风险评估

控制活动

信息与沟通

监控

练习题

一、单选题

1. 内部控制的基本概念是从早期（　　）思想的基础上逐步发展起来的。

A. 科学管理　　　　　B. 内部牵制　　　　　C. 内部审计　　　　　D. 管理控制

2. 企业发展战略方案应最终报经（　　）批准后付诸实施。

A. 战略委员会　　　　B. 总经理　　　　　　C. 董事会　　　　　　D. 股东（大）会

3. 根据功能分类，可以将控制分为预防性控制和（　　）。

A. 发现性控制　　　　B. 反馈性控制　　　　C. 矫正性控制　　　　D. 系统性控制

4. 收款的主要风险不包括（　　）。

A. 收款过程中存在舞弊，使企业经济利益受损

B. 企业信用管理不到位，结算方式选择不当，票据管理不善

C. 账款回收不力，导致销售款项不能收回或遭受欺诈

D. 结算金额错误

5. 属于筹资活动的主要风险的是（　　）。

A. 投资与筹资在资金数量、期限、成本与收益上不匹配的风险

B. 投资活动忽略资产结构与流动性的风险

C. 无法保证支付筹资成本导致的风险

D. 缺乏严密的授权审批制度和不相容职务分离制度的风险

6. "以查错防弊为目的，以职务分离和账目核对为手法，以钱账物等会计事项为主要控制对象"的内部控制发展阶段是（　　）。

A. "内部牵制"阶段　　　　　　　　　B. "内部控制制度"阶段

C. "内部控制结构"阶段　　　　　　　D. "内部控制整体框架"阶段

二、多选题

1. 下列关于上市公司分类分批实施企业内部控制规范体系的要求，正确的有（　　）。

A. 中央和地方国有控股上市公司，应于 2012 年全面实施企业内部控制规范体系，并在披露 2012 年公司年报的同时，披露董事会对公司内部控制的自我评价报告以及注册会计师出具的财务报告内部控制审计报告

B. 非国有控股主板上市公司，且于 2011 年 12 月 31 日公司总市值（证监会算法）在 50 亿元以上，同时 2009～2011 年平均净利润在 3000 万元以上的，应在披露 2013 年公司年报的同时，披露董事会对公司内部控制的自我评价报告以及注册会计师出具的财务报告内部控制审计报告

C. 选项 A、B 范围之外的其他主板上市公司，应在披露 2014 年公司年报的同时，披露董事会对公司内部控制的自我评价报告以及注册会计师出具的财务报告内部控制审计报告

D. 新上市的主板上市公司应于上市当年开始建设内部控制体系，并在上市的下一年度披

露的同时，披露内部控制自我评价报告和审计报告

2. 下列关于中央企业实施企业内部控制规范体系的要求正确的有（　　　）。

A. 中央企业应当按照《企业内部控制基本规范》和配套指引的要求，建立规范、完善的内部控制体系

B. 中央企业在开展内部控制自我评价的同时，必须聘请会计师事务所对财务报告内部控制的有效性进行审计并出具审计报告

C. 中央企业应当建立内部控制重大缺陷追究制度，内部控制评价和审计结果要与履职评估或绩效考核相互结合

D. 中央企业应当自 2013 年起，于每年 4 月 30 日前向国资委报送内部控制评价报告，同时抄送派驻本企业监事会

3. 公开发行证券的公司在年度报告中应披露的财务报告内部控制信息包括（　　　）。

A. 公司财务报告内部控制的建立健全及其运行情况的说明

B. 董事会对评价基准日财务报告内部控制的自我评价报告

C. 注册会计师对公司财务报告内部控制的审计报告

D. 报告年度财务报告内部控制审计费用情况

4. 建立健全和有效实施内部控制是（　　　）的责任。

A. 高级管理层　　　　B. 董事会　　　　C. 注册会计师　　　　D. 内部审计部门

5. 下列选项中，属于内部控制范畴内的风险应对策略有（　　　）。

A. 风险规避　　　　B. 风险降低　　　　C. 风险分担　　　　D. 风险承受

6. 《企业风险管理——整合框架》认为，企业风险管理的目标有（　　　）。

A. 经营目标　　　　B. 报告目标　　　　C. 合规目标　　　　D. 战略目标

三、判断题

1. 2002 年美国颁布的《萨班斯—奥克斯利法案》中的 404 条款要求在美上市公司管理层就财务报告内部控制结构及程序有效性做出认定声明，并提交内部控制报告；公司审计师对公司管理层关于财务报告内部控制的评价发表鉴证意见。　　　　　　　　　　　（　　）

2. 2013 年 5 月，美国 COSO 委员会更新了《内部控制——整合框架》（1992），对原框架的许多重要原则和概念进行了革命性修正。　　　　　　　　　　　　　　　　（　　）

3. 加强和完善企业内部控制建设可以提高企业经营管理水平和风险防范能力，从而为企业经营目标的实现提供绝对保证。　　　　　　　　　　　　　　　　　　　　（　　）

4. 企业应当重视风险评估，只有将风险全部规避，才能实现企业的可持续发展。（　　）

5. 内部监督是内部审计机构或经授权的其他监督机构的职责。　　　　　　　（　　）

6. 企业应当编制授权的权限指引，严格禁止超出授权指引的授权行为。　　　（　　）

思 考 题

1. 西方内部控制理论的发展经历了哪几个阶段？

2. 内部牵制的含义是什么？内部牵制的职能有哪些？

3. COSO 是个什么组织？

4. 《萨班斯法案》的主要内容是什么？

5. 根据我国《企业内部控制基本规范》，内部控制包括哪几方面的内容？

内部控制理论框架

在本章中，你将学到：

1. 内部环境
2. 控制活动
3. 信息与沟通
4. 职责分工
5. 授权批准

◇ 本章重点与难点

1. 内部环境包括的要素
2. 控制活动包括的要素
3. 信息与沟通的作用

引例

证监会暂停大公国际证券评级业务一年

近日北京证监局联合中国证券业协会对大公国际资信评估有限公司（以下简称大公国际）开展了专项现场检查。现场检查发现大公国际存在如下问题：

一是大公国际与关联公司公章混用，内部控制机制运行不良，内部管理混乱；二是在为多家发行人开展评级服务的同时为发行人提供咨询服务，收取高额费用，有违独立原则；三是部分高管人员及评审委员会委员资质不符合要求；四是个别评级项目底稿资料缺失，模型计算存在数据遗漏等。上述问题违反了《证券市场资信评级业务管理暂行办法》（以下简称《暂行办法》）的相关规定。

北京证监局依据《暂行办法》拟责令大公国际限期整改，期限为一年，整改期间不得承接新的证券评级业务，更换不符合条件的高级管理人员。目前，北京证监局已完成行政监管措施告知程序，相关后续工作正依法推进。

（资料来源：证监会网站，2018 – 08 – 17）

第一节　内部环境

一、诚信与道德价值观

（一）诚信与道德价值观的内容

企业的目标及目标实现的方式要基于该企业的优先选择、价值判断和管理层的经营风格。这些优先选择和价值判断反映出企业管理层的诚信及其信奉的道德价值观。内部控制是由人建立、执行和监督的，因此，内部控制的有效性不可能不受到人的诚信和道德价值观的影响。诚信和道德价值观是一个主体内部环境的关键要素，它影响着企业内部控制其他要素的设计、管理和监控。企业树立道德价值观通常很困难，因为需要考虑多个方面的利益。例如，管理层的价值观必须平衡企业、员工、供应商、客户、竞争者和公众的利益，平衡这些利益可能是复杂并令人沮丧的，因为利益通常是相互矛盾的。

（二）如何建立企业的诚信与道德价值观

职业道德是指从事一定职业劳动的人们，在特定的工作和劳动中以其内心信念和特殊社会手段来维系的，以善恶进行评价的心理意识、行为原则和行为规范的总和，它是人们在从事职业的过程中形成的一种内在的、非强制性的约束机制。管理层应该明确地向员工传达职业道德规范并在自身的言谈和行动中不折不扣地表现出来。企业制定并执行全面的道德行为规范，可以防止不正当竞争、内幕交易等情况的发生。同时，对员工进行宣传和教育，可以有效地推广所制定的道德规范，使员工明确哪些行为是可以接受的，哪些是不可以接受的，当遇到不道德行为时自己应采取何种行动。企业采取以下措施推行职业道德规范：

1. 建立《高层管理人员职业道德规范》。企业应制定《高层管理人员职业道德规范》，并使其与国家的相关法律法规、公司章程、企业精神与宗旨、企业核心经营管理哲学等保持一致，成为公司中各层管理人员，特别是高层管理人员的主要道德准则。同时企业还应制定《高层管理人员职业道德建设制度》，将对高层管理人员职业道德规范的宣传作为职业道德建设的重要工作。企业最高负责人是公司职业道德的倡导者，具有表率作用。通过文件、讲话等适当方式把企业《高层管理人员职业道德规范》介绍给全体高级管理人员并提出执行的希望和要求，并不失时机地在企业会议上对高层管理人员进行职业道德宣传，提出职业道德建设的期望。对高层管理人员进行培训时，企业的职业道德规范是必修内容。每年企业都要组织高层管理人员签订《职业道德规范确认书》，保存备案，作为考核的重要内容之一。

2. 建立《员工职业道德规范》。企业应制定《员工职业道德规范》，并使其与相关法律法规成为适用于全体员工的职业道德规范。同时企业还应制定《员工职业道德建设制度》，将对员工职业道德规范的宣传作为公司职业道德建设的重要工作。企业最高负责人通过文件、讲话等适当方式把企业《员工职业道德规范》介绍给全体员工并提出执行的希望和要求，并在各种会议中对员工进行职业道德规范教育。新员工的岗前培训，以及对现有员工的在岗培训，职业道德规范都是必修内容。

3. 对员工遵守职业道德规范情况进行监督。企业人事部等相关部门根据企业管理层的授权对员工遵守职业道德规范情况进行监督。当员工出现有违反职业道德规范的行为时，除依照国家法律、上市监管地法规进行处理外，企业可根据相关文件规定对其进行处分直至解除劳动合同。

二、员工的胜任能力

（一）员工胜任能力的概念

麦克莱兰研究小组用冰山模型从理论上对胜任力的定义加以说明。胜任力是指个人和公司绩效至关重要的、可辅导的、可观察的、可衡量的、以行为方式表现出来的组合，是知识、技能和品质的合成体。品质是指个人的特质，如天分、才智或理念，可以通过教授或学习来获取，同时也可以改善。技能指需要获取良好的岗位业绩所需要的能力，通常是通过不断重复的培训或其他相关的经验积累获得。知识是一个岗位所需要的基本知识，可以是一些专业、技术或商业知识，也包括了那些通过学习和经验积累所得的事实、信息和对事物的看法。这三者的关系是：品质作为较深层次的胜任力的要求，渗透在个体的日常行为中，影响着个体对事物的判断和行动的方式；知识较直接地在日常行为中被表露出来；技能则介于其中。

管理层应明确规定某一特定工作所要完成的任务，所需要员工的能力水平，并且对构成能力水平的知识和技能有明确要求。正是基于对成本与效益相匹配原则的考虑，企业对每一份工作、每一个岗位的胜任能力有了明确的要求之后才能相应地选拔人才、调配员工，做到"人尽其才，物尽其用"。这样既可以调动员工的工作热情、激发进取精神、发掘自身潜力，也可以充分利用企业人力资源，创造高效的工作环境、减少人工成本，从而促进企业的发展，创造更大的价值。

管理层应当以正式或非正式的岗位描述，或其他方式分析并定义各岗位的具体工作任务，以及员工完成任务所需要的知识和技能。这些必要的知识和技能水平可能取决于个人的智力、受过的培训和经验。在培养知识和技能水平需要考虑的诸多因素中，应特别注意考虑在完成一件具体工作时所需职业判断的性质和程度。

（二）胜任能力的测评方法

企业对"胜任力"的要求可以通过建立胜任力模型的方式来实现。"胜任力模型"是一系列符合"胜任力"定义要求的个人特制的结构化组合，它对胜任力的内容和评判胜任力水平高低的等级都有明确的描述和界定。换而言之，胜任力模型是一整套针对特定组织、特定岗位的个人特质评价标准，它能为人力资源管理的各个领域提供基础和核心。

目前国内建立胜任力模型的方法主要有三种：归纳法、演绎法、限定选项法。

1. 归纳法。这是一种通过对特定员工群体个人特质的发掘和归纳，形成胜任力模型的方法。归纳法中所运用的最主要的咨询工具当属"行为事件访谈"（behavioral event interview，BEI）。BEI的基本假设是每个岗位上所有员工的工作方式不同带来的绩效也不同，通过研究员工间的差异可以发现高效者身上的特质。

在这些基本假设下，BEI凭借高度结构化的访谈模式和熟练掌握相关访谈技术的咨询顾问来详细了解被访者工作中的关键事件及其成功要素，收集其过去的行为和真实想法，从中发掘有价值的个人特质。通常BEI的对象同时包括业绩优秀的员工和业绩一般的员工，并通过对访谈结果的比较分析，发现那些具备业绩区分力的个人特质，作为建立胜任力模型的素材。BEI一般采取一对一的个别访谈形式，但也可以是以小组形式进行的集体访谈（集体BEI）。通过BEI获取大量的"原始素材"后，咨询顾问对这些信息进行细致的筛选、编码、分级等加工过程，并最终形成胜任力模型。

2. 演绎法。这是一种通过从企业使命、愿景、战略以及价值观中推导特定员工群体所需的核心胜任力的方法。胜任力模型作为对任职者的一套个人特质的要求，其终极目的是为了有益于愿景、战略等组织根本性目标的实现，并体现组织的核心价值观，这是演绎法的基本假设。演绎法的实质是一个逻辑推导过程，其基本步骤如下：

（1）澄清组织愿景、使命、战略和核心价值观。

（2）推导关键岗位角色和职责。

（3）推导核心胜任力。

通常我们通过分组结构化集体访谈的方式来完成这个推导过程。分组访谈的对象既包括胜任力模型的直接针对人群，也包括其他了解情况的相关人员，这样做有利于保证推导逻辑和立场的完整性。结构化集体访谈的结果仍将经过筛选、分类、分级等专业处理的过程，以最终形成组织核心胜任力模型。

3. 限定选项法。这是胜任力模型建立的一种简便方法。通常由专业顾问根据对组织的初步了解，提出一组相当数量的胜任力项目，然后通过相关人员集体讨论的方式进行几轮的筛选和调整，最终确定一套胜任力项目作为胜任力模型。

上述三种方法在理论和实践上各有利弊，具体比较如表 3－1 所示。

表 3－1　　　　　　　　　　构建胜任力模型三种方法的比较

	归纳法	演绎法	限定选项法
理论依据	充分	有（缺乏行为细节支持）	无（属于主观判断）
实际效用	高	较高	一般
模型建立周期	长	中等	短
模型建立成本	高	中等	低

资料来源：笔者整理。

归纳法具备充分的理论依据，对个人特质的研究切实而具体。研究发现，用纯粹的归纳法手段制定出来的胜任力模型，其应用效果最佳，即对员工的业绩区分的预测胜任力最强。但其不足之处在于 BEI 手段技术要求很高，其数据分析过程也相当复杂，由此导致较高的模型建立成本和较长的工作周期。此外，归纳法所建立的胜任力模型往往较难反映组织对未来的胜任力要求，因而比较适合组织发展处于较高水平阶段的情境。

演绎法强调胜任力与组织根本目标的关联，其推导逻辑明确而完整，且特别有利于发掘组织对未来的胜任力需求；但由于其缺乏翔实的行为细节作为依据，就不免要在相当程度上依赖于个人经验和认知水平等主观因素。

限定选项法几乎没有什么理论依据，咨询顾问所提供的胜任力选项依据也只是根据对组织及岗位情况的初步判断。因而这种方法的可靠程度和建成的胜任力模型的实际效用都是令人质疑的。但其低廉的成本投入和极短的工作周期对于某些有特定应用意图的组织而言，无疑也是一种可供考虑的选择。

三、管理哲学和经营风格

管理层的管理哲学和经营风格会影响企业的管理方式，主要包括：（1）对待和承担经营风险的方式；（2）依靠文件化的政策、业绩指标以及报告体系等与关键经理人员沟通；（3）对财务报告的态度和所采取的措施；（4）对信息处理以及会计功能、人员所持的态度；（5）对现有可选择的会计准则和会计数值估计所持有的谨慎或冒进态度。

管理哲学与经营风格表现为管理者的各种偏好，影响着企业的行为，影响着企业内部控制环境，进而影响着企业内部控制的效率和效果。企业制定的任何制度都不可能超越设立这些制度的主体，企业内部控制的有效性同样也无法超越创造、管理与监督制度的主体的管理哲学与经营风格。

管理层的管理哲学和经营风格，直接反映在他们对企业的管理方式和方法上。我们可以从以下三个方面来树立企业的管理哲学和经营风格。

1. 风险的接受程度。企业在接入新业务前，需要仔细评估自身能够承受多大的风险，以及企业是否经常介入具有高风险的业务或对风险的保守态度。对这些问题的回答，明确了企业对经营风险的接受程度。企业在应对风险时采取的措施包括以下四点。

（1）企业实行资金集中管理。企业制定《资金管理办法》规范资金的支出程序，提高资金使用效益，建立资金管理的约束和监督机制，明确各项资金的使用办法和授权程序。

（2）企业实行债务集中管理。所有的长短期借款、内外资借款，都由企业集中管理，统一办理借款、还款手续。

（3）企业对重大合同或需要由企业名义签订的合同实行统一授权、分级管理。

（4）重大决策由总裁办公会听取相关部门或专家意见后，集体合议形成，报董事会审批。

2. 管理层对财务的态度。管理层对企业财务职能的态度，对选择会计准则的方式能够反映出管理人员的管理哲学和经营风格。

（1）财务管理。企业财务部具有财务管理和监督的职能，涉及诸多方面，如预算管理、资金管理、资产管理、债务管理、价格管理等。

（2）会计政策选择。企业财务部应根据《会计法》《企业会计准则》等相关规定和要求，选择适合本企业的财务会计制度，并根据政策和准则的变化及时修订。企业政策一经选定，应保持前后各期一致，不得随意改变。

（3）资产安全管理。企业制定固定资产、资金、存货等各项资产的管理规定，同时注重对财务信息及知识产权的保护。

3. 人员的交流与更替。高级管理人员和各部门管理人员应经常交流与沟通，确保信息畅通，企业可通过定期召开会议、走访调研各部门来实现；企业应确保管理层、监督职能人员的稳定，严禁频繁更替的情形发生，同时制定与企业情况相适应的离职程序，避免员工突然辞职对企业造成的伤害。

四、组织结构

（一）组织结构的概念及其作用

所谓组织结构是在组织理论的指导下，经过组织设计，由组织要素相互联结而成的相对稳定的结构模式，是企业生存发展的基础和有力支撑。企业组织结构的建设是企业治理结构、企业管理组织结构、企业生产运作组织结构及企业间组织结构动态平衡的发展过程，并且各子系统之间相辅相成、相互适应。

对传统企业组织结构的弊端和新的企业环境的矛盾，唯有进行创新才是企业的根本出路。有利于企业发展的组织结构，没有固定的模式，但一般都具有扁平化、网络化、柔性化、虚拟化、多元化等特征。相关的组织结构包括确定权利与责任的关键界区，具体应考虑的几个方面如下：组织结构的合适性及其提供管理企业所需信息的沟通能力；各主管人员所负责任的适当性；按照主管人员所负担的责任，判断其是否具备足够的知识及丰富的经验；当环境改变时，企业配合改变其组织结构的程度；员工人数的充足程度。

任何企业要达成其整体目标，必须以一定的组织机构为基础。企业的组织机构提供了计划、执行、控制和监督活动的框架，确定了关键界区的权利和责任，确立了适当的沟通与协调渠道以及保证了各级主管负责人具有与其所履行的职责相适应的知识、经验和能力。

（二）建立组织结构的原则

对于一个企业而言，究竟哪一种类型是最好的组织结构，要根据自己公司的具体发展战略而确定。但是，不论采用哪一种类型的组织结构，都要尽可能遵守以下原则从而优化企业组织结构。

1. 精简高效原则。精简高效是组织结构设计的一个重要的原则，也是公司组织得以存在与发展的根本原因，这一原则可以表述为：在满足公司目标所决定的业务活动需要及统一指挥的前提下，力求减少公司的管理层次，精简公司的管理机构和人员，充分利用各部门的分工协调，充分发挥和提高管理层人员素质、充分调动各层员工积极性，以最少的机构、最少的人完成公司管理的工作量，提高管理效率，更好地完成公司的经营目标。

2. 权、责、利一致原则。权、责、利一致原则是指每一职位承担的职责、拥有的权利和享有的利益必须相等。权利是责任的基础，有了权利才有可能负起责任；责任又是权利的约束，权利所有者在运用权利时必须要考虑可能产生的后果，不至于滥用权利；利益的大小决定了管理者是否愿意接受责任和接受权利的程度。

3. 经营目标原则。经营目标原则就是公司组织结构的建立和工作的开展，都要围绕其经营目标进行，各个层级、部门的目标应与既定的公司目标有联系，同时又都有自己的分目标来支持公司总体目标的实现。

4. 管理幅度适当原则。管理幅度适当原则就是对各级主管人员有效的监督，其直接领导的下属人数要确定一个适当的限度。如果管理幅度过小，会导致机构臃肿，造成人力资源的浪费；管理幅度过大，会造成管理人员的工作过多，容易导致工作的失控。管理幅度与管理层次呈反比关系，管理幅度大，管理层次就减少；相反，管理幅度小，管理层次就增加。

5. 稳定与调整相结合原则。稳定与调整相结合原则就是组织结构及形式既要有相对的稳定性，不要经常变动，又要随公司内外部条件的变化而适当作出调整。一般而言，因"磨合期"的存在，企业的组织结构不宜经常变化，应该维持一种相对平衡的状态。但是，当外部条件和公司本身发展因素不断变化，为了防止现有的组织结构呈现僵化状态、内部运作效率已经低下，只有调整和变革，才能给公司注入新的活力和效率。

（三）组织结构的构成内容

采取集权制或分权制建立企业的组织结构，取决于企业的规模和经营性质，以及是否有助于信息的上传、下达和各业务活动间的传递。企业应按照《公司法》的要求，参照国际同类企业的通行做法，结合本企业实际情况，建立规范的法人治理结构。企业组织结构的设置遵循信息通畅、反应灵敏、适应企业的发展和市场变化的原则；企业应注重管理层及员工之间的沟通，建立相应的沟通和交流渠道并确保员工获得与其责任和权限相关的信息。

企业应建立健全风险管理组织体系，主要包括规范的公司法人治理结构，风险管理职能部门、内部审计部门和法律事务部门以及其他有关职能部门、业务单位的组织领导机构及其职责。

1. 建立公司法人治理结构。公司治理结构是在经营权和所有权分离的基础上，有效处理企业各利益关系方之间关系的制度安排。建立有效的公司治理结构的宗旨是：在股东大会、董事会、监事会和经理层之间合理配置权限、公平分配利益，以及明确各自职责，建立有效的激励、监督和制衡机制，从而实现公司的多元化目标。而内部控制是企业董事会及经理层为确保企业财产安全完整、提高会计信息质量、实现经营管理目标、完成受托责任而建立和实施的一个程序。

公司治理结构是促使内部控制有效运行，保证内部控制功能发挥的前提和基础，是实行内部控制的制度环境；而内部控制在公司治理结构中担当的是内部管理监控系统的角色，是有利于企业受托者实现企业经营管理目标，完成受托责任的一种手段。所以企业要加强公司治理结构的控制，这样有利于充分发挥各部门和个人的作用，调动单位的活力，才能实现内部控制所具有的全方位控制功能。

2. 行使董事会在内部控制和风险管理中的职责。董事会是风险管理工作的最高执行机构，向股东大会负责，主要履行以下职责：（1）审议并向股东（大）

会提交企业全面风险管理年度工作报告；（2）确定企业风险管理总体目标、风险偏好、风险承受度，批准风险管理策略和重大风险管理解决方案；（3）了解和掌握企业面临的各项重大风险及其风险管理现状，做出有效控制风险的决策；（4）批准重大决策、重大风险、重大事件和重要业务流程的判断标准或判断机制；（5）批准重大决策的风险评估报告；（6）批准内部审计部门提交的风险管理监督评价审计报告；（7）批准风险管理组织机构设置及其职责方案；（8）批准风险管理措施，纠正和处理任何组织或个人超越风险管理制度做出的风险性决定的行为；（9）督导企业风险管理文化的培育；（10）全面风险管理其他重大事项。

3. 建立风险管理委员会。具备条件的企业，可在董事会下设置风险管理委员会。该委员会成员中需有熟悉企业重要管理及业务流程的董事，以及具备风险管理监管知识或经验、具有一定法律知识的董事。主要履行的职责包括：（1）提交全面风险管理年度报告；（2）审议风险管理策略和重大风险管理解决方案；（3）审议重大决策、重大风险、重大事件和重要业务流程的判断标准或判断机制，以及重大决策的风险评估报告；（4）审议内部审计部门提交的风险管理监督评价审计综合报告；（5）审议风险管理组织机构设置及其职责方案；（6）办理董事会授权的有关全面风险管理的其他事项。

4. 行使总经理在内部控制和风险管理中的作用。企业总经理对全面风险管理工作的有效性向董事会负责。总经理或总经理委托的高级管理人员，负责主持全面风险管理的日常工作，负责组织拟订企业风险管理组织机构设置及其职责方案。企业应设立专职部门或确定相关职能部门履行全面风险管理的职责。该部门对总经理或其委托的高级管理人员负责，主要履行以下职责：（1）研究提出全面风险管理工作报告，研究提出跨职能部门的重大决策、重大风险、重大事件和重要业务流程的判断标准或判断机制；（2）研究提出跨职能部门的重大决策风险评估报告；（3）研究提出风险管理策略和跨职能部门的重大风险管理解决方案，并负责该方案的组织实施和对该风险的日常监控；（4）负责对全面风险管理有效性评估，研究提出全面风险管理的改进方案；（5）负责组织建立风险管理信息系统；（6）负责组织协调全面风险管理日常工作；（7）负责指导、监督有关职能部门、各业务单位以及全资、控股子企业开展全面风险管理工作；（8）办理风险管理其他有关工作。

5. 审计委员会在内部控制和风险管理中的职责。企业应在董事会下设立审计委员会，企业内部审计部门对审计委员会负责。内部审计部门在风险管理方面，主要负责研究提出全面风险管理监督评价体系，制定监督评价相关制度，开展监督与评价，出具监督评价审计报告。

6. 其他相关职能部门在内部控制和风险管理中的职责。企业其他职能部门及各业务单位在全面风险管理工作中，应接受风险管理职能部门和内部审计部门的组织、协调、指导和监督，这些部门主要履行以下职责：（1）执行风险管理基本流程；（2）研究并提出本职能部门或业务单位重大决策、重大风险、重大事件和重要业务流程的判断标准或判断机制；（3）研究并提出本职能部门或业务单位的重大决策风险评估报告；（4）做好本职能部门或业务单位建立风险管理信息系统的工作；（5）做好培育风险管理文化的有关工作；（6）建立、健全本职能部门或业务单位的风险管理内部控制子系统；（7）办理风险管理其他有关工作。

五、责任的分配与授权

强调对于组织内的全部活动要合理有效地分配职责和权限，并为执行任务和承担职责的组织成员特别是关键岗位的人员，提供和配备所需的资源并确保他们的经验和知识与职责权限相匹配，要使所有员工了解他们的工作行为以及职责担负形式和认可方式，与达成组织目标的联系。合理的权责分派关系到个人和团队在遭遇和解决问题时的主动性，也关系到员工所享有权利的上限。伴随着组织结构"扁平化"的发展趋势，增加授权无疑对员工胜任能力和受托责任赋予更高水平的要求。各个层面权利和责任的分配对企业风险管理的有效性有着重要影响。

根据企业的战略目标、经营职能和监管要求，设计适当的权责分配体系可以确保员工所承担的责任、所获得的信息与其职权相适应。

1. 企业制定《权责指引》，明确各部门、各岗位应承担的权利和责任，并随着企业的发展及时进行维护更新。

2. 企业根据运营目标、职能和监管要求，明确各部门的职责。

3. 企业在明确各部门职责的基础上，组织实施员工岗位职责的描述，将各部门职责分解到具体岗位。

4. 通过对岗位职责描述的规范和完善，明确各岗位在处理有关业务时所具有的权利。

5. 企业规定授权人有权对受托人履行授权的行为进行监督、检查，发现受托人有不当行为时，应及时给予批评纠正，情况严重时应撤销对其的授权。

6. 企业规范信息系统的授权，以确保相关人员获得信息系统的授权。

六、董事会与审计委员会

（一）董事会在内部环境中的地位与功能

COSO 报告把内部环境作为其他内部控制组成要素的基础，尤其把董事会对风险的态度和认识作为内部环境的首要内容，凸显出人的因素特别是高层人员在内部控制中的重要地位。虽然从理论上说，对经营者的制约主要通过两种方式：一是以资本市场、产品市场及法律规章制度为主体的外部控制机制；二是以董事会为主体的内部控制机制，但理论和实践均已证明，外部控制机制和内部控制机制对于经营者的制约能力并不完全相同。相比之下，董事会是约束经营者日常行为、实现事前帕累托最优的最合适的手段。

董事会和审计委员会相对于管理层的独立性、董事会和审计委员会成员的经验和道德境界、其参与和监督企业活动的范围以及其行为的适当性、对管理层提出问题的深度和广度、董事会和审计委员会与内外部审计师的关系等五方面构成了企业风险防范机制的基础。另外，在董事会中，必须有足够数量的独立董事，他们不但要提供合理的建议、咨询和指导，而且还要对管理当局形成必要的牵制和制衡。

（二）董事会责任的相关规定

1. 我国内部控制规范对董事会责任的规定。《企业内部控制规范——基本规范（征求意见稿）》中重点对董事会责任作出新的要求，指出企业董事会应当充分认识自身对企业内部控制所承担的责任，加强对本企业内部控制建立和实施情况的指导和监督。

（1）董事长（或者法定代表人、代表企业行使职权的主要负责人，以下简称董事长）对本企业内部控制的建立健全和有效实施负责。

（2）经理（或者总裁、厂长，以下简称经理）根据法定职权、企业章程和董事会的授权，负责组织领导本企业内部控制的日常运行。

（3）总会计师（或者财务总监、分管财务会计工作的负责人，以下简称总会计师）在董事长和经理的领导下，主要负责与财务报告的真实可靠、资产的安全完整密切相关的内部控制的建立健全与有效执行。

（4）在董事会下设立审计委员会的企业，应当保证审计委员会成员具备良好的职业操守和专业胜任能力，审计委员会及其成员应当具有相应的独立性。审计委员会应当直接对董事会负责。上市公司的审计委员会主席一般应由独立董事担任，非上市公司的审计委员会主席应由独立于企业管理层的人员担任。

企业应当赋予审计委员会监督企业内部控制建立和实施情况的相应职权。审计委员会在企业内部控制建立和实施中承担的职责一般包括：

（1）审核企业内部控制及其实施情况，并向董事会作出报告；

（2）指导企业内部审计机构的工作，监督检查企业的内部审计制度及其实施情况；

（3）处理有关投诉与举报，督促企业建立畅通的投诉与举报途径；

（4）审核企业的财务报告及有关信息披露内容；

（5）负责内部审计与外部审计之间的沟通协调。

未设立审计委员会的企业，应当由董事会授权或者企业章程规定的有关机构承担上述职责。

2. 美国《萨班斯法案》对董事会责任的规定。

（1）关于董事和高级经理的责任。

①上市公司所有定期报告（包括公司依照《1934 年证券交易法》规定编制

的会计报表）应附有公司 CEO 与 CFO 签署的承诺函；承诺函的内容包括：确保本公司定期报告所含会计报表及信息披露的适当性，保证此会计报表及信息披露在所有重大方面都公正地反映了公司的经营成果及财务状况。

②CEO 和 CFO 必须返还由于其行为不当而获取的奖金、红利或权益性报酬，如在公司定期报告中发现因实质性违反监管法规而被要求重编会计报表时，公司的 CEO/CFO 应当将 12 个月内从公司收到的所有奖金、红利、其他形式的激励性报酬以及买卖本公司股票所得收益返还给公司。

③发行人不得向公司董事或高级经理提供个人贷款，其若有 10% 的股权变动必须在两个营业日内披露，并且在养老金计划管制期内，其持有该公司的股票不得进行交易或从中谋利等。

④如果公司 CEO/CFO 事先知道违规事项，但仍提交承诺函，最多可以判处 10 年监禁以及 100 万美元的罚款；对于故意做出虚假承诺的，最多可以被监禁 20 年并判处 500 万美元的罚款。

（2）关于董事会下设审计委员会的主要规定。

①发行人必须建立"完全独立"的审计委员会，为保证独立性，审计委员会必须完全由"独立董事"组成，独立董事不得是公司或者其子公司的关联人士，其中至少一人应是财务专家。

②审计委员会以董事会下属委员会的身份，对聘用会计师事务所、决定其报酬事项以及对其进行监督的事项负直接责任；会计师事务所在审计过程中遇到的重大事项必须及时报告审计委员会。

③为保证审计委员会能够及时发现公司的会计和审计问题，还需要建立一套处理举报或投诉的工作程序以及相应的监测系统、反应机制。

《萨班斯法案》的颁布实施弥补了美国现有公司治理结构的缺陷和监管体系上的漏洞，为监管机构查处财务欺诈提供了强有力的法律武器，使公司的激励机制与责任追究机制达成某种平衡。

第二节　风险评估

风险评估包括风险识别、风险评估和风险应对三个环节。具体内容将在本书第十、第十一、第十二章具体介绍。

一、风险识别

（一）什么是风险识别

风险是指对企业目标的实现可能造成负面影响的事项发生的可能性。风险识别是指对企业所面临的潜在风险进行判断、归类和鉴定的过程。风险识别可以发现企业风险所在，同时还要辨认各种潜在风险的来源，分析风险性质。具体来说，风险识别应解决如下问题：企业存在哪些风险、哪些风险应予以考虑、引起风险的原因是什么、风险引起的后果及严重程度等。

风险识别不仅在企业层面开展，还要在活动层面加以确认。只有对公司主要业务单元和职能部门（如销售、生产、营销、技术开发等）存在的各种不确定性事件进行预测、分析和确认后，企业经营战略与职能战略的实施才有更加可靠的保证。风险识别的结果应反馈回企业战略目标的制定过程中。

（二）风险因素的构成

影响内部控制目标实现的风险因素来自企业的内部和外部。

内部风险因素一般包括：高级管理人员职业操守、员工专业胜任能力、团队精神等人员素质因素；经营方式、资产管理、业务流程设计、财务报告编制与信息披露等管理因素；财务状况、经营成果、现金流量等基础实力因素；研究开发、技术投入、信息技术运用等技术因素；营运安全、员工健康、环境污染等安全环保因素。

应当关注的外部风险因素一般包括：经济形势、产业政策、资源供给、利率调整、汇率变动、融资环境、市场竞争等经济因素；法律法规、监管要求等法律因素；文化传统、社会信用、教育基础、消费者行为等社会因素；技术进步、工艺改进、电子商务等科技因素；自然灾害、环境状况等自然环境因素。

（三）风险识别的方法

风险识别一般采用定性分析方法，分两个阶段进行：第一阶段辨别风险，即寻找各种风险及其所在领域；第二阶段风险分析，即分析引起风险事故的各种原因和可能的后果。风险识别主要有以下七种方法。

1. 现场调查法。现场调查法是对风险进行实地的全面普查。一般分为三步：调查前的准备、现场调查以及形成调查报告与反馈。调查前的准备工作需要设计调查表格和确定调查内容事件（包括调查对象、时间、地点）。现场调查过程需要认真记录并填写调查表。

现场调查法的优点是可获得第一手资料，有助于与基层人员和一线员工建立良好关系；缺点是耗时较长，成本较高，有时因疲于应付调查还会引起员工的反感。

2. 风险清单分析法。风险清单分析法又称列表检查法，即事前设计好调查表，将已经识别的企业主要风险填列其中，进行对照检查。调查表可以是制式表格，也可以是专用表格。制式表格多由风险管理方面或保险咨询的机构和专家提供，包含人们已经识别出的最基本的各类损失风险。专用表格仅适合某一特定企业，多为企业自己的风险管理人员根据企业自身资产状况和经营特点建立的风险一览表，由于更加注重本企业具有的特殊风险，所以针对性更强。

风险清单分析法有诸多优势，包括成本核算、风险识别过程简单迅速，可以同时跟踪检测整个风险管理过程，不断修订检查表以适应变化的情况；其缺点是检查表的初次制作比较费时，检查表的回收率可能较低，而且质量难以有效控制。

3. 财务状况分析法。财务状况分析法又称财务报表分析法，是指通过资产负债表、损益表和其他附表等财务信息的分析来识别风险。该方法的具体应用包括趋势分析法、比率分析法、因素分析法和模型分析法。例如，通过分析资产负债表中应收账款的账龄，企业可以判断是否有形成坏账的风险，对于实物资产要注意人为事故造成的损失或者技术贬值的风险。

财务状况分析法的优点是信息准确、客观、清晰、扼要，而且易于被内部和外部人员接受；缺点是无法反映企业风险全貌，部分信息仅能被专用人士所利用。

4. 组织结构图分析法。组织结构图分析法是通过勾画整个经济单位的组织结构图来发现风险可能产生的区域，以识别风险的方法。其工作程序为现画出组织整体结构图，然后细化组织结构和管理结构以识别风险可能产生的区域，重点应注意职能重复出现的部门、过分依赖性和过度集中性的部门。组织结构图分析法主要用于寻找风险产生的区域或环节，因此将其用于风险识别时往往有专门的目的。

5. 流程图法。流程图法是识别企业潜在风险的系统方法，它将企业组织按照生产经营过程的内在逻辑联系绘制成作业流程图，然后针对其中的关键步骤或薄弱环节进行调查和分析，即通过描述产品、服务与会计、营销等过程来识别流程中的风险。流程图法的工作步骤分为三步：分析、识别产品从设计至销售所历经的各个阶段；据此绘制流程图，解释流程中的所有风险；对流程图进一步解释风险发生的原因以及可能造成的影响。在复杂的流程图中可以通过简表的方式来进行解释，直观反映可能发生的风险、原因及其结果。

流程图法的优点在于可以将复杂的生产过程或业务流程简单化，从而易于发现风险；其缺点是流程图的绘制要耗费时间。

6. 事故树法。事故树法又称故障树法，是风险识别中一种常用的方法。事故树法从某一风险结果出发，运用逻辑推理的方法推导出引发风险的原因，即遵循风险事件—中间事件—基本事件的逻辑结构。事故树把影响企业整体目标实现的诸多因素及其因果关系一步步清楚地列示出来，有利于进行下一步深入的风险分析。

7. 可行性研究。可行性研究是在项目计划阶段即对风险进行定性识别的方法。它的工作步骤为检查各部分原始意图，发现有无偏离意图的情况，寻找偏离原因，预测偏离后果。可行性研究的优点是可在项目实施前就发现风险并加以处理；缺点是比较费时，且需要详细的设计系统图的支持。

（四）如何建立风险识别系统

风险识别是事项识别的一个重要方面，影响着企业风险管理的完整性和有效性。识别影响企业层级风险及业务层级的内部及外部因素，对于有效的风险评估来说是极其重要的。因此我们从企业层面及业务层面来进行建立风险识别系统。

1. 建立企业层面的风险识别系统。无数的内部和外部因素驱动着企业的战略执行和目标实现，能够识别这些因素，对于企业的风险管理来说重要性不言而喻。企业应从多方获得信息，识别风险。

（1）从外部专家处获得有关企业层面的风险意见。企业可从法律顾问、外部审计师等专业机构获得有关企业层面的风险意见，分析后在年报中予以披露。所披露的事项包括：汇率风险、价格风险、行业风险、自然灾害风险等。同时企业还可以通过参加行业联合会，与同行业知名企业、咨询机构沟通的方式，获得更多、更全面的信息，从而更准确地识别企业层面的风险。

（2）从内部管理人员处获得有关企业层面的风险意见。管理人员通过对企业所处的内外部环境进行分析，从而识别出可能存在的风险。外部环境分析包括对宏观环境、行业情况、竞争态势等方面的分析。与此同时，企业也对自身的资源及能力进行分析，内容包括：人力资源分析、财务资源分析、无形资产分析、管理能力分析等，以此来识别影响企业战略目标实现的内部风险因素。

2. 建立业务层面的风险识别系统。企业除必须识别企业层面的风险外，还应辨识业务层面的风险。通过采取必要措施管理业务层级的风险，有利于把企业层面的风险维持在一个合理的、可接受的水平上。企业同样可以通过听取内部及外部专家来获取业务层级风险的有关信息。

（1）从外部供应商、客户等相关利益方获取风险信息。管理人员可以从供应商、客户等相关利益方那里获得有关企业采购、生产、销售、技术发展等各方面的信息，从中辨识存在的风险。

（2）从业务管理人员处获得风险信息。各业务部的管理人员，对本部门的情况相对于其他人来讲更加了解。他们在管理过程中碰到的各种问题，可通过适当的渠道反映到高层管理者那里，以帮助管理者识别其中存在的风险，并采取措施避免风险事件的发生。

二、风险评估

（一）什么是风险评估

内部因素和外部因素都会影响企业目标的实现程度，尽管有些因素对于一个行业中的企业而言是共通的，但是更多的因素对于特定的主体而言却是独特的。管理层在进行风险评估时应着重关注这些特有的因素，结合本企业的规模、经营的复杂性等，评估风险的可能性及其影响。

管理者在评估风险时，应当从固有风险和剩余风险两个方面进行评估。固有风险是指在管理者不采取任何风险管理措施的情况下，企业所面临的风险。剩余风险是指管理者采取相应措施应对风险后仍然存留的风险。评估风险时首先评估的是固有风险，当风险管理策略确定后，再考虑剩余风险。

风险评估主要从风险发生的可能性及对企业目标的影响程度两个维度来分析。

1. 风险发生的可能性分析。可能性分析是指假定企业不采取任何措施去影响经营管理过程，将会发生风险概率的大小。一般来讲，风险发生概率大于 0 小于或等于 5% 时，我们确定为风险"几乎不会发生"；风险发生概率大于 5% 小于或等于 50% 时，确定为风险"可能会发生"；风险发生概率大于 50% 小于或等于 95% 时，确定为风险"很可能发生"；风险发生概率大于 95% 时，确定为风险"基本会发生"。对于风险发生概率的估计，主要考虑以下几个因素：风险相关资产的变现能力，经营管理中人工参与的程度，经营管理中是否涉及大量繁杂的人工计算等。

2. 风险发生的影响程度分析。风险影响程度分析主要是指对目标实现的负面影响程度分析。风险影响程度大小是针对既定目标而言的，因此，对于不同的目标，企业应采取不同的衡量标准。

（二）风险评估的程序

风险评估的具体工作步骤如图 3－1 所示。

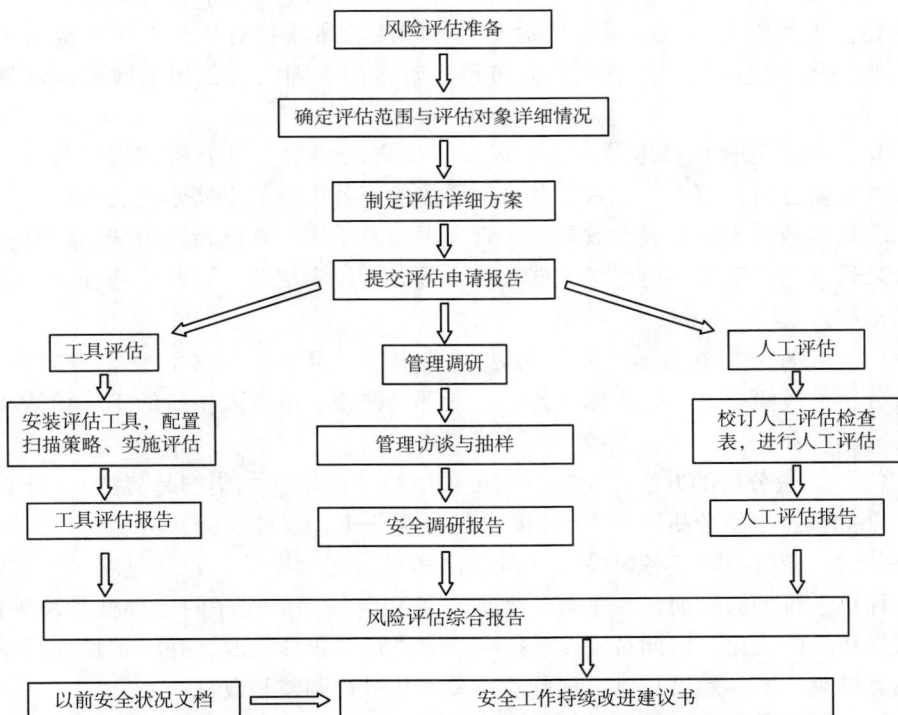

图 3－1　风险评估的步骤

1. 确定风险评估实施主体。风险评估应由企业组织有关职能部门和业务单位实施，也可聘请有资质、信誉好、风险管理专业能力强的中介机构协助实施。企业应制定《风险控制管理办法》《风险评估方法和标准》等相关制度和规章，明确机构的职责和分工、风险评估的程序和方法。具体进行风险评估的部门应是内部控制部门，他们对已识别的风险进行定量和定性的分析，估计风险的严重程度，评估风险发生的可能性或频率，考虑采取适当的措施管理风险。

2. 确定风险评估的时间范围。评估风险的时间范围应与相关战略和目标的时间范围保持一致，当企业战略目标不仅着眼于中短期，并在某些方面延伸到较长时期时，管理层也不能忽视那些可能延伸的风险。一般而言，时间范围越大，风险发生的可能性就会越大，风险评估的要求就会越高；另外，管理者还应注意，不同时间段所对应风险发生的可能性是不同的，如春季发生旱灾的可能性相对较高，而夏季发生洪涝灾害的可能性相对较高。

3. 确定风险评估的空间范围。如果潜在事项之间并不相关，管理者应对它们分别进行评估；但当事项彼此关联时，或者事项结合或相互影响产生显著不同的可能性或影响时，管理者应把它们放在一起进行评估。因此，风险分析应包括风险之间的关系分析，以便发现各风险之间的自然对冲、风险事件发生的正负相关性等组合效应，从风险策略上对风险进行统一集中管理；另外，企业在评估多项风险时，应根据对风险发生可能性的高低和对目标的影响程度的评估，绘制风险坐标图，对各项风险进行比较，初步确定对各项风险的管理优先顺序和策略。

4. 运用风险评估技术及方法。风险评估方法包括定量分析和定性分析。在不要求定量分析的地方，或者定量分析所需的充分可靠数据实际上无法取得，或者获取这些数据不具有成本效益时，管理者通常采用定性分析的方法。定量分析能带来较高的精确度，但要求数据较多，且分析较为复杂，通常应用在更加重要的活动中。

（1）定性分析的方法。定性方法可采用问卷调查、集体讨论、专家咨询、情景分析、政策分析、行业标杆比较、管理层访谈、由专人主持的工作访谈和调查研究等。

（2）定量分析的方法。定量方法可采用统计推论（如集中趋势法）、计算机模拟（如蒙特卡罗分析法）、失效模式与影响分析、事件树分析等。进行风险定量评估时，应统一制定各风险的度量单位和风险度量模型，并通过测试等方法，确保评估系统的假设前提、参数、数据来源和定量评估程序的合理性和准确性。要根据环境的变化，定期对假设前提和参数进行复核和修改，并将定量评估系统的估算结果与实际效果对比，据此对有关参数进行调整和改进。

5. 风险评估的结果描述。对事件发生的可能性及影响程度进行定性或定量评估后，可以采用风险图、数量表等方式将其描述出来，以利于管理者针对不同的风险类型采用不同的风险管理策略。

三、风险应对

(一) 风险应对策略

风险应对是指企业管理层采取一系列行动以便把风险控制在主体可以接受的范围之内。风险应对具体包括以下四种类型。

1. 风险回避（risk avoidance），即退出产生风险的活动，采用这种方案意味着所采用的应对措施不能把风险的影响和可能性降到一个可接受的水平。

企业对风险的对策首先考虑的是如何避免，尤其对于欺诈行为造成的资产损失及质量低劣带来的法律责任等。当风险造成的损失不能由该项目可能获得的利润予以抵消时，避免风险是最可行、最简单的办法。但是避免风险的方法具有很大的局限性：

（1）只有风险可以避免的情况下，避免风险才有效果；

（2）有些风险无法避免，如市场风险、政治影响等；

（3）有些风险虽然可以避免但成本过大；

（4）事事都采取避免风险的态度可能会造成企业安于现状、不求进取的思想。

2. 风险降低（risk reduction），即采取措施降低风险的可能性和影响，或者同时降低两者。风险降低应把剩余风险降低到与期望的风险相协调的水平。

企业在风险不能避免的情况下会自然地想到如何控制风险的发生、减少风险的发生，或如何减少风险发生后带来的损失。降低风险主要指两方面：

（1）控制风险因素，减少风险的发生；

（2）控制风险发生的频率和降低风险的损害程度。降低风险的频率就需要准确地预测，如利率预测、汇率预测、债务人信用评价等；降低风险损害需要果断地采取措施，如对债务人进行债务重组、积极开展收账政策等。

3. 风险承受（risk acceptance），即不采取任何措施去干预风险的可能性或影响，采用这种方案也表明固有风险已在风险承受度之内。

企业承担风险的方式可以分为无计划的单纯自留或有计划的自发保险。无计划的单纯自留，主要是指对未预测到的风险所造成损失的承担方式；有计划的自发保险是指对已预测到的损失的承担方式，如资产减值准备的提取、坏账准备金的提取等。

4. 风险分担（risk sharing），即通过转移来降低风险的可能性或影响，或者分担一部分风险。与风险降低类似，也将剩余风险降低到与期望的风险相协调的水平。

企业为了避免自己在风险承受后对其经济活动的妨碍和不利，可以对风险采取不同的转移方式，如进行保险或非保险方式进行转移。现代保险制度是转移风险的最理想方式，企业可以进行财产、医疗等方面的保险，将风险损失转移给保险公司。此外，企业还可以通过合同条款将部分风险转移给对方，如运输合同中有关事故责任人的界定。

（二）如何选择风险应对策略

企业应当根据风险分析情况，结合风险成因、企业整体风险承受能力和具体业务层次上的可接受风险水平，确定风险应对策略。基本原则如下：

1. 对超出整体风险承受能力或者具体业务层次上的可接受风险水平的风险，应当实行风险回避。

2. 对在整体风险承受能力和具体业务层次上的可接受风险水平之内的风险，在权衡成本效益之后无意采取进一步控制措施的，可以实行风险承担。

3. 对在整体风险承受能力和具体业务层次上的可接受风险水平之内的风险，在权衡成本效益之后愿意单独采取进一步的控制措施以降低风险、提高收益或者减轻损失的，可以实行风险降低。

4. 对在整体风险承受能力和具体业务层次上的可接受风险水平之内的风险，在权衡成本效益之后愿意借助他人的力量，采取包括业务分包、购买保险等进一步的控制措施以降低风险、提高收益或者减轻损失的，可以实行风险分担。

风险应对策略与企业的具体业务或者事项相联系，不同的业务或事项可以采取不同的风险应对策略，同一业务或事项在不同的时期可以采取不同的风险应对策略，同一业务或事项在同一时期也可以综合运用风险降低和风险分担应对策略。

1. 一般情况下，对战略、财务、运营和法律风险，可采取风险承受、风险回避、风险分担等方法。

2. 通常情况下，对能够通过保险、期货、对冲等金融手段进行理财的风险，可以采用风险分担、风险降低等方法。

3. 风险应对的选择还应从企业范围内的组合角度去考虑。一些情况是一个部门内的风险控制在风险承受度之内，但是从整个企业来讲却超过了风险承受度；还有一些情况是，企业内很多部门的风险可以相互抵消，不需要采取众多的风险应对措施。

风险应对策略与企业的具体业务或者事项相联系，不同的业务或事项可以采取不同的风险应对策略，同一业务或事项在不同的时期可以采取不同的风险应对策略，同一业务或事项在同一时期也可以综合运用风险降低和风险分担应对策略。

企业按照规定的程序和方法开展风险评估后，可以结合业务流程、风险因素、重要性水平和风险应对策略，在对可能存在的风险进行分析的基础上，设立风险清单，建立企业风险数据库，为持续开展和不断改进风险评估提供充分、有效的数据支持。

企业应当重视风险评估的持续性，及时收集风险及与风险变化相关的各种信息，定期或者不定期地开展风险评估，适时更新、维护风险数据库。

第三节 控制活动

一、职责分工

（一）内容

职责分工控制要求根据企业目标和职能任务，按照科学、精简、高效的原则，合理设置职能部门和工作岗位，明确各部门、各岗位的职责权限，形成各司其职、各负其责、便于考核、相互制约的工作机制。

企业组织机构有两个层面：一是法人的治理结构问题，涉及董事会、监事会、经理的设置及相关关系；二是管理部门设置及其关系，对财务管理来说，就是如何确定财务管理的广度和深度，由此产生集权管理和分级管理的组织模式。

企业在确定职责分工过程中，应当充分考虑不相容职务相互分离的制衡要求。所谓不相容职务是指某些如果由一名员工担任，既可以弄虚作假，又能够自己掩饰其作弊行为的职务。不相容职务通常包括：授权、批准、业务经办、会计记录、财产保管、稽核检查等。企业应当根据各项经济业务与事项的流程和特点，系统、完整地分析、梳理执行该经济业务与事项涉及的不相容职务，并结合岗位职责分工采取分离措施。有条件的企业，可以借助计算机信息技术系统，通过权限设定等方式自动实现不相容职务的相互分离。不相容责任主要有：

1. 授权批准职务与执行业务职务相分离；
2. 业务经办职务与审核监督职务相分离；
3. 业务经办职务与会计记录职务相分离；
4. 财产保管职务与会计记录职务相分离；
5. 业务经办职务与财产保管职务相分离。

（二）实行职责分工控制的程序

建立健全职责分工控制，目前必须解决两个问题：

1. 设立管理控制机构。目前有些上市公司中依据自身经营特点设立了审计委员会、价格委员会、报酬委员会等就是完善内部控制机制的有益尝试。机构设置因单位的经营特点和经营规模而异，很难找到一个通用模式。比如设立价格委员会的企业大多是规模很大、采用集中采购方式且采购价格变动较大的企业，这些企业设立价格委员会能够有效加强采购环节的价格监督与控制。再比如，对于规模大、技术含量很高、高知人员云集、按劳取酬的企业，通过设立报酬委员会进行管理层持股及股票期权问题研究，能够提高报酬计划按劳取酬科学性、加强报酬计划执行中的透明度和监控力度。

2. 推行职务不兼容制度。

（1）杜绝高层管理人员交叉任职。交叉任职主要体现在董事长和总经理为一人，董事会和总经理班子人员重叠。在上市公司中，这一问题虽有了较大的改变，但从公司制企业的总体上看，仍普遍存在。这种交叉任职的后果是董事会与总经理班子之间权责不清、制衡力度锐减。关键人大权独揽，一人具有几乎无所不管的控制权，且常常集控制权、执行权和监督权于一身，并有较大的任意性。交叉任职违背了内部控制的基本原则，必然带来权责含糊，易于造成办事程序由一个人操纵的现象出现。事实上，资金调拨、资产处置、对外投资等方面出现的问题重要原因之一在于交叉任职，董事会缺乏独立性。因此，建立内部控制框架首先要在组织机构设置和人员配备方面做到董事长和总经理分设、董事会和总经理班子分设，避免人员重叠。

（2）杜绝会计人员和出纳人员交叉任职。1985 年我国第一次颁布的《中华人民共和国会计法》中，将"会计不能兼任出纳"这一原则用法律形式表述出来，这是财务管理中最重要也是最基本的原则。企业应当结合岗位特点和重要程度，明确财会等关键岗位员工轮岗的期限和有关要求，建立规范的岗位轮换制度，对关键岗位的员工，可以实行强制休假制度，并确保在最长不超过 5 年的时间内进行岗位轮换，防范并及时发现岗位职责履行过程中可能存在的重要风险，以强化职责分工控制的有效性。

二、授权批准控制

（一）什么是授权控制

授权控制要求企业根据职责分工，明确各部门、各岗位办理经济业务与事项的权限范围、审批程序和相应责任等内容。企业内部各级管理人员必须在授权范围内行使职权和承担责任，业务经办人员必须在授权范围内办理业务。

（二）授权批准方式

授权一般包括常规性授权和临时性授权。常规性授权是指企业在日常经营管理活动中按照既定的职责和程序进行的授权。企业可以根据常规性授权编制权限指引并以适当形式予以公布，提高权限的透明度，加强对权限行使的监督和管理。临时性授权是指企业在特殊情况、特定条件下进行的应急性授权，比如重大的筹资行为、投资决策、资本支出和股票发行等。企业应当加强对临时性授权的管理，规范临时性授权的范围、权限、程序、责任和相关的记录措施。有条件的企业，可以采用远程办公等方式逐步减少临时性授权。

企业对于金额重大、重要性高、技术性强、影响范围广的经济业务与事项，应当实行集体决策审批或者联签制度，任何个人不得单独进行决策或者擅自改变集体决策意见。并且未经授权的部门和人员，不得办理企业各类经济业务与事项。

（三）授权控制体系

1. 确定授权批准的范围。企业的所有经营活动都应纳入其范围。

2. 划分授权批准的层次。企业应根据经济活动的重要性和金额大小确定不同的授权批准层次，从而保证各管理层有权亦有责。

3. 明确授权批准的责任。应当明确被授权者在履行权力时应对哪些方面负责，应避免责任不清，一旦出现问题又难究其责的情况发生。

4. 规范授权批准的程序。应规定每一类经济业务审批程序，以便按程序办理审批，以避免越级审批、违规审批的情况发生。单位内部的各级管理层必须在授权范围内行使相应职权，经办人员也必须在授权范围内办理经济业务。

三、财产保护控制

财产保护控制要求企业限制未经授权的人员对财产的直接接触和处置，采取财产记录、实物保管、定期盘点、账实核对、财产保险等措施，确保财产的安全完整。

1. 限制接近。限制接近是内部控制中一条重要的原则，是指对接近财产的限制，规定只有经过严格授权的人员才能接触财产，旨在划清责任、减少舞弊的发生。

（1）现金的限制接近。现金要与有关现金的记账人员相分离，其管理可限于指定的出纳人员范围之内，而且要对其实行保护措施，平时将现金放在保险箱并由出纳员保管钥匙。

（2）单据、证券以及易变现资产的限制。支票、汇票、发票、收据等非现金财产一般采用确保两个人同时接近资产的方式加以控制，可以在银行或信托公司租用保险柜存放应收票据和有价证券。

（3）存货的限制接近。对存货的保护可采取把存货放于仓库并由专职仓库保管人员看管的方式，安装监视系统及防火、防盗等安全措施。

2. 财产清查。财产清查是会计核算工作的重要制度，又是加强财产物资管理的一项重要制度。财产清查是通过定期或不定期，全面或部分地对各项财产物资进行实物盘点和对库存现金、银行存款、债权债务进行清查核对的一种制度。修订后的《会计法》规定，各单位在内部会计监督制度中应当明确"财产清查的范围、期限和组织程序"，即不仅要建立财产清查制度，而且要明确规定财产清查的范围、期限、组织程序。

（1）确定财产清查范围。清查范围包括存货、现金、票据、有价证券以及固定资产等财产。

（2）定期清查和抽查相结合。由于财产清查是进行账实、账款核对，检查其一致性，所以财产清查应该在每个会计年度财务会计报告之前进行一次全面财产清查，另外企业可以根据自身需要安排抽查。

（3）财产清查的程序。清查日期和范围都确定后，组织一个清查小组进行清点财产、核对账目、分析差异的形成原因并追查相关责任人的责任。

3. 财产保险。通过对资产投保增加实物受损后的补偿机会，从而保护实物的安全，如火灾险、盗窃险和责任险。

4. 财产记录监控。对企业要建立资产档案，资产增减变动应及时全面予以记录。加强财产所有权证的管理。

四、会计系统控制

（一）会计系统控制的意义

会计系统控制要求企业依据《中华人民共和国会计法》、国家统一的会计制度，制定适合本企业的会计制度，明确会计凭证、会计账簿和财务报告以及相关信息披露的处理程序，规范会计政策的选用标准和审批程序，建立、完善会计档案保管和会计工作交接办法，实行会计人员岗位责任制，充分发挥会计的监督职能，确保企业财务报告真实、可靠和完整。

1. 会计系统控制通过不相容职务的分离可以防弊查错，保护企业资产的安全、完整。

2. 会计系统控制通过每项业务处理程序、各环节的职责分工、审批稽核手续、业务处理手续等过程，做到证证、账证、账账、账表、账实相符，促使各业务部门和人员建立有机的协作关系和制约关系，提高责任感和工作效率，从而确保会计信息的质量。会计系统控制为财务管理、会计管理和企业管理提供真实、准确、完整的会计信息。

（二）会计系统控制的方法

会计系统规定企业各项管理活动和经济业务的确认、归集、分析、分类、记录和编报的方法。健全、正确的文件与会计记录既是组织规划控制、授权批准控制的手段，又是企业保持工作效率、贯彻企业经营方针的基础。企业应对重要决策、重大交易和内部控制制度加以文件记录。会计系统控制内容主要有：

1. 选择适用的会计准则和相关会计制度。管理层应当选择适用的会计准则和相关的会计制度。就会计主体而言，民间非营利组织适合采用《民间非营利组织会计制度》；事业单位通常适用《事业单位会计制度》；而企业根据规模和行业性质，分别适合采用《企业会计准则》《企业会计制度》《金融企业会计制度》《小企业会计制度》等。

2. 选择和运用恰当的会计政策。企业会计政策是指企业在会计确认、计量和报告中采用的原则、基础和会计处理方法。管理层应当根据企业的具体情况，选择和运用恰当的会计政策。

3. 根据企业具体情况，作出合理的会计估计。会计估计是指企业对其结果不确定的交易和事项以最近可利用的信息为基础所作出的判断。

4. 采用流程图的方式编制业务流程手册。业务流程图是由特定的符号组成，反映业务处理程序及部门之间相互关系的图表。它既是企业管理的有效工具，也是评价内部控制的重要手段。相关人员应充分理解企业的业务流程，清楚自己在整个业务流程中的地位。

5. 文件和凭证连续编号。企业对业务处理的文件记录和凭证应连续编制相应的号码，凡有条件的均应事先编号。文件和凭证编号便于业务查询，也可避免业务记录的重复或遗漏并在一定程度上防范虚假舞弊行为的发生。如，企业应对各种合同进行分类编号，对支票和现金支付申请单以及物品出、入库单事先编号。

6. 建立和完善会计档案保管工作。会计档案是指会计凭证、会计账簿和会计报表等会计核算专业材料，它是记录和反映经济业务的重要史料和证据。每年形成的会计档案，都应由财务会计部门按照归档的要求，负责整理立卷或装订成册。当年会计档案，在会计年度终了后，可暂由本单位财务会计部门保管一年。期满之后，原则上应由财务会计部门编造清册移交本单位的档案部门保管。财务会计部门和经办人必须按期将应当归档的会计档案，全部移交档案部门，不得自行封包保存。

7. 建立会计岗位制度。一个企业通常可以根据实际需要设置会计主管、出纳、流动资产核算、固定资产核算、投资核算、存货核算、工资核算、成本核算、利润核算、往来核算、总账报表、稽核、综合分析等岗位。这些岗位可以一人一岗，一人多岗，也可以一岗多人。企业单位在建立会计人员岗位责任制时，应注意以下三个原则：

（1）要从实际出发，坚持精简的原则，切实做到事事有人管，人人有专责，办事有要求，工作有检查，保证会计工作有秩序地进行。

（2）要同本单位的经济（经营）责任制相联系，以责定权，责权明确，严格考核，有奖有惩。

（3）要从整体出发，发扬互助协作精神，紧密配合，共同做好工作。

五、内部报告控制

（一）内部报告控制的内涵与意义

报告是一种传达信息的方式，用以防止和减少风险，为管理层提供目标完成情况、预算状况及各种值得关注的问题等信息。企业建立报告制度可以强化各种行为和决策的责任。内部报告控制要求企业建立和完善内部报告制度，明确相关信息的收集、分析、报告和处理程序，及时提供业务活动中的重要信息，全面反映经济活动情况，增强内部管理的时效性和针对性。内部报告方式通常包括例行报告、实时报告、专题报告、综合报告等。

（二）内部报告体系的构成

内部报告体系的建立应体现部门或员工的管理责任，应符合"例外管理"

的要求，报告的形式和内容要简明易懂，并要统筹规划，避免重复。内部报告要根据管理层次设计报告频率和内容的详简程度。一般来说，对于企业高层而言，报告时间间隔较长，内容须从重、从简；对于基层和业务层而言，报告时间间隔短，内容应详细、全面。

常用的内部报告有：（1）资金分析报告，包括资金日报、借款还款进度表、贷款担保抵押表、银行账户及印鉴管理表、资金调度表等。（2）经营分析报告。（3）费用分析报告。（4）资产分析报告。（5）投资分析报告。（6）财务分析报告等。通过定期内部报告，管理者查看各报表数据是否相互勾稽，财务比率是否合理，能及时发现异常现象，从而加强控制。

六、经营分析控制

要求企业综合运用生产、购销、投资、财务等方面的信息，利用比较分析、比率分析、因素分析、趋势分析等方法，定期对企业经营管理活动进行分析，发现存在的问题，查找原因，并提出改进意见和应对措施。

经营分析控制的方法有以下三种。

1. 比较法。这是报表分析最基本、最普遍使用的方法。它可用于本公司历史数据的比较，找出变动趋势；它也可用于与本行业的其他上市公司进行比较，看公司在本行业中的竞争力；它还可用于与本行业的总体指标比较，看公司在本行业中的地位，如将企业的销售收入与行业的总销售额比较，可以看出企业占有多大的市场份额。

2. 比率法。通过财务报表中的大量数据可以计算出很多有意义的比率，对这些比率进行分析可以了解企业经营管理各方面的情况。常用的财务比率有如下四种。

（1）反映企业变现能力的比率有流动比率和速动比率。流动比率是流动资产与流动负债之比。该比率过低容易产生短期偿债风险；过高则说明企业资金营运政策过于保守，或者企业存在存货积压，产品市场前景暗淡。但合理的流动比率在不同行业中的差别很大，所以最好与行业的平均水平比较。速动比率是从流动资产中剔除了存货后与流动负债的比值，能较好地衡量公司的短期偿债能力。

（2）反映企业资产运营效率的比率有总资产周转率、存货周转率、应收账款周转率等。资产的周转率越高，利用相同的资产在一年内给公司带来的收益越多。

（3）反映财务杠杆效应的比率主要是资产负债率。资产负债率高是高风险的财务结构，在相同每股收益情况下，股东往往要求更高的回报，故股价较低。但这也并非绝对，规模较大的公司因为有良好的信用，并且可以以较低的成本借入较多的资金，在资产负债率较高的情况下也认为是比较安全的，故对股价不会有太多的负面影响。

（4）反映企业盈利能力的指标主要有销售毛利率、销售净利率、资产净利率与净资产收益率。在分析企业盈利能力时，应当排除证券买卖等非正常项目、已经或将要停止的营业项目、重大事故或法律更改等特别项目、会计准则和财务制度变更带来的累计影响项目，因为这些项目往往不可持续。

3. 因素分析法。因素分析法又称连环替代法，它用来计算几个相互联系的因素对综合财务指标影响的程度。通过这种计算，可以衡量各因素项目对综合指标影响程度的大小。如前面比率法中提到的最重要的比率——净资产收益率，它可分解成销售净利率、资产周转率与权益乘数的乘积；通过两年的分解后数据对比可以找出影响企业净资产收益率增减变化的主要因素，通过对这一因素的持续性进一步分析，还可以预测企业下一年度的盈利状况。

七、绩效考评控制

（一）绩效考评控制及其意义

绩效考评控制要求企业科学设置业绩考核指标体系，对照预算指标、盈利水平、投资回报率、安全生产目标等方面的业绩指标，对各部门和员工当期业绩进行考核和评价，兑现奖惩，强化对各部门和员工的激励与约束。

绩效考评制度是解决企业内部公平的必要条件。激励中的一个重要因素是个人对报酬结构是否觉得公平。亚当斯（Adams）的公平理论认为，个人会主观地将他的投入（包括诸如努力、经济、教育等许多因素）同别人相比来评价是否得到公平或公正的报酬。企业要解决公平问题，依赖的就是绩效考评制度。优秀的绩效考评制度，可以有效地甄别出雇员对企业的贡献并予以相应的激励，从根源上解决不公正，使雇员能够积极、充分地发挥主人翁的作用，履行自己的义务和责任。在其通过努力获得自身效用最大化的同时，也使企业获得了效用最大化。这是双赢的局面，雇员与企业之间的双赢，上司与下属之间的双赢。它是建立在双赢的博弈基础上的"利益共同体"。

（二）绩效考评的方法

目前，国内许多企业认识到绩效考评的重要性，积极学习和借鉴国外先进的绩效考评理论和方法，如引入目标管理、360 度绩效反馈等考核方法。应将这些考核方法与我国文化背景和企业具体情况结合起来，必须从企业的实际情况出发，努力探索出一套科学、合理和完善的绩效考评体系，包括考核的目的、原则、程序和方法，这样才能提高绩效管理的成效，造就出一批能征善战的人才队伍，以使企业在激烈的市场竞争中赢得长期发展优势。

1. 360 度反馈体系。最近的一项调查显示，入选《财富》的 1 000 家企业中，超过 90% 的企业已将 360 度反馈评价体系的某些部分运用于职业发展和绩效中，如 IBM、摩托罗拉、诺基亚、福特、迪士尼、西屋、麦当劳、美国联邦银行等。360 度反馈体系的目的在于通过获得和使用高质量的反馈信息，支持与鼓励员工不断改进与提高自己的工作能力、工作行为和效绩，以使组织最终达到管理或发展的目的。

360 度反馈也称全景式反馈或多元评价，是一个组织或企业中各个级别的、了解和熟悉被评价对象的人员（如直接上级、同事及下属等），以及与其经常打交道的内部顾客和外部顾客对其绩效、重要的工作能力和特定的工作行为与技巧等提供客观、真实的反馈信息，帮助其找出组织及个人在这些方面的优势与发展需求的过程。

2. 目标管理体系。早在 40 年前，著名管理学家彼得·德鲁克就在他的《管理实践》一书中提出了目标管理这一思想。它的精要之处就在于提供了一种将组织的整体目标转化为组织单位和每个成员目标的有效方式。最初，目标管理这一思想只是应用于企业管理中的计划工作中。后来，这一方法不仅在计划工作中得到了广泛应用，同时也成了绩效的一种有效手段，是对管理人员和专门职业人员进行绩效的首选方法。

这种方法把员工是否达到由员工和管理人员共同制定的目标作为依据。具体是指员工与其上司协商制定个人目标（如生产成本、销售收入、质量标准、利润等），然后以这些目标作为对员工的基础。目标管理考评体系的整个过程实际上是一个循环系统即从企业共同目标，到部门特定目标，最后到个人目标。经验研究表明，这一方法有助于改进工作效率，而且还能够使公司的管理当局根据迅速变化的竞争环境对员工进行及时的引导。

3. 关键绩效指标（KPI）评价法。关键绩效指标（key performance indicator, KPI）是通过对组织内部某一流程的输入端、输出端的关键参数进行设置、取样、计算、分析，衡量流程绩效的一种目标式量化管理指标，是把企业的战略目标分解为可运作目标的工具，是企业建立完善的绩效体系的基础，是管理中"计划—执行—评价"中的"评价"不可分割的一部分，反映个体与组织关键绩效贡献的评价依据和指标。

关键绩效指标是用于沟通和评估被评价者绩效的定量化或定性化的标准体系。定量的关键绩效指标可以通过数据来体现，定性的关键绩效指标则需通过对行为的描述来体现。

关键绩效指标体现在绩效中对组织目标增值部分。这就是说，关键绩效指标是连接个体绩效与组织目标的一个桥梁。关键绩效指标是针对对组织目标起到增值作用的工作产出来设定的，基于这样的关键绩效指标对绩效进行评价，就可以保证真正使得对组织有贡献的行为受到鼓励。

4. 图尺度评价法。图尺度评价法是最简单和运用最普遍的工作绩效评价技术之一。它是列举出一些绩效构成要素（如"工作质量"和"工作数量"）和工作绩效等级（如"优、良、中、差、劣"），在进行工作绩效评价时，首先针对每一位员工从每一项评价要素中找出最能符合其绩效状况的分数。然后将每一位员工所得到的所有分值进行加总，即得到其最终的工作绩效评价结果。

当然，许多企业不仅仅停留在对一般性工作绩效因素（如"工作质量"和"工作数量"）的评价上，他们还将作为评价标准的工作职责进行进一步分解。

一般职责标准都是从工资说明书中选取出来的，并根据其职责不同的重要性以百分比的形式反映出来。在图尺度评价表中一般还会在每项评价因素后留一个空白地，这是留给评价人作一般性说明的，在对被评价者的一些一般性绩效进行评价时是非常有用的。

5. 平衡计分卡评价法。平衡计分卡的核心思想是通过财务、客户、内部经营过程、学习与成长四个指标之间相互驱动的因果关系展现组织的战略轨迹，实现绩效测评—绩效改进以及战略实施—战略修正的目标。平衡计分卡的绩效测评评价指标既包含财务指标，同时又通过客户满意度、内部经营程序及组织的学习与成长等非财务指标来补充非财务指标，并由这些处在因果关系链上的非财务指标共同作为公司"未来财务绩效的驱动器"。这些财务与非财务的测评指标都来源于企业的战略，是对它们自上而下进行分解的结果，这样，在战略与目标之间就形成了一个双向的形成与改进循环。

平衡计分卡不仅为企业提供了一种创新的绩效测评系统框架，同时也为企业的战略管理与绩效测评之间建立系统的联系提供了思路与方法，使绩效测评体系成为企业战略管理的组成部分。但是，平衡计分卡也有缺陷：一是没有提出支持集团战略与集团下属各战略业务单位战略之间实现动态调整的理论框架；二是无法解决一个战略业务单位内部个人绩效测评的问题。

6. 行为锚定等级评价法。行为锚定等级评价法是近年来日益得到重视的一种绩效方法。这种方法结合了关键事件法和评分表法的主要要素；考评者按某一序数值尺度对各项指标打分，不过，评分项目是某人从事某项职务的具体行为事例，而不是一般的个人物质描述。

行为锚定等级评价法侧重于具体而可衡量的工作行为，它将职务的关键要素分解为若干绩效因素，然后为第一绩效因素确定有效果或无效果行为的一些具体实例。其结果可以形成诸如"预测""计划""实施""解决眼前问题""贯彻执行命令"以及"处理紧急情况"等的行为描述。举个例子来说，对于"按资历对加班任务作公平分配"以及"告诉工人们如果有问题随时可以来和他谈"这类的叙述，一位经理对其属下的基层监督人员可以用 5 分制尺度中的 0 分（几乎从不）或者 4 分（几乎总是）做出评价。

预算是对企业整体资源的一种预先的数量化安排，是内部控制的重要手段。现代企业不能没有预算，内部控制也离不开预算控制。具体内容详见第四章第一节。

第四节　信息与沟通

一、什么是信息系统

（一）信息的定义

信息是指信息系统辨识、衡量、处理及报告的标的，来源于企业内部或外部，包括获取的行业、经济、监控以及内部生产经营管理、财务等方面的信息。企业应准确识别、全面收集、不断完善获取信息的机制，随时掌握市场、竞争对手、行业变化等动态，及时、有效地传达给相关负责人员，使其有足够的信息处理经营业务、对变化做出迅速反应。

来源于企业外部及内部的信息，包括财务及非财务的，与多个企业目标相关。内部信息主要包括会计信息、生产经营信息、资本运作信息、人员变动信息、技术创新信息、综合管理信息等。企业可以通过会计资料、经营管理资料、调查研究报告、会议记录纪要、专项信息反馈、内部报刊网络等渠道和方式获取所需的内部信息。外部信息主要包括政策法规信息、经济形势信息、监管要求信息、市场竞争信息、行业动态信息、客户信用信息、社会文化信息、科技进步信息等。企业可以通过立法监管部门、社会中介机构、行业协会组织、业务往来单位、市场调查研究、外部来信来访、新闻传播媒体等渠道和方式获取所需的外部信息。

（二）信息系统的定义

广义来说，信息系统（information system）是指能够完成对信息收集、组织、存贮、加工、传递和控制等职能的系统，其目的是为一个组织机构提供信息服务以支持管理决策活动。从这个意义上说，信息系统是人工构成或是自然形成的加工信息的系统。

从狭义的角度，信息系统可以理解为计算机系统，是基于计算机技术、通信技术和软件技术且融合各种现代管理理论、现代管理方法以及多级管理人员为一体，对所有形态（包括原始数据、已分析的数据、知识和专家经验）和所有形式（文字、视频和声音）的信息进行收集、组织、存贮、处理和显示，最终为某个组织整体的管理与决策服务的一个人机结合的信息处理系统。输入的数据和信息经过加工处理，输出能实现一定功能的有用的新信息，也就是实现了系统的目标。

从信息系统定义的外延看，信息系统早在计算机问世前就已经存在，但由于计算机日益广泛的使用以及不可替代的巨大作用，在很多场合，所谓的信息系统是指以计算机为核心进行信息处理的人—机系统。

二、信息系统控制标准

COBIT 是 controlled objectives for information and related technology 的缩写，即信息及相关技术的控制目标。2000 年 7 月，国际电脑稽核协会所属的信息系统审计与控制基金会修订完成。COBIT 是国际信息系统审计协会（ISACA）制订的面向过程的信息系统审计和评价的标准。对信息化建设成果的评价，按照系统属性可以划分为若干方面，如，对最终成果评价、对建设过程评价、对系统架构评价等。

COBIT 是一个基于信息技术（IT）治理概念的、面向 IT 建设过程的 IT 治理实现指南和审计标准。COBIT 的目标是为信息系统审计提供公认的信息安全和控制评价标准，它将信息系统的作业过程划分为规划与组织、获得与实施、交付与支持、监督四个阶段，各阶段共包括 34 个具体步骤（见表 3 - 2）。建立电子商务系统的内部控制程序和政策应以 COBIT 框架的 34 项作业步骤作为控制流程主线，针对各步骤的作业内容、控制目标和固有风险，选择 COSO 报告中的相应控制要素及控制要点来构成本环节的相应控制政策。COBIT 将 IT 过程，IT 资源及信息和企业的策略与目标联系起来，形成一个三维的体系结构。其中，IT 准则维集中反映了企业的战略目标，主要从质量、成本、时间、资源利用率、系统效率、保密性、完整性、可用性等方面来保证信息的安全性、可靠性、有效性；IT 资源维主要包括以信息、应用系统、设施及人在内的信息相关的资源，这是 IT 治理过程的主要对象；IT 过程维则是在 IT 准则的指导下，对信息及相关资源进行规划与处理，从信息技术的规划与组织、获取与实施、交付与支持、监督与评估等四个方面确定了 34 个信息技术处理过程，每个处理过程还包括更加详细的控制目标和审计方针以对 IT 处理过程进行评估。

表 3 - 2   **COBIT 的四个控制域的 34 个处理过程**

规划与组织	获取与实施	交付与支持	监督
定义 IT 战略规划	确定自动化的解决方案	定义并管理服务水平	过程监控
定义信息体系结构	获取并维护应用程序软件	管理第三方的服务	评价内部控制的适当性
确定技术方向	获取并维护技术基础设施	管理性能与容量	获取独立保证
定义 IT 组织与关系	程序开发与维护	确保服务的连续性	提供独立的审计
管理 IT 投资	程序安装与鉴定	确保系统安全	
传达管理目标和方向	更新管理	确定并分配成本	
人力资源管理		教育并培训客户	
确保与外部需求一致		信息技术咨询	
风险评估		配置管理	
项目管理		处理问题和突发事件	
质量管理		数据管理	
		设施管理	
		运营管理	

资料来源：笔者根据有关材料整理而成。

COBIT 模型是企业战略目标和信息技术战略目标的桥梁，使信息技术目标和企业战略目标之间实现互动。COBIT 考虑了企业自身的战略规划，对业务环境和企业总的业务战略进行分析定位，并将战略规划所产生的目标、政策、行动计划作为信息技术的关键环境，由此确定 IT 准则。在 IT 准则指导下，利用控制目标模型，分别从规划与组织、获取与实施、交付与支持、监督等过程来控制和管理信息资源，在信息系统管理和控制的同时，引入审计指南，从而保证 IT 资源管理的安全性、可靠性和有效性。

三、沟通

充分的内部沟通对于企业控制环境、控制作业、风险评估等各方面都起着至关重要的作用，企业所采取的沟通方式要能够达到顺畅沟通的目的，使员工们了解自己应承担的责任、应实现的目标以及这些目标对企业的影响。有效的信息沟通需要合理考虑对来自不同部门和岗位、不同渠道的相关信息进行合理筛选和相互核对。企业应当采取互联网络、电子邮件、电话传真、信息快报、例行会议、专题报告、调查研究、员工手册、教育培训、内部刊物等多种方式，实现所需的内部信息、外部信息在企业内部准确、及时传递和共享，确保董事会、管理层和企业员工之间有效沟通。

良好的内部控制，不但要有适当的内部沟通，外部沟通也是必不可少的，企业有责任建立良好的外部沟通渠道，对外部有关方面的建议、投诉和收到的其他信息进行记录，并及时予以处理、反馈。有效的外部沟通既可以扩大企业的影响力，还可以获得很多有效内部控制的重要信息。外部沟通应当重点关注以下四个方面。

1. 与投资者和债权人的沟通。企业应当根据《中华人民共和国公司法》《中华人民共和国证券法》等法律法规、企业章程的规定，通过股东大会、投资者会议、定向信息报告等方式，及时向投资者报告企业的战略规划、经营方针、投融资计划、年度预算、经营成果、财务状况、利润分配方案以及重大担保、合并分立、资产重组等方面的信息，听取投资者的意见和要求，妥善处理企业与投资者之间的关系。

2. 与客户、供应商的沟通。企业可以通过客户座谈会、走访客户等多种形式，定期听取客户对消费偏好、销售政策、产品质量、售后服务、货款结算等方面的意见和建议，收集客户需求和客户的意见，妥善解决可能存在的控制不当问题；企业可以通过供需见面会、订货会、业务洽谈会等多种形式与供应商就供货渠道、产品质量、技术性能、交易价格、信用政策、结算方式等问题进行沟通，及时发现可能存在的控制不当问题。

3. 与监管机构的沟通。企业应当及时向监管机构了解监管政策和监管要求及其变化，并相应完善自身的管理制度；同时，认真了解自身存在的问题，积极反映诉求和建议，努力加强与监管机构的协调。

4. 与中介机构的沟通。企业应当定期与外部审计师进行会晤，听取外部审计师有关财务报表审计、内部控制等方面的建议，以保证内部控制的有效运行以及双方工作的协调。企业可以根据法定要求和实际需要，聘请律师参与有关重大业务、项目和法律纠纷的处理，并保持与律师的有效沟通。

本章小结

根据《企业风险管理——整合框架》（ERM 框架），全面风险管理要素有八个，即内部环境、目标设定、事件识别、风险评估、风险对策、控制活动、信息和交流、监控。本章主要介绍了内部控制要素中的内部环境、风险评估、控制活动、信息与沟通要素。

内部环境要素包括诚信与道德价值观、员工的胜任能力、管理哲学和经营风格、组织结构、责任的分配与授权、董事会与审计委员会等方面的内容。

控制活动包括职责分工、授权审批控制、财产保护控制、会计系统控制、内部报告控制、经营分析控制、绩效考评控制。

最后，充分的内部沟通对于企业控制环境、控制作业、风险评估等各方面都起着至关重要的作用。

重要名词

内部环境
风险评估
控制活动
职责分工
授权批准
信息与沟通

练 习 题

一、单选题

1. 内部控制要素之一——信息与沟通不包括（　　）。

A. 信息质量　　　　　　　　　　B. 沟通制度

C. 信息系统　　　　　　　　　　D. 舞弊机制

2. "要求企业建立财产日常管理制度和定期清查制度，采取财产记录、实物保管、定期盘点、账实核对等措施，确保财产安全"的控制方法是（　　）。

A. 授权批准控制　　　　　　　　B. 财产保护控制

C. 职责分离控制　　　　　　　　D. 全面预算控制

3. 对内部控制评价报告的真实性负责的是（　　）。

A. 财务经理　　　　　　　　　　B. 总经理

C. 董事会　　　　　　　　　　　D. 股东大会

4. "企业董事会或类似权力机构对内部控制的有效性进行全面评价、形成评价结论、出具评价报告的过程"是（　　）。

A. 内部控制评价　　　　　　　　B. 内部控制审计

C. 内部控制鉴证　　　　　　　　D. 内部控制测试

5. 下列不属于内部环境评价范畴的是（　　）。

A. 企业文化　　　　　　　　　　B. 社会责任

C. 内部审计　　　　　　　　　　　　　D. 治理结构

二、多选题

1. 对控制活动的分析可以从两个方面来展开，包括（　　　）。

A. 一个是纵向，把控制活动分为决策层、管理层、执行层和操作层四个层次

B. 一个是横向，指各个部门人、财、物之间的衔接

C. 一个是横向，把控制活动分为决策层、管理层、执行层和操作层四个层次

D. 一个是纵向，指各个部门人、财、物之间的衔接

2. 下列有关企业内部控制信息与沟通要素的表述中，正确的有（　　　）。

A. 内部控制信息与沟通针对的是企业内部生成的信息，不涉及企业外部的信息

B. 信息系统生成与控制目标及其实现程度有关的信息，从而使对业务的管理和控制成为可能

C. 有效的信息沟通需要自上而下、自下而上或平行地贯穿于企业之中

D. 管理层与下属相处时的行为也会成为有效的信息沟通方式

3. 企业编制、对外提供和分析利用财务报告，应当关注的风险有（　　　）。

A. 编制财务报告违反会计法律法规和国家统一的会计准则制度，可能导致企业承担法律责任和声誉受损

B. 提供虚假财务报告，误导财务报告使用者，造成决策失误，干扰市场秩序

C. 不能有效利用财务报告，难以及时发现企业经营管理中存在的问题，可能导致企业财务和经营风险失控

D. 因财经媒体或外部财务分析师发布负面评价而导致股价下跌

4. 下列各项中符合有效控制原则的有（　　　）。

A. 为了加强投资控制，公司聘请有实力的咨询公司做投资项目的可行性研究报告，明确投资方案、回报率等内容

B. 与员工签订协议，规定不得以私人名义经营与公司有关的业务、保守商业秘密等，并规定相应的处罚条款

C. 企业研究成果的开发应当分步推进，通过试生产充分验证产品性能，在获得市场认可后方可进行批量生产

D. 资金管理信息系统允许多人用同一用户名在同一个 IP 地址操作

5. 《内部控制——整合框架》认为，控制环境包括（　　　）。

A. 员工的诚信和道德价值观　　　　　　B. 胜任能力

C. 董事会和审计委员会　　　　　　　　D. 管理层的经营理念和经营风险

6. 以下职责分工中错误的有（　　　）。

A. 出纳员休假期间应办理好交接手续，相关工作由记账会计兼任

B. 出纳员对于"白条抵库"情形应定期向内部审计部门报告

C. 出纳员每月编制一次银行存款余额调节表，对于非正常未达账项应及时向内审部门报告

D. 销售经理负责批准赊销，并亲自注销坏账

三、判断题

1. 内部控制，无论设计和执行多么理想，也只能就企业目标的实现向经理层和董事会提供合理的保证。　　　　　　　　　　　　　　　　　　　　　　　　　　（　　　）

2. 从某种程度上讲，风险管理是企业内每一个员工的责任。　　　　　　　（　　　）

3. 预算管理情况属于公司层的内部控制活动。　　　　　　　　　　　　　（　　　）

4. 控制活动指为确保管理层指示得以执行的政策和程序。　　　　　（　　）

5. 企业对于重大的业务和事项的决策权，应当授予单位最高领导，任何人不得擅自改变最高领导决策。　　　　　　　　　　　　　　　　　　　（　　）

6. 治理结构形同虚设，缺乏科学决策、良性运行机制和执行力，可能导致企业经营失败，难以实现发展战略。　　　　　　　　　　　　　　　　　　（　　）

思 考 题

1. 如何理解管理哲学和经营风格在内部控制中的作用？

2. 员工胜任能力的测评方法有哪些？

3. 董事会在内部环境中有什么功能？

4. 不相容的责任有哪些？

5. 财产保护控制的方法有哪些？

内部控制的其他支持系统

在本章中，你将学到：

1. 全面预算管理
2. 信息管理系统
3. 人力资源开发
4. 内部审计监督

◇ **本章重点与难点**

1. 全面预算管理的编制和考核
2. 《萨班斯法案》关于信息系统控制的规定
3. 内部控制要求的人员应具备的素质
4. 持续性监督和专项监督的区别

引例

东华厚盾某烟草集团全面预算管理信息化①

某烟草公司主营卷烟生产、销售、烟草物资配套供应等业务，现下辖三家直属卷烟生产企业和2个全资子公司，是一家集卷烟生产、销售、烟草物资配套供应等为一体的烟草工业集团。

自国家烟草专卖局、中国烟草总公司下发了《烟草行业全面预算管理办法》（以下简称《办法》）后，该集团就从实施该系统应遵循的"四个结合"原则、预算编制的内容与依据、预算编制方法、预算执行与控制、预算调整、预算监督等几个方面认真解读了该《办法》，更好地学习和领会了该《办法》的精神实质，意识到自身内部开展全面预算管理工作的重点在于建立符合烟草行业全面预算管理模式的信息化应用系统，实现省公司全面预算的统一管控与下级单位自主精细管理，建立预算执行全过程动态监控机制，实现预算编制与申报、审核与批准、执行与控制、预算调整、分析与评价的流程化、规范化及痕迹化管理。

该集团企业管理部会同财务管理部、信息中心等部门对行业内全面预算管理先进单位进行调研学习后，甄选出了国内外各大全面预算管理服务商进行多次交流，继而通过标准的招标流程，最终选定由东华软件股份公司旗下的全资子公司东华厚盾软件有限公司承建该项目。

基于公司组织机构庞杂，主营业务特殊等特点，该企业全面预算管理信息化项目在经过四个阶段的调研分析（咨询准备及资料收集；诊断现状、发现问题；系统性建立全面预算管理体系；系统固化）后，确立了从业务出发，对预算编制过程实现精细化管理，实现事前、事中过程控制，最终与业务系统有效衔接实现预算、结算、核算三算合一，并实现数据根源化分析的建设思路。最终满足了该集团企业以全面预算管理需求为导向的整体建设目标，做到了"四个实现"。即实现了预算编制与申报、审核与批准、执行与控制、预算调整、分析与评价的流程化、规范化及痕迹化管理；实现了项目全生命期管理，覆盖项目论证、年度投资计划、月度资金预算、立项采购、合同签署、资金支付、资产转固等流程，强化预算全过程监督；实现了系统间（公司 ERP、MES、协同办公等行业投资管理系统、资金监管系统、采购系统、资产管理系统）应用、流程、数据的有机集成与统一，规范地完成系统级、流程级、数据级、应用级的集成整合；实现了预算、核算、结算三算合一。

全面预算管理体系：全面预算管理覆盖生产经营的各个方面，建立科学规范的全面预算管理制度体系、工作流程、控制规则、考核标准；以公司战略目标为导向，明确了管理指标，建立并完善了定额标准体系。

预算管理权责明确：根据全面预算管理工作目标，结合各单位、部门职能，按照"责权利对等"的原则，协助公司明确界定各单位、部门全面预算管理的

---

① 来源：和讯网，2016 年 5 月 10 日。

责任与权限，构建责任清晰、目标明确的全面预算目标责任体系。

预算编制过程：支持多级预算主体、多层次的预算编制与申报，支持自上而下、自下而上，以及上下结合的预算编制流程。

构建全面预算定额标准体系：按照总公司关于推进定额标准体系建设的指导意见，遵循"系统规划，分步实施；分类建设，突出重点；专业指导，归口管理；实事求是，动态管理；结合对标，全面应用"的原则，确定公司定额标准制订范围、制定依据。

业务协同：与公司 ERP、采购系统等生产经营管理信息系统有机集成，编制依据充分，经过事前预测、过程控制、事后分析考核，通过与业务系统有效衔接形成的信息共享与利用机制，并实现预算、结算、核算三算合一。

优化设计全面预算工作流程：按照全面预算管理模式与目标任务要求，优化设计企业预算编制、审核与批准、执行与控制、分析与评价的流程，强化过程监督与控制，规范预算调整，提升预算编制与控制水平，提高预算编制与执行的准确性。

建立全面预算 KPI 指标及基础数据管理体系：按照公司全面预算管理目标要求，构建支撑企业全面预算管理水平的 KPI 指标体系，统一全面预算管理基础数据信息，实现基础数据信息标准化、规范化。

决策支持：为多级管理层提供丰富的经营决策辅助依据，建立多维度视角，提高决策的科学性、正确性。

第一节　实施全面预算管理

一、全面预算管理的内涵与意义

目前，内部控制结构已不仅仅满足于传统意义上的查弊纠错和保护资产安全，其目标已延伸到提高效率和效益、保证管理政策和目标的实现。为此，全面预算管理已成为内部控制的重要方式。全面预算管理要求企业加强预算编制、执行、分析、考核等各环节的管理，明确预算项目，建立预算标准，规范预算的编制、审定、下达和执行程序，及时分析和控制预算差异，采取改进措施，确保预算的执行。

企业全面预算管理是国内外大中型企业所普遍采用的一种现代控制机制，是企业内部控制的重要组成部分。同时，预算管理也是企业管理的核心原则，是检验现代化企业财务管理科学化、规范化的主要标志之一。主要意义体现在以下四个方面：（1）有效的全面预算管理可以提高经济效益。任何一个预算管理松懈的企业必然难寻降本增效之源，难以摆脱低效率、高成本的困扰。（2）全面预算管理是解决现代企业制度下，出资者、经营者与各部门及职工之间委托—代理问题的有效途径，是规范三者关系的制约手段。（3）全面预算管理在保护财产的安全完整方面是高效的。企业要确保资产安全完整，仅仅依靠单一的资产管理法规和制度显然不够，必须辅之以预算手段。（4）全面预算管理有利于优胜劣汰机制、激励约束机制的运行。

二、全面预算管理体系

完整的全面预算管理体系是包括预算编制、预算执行和预算考评三个环节在内的控制系统。

（一）预算编制控制

1. 选择预算管理模式。作为实现企业战略目标的手段，预算管理的重点必然要体现战略的要求。不同的战略规划决定企业选择不同的预算管理模式，进一步决定企业选择不同的预算编制切入点、程序和方法。

（1）以资本预算为核心的预算管理模式。该预算管理模式适用于处于初创期的企业，其预算管理重点为：谨慎进行投资概算；利用财务决策技术进行资本支出的项目评价；项目投资总额预算和各期现金流出总额预算；融资预算；以预算为标准对实际购建过程进行监控与管理；对照资本预算，评价资本支出项目的实际支出效果。

（2）以销售预算为核心的预算管理模式。该预算管理模式适用于步入成长期的企业。预算管理的重点是借助预算机制与管理形式来促进营销战略的全面落实，以取得企业可持续的竞争优势。以销售预算为核心的预算管理模式，能够为企业营销战略实施提供全方位的管理支持。

（3）以成本预算为核心的管理模式。该预算管理模式适用于市场成熟期的企业和大型企业集团的成本中心。以成本预算为核心的预算编制核心思想为：以期望收益为依据、以市场价格为已知变量来规划企业总预算成本；以总预算成本即目标成本为基础，分解到涉及成本发生的所有责任单位，形成约束各责任主体的分预算成本。

（4）以现金流量为核心的预算管理模式。该预算管理模式适用于市场衰退期的企业，其预算管理重点总是关注：企业及各部门、子公司现金的来源；企业现金支出的途径；现金流入、流出的具体时点；在某一时点上可用的现金余额；如何从外部筹措所需资金；控制不合理的现金支出，防止自由现金流量的滥用。

2. 明确预算编制程序。预算编制程序有自上而下式、自下而上式和上下结合式三种方式。

（1）自上而下式。所谓自上而下式，是指集团公司总部根据战略管理需要，制定全面而详细的预算，各部门或子公司只是预算执行主体，所有管理权力集中在总部。自上而下式适用于集权制管理的企业和产品生产、经营单一的企业。

（2）自下而上式。所谓自下而上式，是指各部门和子公司负责编制、上报预算，总部对预算负有最终审批权，预算管理的主动性在于基层单位，总部主要起到管理中心的作用。自下而上式适用于分权制管理的企业。

（3）上下结合式。上下结合式，博采上述两式之长，在预算编制过程中，经历了自上而下和自下而上的往复。上下结合式既体现了管理层的意志，反映了企业战略发展的要求，又考虑了基层单位的实际情况。这一方式的关键在于上与下如何结合、对接点如何确定的问题。

3. 选择预算编制方法。预算编制的具体方法视不同部门、不同单位的性质和费用形态而定。通常有三种方法可供选择。

（1）传统预算法。即在上年度的预算基础上，考虑本年度预计变动因素而编制的预算。这种方法简单、便于理解，但缺乏灵活性，适用于业务量平稳、变动幅度不大的企业。

（2）弹性预算法。以正常情况为基准，考虑相关范围内几个变化水平的预算方案。这种方法相对灵活，例如销售量在某月变化时可以根据变化幅度选择预算体系。

（3）零基预算法。这种编制方法不考虑上期情况，而根据现状分析，每次编制预算都从零开始。这种方法合理、效益高但编制过程烦琐耗时，适合研发部门使用。

（二）预算执行控制

1. 全面预算管理主体。企业应建立严密的预算监控机构，即全面预算管理主体，以保证全方位的全面预算管理。而预算系统具有的全面性和系统性以及成本、能力等因素的制约，使企业难以通过设置一个专门的预算监控机构来承担全面预算管理的重任。因此，有效的控制方式应该是自我控制和管理控制相结合。这就决定了预算组织机构即为预算的控制主体。与预算组织机构相对应，全面预算管理也是分三个层次展开的。

第一层次是预算管理委员会。预算管理委员会是全面预算管理的领导机构，自然应作为最高级别的控制主体承担其监控职责。

第二层次是预算管理机构。预算管理机构对企业预算执行情况进行日常监督和控制，收集预算执行信息，形成分析报告。一般由财务总监负责。财务部的地位决定其理应成为预算监控中心和预算信息反馈中心。

第三层次是各责任中心。各责任中心既是预算的执行者，又是预算执行的监控者。各责任中心包括所有基层预算人员在各自职权范围内以预算指标作为生产经营行为的标准，如果超越预算，要向上级责任中心申请报批。各责任中心的专职预算员记录任务实际完成情况，同预算指标比较，进行自我分析，上报上级管理人员采取相应措施。

2. 全面预算管理流程。

（1）预算指标的分解与下达。年度预算经过董事会批准后，需要分解为月度预算，有条件的企业还可以分解到天，以保证预算的有效执行。企业将分解后的预算指标下达给各责任中心，以此作为对责任主体的硬约束。

（2）业务执行。各预算责任部门以预算指标作为业务活动的标准，本月无法完成的预算可以留转下月执行，但要单独列示。各预算责任部门应指定专职或兼职预算管理员，登记预算台账，形成预算执行统计记录，并定期与财务部门核对。

（3）业务审批。业务审批要素包括审批权限、审批依据和审批责任。对于预算业务申请，首先要划分预算内和预算外支出。如果属于预算内支出，则限额内实行责任人审批制，限额外由主管业务副总经理及以上人员审批。预算外支出需要提交预算委员会审议。

（4）财务审核。财务部门对各级业务部门的日常业务进行财务监督和审核。财务审核的重点是财务支出，尤其是成本支出和资本性支出。对于预算限额外支出，业务副总审批通过后，财务总监还要检查审批程序是否合规、合法，并签署意见。

3. 预算信息反馈。预算信息反馈是指预算指标执行情况的报告制度，包括预算责任报告体系和预算报告例会制度。

（1）预算责任报告。预算责任报告是对预算执行情况进行汇总和比较分析的正式报告，是全面预算管理的有机组成部分。预算责任报告坚持"谁执行谁编制"的原则，各预算责任部门负责编制责任报告，财务部门将其汇总后，上报预算管理委员会。不同责任中心的责任范围不同，预算报告的具体项目也有所差别，但一般都包含以下四项内容，即预算数、实际数、差异额和预算完成率或差异率。

（2）预算报告例会制度。预算报告例会制度是指，公司应定期召开预算例会，汇报预算的完成情况，以及执行过程中需要解决的问题。例会召开的时间根据企业的实际状况和需求而定。通常企业会在月末、季末和年末召开预算例会。为了提高效率，预算例会可以结合业务例会进行。

（三）预算考评控制

预算考评以责任中心为考评主体，以预算指标为依据，定期比较预算执行结果与预算指标的差异，分析差异形成的原因，据以评价责任中心的工作业绩，并按照奖罚制度对各预算责任人进行考核与激励。

预算考评是对企业各级责任主体预算执行情况的考核和评价。从预算考评的方式看，可以分为动态考评和综合考评；从预算考评的内容和性质看，又可分为过程监控和结果评价。预算考评一般分两个阶段进行，即预算执行过程的动态考评和预算期末的综合考评。

1. 预算执行中的动态考评。在预算执行过程中开展预算考评，能够及时提供各级责任主体预算执行情况的信息，通过差异分析，及时纠正行为偏差，督促其落实预算任务。预算差异分析包括四个步骤：首先，确定差异分析对象和差异分析方法，一般针对金额较大、性质特殊的差异进行分析，具体分析项目的确定视企业情况而定。其次，收集企业内部和外部资料，计算差异数额。再次，进行差异分析。确定差异原因是差异分析的重点。在此，关键是确定责任的"可控"与否。最后，根据差异分析结果，考虑可能采取的应对措施。

2. 预算期末的综合考评。在预算期末，对全面预算管理一年的运行进行总结和综合评价，为下一次准确地编制和有效地运行预算积累经验。预算期末考评应与企业的绩效考核和激励机制结合起来，分为高级经理、责任中心和基层员工等多个考核层次，并据此进行相应的奖励与惩罚。

预算考评通常采用定性考核和定量考核相结合、财务指标和非财务指标相结合的方式。既然预算考评是对预算目标实现和预算责任履行情况的考核，自然考核指标应与预算目标和责任指标相对应。定量考核就是对各责任主体预算责任指标和预算目标的实际执行情况进行差异分析，根据分析结果决定奖惩措施。定量考核侧重于结果评估和数量考核。定性考核则是对在全面预算管理实施过程中表现优异和突出的部门与个人进行奖励，偏重于行为评估。

财务指标在预算考核中占据主导地位，但是财务指标的局限性也是显而易见的，它过多关注过去的经营业绩而忽视未来的发展，片面分析管理者容易误导经营行为，评价指标注重企业内部而忽视外部市场竞争。因此，在预算考评中很有必要引入非财务指标，它更加注重企业的未来成长、战略发展和外部市场，促使经营者加强内部管理和员工的培训，加大市场开拓力度。

第二节　建立信息管理系统

一、信息系统控制及其意义

信息系统控制要求企业结合实际情况和计算机信息技术应用程度，建立与本企业经营管理业务相适应的信息化控制流程，提高业务处理效率，减少和消除人为操纵因素，同时加强对计算机信息系统开发与维护、访问与变更、数据输入与输出、文件储存与保管、网络安全等方面的控制，保证信息系统安全、有效运用。

信息系统通常充分地运用到企业经营的各个方面，许多企业建立并不断更新基于网络的整个企业范围内的信息系统，系统的复杂性和整合性在不断延续。然而，信息系统的发展虽然加强了企业在整体层次上对业绩的计量和监控能力，提高了提交分析性信息的能力，但是，在战略和经营层次上对信息系统的依赖性势必为企业风险管理带来新的问题——信息安全故障及网络犯罪等。

随着电子信息技术的发展，企业利用计算机从事经营管理的方式越来越普遍，尤其会计电算化和电子商务的发展对信息的安全性提出更严格的要求，为此，加强电算化的控制势在必行。信息系统的控制可分为一般控制和应用控制。

二、信息系统的一般控制

信息系统的一般控制有助于确保系统持续、适当地运行，主要包括以下五方面内容：信息系统的控制环境；新系统的购买、开发和实施；现有系统的变更及维护；系统的安全管理；系统的操作及运行。下面我们分别进行说明。

（一）信息系统的控制环境

控制环境是内部控制的基础，是有效实施内部控制的保障，直接影响着企业信息系统内部控制的贯彻执行。信息系统的控制环境包括企业信息技术的战略规划、信息系统管理人员素质、用户的培训教育等。为了能够建立一个良好的控制环境，企业应从以下三点着手进行：

1. 企业根据业务需求，制定信息技术战略规划，并以此为基础开展信息系统建设工作；

2. 企业应完善汇报审查机制，加强信息系统内部控制工作，明确岗位职责，加强培训；

3. 企业应注重信息分类，数据及系统责任人认定，完善信息应用的制度建设、信息技术风险评估工作、监控工作及信息服务工作。

（二）新系统的购买、开发和实施

企业应制定一个流程，用于规范新系统的购买、开发和实施，以保证新系统项目的启动适合企业发展，系统功能、系统质量符合企业业务、内部控制的需要；同时还要加强培训，保证员工能够正确、高效地使用该系统。这方面的工作主要有：

1. 企业应对信息系统项目建立完善的项目管理文档，明确定义项目的目标、范围、计划、人员需求、组织构架及项目参与各方的职责；

2. 建立完善的审批程序用以管理系统的购买、开发和实施；

3. 加强对外部购买和自行开发的信息系统的质量控制；

4. 数据转化及上线；

5. 文档记录及培训。

（三）现有系统的变更及维护

企业在不断发展变化，信息系统也应随着企业的变化而不断更新。企业对于系统的变更及维护做好如下几方面的工作：系统的日常维护；应对变更；通过测试实施质量控制；制订系统变更上线计划；文档记录及培训。

（四）系统的安全管理

系统的安全管理是要保证企业信息的完整性，具体包括以下六个方面：

1. 企业应设置信息安全管理机构，以保证信息的完整；

2. 企业应制定完整、全面的信息安全管理政策和程序，加强对员工安全意识的教育和培训；

3. 加强数据接触安全管理；

4. 加强操作系统安全管理；

5. 加强网络安全管理；

6. 加强物理安全管理等。

（五）系统的操作及运行

信息技术部门须派专人执行日常系统的维护，对出现的问题进行调查、分析和解决，并妥善记录。

三、信息系统的应用控制

信息系统的应用控制主要关注数据的获取和处理的完整性、准确性、授权的有效性。为了能够达到以上目标，企业应采取以下措施。

（一）职责分离

内部控制的关键就在于不相容职务的分离，员工任务和不相容职责的分离是一种制度安排，有助于检查员工的工作。它是一种内在的制衡机制，从一开始就将托管职能与会计责任进行分离。职责分离的基本要求就是业务活动的批准、记录、经办尽可能做到相互独立，在信息系统的管理中，尤为重要。它具有下列三个特征：一是员工履行其职责的胜任能力和可信度；二是记录保存政策的适当性；三是对记录和资产的物理控制和接触控制，记录的目的旨在控制。这些特征影响四种类型的职责分离，即财务记录与运营分离、会计与资产保管分离；授权与资产保管分离，以及会计任务的相互分离。

（二）人工控制

人工控制最首要的一点就是有效授权和职责分离，系统使用人员根据控制程序、各项规章制度判断业务活动的合理性、合法性和有效性，保证录入系统的交易活动或修改数据都经过授权；其次是对系统应用人员的培训，使他们能够熟练、准确、有效地使用系统。

（三）自动控制

信息系统可以通过对数据类型的校验、重复输入校验、系统匹配等方式对应用系统的输入、处理和输出进行有效控制。

（四）数据保密

在使用信息系统过程中，企业可根据员工所承担的责任，分配其可登录查阅相关信息的权限。

四、《萨班斯法案》关于信息系统控制的规定

《萨班斯法案》404 条款对信息系统控制做出了严格的规定。该法案指出，

信息系统控制主要包括信息系统总体控制（general computer control，GCC）、应用系统控制（application control，AC）和电子表格控制三部分。

（一）信息系统总体控制

信息系统总体控制指的是内部控制中对信息系统相关部分的控制，它保证由信息系统支持的流程控制是可靠的，生成的数据和报告是可信的。信息系统总体控制涵盖了 IT 管理和运营所涉及的各个方面。

1. 控制环境。包括信息技术组织、人力资源管理、信息沟通、风险评估、监控等。

2. 信息安全。包括信息安全组织、逻辑安全、物理安全、网络安全、病毒防护、第三方管理、事件响应等。

3. 项目建设管理。包括方法论、立项审批、项目启动、需求分析、项目设计、系统开发实施、系统测试、数据移植、用户培训、文档管理、验收和上线后审阅、商业软硬件外购等。

4. 系统变更。包括日常变更、紧急变更等。

5. 信息系统日常运作。包括机房环境控制、日常监控、批处理作业调度管理、数据备份与恢复、问题管理等。

6. 最终用户操作。包括最终用户操作安全制度、电子表格管理等。

（二）应用系统控制

应用系统控制指的是业务流程中内嵌的信息系统相关控制，信息系统应用的潜在风险直接影响业务流程中的信息控制目标。

1. 完整性。所有的交易都经过处理，且只处理一次；不允许数据的重复录入和处理；例外情况的发现和解决。

2. 准确性。所有的数据（包括金额和账户）是正确和合理的；例外情况被及时发现以保证交易被记录在正确的会计期间。

3. 有效性。交易被适当授权；系统不接受虚假交易；异常情况被发现和处理。

4. 接触控制。未经授权，不得对系统或数据进行修改；数据保密性；物理设备的保护。

上市公司内部可能应用各类信息系统，进行应用系统控制之前，首先应对公司应用的信息系统进行判断，界定是否属于与财务报告相关的关键应用系统，判定原则包括：

1. 该应用系统是否用于进行有关重要交易事项的生成、授权、记录、处理或报告；

2. 该系统是否生成关键的表单和数据供财务部门使用，直接作为记账依据或生成财务报表；

3. 该系统是否生成关键的表单和数据为其他作为记账依据或生成财务报表

的系统使用；

4. 对应用系统的依赖程度，即是否有来自系统的计算结果，应用系统中是否存在相应的计算、检查、核对过程的控制；

5. 上述应用控制是否是唯一依赖的控制措施，是否存在手工控制可以达到控制目标，弥补风险。

符合以上判断条件的与财务报告相关的关键应用系统应按照应用系统控制进行控制，控制分为五类，即访问控制、职责分离、输入控制、处理控制、输出控制。其中应用系统的用户权限管理和职责分离（Segregation of Duties，SoD），是内部控制的重要组成部分，也是《萨班斯法案》404条款要求的重点之一。

（三）电子表格控制

目前电子表格在上市公司的生产运营、信息管理、数据分析、财务核算与报告各个环节广泛运用。电子表格中的公式、宏及表间链接等功能增加了电子表格计算的复杂程度，同时也增加了电子表格数据完整性及计算准确性的风险。《萨班斯法案》404条款中的一个重点就是关注在编制和维护电子表格过程中的相关控制。即使相对简单的电子表格计算的一个偏差也可能会对财务报告及披露产生重大错报的风险。内嵌在电子表格中的宏或其他功能可能会严重影响电子表格中数据的准确性。公司需要对电子表格实施的控制是否能支持重大会计事项及披露进行谨慎的评估。

在《萨班斯法案》中需要评价的电子表格是指由用户程序（如 Excel、Access、Lotus 等）编制的各种支持财务报告及披露的电子表格或文本文件，包括直接或间接作为财务记账依据的电子表格、用于财务相关信息核对的电子表格，以及支持财务信息披露的电子表格，所涉及的使用部门通常包括财务部门编制及使用的电子表格以及由其他业务部门传递至财务部门供其作为会计核算及报告披露依据的电子表格。

对电子表格的控制包括开发控制、变更控制、版本控制、存取控制、输入控制、安全控制、存储归档控制、备份控制、文档记录、权限控制、逻辑检查。

第三节　进行人力资源开发

一、人力资源政策及其在内部控制中的意义

人力资源政策是影响企业内部环境的关键因素。内部控制是由员工来执行的，而员工又要受到内部控制的管理，因此企业员工既是控制的主体又是控制的客体。控制与被控制是一对矛盾，要使被控制者服从控制者的意志，达到控制的目的，必须依靠科学、规范、公平、公开、公正、人性化的人力资源管理。唯有

如此，才能调动整体团队的积极性、主动性和创造性。因此，COSO 报告认为，人是控制环境中一个最活跃的控制因素。

保证组织所有成员具有一定水准的诚信、道德观和能力的人力资源政策，是保证内部控制有效的关键因素之一。财政部发布的《企业内部控制应用指引第 3 号——人力资源》（以下简称《人力资源内控指引》）中指出，科学的人力资源制度，应对人力资源规划与实施、激励与约束、离职等作出明确规定。内部控制中的人力资源政策至少应当包括以下内容：

1. 员工的选择和聘用。

2. 用人制度，包括员工培训和职业规划；轮岗制度，尤其是财会等关键岗位员工的轮岗制衡要求；离职规定，对掌握重要商业秘密或核心技术等关键岗位员工离岗的限制性规定。

3. 考核制度，包括激励与约束、晋升与奖惩。

二、如何制定人力资源政策

一个系统的人力资源管理体系应该是以人力资源规划为指引，以职位分析为基础，以关键岗位为重点，贯穿选（招聘）、育（开发）、用（考评和薪酬）、留（职业发展）和员工关系的具备内在统一和匹配性的体系，并以 IT（HRMS）的方式予以固化。企业应当将职业道德素养和专业胜任能力作为选拔和聘用员工的重要标准，并适当关注应聘者的价值取向和行为特征是否与本企业的企业文化和内部控制的有关要求相适应；企业应当重视并加强员工培训，制订科学、合理的培训计划，提高培训的针对性和实效性，不断提升员工的道德素养和业务素质；企业应当建立和完善针对各层级员工的激励约束机制，通过制定合理的目标、建立明确的标准、执行严格的考核和落实配套的奖惩，促进员工责、权、利的有机统一和企业内部控制的有效执行。

从多年的人力资源管理实践中发现人力资源政策的制定有规律可以遵循，即从分层、分类、分等、分阶段和人性化这五个维度来考虑政策制定的五维模型。

1. 分层是在制定政策中要考虑到不同层级的人员差别，如高层、中层和基层人员的政策制定是不同的。

2. 分类是在制定政策中要考虑到不同类别的人员差别，如技术、市场、生产等类别人员的政策制定是不同的。

3. 分等是在制定政策中要考虑到既要鼓励员工从低向高发展，更要鼓励大多数员工在本岗位深化，政策中要能体现鼓励脚踏实地、岗位内深化的含义，同时使得我们的管理更加精细化。

4. 分阶段指的是不同时期的人力资源管理重点是不同的，人力资源政策要能够因时而变，因势而变，与时俱进，建立与不同时期的不同战略相匹配的人力资源政策。

5. 人性化指的是在政策中要能体现出人性化，因为人力资源这种资源最能和其他资源相区别的就是人性化，但需注意可以在政策中体现人性化，但不能用人情解释政策。

三、员工选聘控制

内部控制是由所有员工具体实施的，良好的员工素质是保证内部控制有效运行的基础。而科学、规范的招聘制度是保证员工素质的首要环节。我国许多企业缺乏规范的人事制度，任人唯亲、排斥异己、一人得道、鸡犬升天现象时有出现，由此导致企业经营失败的案例不胜枚举。反观成功企业，严格的选人用人制度保证了企业的持续健康发展。例如，微软在招募人才时坚持"百里挑一，优中选优"的原则，宁缺毋滥，严把"入门"关，即在雇用之前就对应聘者进行严格评估，因为解雇少数表现不好的员工会影响其他员工的士气。目前微软成为拥有世界上最多、最优秀软件开发员的软件公司之一。

《人力资源内控指引》中规定，企业在选拔高级管理人员和聘用中层以下员工时应注意以下两点：其一，遵循德才兼备的原则，重点关注选聘对象的价值取向和责任意识；其二，根据已经制定的能力框架，以岗选人，确保选聘人员能够胜任岗位职责要求。

根据《人力资源内控指引》，企业在制定员工招聘制度时，首先进行合理的岗位设置，编写岗位说明书，说明岗位的职责、权限和任务以及任职人员应具备的知识和技能。人力资源部门在选择和任命员工时，应按照用人标准对应聘人员进行严格审查，在招聘中应坚持公平、公开、择优录取、全面考察的原则，选拔兼具优秀道德素养和专业素质的人员。符合内部控制要求的人员应具备以下素质：①

1. 道德品质。内部控制的一个重要目的是防错纠弊，在其实施过程中，所有参与人员应当遵守职业道德，公正地对生产经营过程的各个环节进行控制、评价和监督，依据规章制度采用必要的措施纠正错误。

2. 专业技能。良好的内部控制需要以员工良好的专业技能为基础，员工都应具备完成具体岗位工作的能力。例如，生产人员应当遵循专业技术标准，管理人员应当掌握管理制度和方法，财务人员应当对内部审计的内容、方法、步骤等有全面的了解等。

3. 协作精神。内部控制活动的完成往往需要不同部门的配合，各部门人员应当具有良好的协作精神，包括梳理全局观念、增强服务意识、具备组织能力等。

4. 沟通能力。内部控制是一项需要与被控制对象进行交流的工作，在进行检查和监督的过程中，参与人员应当进行有效的沟通，全面、深入地了解情况，并客观评价各项工作。

---

① 王世定. 企业内部控制制度设计［M］. 北京：企业管理出版社，2001.

四、员工培训

培训在人力资源管理中起着非常重要的作用。在知识经济时代，学习成为每个人终生的事业。

（一）培训的意义

首先，通过培训员工可以获得企业对于自身岗位要求的各种信息，包括清楚企业期望自己承担哪些责任，达到哪些目标，应具备何种知识和技能，如何完成分配的任务。其次，培训可以加深员工对企业的了解，产生认同感。对于新晋员工而言，这一点尤为重要。只有通过培训，员工才能获知企业的理念、企业文化、企业价值体系。再次，培训是推行管理制度的重要途径。通过培训，员工可以明确企业的经营目标、战略规划和各项规章制度，这样有利于制度的有效贯彻。例如，企业在构建内部控制过程中，必须依靠培训，使员工了解内部控制的基本要求、基本程序和流程、基本制度和方法。最后，培训可以提高员工专业技能，使之胜任所在岗位。这一点最为重要。在当今的经济环境中，竞争日益激烈。新产品、新技术、新材料层出不穷。这就要求员工不断更新和充实新知识与新技能。为了适应这种变化，企业需要对员工进行经常性的教育培训，使他们适应变化的环境。

（二）培训制度

规范的员工培训制度包括培训目标、培训对象、培训方式、培训内容和培训经费。

1. 培训目标。培训目标是企业通过培训所要达到的目的，往往根据实际需要来具体确定。例如，新员工的培训目标是使其了解企业的总体情况、岗位职责以及任职的技能。常见的培训目标包括：学习新技术、新工艺；熟悉和掌握先进的管理理论和方法；为晋升做准备等。

2. 培训对象。培训对象应该与培训目标相适应。例如，当培训目标是选拔高级管理者时，培训对象应是具备发展潜力的管理人员。另外，从某种意义上讲，培训属于企业的一种福利，因为培训有利于员工个人发展。对于某些培训项目，企业应对培训对象的条件加以界定，这样能够形成对员工的激励作用。

3. 培训方式。培训方式根据不同分类标准有多种形式。根据实施主体不同，分为企业内训和参加外部培训；根据时间不同分为短期培训和长期培训；根据在岗情况不同分为在岗培训和脱岗培训。培训方式的选择要考虑培训的目的、培训对象和培训要求，还要受到成本效益原则的制约。

4. 培训内容。培训目标和培训对象决定了培训内容。例如，针对基层财务人员的培训内容主要包括最新会计准则、成本核算、内部控制规范等，而财务主管的培训内容除了最新的会计法律法规外，还应涵盖公司治理、风险管理与内部控制、价值管理等决策管理知识。

5. 培训经费。培训经费是制约培训效果的一个重要因素，也是内部控制建设中成本效益原则的体现。企业应根据总体发展规划制订员工发展计划，据此确定员工培训预算。至于每个具体培训项目经费预算则需要结合培训目标、培训方式以及市场情况共同确定。

五、员工绩效考核

绩效考核是定期考察和评价个人或部门工作业绩的一种制度。好的绩效考评制度能够起到鼓励先进、鞭策落后的目的，但是一旦有失公允就会挫伤员工的积极性。在内部控制中，制定一种科学有效的绩效评价制度对于人力资源管理至关重要。在绩效考评中应遵循以下原则。[①]

1. 公开透明原则。公开透明原则就是要求最大限度地消除考核者和被考核者之间对考核的神秘感。因此，考核方法、考核标准、可靠程序、考核责任、考核结果，都应当公开，要使员工对考核产生信任感。

2. 客观考评原则。要求考核者根据明确规定的考核标准，针对客观评价资料进行评价，用事实说话，切忌主观武断或带个人感情色彩。另外，绩效考评要做到把被考评者的绩效与既定的考核标准作比较，而不是在人与人之间作比较。因此，考评体系的设计、考核标准的建立、考核资料的来源等确定是保证考核客观、公正的要点。

3. 与工作相关原则。绩效考核的标准，一般以岗位责任说明书与职务规范为依据，不宜将与工作无关的因素纳入考核范围，更不应涉及个人隐私。在现实生活中，往往不区分考核内容是否与工作有直接联系，结果将许多有关个人问题的判断，掺进考核的结论中，造成不当的影响。

4. 注重反馈原则。在考核结束后，应当将考核的结果，如考核得分、考核等级、考核评语等，反馈给被考核者本人，并进行面谈讨论，否则就起不到考核的真正作用。在反馈的同时应当将被考核者的成绩和存在的不足，以及今后努力的方向等参考意见，告诉被考核者。要充分肯定成绩，鼓励继续提高，不断进步。由于员工的绩效受到主客观因素的影响，因此，在绩效考核反馈过程中，除需要听取被考核者的自我评价外，还应当听取其对企业的意见和建议。对企业确实存在的问题应当承认，并加以解决，以达到员工和企业之间的相互信任。

5. 差别与公平原则。差别原则要求考核结果的等级之间，应当有明显的界线，针对不同的考核结果，在待遇上应当有明显的差别，使考核具有激励作用。但需要注意的是防止出现"鞭打快牛"现象，即绩效好的员工反而获得低回报，或者因为绩效好，下期对其提出难以达到的更高要求。这些不公平的做法往往会挫伤员工的积极性。

---

① 龚杰，方时雄. 企业内部控制——理论、方法与案例 [M]. 杭州：浙江大学出版社，2006：99.

6. 可行性与实用性原则。绩效考核体系的可行性应当考虑：（1）绩效目标的可实现性，不要把根本达不到的目标强加于人；（2）与考核相关的信息来源，既要考虑信息的易取性，也要考虑信息取得的成本；（3）预测在考核过程中可能发生的问题、困难和障碍，准备应变措施。

绩效考核体系的实用性应当考虑：（1）考核的手段是否有助于组织目标的实现；（2）考核的方法和手段是否与相应的岗位以及考核的目的相适应。

7. 参与原则。绩效考核体系的设计，需要广大员工的积极参与。从心理学角度看，人们对自己参与设计的东西，认同度往往比较高，而对自己未参与的，同时又与自己的利益密切相关的东西往往抱着一种审视、评判、批评甚至抵制的态度。所以需要尽可能吸收员工参加，以激发员工参与考评的积极性。

第四节　加强内部审计监督

一、内部审计的定义

国际内部审计师协会（IIA，1999）把内部审计定义为：内部审计是一种独立、客观的保证与咨询活动，它的目的是为机构增加价值并提高机构的运作效率。它采取系统化、规范化的方法来对风险管理、控制及治理程序进行评价，提高它们的效率，从而帮助实现机构目标。根据 IIA 的定义，内部审计的概念包括以下三个含义。

1. 内部审计的目标。IIA 第一次明确提出了内部审计的目的之一是为机构增加价值，明确了内部审计是一种增值活动，赋予了内部审计更强的生命力。

2. 内部审计的性质。内部审计的性质不再仅仅是"独立的评价活动"，而是"独立、客观地保证和咨询活动"。IIA 在肯定检查和评价的基础上又强调了内部审计也要提供建议等咨询服务，以便更好地实现其提高效率、增加价值的目标。

3. 内部审计的范围。IIA 的定义对审计的范围不再使用"经营活动"的提法，而是将其改为"风险管理、（内部）控制和治理程序"。具体内容包括：检查财务和经营信息的可靠性和完整性并作出报告；要确定对本组织经营活动和报告有关政策、计划、程序、法律和条例的遵循情况；要评价资源利用的经济性和有效性；对组织内部控制制度的有效性进行评价；评价和改善风险控制的有效性与充分性；针对组织所遇到的挑战通过咨询活动来增加组织的价值。

我国内部审计协会（2003）对内部审计的定义为：内部审计是指组织内部的一种独立客观的监督和评价活动，它通过审查和评价经营活动及内部控制的适当性、合法性和有效性来促进组织目标的实现。该定义很大程度上借鉴了 IIA 的定义。

本书对内部审计定义如下：企业内部审计是企业内部的一种独立的、客观的监督、评价和咨询活动，它的目的是发现并预防错误和舞弊，提高企业的运作效率，为企业增加价值。它采取系统化、规范化的方法对企业的内部控制、风险管理进行检查和评价，并提供建议等咨询，来提高它们的效率，从而帮助实现企业的目标。与外部审计相比，企业内部审计具有相对独立性、内向服务性、范围广泛性和形式灵活性的特点。

二、内部审计的模式

企业内部审计部门的隶属关系大体上可分为三种类型：监事会领导模式、董事会领导模式和总经理领导模式。

1. 监事会领导模式。内部审计部门直接由监事会领导，在监事会领导下对公司财务情况和董事、经理的经济行为和经济责任进行审计。这种组织模式的好处在于壮大了监事会的力量，监事会可以利用内部审计部门的工作更好地履行监督职能。但是由于监事不能兼任公司的经营管理职务，没有经营管理权，而内部审计的主要任务是通过审计促进企业改善经营管理，提高经济效益，因此这种模式的最大不足是内部审计不能直接服务于经营决策，难以实现其主要任务和目的。

2. 董事会领导模式。内部审计部门直接由董事会领导，在董事会领导下对公司经营情况、计划执行情况以及经理职责履行情况进行审计。由于其领导层次较少，地位超脱，相对独立性和权威性最强，有利于董事会对公司大政方针的把握。不足之处在于董事会领导模式势必削弱公司经营的直接领导人和直接责任人（即总经理）对公司经营情况的监督。

3. 总经理领导模式。内部审计部门直接由总经理领导，在总经理领导下对公司整体经营情况和内部控制制度执行情况进行审计。有学者认为总经理领导模式难以对公司财务和总经理的经济责任进行独立的监督与评价。笔者认为对公司财务情况和总经理经济责任的监督和评价正是董事会与监事会的职责所在，而并非应由内部审计部门完成。总经理就公司的整体情况对董事会和股东会负责，总经理应当了解公司发生的每一项业务，限于公司经济活动的复杂性和总经理个人精力与能力的有限性，仅仅依靠个人的力量，总经理难以对公司经营全过程实行监督，于是内部审计部门作为总经理职能的延伸对公司整体经营情况发挥监督评价作用就是很合理的事情了。

作为对董事会监督职能的补充，英美国家公司董事会普遍下设审计委员会，审计委员会为董事会的控制与监督职能服务。内部审计部门接受审计委员会的职能监督，通过审计委员会从而不受限制地接触董事会。从公司整体组织架构而言，审计委员会的地位高于内部审计部门，并形成对其的一种监督关系。笔者认为，建立审计委员会下的内部审计部门顺应现代企业发展的要求，是最佳的一种模式，内部审计部门必须接受审计委员会的职能监督，通过审计委员会的监督不断提高工作质量和工作效率。内部审计部门在业务上向审计委员会负责并向其报告工作。

三、内部审计的活动①

内部审计的活动可以归纳为以下六类。

（一）风险分析

企业需要系统的过程来识别风险，从而控制不利结果的出现。比如，在产品进入市场之前进行市场调查、客户分析、新产品的成本分析，判断新产品是否能适应市场需要；评价高管层基调建设情况；分析公司治理风险等。审计人员不可能对每一个事项进行审查，风险分析可以帮助审计人员判断哪些领域应该优先审计。

（二）信息系统的安全和可靠性测试

企业的大部分信息都保存在计算机系统里，也有一部分信息打印存档。许多企业的经营系统已经通过企业资源规划系统（ERP）紧密结合起来，要求经常测试计算机信息系统。内部审计人员利用各种技术来执行信息安全性测试，确保信息系统的安全和可靠性。

（三）控制有效性测试

一个独立的客观的内部审计部门通过对风险管理过程、内部控制和经营有效性的独立评估来帮助管理层。内部审计人员通常也对控制文件的有效性进行测试，这些控制文件可以为内部控制的质量提供保证。内部审计人员关注业务流程是否有效执行，也关注银行存款余额调节或订购单处理是否合理等。

（四）经营审计

经营审计是对企业经济活动效率、效果和经济性所做的评估。经营审计不局限于符合会计记录，其目的在于评估业务活动的质量和效率，识别改进的机会与改进意见。审计人员、管理人员和审计委员会将经营审计目标建立在风险分析与企业发展机会联系的基础上，风险越高，所接受的审计就越多。例如，审计人员发现分支机构有较高的坏账率，则要检查控制环节以确定其是否存在缺陷。

（五）符合性审计

符合性审计是一种针对经营活动和会计处理是否与管理政策以及相关法律法规相一致的审计，例如法律法规的符合性、公司政策的符合性、经营目标实现的符合性审计等。符合性审计可以改善经营效率并为企业遵守相关法律法规提供保证，能够增加企业的价值。

---

① 程新生. 企业内部控制［M］. 北京：高等教育出版社，2008.

（六）内部审计报告

在现场审计结束后，审计部门应与企业管理层一起讨论审计结论，研究审计人员是否忽略了某些重要的审计领域，对审计意见是否存在误解。管理层可能会提出一些改进意见，这些改进意见应当包括在审计报告中。内部审计报告的去向有以下两个。

1. 向管理当局报告。向管理当局提交的报告应包括所有的审计活动，包括质量保证、人力资源开发资讯、准备向审计委员会提交的内容，以及与管理当局的沟通结果等。给管理当局的报告应该在审计委员会的会议之前完成，以便对相关内容进行再处理。

2. 向审计委员会报告。内部审计的角色之一就是帮助审计委员会实现其监督职能，向其提供审计信息，包括内部控制测试报告、重要事项的总结、审计部门的现状等。内部审计人员通过以下三种方式来实施这一功能：检查财务报告内部控制的质量，提供相关信息；在重大会计问题上提供独立意见；对经营效率以及经营活动是否遵守了管理方针提供反馈信息。

四、内部审计的监督

有效的内部审计职能可以作为一种高层级的组织控制，在组织的决策层和经营层之间形成一种建设性和保护性的联系。根据监督控制的内容和频率的不同，监督控制分为持续性监督和专项监督。在实践中，一般由内部审计部门承担监督职责。企业对在监督检查过程中发现的内部控制缺陷，应当采取适当的形式及时进行报告。

（一）持续性监督

持续性监督，是指企业对建立和实施内部控制的整体情况所进行的连续的、全面的、系统的、动态的监督检查。持续性监督是在及时的基础上执行，对环境的改变做出动态的反应，它存在于单位管理活动之中，能较快地辨识问题，持续监督的程度越大，其有效性就越高，则企业所需的个别评估就越少。为了能有效地开展持续监督，企业应采取以下方法。

1. 维护、变更、监督和考评控制活动。企业应对内部控制的体系进行维护，规范标准变更、监督及考评等控制活动，以保证内部控制体系有效运行。

2. 获得内部控制执行的证据。获得内部控制执行的证据，是指企业员工在实施日常生产经营活动时，取得必要的、相关的证据证明内部控制系统发挥功能的程度。主要包括以下三方面内容：（1）企业管理层搜集汇总各部门的信息、出现的问题，监督各方面的工作进展；（2）相关职能部门进行自我检查、监督，确保内部控制体系的有效运行，对发现的问题进行记录并提出解决方案，通过修改管理文件，完善内部控制系统；（3）内部控制部门监督、检查相关单位内部控制体系的运行情况。

3. 内外信息印证。内外信息印证，是指来自外部相关方的信息支持内部产生的结果或反映出内部的问题，主要包括以下两个方面：来自监管部门的信息，企业接收监管部门的监督，汇总、分析监管反馈信息，制定整改措施；来自客户的信息，企业通过各种方式与客户沟通，搜集客户信息，制定整改措施并监督该措施的执行。

4. 会计记录与实物资产的核对。企业应定期将会计记录的数据与实物资产进行比较，做到账实相符。

5. 内外部审计建议的反馈。内外部审计建议的反馈，是指企业对内外部审计师定期提供加强风险管理建议所做出的反馈。审计师把注意力集中在关键的风险和相对应的控制活动设计上，确定其潜在的缺陷，提出建议。企业应对这些建议做出积极的响应，并根据实际情况做出整改方案并监督该方案的执行情况。

6. 管理层对内部控制执行的监督。管理层应通过各种方式了解内部控制的执行情况及控制缺陷的反馈情况，主要有以下渠道：审计委员会接收、保留及处理各种投诉及举报，并保证其保密性；管理层在培训、会议上了解内部控制的执行情况；管理层认真审核员工提出的各项合理建议，并不断完善建议机制；监督管理部门定期组织专项检查和调研，对出现的问题提出整改建议。

7. 定期考核员工。企业制定了《员工职业道德规范》《高层管理人员职业道德规范》等相关文件，并以书面形式下发，管理人员应定期考核员工是否真正理解并遵守这些规范，监督管理部门协同人力资源部根据高层管理者的授权监督员工对职业道德规范的执行情况。

8. 内部审计活动的有效性。企业应制定内部审计规范，明确审计的范围、责任和计划，并以此为基础合理配置审计人员，并要求他们遵守企业职业道德规范及内部审计规范；审计部门应具有适当的地位并有足够的资源履行其职责；审计部门根据授权可以参加有关经营及财务管理的决策会议，对管理中存在的薄弱环节、违反国家法律法规的行为、内部控制管理漏洞，向管理层及时提出整改意见。

（二）专项监督

专项监督，又称个别评估，是指企业对内部控制建立与实施的某一方面或者某些方面的情况所进行的不定期的、有针对性的监督检查。

尽管持续性监督程序可提供内部控制其他要素是否有效的信息，但企业有时需要直接来检查内部控制制度，这种做法也有利于考核持续性监督程序是否一直有效。对于专项监督，需要遵循以下程序。

1. 选定监督主体。通常的评估，采用自我评估的方式，就是说特定单位或部门的负责人决定评估，评估主体根据国家法律法规要求和企业授权，采取适当的程序和方法，对内部控制的建立与实施情况进行评估，形成检查结论并出具书面检查报告，再由管理层对各个部门的评估结果进行考核。内部审计部门是进行内部控制评估的主要力量，董事会所属审计委员会或者子公司或分部管理层辅以帮助，同时也可以借助外部审计的力量。评估主体应当加强队伍职业道德建设和业务能力建设，不断提高监督检查工作的质量和效率，树立并增强监督检查的权威性。

2. 确定监督的范围及频率。企业内部控制的范围和频率各不相同，取决于风险的重大性以及对企业经营管理的影响性，对于个别评估来讲，在选定评估主体后，应在内部控制系统中选择适当的部分进行评估，其范围、覆盖的深度和频率应满足企业内部控制的需要。

企业应制订内部控制体系验收检查方案及标准，并逐步开展涵盖内部控制体系框架所有内容的验收测试工作，检查内部控制体系运行的有效性。

内部控制管理部门每年对重要的会计科目、披露事项、重要业务流程进行更新和确认，定期组织相关部门对关键控制管理文件进行修改完善。

3. 选择监督方法。常用的评估方法包括核对清单、调查问卷和流程图技术等，也有些企业将风险管理作为标杆，重点将风险管理构成要素在企业间进行比较。企业应派专人负责评估工作，制定评估程序，选择适合的方式进行评估。

4. 修正与完善监督过程。评估内部控制制度本身就是一个过程，评估者必须了解涉及每个内部控制制度的组成要素，了解制度的实际运行情况与原设计有何不同，各种变更是否适当；进而比较设计与执行之间的差距，并确认控制制度对已定目标的达成是否能够提供合理保证。

（1）组织测试人员开展测试前的培训，了解内部控制制度的构成要素、测试程序、方式和方法，以保证测试工作顺畅、有效；

（2）测试人员通过现场调查及符合性测试等方法评估单位内部控制体系的运行情况；

（3）测试人员将测试结果进行记录，编制测试结果报告及缺陷报告。

五、如何提高内部审计质量

内部审计质量的内涵包括：审计活动的效率，即是否按照审计计划及时、充分地完成了审计工作；审计过程的规范性，即审计过程中是否严格遵循了审计活动的规范，是否保持了审计的独立性和客观性；审计建议的可行性，即提出的审计建议是否具有可操作性；审计活动的增值性，即审计活动是否真正能够为企业增加价值，这也是审计质量的核心要素。保证和提高内部审计质量的关键是要做到以下八点。

1. 加强内部审计的组织保证。建立科学的组织架构、清晰的业务和行政报告关系，保证内部审计部门的独立性；确立内部审计部门在组织中的地位，取得公司最高管理层的支持是确保内部审计工作顺利、高效、优质开展的基本前提。建立《内部审计章程》等规范文件，明确内部审计的职权范围及其对组织的价值，通过企业风险管理观念和文化的灌输，使企业各个层面的管理人员理解内部审计的重要性。

2. 不断提高内部审计人员素质。内部审计工作的目标最终要通过一个个内部审计人员的工作来实现，因此，内部审计人员自身的素质也是影响内部审计质量的一个基本要素。除了要熟练掌握内部审计的方法、技能、工具外，内部审计人员需要具备的关键素质还包括良好的人际沟通技能、敏锐的风险意识、良好的自我学习能力、整合能力等。提高审计人员的素质重点是要做好人员的甄选、培训和绩效考核三项工作。

3. 认真做好审计前的准备工作。充分的审计准备可以避免审计过程中方向的偏差或者出现一些重大的影响审计效率和效果的意外情况。详细的审计计划为审计活动提供明确的时间进度目标，保证开展审计项目所需的各项资源，同时也是评估审计工作开展质量的依据之一。

4. 注意审计方法、技术、工具的合理运用。正确的审计方法、技术和适当工具的运用，可以帮助审计人员用最短的时间和最少的资源投入达成审计目标。审计测试技术是对审计质量影响最大的因素之一，测试目标的选择、测试抽样的确定、测试结果的分析以及测试结论等方面出现的失当都会直接导致测试的失效。

5. 强化审计规范和工作底稿管理。通过建立详细的内部审计标准和内部审计指引，规范内部审计人员的工作行为，保证审计过程中的独立性和客观性。对审计过程的每一步骤，都要求有完整的工作底稿，主要的工作底稿包括：审计项目计划、访谈记录、审阅过的文件资料清单、审计程序指引、测试方案及结果、审计发现与建议、审计报告（中期）等。所有审计工作底稿都要按照统一的规则编号，建立索引，以备查核和引用。

6. 做好审计报告。审计报告包括阶段性的报告和最终审计报告。审计报告的目的是向管理层或者被审计单位呈现审计成果、解释审计发现、提出审计建议，是内部审计工作价值的体现和展示。因此，审计报告做得好坏，很大程度上影响到整个审计项目的质量。

7. 沟通、沟通、再沟通。内部审计过程是一个审计人员与被审计单位的互动过程，充分的沟通对保证和提高审计质量至关重要。这些沟通包括审计准备阶段的沟通（审计范围、方式、目的、意义等）、审计过程中的沟通（对流程、制度、风险和控制活动的理解等）以及审计发现和建议的沟通（确认、解释、可行性探讨等）。

8. 内部审计质量评估制度化。保证和提高内部审计质量的最后一点就是建立内部审计质量评估制度，使内部审计质量管理制度化。

本章小结

本章主要介绍了内部控制的其他支持系统建设，包括全面预算管理、建立信息管理系统、进行人力资源开发、加强内部审计监督。企业全面预算管理是国内外大中型企业所普遍采用的一种现代控制机制，是企业内部控制的重要组成部分，全面预算管理有利于优胜劣汰机制、激励约束机制的运行。信息系统控制要求企业结合实际情况和计算机信息技术应用程度，建立与本企业经营管理业务相适应的信息化控制流程，提高业务处理效率，减少和消除人为操纵因素。人力资源政策是影响企业内部环境的关键因素。内部控制是由员工来执行的，而员工又要受到内部控制的管理，因此，提高员工的素质是内部控制有效的一个保证。最后要通过内部审计对内部控制的实施进行监督。

重要名词

全面预算管理
信息管理系统
人力资源开发
内部审计监督

练习题

一、单选题

1. 以现金流量为核心的预算管理模式适用于处于（　　）的企业。

A. 初创期　　　　　　B. 成长期　　　　　　C. 市场成熟期　　　　　　D. 衰退期

2. 全面预算管理主体不包括（　　）。

A. 预算管理委员会　　B. 预算管理机构　　　C. 董事会　　　　　　　D. 各责任中心

3. 《萨班斯法案》认为信息系统控制不包括（　　）。

A. 信息系统总体控制　B. 应用系统控制　　　C. 管理系统控制　　　　D. 电子表格控制

4. 下列说法不正确的是（　　）。

A. 内部控制的关键就在于不相容职务的分离

B. 只要做到会计任务的相互分离，不用在意授权与资产保管的分离问题

C. 内部控制是一种内在的制衡机制，从一开始就将托管职能与会计责任进行分离

D. 内部控制是对记录和资产的物理控制和接触控制，记录的目的旨在控制

5. 以下不属于人力资源政策的分类标准的是（　　）。

A. 技术　　　　　　　B. 中层　　　　　　　C. 市场　　　　　　　　D. 生产

6. 做到账实相符是指（　　）。

A. 会计记录与实物资产的核对　　　　　　　B. 内外信息印证

C. 内外部审计建议的反馈　　　　　　　　　D. 管理层对内部控制执行的监督

二、多选题

1. 预算差异分析主要包括的步骤为（　　）。

A. 确定差异分析对象和差异分析方法

B. 收集企业内部和外部资料，计算差异数额

C. 进行差异分析

D. 根据差异分析结果，考虑可能采取的应对措施

2. 信息系统的应用控制包括（　　）。

A. 职责分离　　　　　　　　　　　　　　　B. 人工控制

C. 自动控制　　　　　　　　　　　　　　　D. 现有系统的变更与维护

3. 符合内部控制的人员应具备的素质包括（　　）。

A. 道德品质　　　　B. 专业技能　　　　C. 协作精神　　　　D. 沟通能力

4. 内部控制中的人力资源政策至少应当包括的内容为（　　）。

A. 员工的选择和聘用　　　　　　　　B. 员工同领导的关系

C. 考核制度　　　　　　　　　　　　D. 用人制度

5. 根据监督控制的内容和频率的不同，监督控制可以分为（　　）。

A. 持续性监督　　　B. 整体监督　　　C. 专项监督　　　D. 局部监督

6. 专项监督需要遵循的程序有（　　）。

A. 选定监督主体　　　　　　　　　　B. 确定监督的范围及频率

C. 选择监督方法　　　　　　　　　　D. 修正与完善监督过程

三、判断题

1. 以正常情况为基准，考虑相关范围内几个变化水平的预算方案。这种预算方法是零基预算。　　　　　　　　　　　　　　　　　　　　　　　　　　　　（　　）

2. 人工控制首要的一点就是有效授权和职责分离。　　　　　　　　　（　　）

3. 在紧急情况下，未经授权，可以对系统或数据进行修改。　　　　　（　　）

4. 人力资源政策是影响企业内部环境的关键要素。　　　　　　　　　（　　）

5. 持续性监督检查，是指企业对内部控制建立与实施的某一方面或者某些方面的情况所进行的不定期的、有针对性的监督检查。　　　　　　　　　　　　（　　）

6. 内部审计的质量包括审计活动的有效性和规范性。　　　　　　　　（　　）

思 考 题

1. 全面预算管理有什么意义？

2. 信息系统的一般控制和应用控制包括哪些内容？

3. 员工绩效考核的原则是什么？

4. 员工培训的意义是什么？

5. 如何提高内部审计质量？

内部控制系统的设计

在本章中，你将学到：
1. 内部控制设计的原则
2. 内部控制设计的方法

◇ **本章重点与难点**

1. 内部控制设计的流程
2. 内部控制设计的具体方法

引例

中信建投一营业部内部控制不完善 被责令改正

根据黑龙江证监局在 2019 年 4 月 22 日发布通知公告称，中信建投证券股份有限公司哈尔滨新阳路证券营业部内部控制不完善，工作人员合规意识薄弱，未有效防范和控制风险，被黑龙江证监局采取责令改正监管措施。

经查，黑龙江证监局发现中信建投哈尔滨新阳路营业部存在以下问题：一是部分业务合同入库、领用没有严格登记。二是未严格履行职责分工，不相容职务未适当分离。三是未对客户史某红身份的真实性进行审查，部分客户回访不到位，部分客户资料不完整。四是营业部前员工张某涉嫌诈骗犯罪，营业部对其诚信考察及管理存在缺失。

上述问题反映出中信建投哈尔滨新阳路营业部内部控制不完善，工作人员合规意识薄弱，未有效防范和控制风险，违反了《证券公司内部控制指引》第二十三条第一款、第十三条第（二）项，《关于加强证券经纪业务管理的规定》第四条第（一）项和第三条第（一）项、第（四）项、第（六）项，《证券公司内部控制指引》第一百二十一条第一款、《证券公司监督管理条例》第二十七条第一款等规定。

（资料来源：黑龙江证监局网站）

第一节 内部控制设计的原则

企业在设计内部控制制度过程中，应当遵循以下基本原则。

一、合法性原则

合法性原则指企业在设计内部控制制度时，必须符合国家有关法律法规和有关政府监管部门的监管要求。合法性是企业从事经营、创造价值、实现内部控制目标的前提，是一种约束性条件。合法性原则要求：在构建内部控制制度时，企业既要遵循一般法律法规，如《公司法》《税法》《合同法》《会计法》《企业会计准则》《内部会计控制规范》；又要根据自身行业特点和性质，遵循行业内部控制规范，如《上市公司治理准则》《证券投资基金管理公司内部控制指导意见》《商业银行内部控制指引》等。

二、适应性原则

内部控制制度必须符合管理者的要求，对其经营管理有用，这是适用性原则的要求。各种控制制度是确实可行的规定，是管理者的控制工具，它既要考虑到国家的要求，更要考虑到单位经营的特点与内外环境的实际情况。由于各企业的营运目标、具体任务、规模大小、人员结构、技术设备等都不相同，内部控制的设计就要因地制宜。

内部控制应当合理体现企业经营规模、业务范围、业务特点、风险状况以及所处具体环境等方面的要求，并随着企业外部环境的变化、经营业务的调整、管理要求的提高等不断改进和完善。

三、全面性原则

企业风险管理控制系统，必须包括控制环境、目标设定、风险识别、风险评估、风险应对、控制活动、信息与沟通、监督八项要素，并覆盖各项业务和部门。各项控制要素、各业务循环或部门的子控制系统，必须有机构成为企业内部控制的整体架构才能发挥应有的效用。这就要求各子系统的具体控制目标，必须服从于整体控制系统的一般目标。

全面性原则要求：在层次上内部控制应当涵盖企业董事会、管理层和全体员工，在对象上应当覆盖企业各项业务和管理活动，在流程上应当渗透到决策、执行、监督、反馈等各个环节，避免内部控制出现空白和漏洞。

四、相互牵制原则

相互牵制原则，是指一项完整的经济业务活动，必须分配给具有互相制约关系的两个或两个以上的职位，分别完成。相互牵制原则包括横向和纵向两个方面：一是在横向关系上，至少要由彼此独立的两个部门或人员办理，以使该部门或人员的工作接受另一个部门或人员的检查和制约；二是在纵向关系上，至少要经过互不隶属的两个或两个以上的岗位和环节，以使下级受上级监督，上级受下级牵制。互相牵制的理论根据是在相互牵制的关系下，几个人发生同一错弊而不被发现的概率等于每个人发生该项错弊的概率的连乘积，因而远远低于单个人独立完成某项任务或工作出现错弊的概率。常见的需要分离的职责主要有授权、执行、记录、保管、核对。

五、协调性原则

协调性原则，是指在各项经营管理活动中，各部门或人员必须相互配合，各岗位和环节都应协调同步，各项业务程序和办理手续需要紧密衔接，从而避免扯皮和脱节现象，减少矛盾和内耗，以保证经营管理活动的连续性和有效性。协调性原则是对相互牵制原则的深化和补充，是为了避免一味强调互相牵制带来的负面影响。贯彻这一原则，尤其要求避免只管牵制错弊而不顾办事效率的机械做法，而必须做到既相互牵制又相互协调，从而在保证质量提高效率的前提下完成经营任务。

六、有效性原则

内部控制应当能够为内部控制目标的实现提供合理保证。企业全体员工应当自觉维护内部控制的有效执行。内部控制建立和实施过程中存在的问题应当能够得到及时纠正和处理。

有效性原则包括两层含义：一是各种内部控制制度包括最高决策层所制定的业务规章和发布的指令，必须符合国家和监管部门的规章，必须具有高度的权威性，必须真正落到实处，成为所有员工严格遵守的行动指南；二是执行内部控制制度不能存在任何例外，任何人（包括董事长、总经理）不得拥有超越制度或违反规章的权力。

七、成本效益原则

成本效益原则，是指为进行控制而花费的成本与缺乏控制时所遭受的损失比较，当控制的效益大于成本时，则该项控制措施才是可行的，否则就是不可行的。控制成本包括便于归属计量的直接成本和不便于归属计量的间接成本，控制效益包括短期效益、长期效益、企业自身效益和社会效益等。在实际中，有些工作的效益是难以用金额表示的，但执行该控制有利于企业各项控制目标的实现，如员工职业操守的培养、经济项目的审核程序、信息的反馈等。

贯彻成本效益原则，要求企业力争以最小的控制成本取得最大的控制效果。因此，在构建内部控制制度时，应根据企业经营业务的特点、规模的大小、具体的管理情况，既要考虑控制设计成本、执行成本和修订成本，又要考虑企业整体效率和效益的提高，既要把企业的各项经济活动全面置于经济监控之中，又要对经营管理的重要方面、重要环节实行重点控制，力争以最小的控制成本取得最大的控制效果。

八、授权控制原则

授权控制原则，是指企业单位应该根据各岗位业务性质和人员要求，相应地赋予作业任务和职责权限，规定操作规程和处理手续，明确纪律规则和检查标准，以使职、责、权、利相结合。授权控制原则在实际工作中以岗位工作程式化的方式来体现，要求做到事事有人管、人人有专职、办事有标准、工作有检查，以此定奖罚，以增加每个人的事业心和责任感，提高工作质量和效率。

九、可容性原则

可容性原则，是指内部控制制度不仅要体现公认的管理原则，要能够被外部环境所接受；同时还要体现一致性原则，即企业内部同类业务在不同部门、不同年度的处理要保持一致；更重要的是内部控制制度的基本构架要保留相当的弹性，以增加其可容性。企业内的制度会因外部经济环境的变化和内部业务流程的改变而得到适时修正，但不能经常改变其基本框架而破坏制度的稳定性和连续性，因此，在最初制定制度时要留有充分的余地，适应未来的修订和补充。

十、独立性原则

独立性原则，是指内部控制的检查、评价部门必须独立于内部控制的建立和执行部门，直接的操作人员和直接的控制人员必须适当分开，并向不同的管理人员报告工作；在存在管理人员职责交叉的情况下，要为负责控制的人员提供可以直接向最高管理层报告的渠道。

十一、预防为主原则

内部控制制度的总体性质是属于预防性控制，同时包含部分事后查处性控制。建立内部控制制度，主要是预防经营单位发生无效率或违法行为。既要保证单位各项业务活动有序进行，还要避免在运行中发生浪费、舞弊或混乱所带来的经济损失，它是一种事前控制手段。如单位采取的组织控制、人事控制、程序控制等。当然，有些问题是无法预防的，因此内部控制制度需要辅以一些事后控制措施，事后控制从某种意义上说是检验预防控制效果的一种方式，如内部稽核、内部审计等。事后控制所需要耗费的资源要远远大于事前控制。因此，内部控制制度的制定应以预防为主、以查处性控制为辅，这样既可以防范于未然，又可以减少实施控制时的耗费，有利于提高控制的效率和效益。

十二、电子信息技术基础原则

业务运行通过信息系统的反应和衔接，可以极大地提高运营的效率。电子信息系统能够在很短时间内进行更大范围的核查，极大地提高内部控制的效率。充分运用电子信息技术控制方法原则，要求有条件的企业最好建立这样一种电子信息平台，能够把各种业务的处理集中到该平台上，通过程序设计来实现控制。就如同建立企业的企业资源计划系统——ERP 系统。

第二节　内部控制设计的流程[①]

众多企业内部控制的子系统具有差异，但其设计的流程具有共性。

---

① 李晓慧，何玉润. 内部控制与风险管理理论、实务与案例［M］. 北京：中国人民大学出版社，2012.

一、拟订控制目标

结合子系统的属性和功能，把内部控制基本目标分解到该子系统，形成子系统具体的分解目标。

二、分析整合控制流程

企业的控制流程是依次贯穿于某项业务活动始终的基本控制步骤及相应环节，通常与业务流程相吻合，并主要由控制点组成。

在对现有的流程进行分析描述时，设计人员应当熟悉企业基本业务的要求及其过去的惯例，并收集和吸取业务第一线员工的意见和看法，当发现企业的业务流程存在缺陷（不完整、不符合实际或者太烦琐）时，应当根据控制目标和控制原则加以整合，力求简洁、系统地归纳整合出企业所有的业务流程。

三、鉴别重要的控制环节

鉴别重要控制环节的目的在于实现控制目标，防止关键控制与业务环节发生偏差。在企业所有的控制流程中，我们将那些容易发生错弊而需要控制的业务环节称为关键环节或控制点，将业务处理中发挥作用大、影响范围广，甚至起决定性作用的控制点，称为关键控制点，其他的称为一般控制点。在一定条件下，关键控制点和一般控制点是可以相互转化的。

四、确定控制措施

企业控制措施是指为了预防与发现错弊而在某控制点运用各种控制技术和程序、方法的总称。由于控制的业务内容不同，所要实现的控制目标不同，因而相匹配的控制措施也不相同。

1. 业务流程描述法。这种方法有利于打破企业内部不同部门之间的条块界线，按照业务事项发生的本质对各部门、各岗位的工作职责进行理顺。但可能存在着业务流程描述冗长、控制点不清晰、风险列示不直观等劣势。

2. 流程图标法。这种方法能够直观地表现业务事项发生发展的逻辑关系，重点突出，一目了然；但其缺点是不能全面记录流程详细内容，有些重要控制点难以用简练的语言高度概括。

3. 编写控制点列表法。这种方法有利于内部控制记录持续更新，较为方便地添加或删减控制点；但其缺陷是由于控制点之间的逻辑关系不强而容易存在控制点提炼不充分，遗漏重要控制点的可能。

第三节 内部控制设计的方法

具体的内部控制设计可以结合企业的具体情况，以内部控制的一些规范为指导来进行。下面介绍一些设计时会经常采用的五种方法。

一、组织系统图设计

组织系统图主要描述企业内部各阶层的组织机构，显示每一个职位在企业中的地位及其上下隶属与纵横的关系。现代企业组织庞大、部门众多、层次不一、关系复杂，只有以组织系统图的方法描述出来，才能使人一目了然。企业组织结构如图5-1所示。

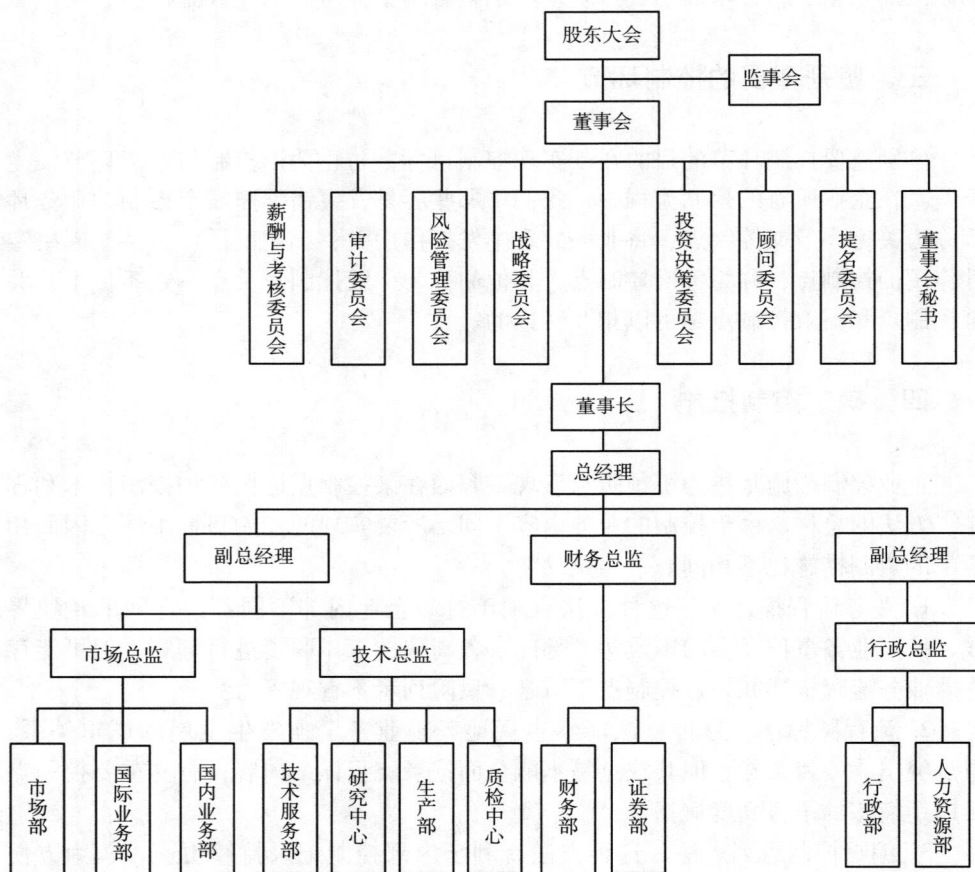

图5-1 企业组织结构

二、职责划分设计

　　一个企业有很多业务，也有很多部门，各个部门的职责应予详细及明确划分，使每一事项的发生都有部门负责办理，而且要做到不重复亦无遗漏。如果一项业务需要有两个以上部门共同完成时，对各部门应负责任的范围也应该有明确的规定。下面以图 5 - 1 中的部门为例说明如何对岗位职责进行内部控制设计。

　　1. 市场部的职责。

　　（1）实现企业销售目标。

　　（2）制订和实施销售计划。

　　（3）销售管理、销售政策的制定与施行，销售人员管理。

　　（4）市场调研与市场预测。

　　（5）策划。

　　（6）销售工作的监察与评估。

　　2. 技术服务部的职责。

　　（1）拟订企业年度技术支持、技术服务工作开展计划，并组织协调计划的分解和落实。

　　（2）负责企业技术支持系统的建立和完善。

　　（3）搜集国家、地区及行业的相关技术标准、规定，并负责在企业内宣传和推广。

　　（4）负责企业范围内技术问题的汇总分析，拟订解决方案，并组织、协调各部门。

　　（5）面向企业其他部门进行技术咨询，提供技术支持和服务，并接受一定范围内的技术投诉。

　　（6）负责对企业技术服务体系人员的指导、考核和监督。

　　（7）对企业内其他员工进行技术培训及指导。

　　（8）负责解答客户的相关技术问题。

　　3. 人力资源部的职责。

　　（1）编写并组织实施企业的人力资源规划，制定企业的人力资源管理制度。

　　（2）有效开发与合理配置企业的人力资源。

　　（3）负责公司企业文化建设的规划，并组织贯彻实施。

　　（4）参与对企业管理人员的考核与管理。

　　（5）审核、办理机关员工出差任务单。

　　（6）拟订并审核企业的人员招聘计划，并负责组织员工的招聘和培训工作。

　　（7）审核企业的定员编制、工资总额、经营管理者的薪酬分配。

　　（8）负责拟订企业的岗位设置、人员编制及工资分配方案。

　　（9）负责员工培训费用的计划与监控。

（10）检查人力资源规划和有关制度的贯彻落实情况。

（11）办理企业员工人事关系的转移，职称评定及因公出国人员的审批手续。

（12）负责企业员工的工资发放、社会保险的缴费、劳动合同的签续订和人事档案的管理工作。

4. 财务部的职责。

（1）严格遵守国家财务工作规定和公司规章制度，认真履行其工作职责。

（2）组织编制公司年、季度成本、利润、资金、费用等有关的财务指标计划。定期检查、监督、考核计划的执行情况，结合经营实际，及时调整和控制计划的实施。

（3）负责制定公司财务、会计核算管理制度。

（4）负责按规定进行成本核算，定期编制年、季、月度种类财务会计报表，搞好年度会计决算工作。

（5）负责编写财务分析及经济活动分析报告。

（6）负责固定资产及专项基金的管理。

（7）负责流动资金的管理。

（8）负责对公司低值易耗品盘点核对。

（9）负责公司产品成本的核算工作，制订规范的成本核算方法，正确分摊成本费用。

（10）负责公司资金缴、拨，按时上交税款。

（11）负责公司财务审计和会计稽核工作。

（12）负责进销物资货款把关。

三、工作说明书设计

工作说明书是描述工作性质的文件，是职工工作的说明。其表示方法是将单位的每一个工作职位，编制一份详细的说明，用来反映担任那个职位的人应该履行的职责。工作岗位说明书应包括：岗位名称、岗位要求、工作内容、薪酬标准、工作条件等。表 5－1 是财务总监岗位的工作说明书。

表 5－1　　　　　　　　　　财务总监工作说明书

职位名称	财务总监（CFO）	职位代码		所属部门	
职系		职等职级		直属上级	企业总经理
薪金标准		填写日期		核准人	

职位概要：
主持企业财务战略的制定、财务管理及内部控制工作，筹集企业运营所需资金，完成企业财务计划。

工作内容：
1. 利用财务核算与会计管理原理为企业经营决策提供依据，协助总经理制定企业战略，并主持企业财务战略规划的制定；

续表

2. 建立和完善财务部门，建立科学、系统的符合企业实际情况的财务核算体系和财务监控体系，进行有效的内部控制；

3. 制订企业资金运营计划，监督资金管理报告和预、决算；

4. 负责制订企业的利润计划、资本投资、财务规划、销售前景、开支预算及成本标准；

5. 对企业投资活动所需要的资金筹措方式进行成本计算，并提供最为经济的酬资方式；

6. 筹集企业运营所需资金，保证企业战略发展的资金需求，审批企业重大资金流向；

7. 主持对重大投资项目和经营活动的风险评估、指导、跟踪和财务风险控制；

8. 协调企业同银行、工商、税务等政府部门的关系，维护企业利益；

9. 参与企业重要事项的分析和决策，为企业的生产经营、业务发展及对外投资等事项提供财务方面的分析和决策依据；

10. 审核财务报表，提交财务管理工作报告；

11. 监督企业遵守国家财经法令、纪律，以及董事会决议；

12. 完成总经理临时交办的其他任务。

任职资格：

<u>教育背景</u>

◆会计、财务或相关专业大学本科以上学历。

<u>培训经历</u>

◆接受过管理学、战略管理、组织变革管理、人力资源管理、经济法、企业产品的基本知识等方面的培训。

<u>经　　验</u>

◆8 年以上跨国企业或大型企业集团财务管理工作经验。

<u>技能技巧</u>

◆具有较全面的财会专业理论知识、现代企业管理知识，熟悉财经法律法规和制度；

◆熟悉国家、地方各项与企业业务相关的财税、金融、经济政策及行业管理办法；

◆熟悉财务相关法律法规、投资、进出口贸易、企业财务制度和流程；

◆参与过较大投资项目的分析、论证和决策；

◆熟悉税法政策、营运分析、成本控制及成本核算；

◆具有丰富的财务管理、资金筹划、融资及资本运作经验；

◆具有良好的口头及书面表达能力。

<u>态　　度</u>

◆工作细致、严谨，并具有战略前瞻性思维；

◆具有较强的判断和决策能力、人际沟通和协调能力、计划与执行能力；

◆遵纪守法、遵章守则、奉公廉洁、忠于职守、作风正派、胸怀整体；

◆具有较强的工作热情和责任感。

工作条件：

<u>工作场所</u>：办公室。

<u>环境状况</u>：舒适。

<u>危 险 性</u>：基本无危险，无职业病危险。

工作联系对象：

<u>报告对象</u>：副总经理

<u>监督对象</u>：财务部、证券部经理、副经理、会计、出纳等

<u>对外接触人员</u>：税务部门、金融部门及各级上级主管部门和各种类型的公司客户

资料来源：笔者整理。

四、方针和程序手册设计

方针和程序手册，主要是指以书面形式来表达管理当局的指令及同类业务处理方法的形式，也可以说是以书面形式详细描绘业务处理的方针与程序。下面以销售和收款业务为例，说明如何设计方针和程序手册。

1. 企业接受订单，同时编制销售计划。销售部门承接客户订单，根据订单和生产计划、库存等情况，编制产品销售计划，并经部门领导审核签字，该计划传递给企业负责人审定批准。

2. 编制、审定销售实施方案和信用政策。销售部门根据经过审定的销售计划及企业有关产品价格管理等规定和产品生产、库存、销售情况，提出销售产品的品种、规格型号、数量、价格、货款支付方式等具体销售实施方案。拟采用赊销方式的客户，信用管理部门要对其进行信用审核，重大赊销方案需要报总经理审批。

3. 签订销售合同。法律部门、财会部门根据本部门职责对销售合同进行审核，企业负责人、总会计师依据审核部门的意见审定销售合同，并按内部授权交由授权人员签订。销售部门将签订的合同分别送交财会、仓储等部门。若销售合同需要变更或提前终止，应报企业负责人、总会计师同意。

4. 组织销售与收款。销售部门根据已签销售合同、销售订单向仓储部门传送发货通知单，仓储部门组织发货。财务部门向销售部门开具收款通知单。采用赊销方式销售的产品，销售部门及其主管人员应负责货款的按时回收。

5. 开发票及记账。财会部门依据销售合同、核准的发货单等相关单据开出销售发票，并加盖印章。财会部门据此编制、录入相应的会计凭证，经复核后过账。

6. 销售折让及退货处理。销售部门受理客户提出的折让或退货申请，根据折让或退货理由组织相关部门检查、核实，提出处理意见，交由企业领导及总会计师审定，并将审核意见分别传递给财会部门及仓储部门。仓储部门审核退货通知单后，将退回货物验收入库，财会部门审核销售折让通知单或退货通知单及退货产品入库单，编制、录入折让或退货会计凭证，经复核后过账。

7. 盘点对账。销售、财会、仓储等部门定期对产品销售及存货情况等进行对账和实物盘点，核实产品库存，对差异情况应及时查明原因并处理。财会部门应及时对赊销货款进行结清，未按合同结清的，及时通知销售部门采取措施。期末，财会部门应对应收账款进行账龄分析，合理计提坏账准备，并提出催收措施及建议，报企业负责人及总会计师审核同意后实施。

8. 关闭合同。合同执行完毕，销售部门应对合同执行情况进行清理、关闭，并建立客户信用档案。

五、业务流程图设计

业务流程图是利用图解形式描述各经营环节业务处理程序的一种图式。它显示了凭证和记录资料的产生、传递、处理、保存及其相互关系，从而直观地表达内部控制的实际情况。对于无法在图中表示的问题，可用简要的文字进行说明，作为流程图附件。产品销售业务流程如图 5 - 2 所示。

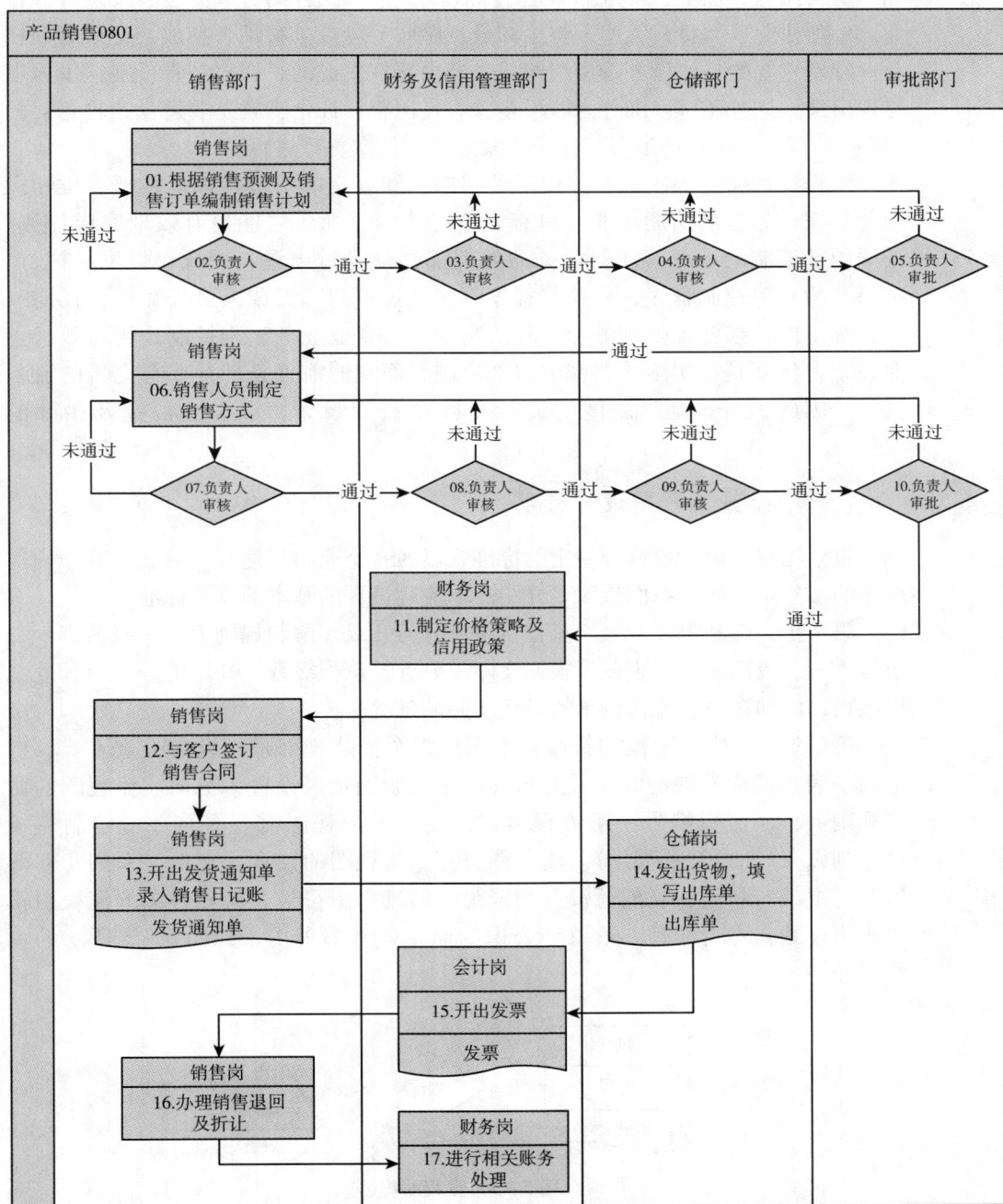

图 5 - 2　产品销售业务流程

所谓流程，是指企业经营过程的一个阶段，由若干项作业组成，而作业由若干项任务组成。在典型的制造业中，其经营过程有研究开发、设计、制造、营销、配送和售后服务等项流程。每项流程，如制造流程，包括材料入库、材料存储、材料搬运、加工、半成品搬运、加工、成品入库存储、成品包装发运等项作业。每项作业，如材料入库，包括卸载、验收、盘点、移动、摆放、记录等项任务。特别重要的是，任务是由组织成员经由授权完成的，授权和责任在这里可以体现出来。任务还可以细分为若干步骤。在流程设计中，就是要遵循这种相对的"流程→作业→任务→步骤"四个因素之间的依次关系进行。

流程设计所要解决的是如何干的问题，即既定的治理主体、内部单位和岗位如何完成各自的功能作业。只有企业把流程理顺，才能更有效地完成任务。按照内部控制的观点，任何业务的处理都必须经过申请、授权、批准、执行、记录、检查等控制程序，而这些程序都应经过不同部门或人员去完成，任何一个人都不能独揽业务处理的全过程。衡量一个企业业务流程控制是否有效，主要在于考核其是否实施了严密的内部牵制，而它的前提条件是要有完善的流程设计。因此，内部控制制度的设计要注重流程设计，以防止混乱及错弊的发生。

（一）业务流程图设计标准

每个流程的设计要符合一定的标准，以便在企业内部达成一致，有利于内部控制的实施。下面，我们就简要介绍一下流程设计的基本顺序及标准。

第一步，编制流程目录。流程目录可分为几级，编制规则为：一级流程·二级流程·三级流程……企业可根据实际需要选择流程级数。新增的一级流程或二级流程，添加在原有流程目录的最后，并顺延编号。

第二步，选定流程图的符号。本书流程图描述全部采用纵向垂直方式，自上而下表示流程发展的时间或逻辑等顺序，职能带区设置为纵向。流程图的命名规则为：子流程编号 + 子流程名称，当一个流程图需要多页才能绘制完成时，则以 –1、–2……区分。流程图符号是流程图的语言，它由一系列几何图形符号组成。目前，我们还没有全国统一的流程图符号，世界各国的流程图符号也不一致。本着简易、形象和公识的原则，本书采用了如图 5 – 3 所示的一套符号。

图 5 – 3　流程图符号

在步骤内容描述中，负责人员应尽量细化到岗位，企业也可以根据实际情况进行调整；步骤描述格式为"步骤编号（从 01 开始）＋文字描述"；如果多个步骤同时开始，并且内容相同或类似，可以出现重复的步骤编号；如果出现多个文件或表单，无需使用多个文档符号，只需在一个文档符号中按顺序填列即可，但是每个文档名称前需要加编号；在判断框后如果出现两个以上分支流程，编号规则为：从左边的分支流程开始，对其中的每个步骤按顺序编号，然后对第二个分支流程中的每个步骤按顺序编号，依此类推；文字描述体现岗位人员实行的动作和结果。

判断框至少有两个出处：通过、未通过；是、否。如果判断框的内容是审批、审核等，则内容描述和编号规则与步骤的内容描述和编号规则相同。

若一个步骤中出现多个风险控制点，应该在一个图形框中体现，无需增加图形框；控制点的描述格式为："x. xM，x. xM"或"x. xA，x. xA"，"M"表示人工控制，"A"表示自动控制。

第三步，编制风险控制文档。鉴于在流程图中难以显示各控制点的控制措施，应另行编制文字说明表，以配合对流程图的理解。该文字说明表，应主要反映各控制点的控制措施以及对应的控制目标。

以上流程图的绘制标准并不是一成不变的，企业可根据自身的实际需要，选择合适的流程图符号、模版。最重要的一点是，企业需要统一自己所采用的符号，并使员工理解控制流程，达到绘制流程图的最终目的。

（二）业务流程目录

企业在划分业务流程时，遵循从下至上、逐层汇总的原则，即从业务流程的最低级作业层开始编制流程图，较低层级的流程图汇总形成上一层级的流程图，直至形成一级流程图。确定最低级作业层的标准是：在一张流程图中能够清晰地显示业务处理涉及的部门、关键控制点以及相关文档。将所有业务流程汇总后即形成业务流程目录。标准的关键控制业务流程目录如表5－2所示。

表5－2　　　　　　　　关键控制业务流程目录

流程编号	一级流程	二级流程	三级流程	四级流程
RCM01	发展战略与规划			
RCM01. 01		战略管理		
RCM01. 01. 01			战略制定	
RCM01. 01. 02			战略可行性分析	
RCM01. 01. 02. 01				企业内部环境分析
RCM01. 01. 02. 02				外部环境分析
RCM01. 01. 03			战略分解	
RCM01. 01. 04			战略执行	

流程编号	一级流程	二级流程	三级流程	四级流程
RCM01.02		规划		
RCM01.02.01			中长期规划	
RCM01.02.02			年度计划	
RCM01.02.03			年度生产经营计划	
RCM02	会计控制			
RCM02.01		会计手册的制定与维护		
RCM02.02		会计业务处理		
RCM02.02.01			原始凭证填写与审核	
RCM02.02.02			结算	
RCM02.02.03			复核	
RCM02.02.04			记账	
RCM02.02.05			核对	
RCM02.03		内部审计		
RCM02.03.01			审计系统管理	
RCM02.03.01.01				审计规划
RCM02.03.01.02				审计资料管理
RCM02.03.02			审计实施	
RCM02.03.02.01				审计准备
RCM02.03.02.02				现场实施
RCM02.03.02.03				审计报告
RCM02.03.02.04				审计费用结算
RCM03	人力资源管理			
RCM04	技术发展			
RCM05	采购与付款			
RCM06	生产过程			
RCM07	存货管理			
RCM08	销售与收款			
RCM09	预算管理			
RCM10	货币资金管理			

流程编号	一级流程	二级流程	三级流程	四级流程
RCM11	资产管理			
RCM12	合同与纠纷			
RCM13	健康、安全、环保			
RCM14	信息管理			
RCM15	投资管理			
RCM16	筹资管理			
RCM17	财务报告编制			

本章小结

本章主要介绍了内部控制设计应遵循的原则和内部控制设计的方法。

企业在设计内部控制过程中，应当遵循以下基本原则：合法性原则、适应性原则、全面性原则、相互牵制原则、协调性原则、有效性原则、成本效益原则、授权控制原则、可容性原则、预防性原则、独立性原则、电子信息技术基础原则。

内部控制设计的方法包括组织系统图设计、职责划分设计、工作说明书设计、方针和程序手册设计。

重要名词

相互牵制原则
成本效益原则
授权控制原则

练习题

一、单选题

1. 相互牵制原则是指（   ）。

A. 一项完整的经济业务活动，必须分配给具有互相制约关系的两个或两个以上的职位分别完成

B. 内部控制制度必须符合管理者的要求，对其经营管理有用

C. 内部控制制度不仅要体现公认的管理原则，而且要能够被外部环境所接受

D. 在各项经营管理活动中，各部门或人员必须相互配合

2. 关于协调性原则，下列说法不正确的是（   ）。

A. 协调性原则是为了保证经营管理活动的连续性和有效性

B. 应做到各部门或人员必须相互配合，各岗位和环节都应协调同步

C. 协调性原则是对相互牵制原则的深化和补充

D. 有了相互牵制错弊，没办法进行协调

3. 关于可容性原则，下列说法正确的是（　　）。

A. 不仅要体现公认的管理原则，还要能够被外部环境所接受

B. 同时还要体现非一致性原则

C. 内部控制制度的基本构架不允许改变

D. 企业内的制度不因外部环境的变化而变化，保持制度的稳定性和连续性

4. 人力资源部的职责不包括（　　）。

A. 负责公司企业文化建设的规划，并组织贯彻实施

B. 参与对企业管理人员的考核与管理

C. 负责员工培训费用的计划与监控

D. 负责公司低值易耗品的盘点核对工作

5. 制订和实施销售计划是（　　）的职责。

A. 市场部　　　　　　　　　　　　　B. 技术服务部

C. 人力资源部　　　　　　　　　　　D. 财务部

6. 根据内部控制的要求，任何业务（　　）。

A. 可以不用授权就可以完成　　　　　B. 可以一个人包揽所有业务

C. 应经过不同部门或不同人员完成　　D. 不需要完善的流程设计

二、多选题

1. 内部控制设计的原则包括（　　）。

A. 合法性原则　　　　　　　　　　　B. 适应性原则

C. 全面性原则　　　　　　　　　　　D. 有效性原则

2. 关于有效性原则，下列说法正确的有（　　）。

A. 内部控制应当能够为内部控制目标的实现提供合理保证

B. 内部控制建立和实施过程中存在的问题应当能够得到及时纠正和处理

C. 各种内部控制制度包括最高决策层所制定的业务规章和发布的指令，必须具有高度的权威性

D. 执行内部控制制度不能存在任何例外

3. 关于成本效益原则，下列说法正确的有（　　）。

A. 成本效益原则是指为进行控制而花费的成本与缺乏控制时所遭受的损失比较

B. 在实际中，有些工作的效益是难以用金额表示的

C. 贯彻成本效益原则，要求企业力争以最小的控制成本取得最大的控制效果

D. 为取得内部控制的效果，可以不必考虑控制成本

4. 财务部的职责包括（　　）。

A. 负责制定公司财务、会计核算管理制度

B. 负责按规定进行成本核算

C. 编写并组织实施企业的人力资源规划

D. 负责编写财务分析及经济活动分析报告

5. 核实产品库存的盘点对账需要配合的部门有（　　）。

A. 销售部门　　　　　　　　　　　　B. 人力资源部门

C. 财会部门　　　　　　　　　　　　D. 仓储部门

6. 关于流程图的绘制，下列说法正确的有（　　）。

A. 流程图的绘制标准是一成不变的

B. 企业需要统一自己所采用的符号

C. 企业可根据自身的实际需要，选择合适的流程图符号、模版

D. 遵循"流程→步骤→作业→任务"四个因素之间的依次关系进行

三、判断题

1. 当控制的效益大于成本时，则该项控制措施是可行的，否则就是不可行的。 （　　）

2. 企业内的制度会因外部经济环境的变化和内部业务流程的变化而改变，因此可随时变化。 （　　）

3. 企业单位应该根据各岗位业务性质和人员要求，相应地赋予作业任务和职责权限。
　　　　　　　　　　　　　　　　　　　　　　　　　　　　　　（　　）

4. 审核、办理机关员工出差任务单是财务部的职责。 （　　）

5. 负责进销物资货款把关是市场部的职责。 （　　）

6. 企业在划分业务流程时，遵循从下至上、逐层汇总的原则。 （　　）

思 考 题

1. 什么是相互牵制原则？

2. 什么是成本效益原则？

3. 什么是授权控制原则？

4. 内部控制设计的方法有哪些？

5. 举例说明各职能部门的职责是什么。

内部控制信息的评价与披露

在本章中，你将学到：
1. 内部控制评价的概念
2. 内部控制评价的理论基础
3. 内部控制自我评价的含义和方法
4. 内部控制社会评价的内容和标准
5. 内部控制信息披露的形式
6. 内部控制信息披露的内容

◇ 本章重点与难点
1. 内部控制自我评价的方法
2. 内部控制审计报告的内容和格式
3. 内部控制信息披露的形式
4. 内部控制信息披露的内容

引例

欧菲光内控出现重大缺陷 净利润从赚 18 亿元变为亏 5 亿元

有一则年度业绩快报的修正公告，令市场不少投资者唏嘘。2019 年 4 月 26 日，上市企业欧菲光（002456）披露了公司 2018 年年度及 2019 年一季度报告，并附上了一份年度业绩快报修正公告，将公司在 2019 年 1 月份《2018 年度业绩快报》中提到的归母净利润 18.39 亿元，同比增长 123.64%，调整成了归母净利润 −5.19 亿元，同比下降 163.10%。

公司一下子从赚 18 亿元变为亏 5 亿元，这让不少投资者难以接受。市场也给出了反应，当日开盘，两百余万手卖单直接将欧菲光封死在了跌停板上。对于业绩的大幅"变脸"，欧菲光公告解释称，公司是基于谨慎性原则，对公司及下属子公司 2018 年末存在可能发生减值迹象的资产进行了清查和资产减值测试，才导致了报告期内实际净利润与预告的净利润产生差异。

资产减值计提合计超 18 亿元

从欧菲光披露的资产减值计提的具体公告中，可以发现，对这次利润影响计提最大的是公司及子公司的存货和营收账款，计提金额分别为 15.59 亿元和 1.88 亿元，合计约占本次计提总数的 95%。

翻看欧菲光历年的财务报告，可以发现，公司的应收款项与存货余额之和，占公司总资产的比重相对还比较高。数据显示 2016～2018 年，欧菲光的应收款项与存货余额总计分别为 122.7 亿元、151.86 亿元和 168.63 亿元，占公司总资产的比重分别为 52.36%、49.24% 和 44.42%。因此，一旦相关资产进行减值，对公司整体利润的影响是巨大的。

有市场分析人士提醒，存货和应收账款的资产减值，一定条件下都是可以冲回的，届时只要公司相关款项回收或者存货售卖，后续的经营情况都会得到显著提升。不过也正是由于这样，这两项资产减值科目成了很多上市公司调节利润的主要方向。因此，欧菲光此次巨额计提收款项和存货的动机值得怀疑。

对于此次公司突然计提大额资产减值，欧菲光方面的公告给出了两个解释：一是欧菲光公司在业绩预告时未能充分识别存货存在减值的迹象，在估计存货可变现净值时出现严重偏差，未能足额计提资产减值损失；二是欧菲光公司的成本核算系统处于不断升级过程中，致使部分生产成本结转不准确。

一字跌停致多家基金"踩雷"

因为成功切入触控、摄像头以及生物识别模组业务，并进入苹果供应商体系，一直以来欧菲光都被资本市场所追捧，成为各大基金眼中的白马股。不过此次公司内部控制出现的问题，着实令一众机构吃了闷亏。

数据显示，截至 2019 年一季报，陆港通资金、中央汇金、中邮核心成长、中欧时代先锋、东方红睿丰等位居欧菲光前十大流通股东。其中，中邮核心成长持股 2 243 万股，当日损失 3 000 万元。中欧时代先锋持股 1 263 万股，当日损失 1 692 万元。东方红睿丰持股 1 243 万股，当日损失 1 665 万元。

其中，中邮核心、东方红睿以及中金公司还都是 2019 年一季度新进的机构股东，这刚刚骑上了"白马"，却被"白马"甩了个趔趄，想必这些机构背后的基金经理也是挺无奈的吧。

两度更名回归欧菲光

其实剔除资产减值给公司带来的损失，2018 年欧菲光在公司产品的经营上还是取得了不错的成绩，主营的几大类产品大部分都获得了较快的销售额增长。其中，摄像通信类产品以及智能汽车类产品的增长最为显著，营收增长分别达到了 46.94% 和 35.60%。

从欧菲光的业务构成来看，几乎所有的收入都来自光学及光学电子元器件。不过公司在 2017 年发布公告称，公司已逐步实现全球化业务和战略布局，将全面布局消费电子 + 智能汽车"双轮驱动"发展战略，产品也已经不仅仅局限在光学领域。因此打算将公司名称变更为"欧非科技"。

或许是智能汽车业务的提出太过超前，尽管公司这块业务的收入增速还不错，然而两年多时间过去了，业务占比仍旧不及公司总营收的 1%。因此，2019 年 3 月，欧非科技以光学业务增长迅速，占比持续增大为由，完成了工商变更，将公司名称又变回了欧菲光。

2018 年全年，欧菲光光学产品实现营业收入 244.39 亿元，同比增长 46.94%，综合毛利率为 12.73%。这在全球经济放缓以及智能手机市场疲软的环境下也算是不错的成绩了，也说明了欧菲光在相关领域有着较强的综合创新能力。

不过事情一码归一码，如此巨大的内部控制"黑天鹅"，闷杀的 17 万投资者，给他们带来的损失，恐怕并不是董事会一两句道歉能够弥补得了的吧。

（资料来源：笔者根据有关材料整理）

第一节　内部控制评价理论

一、内部控制评价的概念

内部控制评价，是通过评价主体对企业现有的内部控制系统的设计和执行的健全性与有效性进行审查、测试、分析和评价的活动。内部控制系统是由识别和分析风险、制定控制政策和方法、监督和评价、持续改进组成的闭合循环，因此，内部控制评价是内部控制的有机组成部分，也是必不可少的环节。通过内部控制评价，可以发现企业内部控制的缺陷和薄弱环节，便于企业有针对性地提出改进意见和建议，从而不断改进和完善内部控制系统。

内部控制评价伴随着内部控制理论和实务的发展而不断完善。在内部控制的不同发展阶段，内部控制评价的内涵、侧重点、技术方法都有所不同。

二、内部控制评价的作用

美国的安然、世通、雷曼兄弟，中国的中航油、长虹，都制定了内部控制制度，然而却无一例外地没有发挥作用，没能真正成为企业的"防火墙"。这使人们不由地反思内部控制的执行和评价问题。如今，世界各国监管当局越来越重视内部控制评价的规范，内部控制评价在实务中也得到广泛推广。

（一）内部控制评价是提升企业内部控制效果的根本保证

内部控制评价是对内部控制的设计和运行效果的全面检查。首先，需要了解内部控制各要素的详细构成情况，在此基础上，针对每个要素进一步了解其实施结果。其次，根据了解记录的情况展开分析评价。通过分析现有内部控制系统，可以发现内部控制制度在多大程度上能够保证控制目标的实现，关键控制点的选择是否契合企业经营业务的实际状况；通过与理想控制模式的比较，明确现行控制与理想模式的差距，分析差距原因及可能造成的后果。通过对内部控制实施结果的记录和分析，可以发现内部控制运行的薄弱环节，准确定位内部控制责任区和责任人。从这个意义上看，内部控制评价是对企业机体中内部控制系统的一次"健康体检"，通过体检，可以充分了解内部控制系统自身的健康状况以及病症所在，"对症下药"，有的放矢地改进，才能够真正改善企业内部控制的效率和效果。

（二）内部控制评价是实现企业内部控制自我完善的主要途径

任何好的管理制度都必须与特定企业的经营业务相适应。内部控制制度同样如此。从管理层次来看，内部控制分为公司层次和业务层次的内部控制制度，其中业务层次的内部控制制度是针对经常性业务设置的。当企业经营模式发生改变，内部控制制度就需要适时调整以适应企业新的发展需要。因此，内部控制本质上是动态的、系统的过程。通过定期或不定期的内部控制评价，可以及时发现现有内部控制制度的缺陷，不断完善、改善内部管理，从而提升企业价值。

（三）内部控制评价是提高管理当局内部控制水平的压力机制

任何信息，只要公开就会产生一定的压力，因为信息公开就意味着接受公众的监督，能够在某种程度上敦促被监督者不断改进工作，提高工作成效，这就是所谓的压力传递机制。它在内部控制评价中同样存在。内部控制评价后相关信息被公开披露，包括投资人、债权人、监管机构在内的利益相关者将据此判断公司内部控制是否得到有效执行，并进一步分析管理当局所提供的财务报告在多大程度上可靠、公司的资产是否能确保安全和完整、公司的经营目标能否实现，从而对管理当局的绩效进行综合评价。而且内部控制评价越规范，利益相关者越关注内部控制信息，对管理者的监督力度就越大。

（四）内部控制评价是促进内部审计职能发挥的基础

前面已谈到，内部审计既是对内部控制的再控制，是其有机组成部分，同时又有独立的理论和方法体系。两者之间相互重叠的内容主要体现为内部控制评价。借助内部控制评价结果，可以了解内部控制系统的薄弱环节和高风险领域，更准确地确定审计的范围、审计的重点和采用的审计方法，从而提高审计效率；健全的内部控制制度还可以保证审计测试的质量，在审计测试中，无论是符合性测试还是实质性测试都存在抽样误差，如果被审计单位内部控制制度健全，则抽出样本的代表性就强，审计结论风险就小；反之，则抽样测试所得出的审计结论可能会有较大的风险。

三、内部控制评价的理论基础

内部控制是一个整合系统，它通过某种制度安排将企业内部各种资源，包括资金、人员、信息、文化等融合在一起，形成真正的生产能力；内部控制是一种控制机制，通过分析、计划、执行和评价反馈将各要素耦合在一起，使之朝着企业既定的目标努力；内部控制是一个信息系统，从识别经营中的关键风险点、制定风险控制策略到评价控制效率和效果，并反馈给相关人员，体现了信息的获取、加工和处理、传递的过程。控制论、信息论和系统论恰好为内部控制评价的建立提供了理论上的支持。内部控制评价系统作为内部控制的子系统，其建立和发展理所当然受到上述理论的影响。

（一）控制论与内部控制评价

控制论是研究复杂动态系统控制调节规律的科学。根据控制论的观点，一切控制系统所共有的基本特性是信息的交换和反馈过程，利用这些特征可以达到对系统的认识、分析和控制的目的。在控制论基础上发展起来的经济控制论，以研究系统和经济过程如何发挥其功能、如何控制经济过程为目标，着重探讨由各种耦合元素组成的系统的调节和控制的一般规律。根据 COSO 报告，内部控制是一个由企业的董事会、管理层和其他员工共同参与的，应用于企业战略制定和企业内部各个层次和部门的，用于识别可能对企业造成潜在影响的事项并在其风险偏好范围内管理风险的，为企业目标的实现提供合理保证的过程。从控制论的角度分析，内部控制着眼于企业内各具体组织的内部经营管理过程，每个单位发挥它们应有的管理功能，并在管理过程中实现自我调节和自我控制，最终使企业向着既定目标努力。控制在很大程度上使管理工作成为一个闭环系统。

在内部控制系统中，股东作为最终控制主体，董事会、管理层和其他员工及其相互之间的信息、资金、设备、文化等要素耦合在一起。该要素集合具体表现为两个层级，即公司层级和业务层级。在这两个层级中，控制可以是从事具体作业的人员在工作过程中的自我控制，也可以是作业人员的上级管理对作业人员的间接控制。随着企业规模的不断扩大，以及管理层级与管理幅度的增加，间接控制将成为最主要的控制形式，内部控制评价是最有效的间接控制形式之一。控制论对内部控制评价的影响表现为：内部控制系统是管理控制系统的有机组成部分；内部控制评价系统的设计以清晰的战略目标为前提；内部控制评价系统必须与企业的组织结构相联系；内部控制评价必须采用适合不同评价对象的信息；内部控制评价标准必须客观合理；找出关键的内部控制评价指标；发现偏差以后必须及时采取行动，予以纠正（文胜泽，2007）。

（二）信息论与内部控制评价

信息论产生于 20 世纪 60 年代，由信号传递理论与信息系统论组成。根据信号传递理论，内部控制评价有助于提高信息的可信程度，促进有效的决策。美国《萨班斯法案》正是这一思路的体现。《萨班斯法案》的 103 条款要求，注册会计师对公司财务报告内部控制出具鉴证报告；404 条款则要求，管理当局分别提供内部控制报告以及内部控制评价报告。投资人可以利用内部控制评价报告披露的关于内部控制健全性和有效性的信息，分析财务报告的真实性和可靠性，进而作出正确的投资决策。根据信息系统论，形形色色的财务舞弊案件其实质都是企业对外传递低劣和虚假信息。信息系统论认为，内部控制评价是以委托代理理论为基础，对于委托受托各方提供的信息，通过信息输入、信息加工、信息输出三个阶段，最终达到能够提供一个客观公正的信息系统的目的。

（三）系统论与内部控制评价

系统是相互关联、相互制约、相互作用的若干要素组成的具有特定功能的有机整体。系统论研究系统、要素、环境三者的相互关系和变动的规律性。系统论认为，应该全面地而不是局部地看问题；动态地、发展地而不是静止地看问题；全方位地而不是孤立地看问题；灵活地而不是呆板地看问题。内部控制具有四个目标、八大要素和两个层次。根据系统论，这三者之间存在着一定逻辑关系：四类目标是组织努力的方向；八大构成要素是为实现这些目标所必需的条件；两个层次则是实现目标的途径。具体来说，公司为了实现既定的四个目标，应该在公司和业务两个层次按照八个方面加以控制。而且，内部控制不是一种静态的制度，而是一个不断发现问题、解决问题的循环往复的动态过程。内部控制评价系统是内部控制大系统中的子系统，其不同要素之间也是有机地联系在一起的。一个有效的内部控制评价系统包括评价目标、评价主体、评价客体、评价指标、评价标准、评价方法和评价报告等构成要素。

第二节　内部控制自我评价

1987 年，加拿大海湾公司首次提出"内部控制自我评价"（control self appraisal，

CSA），一种崭新的企业内部控制评价方法出现了。这种评估方式满足了管理者将内部控制评估作为有效管理手段的要求，由传统的审计人员检查单据、实施符合性测试程序为导向，转化为在审计人员指引下由管理部门和员工共同研讨，体现了一种新的内部控制思想，即内部控制系统是企业所有成员的事情。CSA 带来了内部控制系统评价的革命，其理念得到了国际内部审计委员会等理论界及实务界的赞许和推广，目前这种方法在美国、加拿大及欧洲得到广泛运用，是西方发达国家公司内部控制评价的一个新趋势。

一、内部控制自我评价概述的含义与特征

（一）内部控制自我评价的含义

国际内部审计师协会（IIA）认为，内部控制自我评价是检查和评价内部控制的效率和效果的流程，其目的是为实现企业的目标提供一定程序的合理保证。内部控制自我评价，简单来说就是企业不定期或定期地对其内部控制系统进行评价，评价内部控制的有效性及其实施的效率效果，以期能更好地实现内部控制的目标。内部控制自我评价是被用来评价企业关键经营目标、围绕该目标实现的风险和为管理该风险而设计的内部控制等的一套新兴的审计技术方法体系。

（二）内部控制自我评价的特征

1996 年国际内部审计师协会在研究报告中总结了 CSA 的三个基本特征：关注业务的过程和控制的成效；由管理部门和职员共同进行；用结构化的方法开展自我评价。内部控制自我评价的核心理念在于"参与了风险评估过程并进行了全过程控制的人才有能力对控制作出有效评价"。内部控制自我评价实施的普遍方法是内部审计人员与被评价单位管理人员组成一个小组，管理人员在内部审计人员的帮助下，对本部门内部控制的恰当性和有效性进行评价，然后根据评价和集体讨论来改进建议出具报告，由管理者实施。

CSA 是一种自发的自我评价程序，它把传统的只由内部审计人员从事内部控制评价转为由公司各部门参与作业的人员亲自评价，帮助他们认识到内部控制评价不只是内部审计工作的责任，也不仅仅是管理层关心的问题，相反，它应该是组织中所有成员的事。这种评价程序使组织成员了解哪里存在缺陷以及可能导致的后果，然后让他们自己采取行动改进这种状况，而不是等内部审计人员站出来指出问题。实施内部控制自我评价的方法对于一个组织加强管理、提高劳动生产率、改进内部审计程序和业务经营程序、控制风险都有着积极的作用。

二、内部控制自我评价的内容

内部控制自我评价的对象是内部控制的有效性，而内部控制的有效性是企业

建立与实施内部控制对实现控制目标提供合理保证的程度。内部控制的目标包括合规目标、资产目标、报告目标、经营目标和战略目标。因此，内部控制自我评价的内容应是对以上五个目标的内部控制有效性进行全面评价。具体地说，内部控制自我评价应紧紧围绕内部环境、风险评估、控制活动、信息与沟通、内部监督五要素进行。

（一）内部环境评价

企业组织开展内部环境评价，应当以组织架构、发展战略、人力资源、企业文化、社会责任等应用指引为依据。其中，组织架构评价可以重点从组织架构的设计和运行等方面进行；发展战略评价可以重点从发展战略的制定合理性、有效实施和适当调整三方面进行；人力资源评价应当重点从企业人力资源引进结构合理性、开发机制、激励约束机制等方面进行；企业文化评价应从建设和评估两方面进行；社会责任可以从安全生产、产品质量、环境保护与资源节约、促进就业、员工权益保护等方面进行。

（二）风险评估评价

企业组织开展风险评估评价，应当以《企业内部控制基本规范》有关风险评估的要求，以及各项应用指引中所列主要风险为依据，结合本企业的内部控制制度，对日常经营管理过程中的目标设定、风险识别、风险分析、应对策略等进行认定和评价。

（三）控制活动评价

企业组织开展控制活动评价，应当以《企业内部控制基本规范》和各项应用指引中的控制措施为依据，结合本企业的内部控制制度，对相关控制措施的设计和运行情况进行认定和评价。

（四）信息与沟通评价

企业组织开展信息与沟通评价，应当以内部信息传递、财务报告、信息系统等相关指引为依据，结合本企业的内部控制制度，对信息收集、处理和传递的及时性、反舞弊机制的健全性、财务报告的真实性、信息系统的安全性，以及利用信息系统实施内部控制的有效性进行认定和评价。

（五）内部监督评价

企业组织开展内部监督评价，应当以《企业内部控制基本规范》有关内部监督的要求，以及各项应用指引中有关日常管控的规定为依据，结合本企业的内部控制制度，对于内部监督机制的有效性进行认定和评价，重点关注监事会、审计委员会、内部审计机构等是否在内部控制设计和运行中有效发挥监督作用。

具体的内部控制评价内容可通过设计内部控制评价指标体系来确定，评价指标是对内部控制要素的进一步细化，评价指标可以有多个层级，大体可分为核心评价指标和具体评价指标两大类，企业可根据其实际情况进行细分。具体的评价内容确定之后，内部控制评价工作应形成工作底稿，详细记录企业执行评价工作的内容，包括评价要素、评价指标、评价标准、评价和测试的方法、主要风险点、采取的控制措施、有关证据资料以及认定结果等。工作底稿可以通过一系列评价表格加以实现，通过对每个要素核心指标的分别分解、评价，最终汇总出评价结果。

三、内部控制自我评价的主要方法

从内部控制自我评价本身以及目前的发展情况来看，主要存在详细评价法和风险基础评价法两种方法。

（一）详细评价法

在《内部控制——整合框架》中，COSO 指出，确定某一内部控制系统是否有效是一种在评估五个要素是否存在以及是否有效发挥作用基础上的主观判断，这些要素也是有效内部控制的标准。COSO 还指出，认定一个主体的企业风险管理是否"有效"，是在对八个构成要素是否存在和有效运行进行评估的基础之上所作的判断，构成要素也是判定企业风险管理有效性的标准。在美国证券交易委员会 2003 年 6 月通过的实施《萨班斯法案》404 条款的规则（SEC，2003）以及后来发布的管理层评价指南中，都强调内部控制评价的程序必须足以既能评价财务报告内部控制的设计，又能测试运行的有效性。因此，遵循这个思路，很多企业和事务所都曾经采用过详细评价法。这种方法的基本思路是：以内部控制框架或标准为参照物，根据内部控制框架的构成要素是否存在评价内部控制设计的有效性，测试内部控制的运行有效性，最后综合设计和运行的评价对内部控制的有效性做出总体评价，评估内部控制目标实现的风险，判断是否存在重大漏洞（material weaknesses，MW），确定内部控制是否有效。

（二）风险基础评价法

企业内部控制的另一种思路和方法不是从控制到风险，而是从风险到控制，即从内部控制相关目标实现的风险到内部控制。首先，要评估相关目标实现的风险；其次，识别和确定企业充分应对这些风险的内部控制是否存在，即评价内部控制的设计应对相关目标实现风险的有效性；再其次，识别和确定内部控制运行有效性的证据，评价现有的控制是否得到了有效运行；最后，对控制缺陷进行评估，判定是否构成实质性漏洞，确定内部控制是否有效。对于不同的目标来说，目标风险的含义、内部控制重大漏洞的含义是不相同的，在评价每一类目标时都需要做具体设定。

《企业内部控制评价指引》第十五条规定，内部控制评价工作组对被评价单位进行现场测试时，可以单独或者综合运用个别访问、调查问卷、专题讨论、穿行测试、实地查验、抽样和比较分析等方法，充分收集被评价单位内部控制设计和运行是否有效的证据，按照评价的具体内容，如实填写评价工作底稿，研究分析内部控制缺陷。

1. 个别访问法。个别访问法主要用于了解——内部控制的现状，在企业层面评价及业务层面评价的了解阶段经常使用。访问前应根据内部控制评价需求形成访谈提纲，撰写访问纪要，记录访问的内容。为了保证访谈结果的真实性，应尽量访谈不同岗位的人员以获得更可靠的证据。如分别访问人力资源部主管和基层员工，确定公司是否建立了员工培训长效机制，培训是否能满足员工和业务岗位需要。

2. 调查问卷法。调查问卷法主要用于企业层面评价。调查问卷应尽量扩大对象范围，包括企业各个层级员工，应注意事先保密，题目尽量简单易答（如答案只需为"是""否""有""没有"等）。比如，你对企业的核心价值观是否认同？你对企业未来的发展是否有信心？

3. 穿行测试法。穿行测试法是指在内部控制流程中任意选取一笔交易作为样本，追踪该交易从最初起源直到最终在财务报表或其他经营管理报告中反映出来的过程，即该流程从起点到终点的全过程，以此了解控制措施设计的有效性，并识别出关键控制点。如针对销售交易，选取一批订单，追踪从订单处理—核准信用状况及赊销条款—填写订单并准备发货—编制货运单据—订单运送/递送追踪至客户或由客户提货—开具销售发票—复核发票的准确性并邮寄/送至客户—生成销售明细账—汇总销售明细账，并过账至总账和应收账款明细账等交易的整个流程，考虑之前对相关控制的了解是否正确和完整，并确定相关控制是否得到执行。

4. 抽样法。抽样法分为随机抽样和其他抽样。随机抽样是指按随机原则从样本库中抽取一定数量的样本；其他抽样是指人工任意选取或按某一特定标准从样本库中抽取一定数量的样本。使用抽样法时首先要确定样本库的完整性，即样本库应包含符合控制测试的所有样本；其次要确定所抽取样本的充分性，即样本的数量应当能检验所测试控制点的有效性；最后要确定所抽取样本的适当性，即获取的证据应当与所测试控制点的设计和运行相关，并能可靠地反映控制的实际运行情况。

5. 实地查验法。实地查验法主要针对业务层面控制，它通过使用统一的测试工作表，与实际的业务、财务单证进行核对的方法进行控制测试。如实地盘点某种存货。

6. 比较分析法。比较分析法是指通过数据分析，识别评价关注点的方法。数据分析可以是与历史数据、行业（公司）标准数据或行业最优数据等进行比较。比如针对具体客户的应收账款周转率进行横向或纵向比较，分析存在异常的应收客户款，进而对这些客户的赊销管理控制进行检查。

7. 专题讨论法。专题讨论法主要是集合有关专业人员就内部控制执行情况或控制问题进行分析，既可以是控制评价的手段，也是形成缺陷整改方案的途径。对于同时涉及财务、业务、信息技术等方面的控制缺陷，往往需要由内部控制管理部门组织召开专题讨论会议，综合内部各机构、各方面的意见，研究确定缺陷整改方案。

在实际评价工作中，以上这些方法可以配合使用。此外，还可以使用观察、检查、重新执行等方法，也可以利用信息系统开发检查方法，或利用实际工作和检查测试经验。对于企业通过系统采用自动控制、预防控制的，应在方法上注意与人工控制、发现性控制的区别。

第三节　内部控制社会评价

内部控制社会评价是外部主体对企业内部控制的健全性和有效性作出的评价。在实践中，一般是注册会计师根据相关监管规定，对上市公司的内部控制系统进行评价，并对其结果信息进行披露。2010 年财政部发布《企业内部控制审计指引》，以指导注册会计师对内部控制的评价业务。

一、内部控制社会评价的性质

注册会计师的业务分为鉴证与非鉴证两类。其中，鉴证业务是指注册会计师受托对由另一人所负责的书面认定的可靠性提供书面结论所执行的一种业务，包括审计、审核、审阅、执行商定程序等。非鉴证业务包括税务服务、管理咨询、会计服务等。

我国发布的《企业内部控制审计指引》（以下简称《内控审计指引》）所称内部控制审计，是指会计师事务所接受委托，对特定基准日内部控制设计与运行的有效性进行审计。按照该指引的要求，在实施审计工作的基础上对内部控制的有效性发表审计意见，是注册会计师的责任。《内控审计指引》界定的企业内部控制鉴证，实际上是由注册会计师执行的内部控制评价。

二、评价内容和标准

（一）评价内容

《内控审计指引》要求，注册会计师对财务报告内部控制的有效性发表审计意见，并对内部控制审计过程中注意到的非财务报告内部控制的重大缺陷，在内部控制审计报告中增加"非财务报告内部控制重大缺陷描述段"予以披露。

由此可见，注册会计师执行的企业内部控制审计范围主要关注与财务报告相关的内部控制，同时兼顾整体的内部控制。之所以如此规定，一方面是由于注册会计师专业水平的限制，缺乏内部控制的知识和技能。同时，对与财务报告相关的内部控制以外的整体内部控制进行鉴证是一项较为庞大的工程，在某种程度上属于咨询范畴，而咨询业务应该由企业选择进行，通过法律法规的形式加以规范有失妥当。另一方面，由于实践中将财务报告相关的内部控制从内部控制中清晰地划分出来并非易事，而且注册会计师需要将内部控制有效性的鉴证与其对管理层的内部控制评价报告的鉴证统一起来。

（二）评价标准

对内部控制评价，必须依据内部控制标准和内部控制评价执业标准。内部控制标准是指导企业设计和实施相关内部控制的基本依据，是注册会计师据以评价企业内部控制是否完善的基本依据。注册会计师执行对企业内部控制进行的业务，必须具有相应的执业规范，否则的话，注册会计师执行该类业务将无所适从。

我国财政部于 2008 年和 2010 年发布的《企业内部控制基本规范》《企业内部控制应用指引》《企业内部控制审计指引》分别提供了内部控制标准和内部控制执业标准。具体如图 6–1 所示。

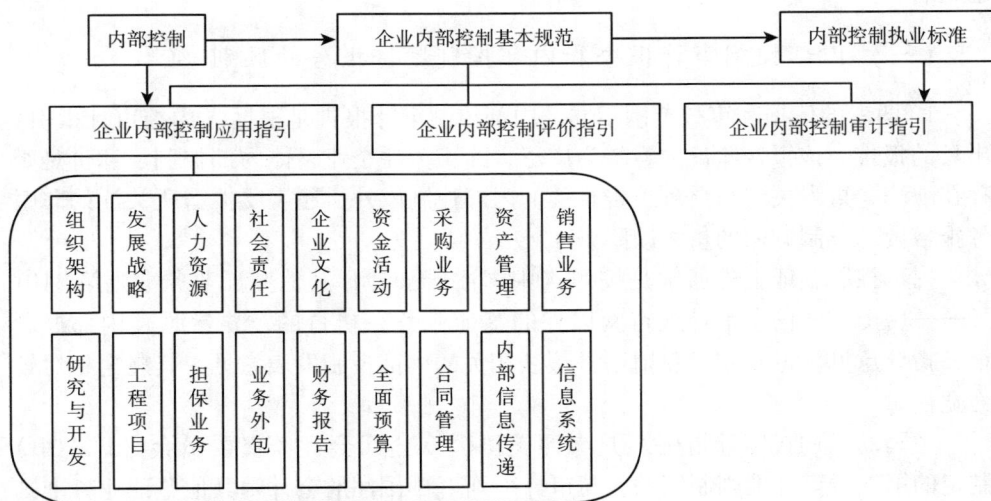

```
内部控制 ──→ 企业内部控制基本规范 ──→ 内部控制执业标准
         │
  ┌──────┼──────────────────────────┐
企业内部控制应用指引   企业内部控制评价指引   企业内部控制审计指引
```

| 组织架构 | 发展战略 | 人力资源 | 社会责任 | 企业文化 | 资金活动 | 采购业务 | 资产管理 | 销售业务 |
| 研究与开发 | 工程项目 | 担保业务 | 业务外包 | 财务报告 | 全面预算 | 合同管理 | 内部信息传递 | 信息系统 |

图 6–1　我国内部控制规范体系

2002 年 7 月，美国国会通过的《萨班斯法案》首次对财务报告内部控制有效性提出了明确要求。内部控制评价同上市公司财务报告及其审计一样成为法定事项。该法案的 103 条款、302 条款和 404 条款分别对财务报告内部控制评价作出规定。

1. 第 103 条款规定，注册会计师需要对管理层财务报告内部控制自我评价进行审核，评价公司的内部控制政策和程序是否包括详细程度合理的记录，以准确公允地反映公司的资产交易和处置情况；内部控制是否合理保证公司对发生的交易活动进行了必要的记录，以满足财务报告编制符合公认会计原则的要求；是否合理保证公司的管理层和董事会对公司的收支活动进行了合理授权。

2. 第302条款规定，公司首席执行官和首席财务官应当对所提交的年度或季度报告签署书面证明，担保所在公司财务报告的真实性以及保证公司拥有完善的内部控制系统，能够及时发现并阻止公司欺诈及其他不当行为。

3. 第404条款规定，所有除投资公司以外的企业在其年报中都必须包括：（1）管理层建立和维护适当内部控制结构和财务报告程序的责任报告；（2）管理层就公司内部控制结构和财务报告程序的有效性在该财政年度终了出具的评价；（3）注册会计师已就（2）中提到的管理层评价出具了鉴证报告。

三、评价报告

注册会计师在完成内部控制审计工作后，应当对企业内部控制的有效性发表意见并出具报告。目前有两种报告，内部控制鉴证报告与内部控制审计报告。二者虽然都是由会计师事务所进行审计，但还是有区别的，所以中国注册会计师协会（以下简称中注协）统计的内部控制审计报告并不包含内部控制鉴证报告。

（一）内部控制审计报告和内部控制鉴证报告的区别

1. 两者的依据和审核范围不同。内部控制审计报告是根据《内控审计指引》出具的报告。该报告鉴证内容较为广泛，除了关注企业整体内部控制、评价是否存在缺陷，重点关注与财务报告相关的内部控制以外，还需要披露所关注的非财务报告内部控制方面的重大缺陷。

内部控制鉴证报告通常是按照《中国注册会计师其他鉴证业务准则第3101号——历史财务信息审计或审阅以外的鉴证业务》执行的，并参照《内部控制审核指导意见》的规定，仅对财务报表相关的内部控制发表意见，其规定相对较为宽松。

中国的《内控审计指引》是参照美国公众公司会计监督委员会（PCAOB）制定的第五号审计准则制定的，与审计准则《中国注册会计师其他鉴证业务准则第3101号》是两个不同体系，审计指引要求注册会计师对财务报告内部控制发表意见，并对注意到的非财务报告内部控制重大缺陷作出披露。

2. 两者审计对象不同。审核指导意见要求注册会计师对"被审核单位管理当局对特定日期与会计报表相关的内部控制有效性的认定进行审核，并发表审核意见"，属于间接报告，即对客户认定的审计报告；《内控审计指引》要求注册会计师对截止日期的财务报告内部控制的有效性发表意见，为直接报告。

内部控制鉴证业务，允许注册会计师出具保留意见，内部控制审计报告则没有保留意见，注册会计师只要发现财务报告内部控制重大缺陷就应当对被审计单位财务报告内部控制出具否定意见。

　　从注册会计师的鉴证业务来说，通常可分为审计（合理保证）、审核（介于两者之间）、审阅（有限保证）三个层次，其保证程度由高到低，在中注协的审计准则体系中，财务报表审阅参照《中国注册会计师审阅准则第 2101 号——财务报表审阅》，财务报表审计和审阅以外的其他业务主要参照《中国注册会计师其他鉴证业务准则第 3101 号——历史财务信息审计或审阅以外的鉴证业务》。

　　内部控制审计报告使用的是"审计"，且和内部控制自评报告是分开披露的。如："按照企业内部控制指引我们审计了天津磁卡 2012 年 12 月 31 日的财务报告内部控制有效性"。

　　内部控制鉴证报告一般是使用"审核"，而且将公司管理层的认定意见附在后面，例如海联讯的鉴证报告：我们审核了后附的深圳海联讯科技股份有限公司（以下简称海联讯公司）管理层按照《企业内部控制基本规范》及相关规定对2012 年 12 月 31 日与财务报表相关的内部控制有效性作出的认定。

　　3. 从法规要求来说，对企业是否需要披露内部控制审计报告两者要求不同。五部委颁布的《企业内部控制基本规范》（以下简称《基本规范》），2011 年境内外同时上市公司首先执行，2012 年起所有主板上市公司都要执行，但 2012 年下半年，证监会和财政部发布通知，非国有控股上市公司可延迟执行。

　　《关于 2012 年主板上市公司分类分批实施企业内部控制规范体系的通知》指出，为稳步推进主板上市公司有效实施企业内部控制规范体系，防止出现"走过场"情况，财政部会同证监会决定，分类分批推进实施企业内部控制规范体系。

　　"所有主板上市公司都应当自 2012 年起着手开展内部控制体系建设。"通知要求，中央和地方国有控股上市公司，应于 2012 年全面实施企业内部控制规范体系，并在披露 2012 年公司年报的同时，披露董事会对公司内部控制的自我评价报告以及注册会计师出具的财务报告内部控制审计报告。

　　非国有控股主板上市公司，且于 2011 年 12 月 31 日公司总市值在 50 亿元以上，同时 2009～2011 年平均净利润在 3 000 万元以上的，应在披露 2013 年公司年报的同时，披露董事会对公司内部控制的自我评价报告以及注册会计师出具的财务报告内部控制审计报告。

　　其他主板上市公司，应在披露 2014 年公司年报的同时，披露董事会对公司内部控制的自我评价报告以及注册会计师出具的财务报告内部控制审计报告。

　　可见，主板已上市公司今后都要执行《基本规范》，披露内部控制审计报告，而对中小板上市公司和创业板公司，目前还未强制要求执行《基本规范》。

　　根据《深圳证券交易所中小企业板上市公司规范运作指引》第七章规定："上市公司在聘请会计师事务所进行年度审计的同时，应当至少每两年要求会计师事务所对内部控制设计与运行的有效性进行一次审计，出具内部控制审计报告。会计师事务所在内部控制审计报告中，应当对财务报告内部控制的有效性发表审计意见，并披露在内部控制审计过程中注意到的非财务报告内部控制的重大缺陷。本所另有规定的除外。"

　　《深圳证券交易所创业板上市公司规范运作指引》第七章规定："上市公司

在聘请会计师事务所进行年度审计的同时，应当至少每两年要求会计师事务所对公司与财务报告相关的内部控制有效性出具一次内部控制鉴证报告。本所另有规定的除外。"

可见，深交所对中小板公司和创业板公司在内部控制审计方面的规定是有差异的，都是每两年至少审一次，但中小板公司是出具内部控制审计报告，创业板公司是出具内部控制鉴证报告。

对准备上市的IPO公司，可参看证监会相关规定，都是要求出具内部控制鉴证报告。

下面只探讨内部控制审计报告的内容和格式，不再阐述内部控制鉴证报告的格式和要求。

（二）内部控制审计报告的内容与格式

根据《企业内部控制审计指引》规定，内部控制缺陷按其成因分为设计缺陷和运行缺陷，按其影响程度分为重大缺陷、重要缺陷和一般缺陷。

注册会计师应当评价其识别的各项内部控制缺陷的严重程度，以确定这些缺陷单独或组合起来，是否构成重大缺陷。

1. 内部控制审计报告的内容。标准的内部控制审计报告应当包括下列要素：

（1）标题。

（2）收件人。

（3）引言段。

（4）企业对内部控制的责任段。

（5）注册会计师的责任段。

（6）内部控制固有局限性的说明段。

（7）财务报告内部控制审计意见段。

（8）非财务报告内部控制重大缺陷描述段。

（9）注册会计师的签名和盖章。

（10）会计师事务所的名称、地址及盖章。

2. 内部控制审计报告的格式。按照内部控制审计报告的意见类型，内部控制审计报告分为三种，分别是标准无保留意见的内部控制审计报告、带有意见段的无保留意见的内部控制审计报告和否定意见的内部控制审计报告。具体格式参考2018年内部控制审计报告（省略掉注册会计师签名盖章和会计师事务所的名称、地址及盖章），资料来源于和讯网。

（1）标准无保留意见内部控制审计报告。

内部控制审计报告

信会师报字〔2018〕第ZGl1412号

锦州吉翔钼业股份有限公司全体股东：

按照《企业内部控制审计指引》及中国注册会计师执业准则的相关要求，

我们审计了锦州吉翔钼业股份有限公司（以下简称吉翔股份）2018 年 12 月 31日的财务报告内部控制的有效性。

一、企业对内部控制的责任

按照《企业内部控制基本规范》《企业内部控制应用指引》《企业内部控制评价指引》的规定，建立健全和有效实施内部控制，并评价其有效性是吉翔股份董事会的责任。

二、注册会计师的责任

我们的责任是在实施审计工作的基础上，对财务报告内部控制的有效性发表审计意见，并对注意到的非财务报告内部控制的重大缺陷进行披露。

三、内部控制的固有局限性

内部控制具有固有局限性，存在不能防止和发现错报的可能性。此外，由于情况的变化可能导致内部控制变得不恰当，或对控制政策和程序遵循的程度降低，根据内部控制审计结果推测未来内部控制的有效性具有一定风险。

四、财务报告内部控制审计意见

我们认为，吉翔股份于 2018 年 12 月 31 日按照《企业内部控制基本规范》和相关规定在所有重大方面保持了有效的财务报告内部控制。

（2）带有意见段的无保留意见的内部控制审计报告。

内部控制审计报告

天键审〔2019〕8 - 246 号

欢瑞世纪联合股份有限公司全体股东：

按照《企业内部控制审计指引》及中国注册会计师执业准则的相关要求，我们审计了欢瑞世纪联合股份有限公司（以下简称欢瑞世纪公司）2018 年 12 月31 日的财务报告内部控制的有效性。

一、企业对内部控制的责任

按照《企业内部控制基本规范》《企业内部控制应用指引》以及《企业内部控制评价指引》的规定，建立健全和有效实施内部控制，并评价其有效性是欢瑞世纪公司董事会的责任。

二、注册会计师的责任

我们的责任是在实施审计工作的基础上，对财务报告内部控制的有效性发表审计意见，并对注意到的非财务报告内部控制的重大缺陷进行披露。

三、内部控制的固有局限性

内部控制具有固有局限性，存在不能防止和发现错报的可能性。此外，由于情况的变化可能导致内部控制变得不恰当，或对控制政策和程序遵循的程度降低，根据内部控制审计结果推测未来内部控制的有效性具有一定风险。

四、财务报告内部控制审计意见

我们认为，欢瑞世纪公司于 2017 年 7 月 31 日按照《企业内部控制基本规范》和相关规定在所有重大方面保持了有效的财务报告内部控制。

五、强调事项

我们提醒内部控制审计报告使用者关注，欢瑞世纪公司于2017年7月17日收到中国证券监督管理委员会《调查通知书》（编号：渝证调查字2017031号），因涉嫌信息披露违法违规，根据《中华人民共和国证券法》的有关规定，决定对欢瑞世纪公司进行立案调查。截至本审计报告日，欢瑞世纪公司尚未收到中国证券监督管理委员会针对上述立案调查的结论性意见。本段内容不影响已对财务报告内部控制发表的审计意见。

（3）否定意见的内部控制审计报告。

内部控制审计报告
中准审字〔2019〕2205号

天夏智慧城市科技股份有限公司全体股东：

按照《企业内部控制审计指引》及中国注册会计师执业准则的相关要求，我们审计了天夏智慧城市科技股份有限公司（以下简称天夏智慧公司）2018年12月31日的财务报告内部控制的有效性。

一、天夏智慧公司对内部控制的责任

按照《企业内部控制基本规范》《企业内部控制应用指引》《企业内部控制评价指引》的规定，建立健全和有效实施内部控制，并评价其有效性是天夏智慧公司董事会的责任。

二、注册会计师的责任

我们的责任是在实施审计工作的基础上，对财务报告内部控制的有效性发表审计意见，并对注意到的非财务报告内部控制的重大缺陷进行披露。

三、内部控制的固有局限性

内部控制具有固有局限性，存在不能防止和发现错报的可能性。此外，由于情况的变化可能导致内部控制变得不恰当，或对控制政策和程序遵循的程度降低，根据内部控制审计结果推测未来内部控制的有效性具有一定风险。

四、导致否定意见的事项

重大缺陷，是指一个或多个控制缺陷的组合，可能导致企业严重偏离控制目标。在审计过程中，我们识别出天夏智慧公司的财务报告内部控制存在以下重大缺陷：

天夏智慧公司存在未经董事会、股东大会批准对关联方债务提供担保而涉及诉讼事项，该事项导致天夏智慧公司及其子公司部分银行账户及股权资产被司法冻结。天夏智慧公司未及时、有效地管理与诉讼与资产冻结相关的信息，及时履行信息披露义务。上述事项不符合天夏智慧公司章程及内部规章制度的相关规定，与之相关的财务报告内部控制设计和运行失效。

有效的内部控制能够为财务报告及相关信息的真实完整提供合理保证，而上述重大缺陷使天夏智慧公司内部控制失去这一功能。

天夏智慧公司管理层已识别出上述重大缺陷，并将其包含在企业内部控制评价报告中，上述缺陷在所有重大方面得到公允反映。在天夏智慧公司 2018 年财务报表审计中，我们已经考虑了上述重大缺陷对审计程序的性质、时间安排和范围的影响。本报告并未对我们在 2019 年 4 月 29 日对天夏智慧公司 2018 年财务报表出具的审计报告产生影响。

五、财务报告内部控制审计意见

我们认为，由于存在上述重大缺陷及其对实现控制目标的影响，天夏智慧城市科技股份有限公司于 2018 年 12 月 31 日未能按照《企业内部控制基本规范》和相关规定在所有重大方面保持有效的财务报告内部控制。

六、非财务报告内部控制的重大缺陷

在内部控制审计过程中，我们注意到天夏智慧公司的非财务报告内部控制存在重大缺陷。

公司董事会秘书长期空缺造成与公司信息披露相关的内部控制及程序未得到有效执行，"三会运作"和内部决策机制未能完全有效运行，并导致信息披露不完整、不规范。

由于存在上述重大缺陷，我们提醒本报告使用者注意相关风险。需要指出的是，我们并不对天夏智慧公司的非财务报告内部控制发表意见或提供保证。本段内容不影响对财务报告内部控制有效性发表的审计意见。

第四节　内部控制信息披露的形式和内容

一、内部控制信息披露的含义

由于内部控制的重要作用和投资者了解公司内部控制状况的内在需求，因此内部控制信息披露应运而生。内部控制信息披露建立在董事会和管理当局对内部控制评价的基础上，为了了解内部控制的设计是否适当、执行是否有效，企业管理当局定期根据一定的标准对本单位内部控制设计和执行的有效性进行评估。

二、内部控制信息披露的形式

内部控制信息披露的形式主要涉及单独披露还是随财务报告一并披露、由谁披露以及强制披露还是自愿披露三个问题。

（一）是否单独披露

内部控制信息披露，可以单独提供，也可以包含在其他载体中，例如管理层讨论、董事会报告等。随同其他信息一并披露，其优点在于，一方面，使信息使用者在阅读财务报告、董事会报告的同时了解内部控制相关信息；另一方面，也便于使用者的理解，提高他们的工作效率，同时，也降低了企业提供此类信息的成本。其缺点在于弱化了内部控制信息在企业信息披露体系中的作用。单独披露与此恰恰相反。它可以大大提高人们对内部控制的关注。

根据《企业内部控制评价指引》，我国对上市公司采取单独披露的形式，而对于其他非上市公司没有强制性规定。

（二）由谁披露

在单独披露的方式下，涉及由谁提供内部控制相关信息的问题。目前，我国采取企业管理当局和注册会计师共同披露的方式。

（三）是否强制披露

2006 年上海证券交易所和深圳证券交易所分别发布了《上海证券交易所上市公司内部控制指引》和《深圳证券交易所上市公司内部控制指引》（以下统称《内控指引》），均要求上市公司董事会披露内部控制自我评价报告，标志着我国上市公司的内部控制信息进入强制性信息披露阶段，如表 6 - 1 所示。

表 6 - 1　　　　　　　　　　我国内部控制评价信息披露

披露主体	披露方式	企业类型	
		上市公司	非上市公司
企业管理当局	对外披露	管理层声明和内部控制评价报告；招股说明书、定期报告	有特殊需要时对特定主体披露
	对内披露	内部报告	内部报告
注册会计师	对外披露	内部控制鉴证报告	受企业委托对特定主体披露内部控制鉴证报告
	对内披露	管理建议书	管理建议书

三、内部控制信息披露内容

如前所述，我国对内部控制评价的信息披露采取共同披露，而对上市公司来说已属于强制披露。企业当局对内部控制进行综合评价后，形成内部控制自我评价报告。注册会计师的评估则形成内部控制评价报告（相关内容在第三节进行阐述）。本节主要针对内部控制自我评价报告。整体来看，内部控制评价报告至少应当包括下列内容：

（1）组织实施内部控制评价的总体情况；

（2）内部控制责任主体的声明；

（3）内部控制评价的范围和内容；

（4）内部控制评价的标准和依据；

（5）内部控制评价的程序和方法；

（6）内部控制重大缺陷及其认定情况；

（7）内部控制重大缺陷的整改措施及责任追究情况；

（8）内部控制有效性的结论。

本章小结

本章主要介绍了内部控制评价理论、内部控制自我评价和内部控制社会评价、内部控制信息披露的形式和内容。

内部控制评价，是通过评价主体对企业现有的内部控制系统的设计和执行的健全性和有效性进行审查、测试、分析和评价的活动。注册会计师应当评价其识别的各项内部控制缺陷的严重程度，以确定这些缺陷单独或组合起来，是否构成重大缺陷。注册会计师在完成内部控制审计工作后，应当出具内部控制审计报告或内部控制鉴证报告，二者有所区别。

内部控制信息披露的形式主要包括是否单独披露、由谁披露、自愿披露还是强制性披露。我国对内部控制评价的信息披露采取共同披露。企业当局对内部控制进行综合评价后，形成内部控制自我评价报告。注册会计师的评估则形成内部控制评价报告。披露内容包括：企业内部控制制度设计和执行的基本情况，指出企业内部控制中存在的重大缺陷，提出企业改进内部控制的建议，评价人员应当就所提出的内部控制中的缺陷，根据其产生的不同原因及相关情况，提出合理的具有建设性和操作性的意见。

重要名词

内部控制评价

内部控制自我评价

内部控制审计报告

内部控制鉴证报告

内部控制信息披露

练习题

一、单选题

1. 企业内部控制评价的对象是（　　　）。

A. 内部控制的规章制度　　　　　　　　B. 内部控制的有效性

C. 财务报告的公允性　　　　　　　　　D. 内部控制的环境

2. 信息与沟通评价工作的主要关注点不包括（　　　）。

A. 管理层对于员工提出的提高生产效率、产品质量的建议或其他改进建议的接受能力

B. 是否建立了适当的渠道供员工反映他们注意到的可疑问题

C. 是否及时向适当的人员汇报足够详细以便他们有效地履行其职责

D. 已确定的控制政策和程序是否得到继续、恰当的执行

3. 对上市公司内部控制自我评价报告的要求是（　　　　）。

A. 每年出具自评报告

B. 两年内出具一次自评报告

C. 三年内出具一次自评报告

D. 出具自评报告完全自愿，不做强制要求

4. 内部控制审计报告意见不包括（　　　　）。

A. 标准无保留意见的内部控制审计报告

B. 带有意见段的无保留意见的内部控制审计报告

C. 保留意见的内部控制审计报告

D. 否定意见的内部控制审计报告

5. 内部控制审计报告是根据（　　　　）出具。

A.《内部控制审计指引》

B.《中国注册会计师其他鉴证业务准则第 3101 号》

C.《企业内部控制评价指引》

D.《企业内部控制基本规范》

6. 根据《内控指引》，关于内部控制信息披露说法正确的是（　　　　）。

A. 内部控制信息披露不用单独披露

B. 只需要企业管理当局进行自评报告披露就可以

C. 企业被要求强制披露内部控制自评报告

D. 每年必须要求注册会计师对内部控制自评报告进行审核

二、多选题

1. 企业组织开展内部环境评价，主要包括（　　　　）。

A. 组织架构　　　　　B. 发展战略　　　　　C. 人力资源　　　　　D. 社会责任

2. 内部控制评价工作组对被评价单位进行现场测试时，可以单独或者综合运用（　　　　）等方法。

A. 详细评价法　　　　B. 个别访问　　　　　C. 调查问卷　　　　　D. 穿行测试

3. 内部控制缺陷根据其影响程度可以划分为（　　　　）。

A. 一般缺陷　　　　　B. 重要缺陷　　　　　C. 重大缺陷　　　　　D. 严重缺陷

4. 内部控制评价的内容包括（　　　　）。

A. 内部环境评价　　　B. 风险评估评价　　　C. 控制活动评价　　　D. 内部监督评价

5. 企业内部控制评价中的重大缺陷应当由（　　　　）最终认定。

A. 股东大会　　　　　B. 董事会　　　　　　C. 监事会　　　　　　D. 管理层

6. 内部控制审计报告和内部控制鉴证报告的区别是（　　　　）。

A. 两者的依据不同

B. 两者的审核范围不同

C. 两者的审计对象不同

D. 两者是否需要披露内部控制审计报告要求不同

三、判断题

1. 所有企业必须对外披露认定的内部控制缺陷。（　　　　）

2. 内部控制评价工作组织只能由董事会成员参加。（　　　　）

3. 内部控制评价能为内部控制目标的实现提供绝对保证。（　　　　）

4. 内部控制审计报告比内部控制鉴证报告范围更广。　　　　　　　（　　）

5. 内部控制审计报告除了重点关注与财务报告相关的内部控制以外，还需要披露所关注到的非财务报告内部控制方面的重大缺陷。　　　　　　　（　　）

6. 根据《企业内部控制评价指引》，我国对上市公司采取单独披露的形式，而对于其他非上市公司没有强制性规定。　　　　　　　（　　）

思 考 题

1. 内部控制自我评价的含义和特征是什么？
2. 内部控制审计报告和内部控制鉴证报告有什么区别？
3. 内部控制的评价意见包括哪几种？
4. 内部控制信息披露的形式有哪几种？
5. 内部控制信息披露的内容有哪些？

风险与风险管理的基本概念

在本章中，你将学到：

1. 风险的含义和构成
2. 风险的分类
3. 风险管理的概念
4. 风险管理的过程
5. 风险管理的局限性

◇ **本章重点与难点**

1. 风险与风险管理概念的理解
2. 企业风险按经营活动的划分及具体表现
3. 风险管理的过程
4. 风险管理的局限性

引例

惊天一爆：天津港爆炸风险管理警示录

2015 年 8 月 12 日，位于天津市滨海新区天津港的瑞海公司危险品仓库发生火灾爆炸事故，本次事故中爆炸总能量约为 450 吨 TNT 当量，造成 165 人遇难。天津港爆炸案导致直接经济损失 700 亿元、保险赔付 100 亿元，损失惨重。

天津港"8·12"爆炸，将这个多年没有负面大新闻的城市突兀地推到了世界面前，一时间，天津被推到舆论的风口浪尖。多年的积累让天津经济的成就靓丽抢眼，然而，大爆炸让"天津品牌"正遭遇前所未有的危机。

爆炸发生后，德国财经网按照当时 1 欧元等于 7.3232 元人民币的汇率进行计算，爆炸的经济损失折合人民币最高为 730 亿元。这其中，显而易见最大的是汽车行业的损失。由于中国进口汽车目前大约 40% 经由天津港，此次爆炸中，这些集中于天津的汽车企业损失严重。根据 2014 年的资料，当年进口的汽车经由天津港的就达 50 多万辆。数千辆新车炸毁，全球的相关汽车制造企业都得进行损失评估。

保险方面，由于事故涉及的车险、企财险、家庭险、意外健康险、责任险和货运险六大类险种，保险行业赔付巨大，有业内人士表示，"此次赔付额超过此前保险史上的海力士火灾案，估计赔付额在 100 亿元左右"。

此次天津爆炸重大事件，让我们想到了项目管理中的风险计划，如何识别风险？如何评估风险等级？如何制订风险响应计划？天津爆炸事件应该定义为发生的可能性高、发生风险对项目的影响也高的事件。

企业风险是客观存在的，也是无法回避的，企业唯有对风险进行有效识别、评估、防范和治理，才能够达到相对彻底管理风险的目的。一个成功的企业，往往要经历质量管理、利润管理、价值管理、风险管理四个阶段，而风险管理是企业管理的最高境界。一个风险管理良好的企业，一方面可以减少损失、降低成本和避免纠纷，另一方面也可以提高效率、增加企业美誉度、强化企业凝聚力、提升企业价值。尤其是当企业发展到一定程度时，应该是通过管理风险来创造企业价值的。因此，如何控制风险是企业必须掌握的管理技术。"知己知彼，百战不殆"，要战胜风险，首先就要对风险的含义、特征、构成、分类等进行全面的分析，并且了解风险管理的一般过程。

（资料来源：笔者根据媒体相关报道整理）

第一节　风险的含义与构成

一、风险的定义

风险是什么？最简单的定义是："风险是发生财务损失的可能性"。发生损失的可能性越大，风险越大。这个定义主要强调风险可能带来的损失。在对风险进行深入分析以后人们发现，风险不仅可以带来超出预期的损失，也可能带来超过预期的收益。于是，出现了一个更正式的定义："风险就是预期结果的不确定性"。某个事情或某项经营活动事先是无法准确估计其收益和损失的，这种不确定性所带来预期结果的波动就是风险。风险不仅包括负面效应的不确定性，还包括正面效应的不确定性。到目前为止对风险的定义，国内学术界众说纷纭，尚未发展出一个大家一致认同的说辞。一般来说，有如下四种观点。

观点一：狭义说

早期研究风险的学者从风险的负面效应来考察风险，将风险定义为"发生损失的可能性"。这样强调了风险的两个特征：第一，风险的结果是负面的，即某一事项或者经营活动给企业带来损失。第二，损失的发生是一种可能性，即概率介于 0 和 1 之间。概率为 0 的无损失和概率为 1 的确定损失都不是风险。这种定义可以称之为狭义的风险定义。

观点二：广义说

之后有学者将风险可能产生的正面效应也考虑进来，认为风险带来的可能是收益，也可能是损失，但到底是哪种结果及正负效应的程度是不确定的。这种风险定义将与风险伴随的机会也考虑进来，较之前的狭义风险更具全面性，可称之为广义的风险定义。

观点三：客观说

随着概率理论与统计学的发展，有学者又用统计学的理念来定义风险。主要有两种观点：其一认为风险是实际结果与预期结果的偏离程度，类似于统计学中标准差的概念；其二将风险定义为实际结果偏离预期结果的概率。这两者都强调的是风险的客观性，认为运用统计手段和历史数据是可以对风险发生的概率进行描述的。

观点四：主观说

与客观说对应，有学者提出风险不仅具有客观性，同时也具有主观性。一方面，人们对客观事物的认知过程本身就存在一定偏差，而对于不确定性的认知偏差程度更大，受心理因素的影响更多。另一方面，"一千个读者，就有一千个哈姆雷特"，不同的人对相同的事物会有不同的判断，因此对于风险的认识和判断也会见仁见智，由各人的知识、经验、能力、状态等因素的差异产生判断的差异。所以，风险不仅由客观因素产生，也会受主观因素干扰，在风险评估过程中产生。

二、风险的特性

风险具有客观性、普遍性、损失性和可变性四种特征。

1. 风险具有客观性。风险是不以企业的意志为转移，独立于企业意志之外的客观存在。企业只能采取风险管理办法降低风险发生的频率和损失幅度，但不能彻底消除风险。

2. 风险具有普遍性。在现代社会，风险无处不在、无时不有。随着经济和科学技术的发展，还会不断产生新的风险，且风险事故造成的损失也越来越大。

3. 风险具有损失性。只要风险存在，就一定有发生损失的可能性。风险的存在，不仅会造成人员的伤亡，而且会导致生产力的破坏、社会财富的损失和经济价值的减少，因此才使得个体或企业寻求应对风险的方法。

4. 风险具有可变性。风险的可变性是指在一定条件下风险具有转化的可能性。世界上任何事物都是相互联系的，而任何事物都处于运动和变化之中，这些运动和变化必然会引起风险的变化。

三、风险的构成

风险的构成即风险的要素。一般认为，风险由风险因素、风险事故和损失构成，这三个要素的共同作用和影响决定了风险的存在、发展和发生。

➢ 风险因素

风险因素是指引起或增加风险发生的机会或扩大损失程度的原因和条件，它是导致风险发生的潜在原因。风险因素的存在只是风险事故发生的先决条件，并不一定导致风险事故的发生；而风险事故的发生，必定有相应的风险因素存在。用数学语言来说，风险因素是风险事故发生的必要条件。

风险因素一般可以分为物质风险因素、道德风险因素和心理风险因素。

物质风险因素是指有形的，并能直接影响事物物理功能变化的因素，即某一标的本身所具有的足以引起或增加风险发生的机会和损失幅度的客观原因。例如汽车的制动系统质量不高，轮胎摩擦系数过低，安全气囊数量不足、启动不及时等都属于车祸的实质性风险因素，前两个因素增加了发生车祸的概率，第三个因素在发生车祸的时候会造成损失加剧。

道德风险因素是指与人的道德品质有关的无形因素，即指由于个人的不良企图和恶意行为促使风险事故发生和损失扩大的原因或条件。如贪污、造假、盗窃等。这些不道德的行为必然促使风险发生的频率增加和损失幅度的扩大。

心理风险因素是指与人的心理状态有关的无形因素，即由于人的疏忽大意和侥幸心理，以致增加风险事故发生的概率和损失幅度的因素。例如，企业或个人由于投保财产保险，就放松了对财物的保护，购买了车险之后放松了驾车时的警惕等。

上述风险因素中，由于道德风险因素和心理风险因素都是无形的，都与个人自身行为方式相联系，而在实践中又难以界定，所以通常将两者统称为人为因素。这样风险因素就被分为两类：物质性因素和人为因素。通俗地讲，就是"天灾"和"人祸"。

➤ 风险事故

风险事故是造成生命财产损害的偶发事件，通常是显性的、外露的，是人们看得见、摸得着风险事件。例如火灾、车祸、盗窃等。风险事故意味着风险的可能性转化为现实性，并直接导致损失的发生。

➤ 损失

损失是指非计划、非故意和非预期的经济价值减少或人身伤害。这里强调的"非计划、非故意和非预期"是风险损失独特的特征，与其他的造成经济价值减少的行为相区别。比如固定资产折旧，或者捐赠这样的行为都会导致经济价值的减少，但这不是损失，因为它们是有计划的、故意的和预期的。

损失又分为直接损失和间接损失。直接损失是风险事故本身直接造成的有形的、实质性的损失，比如厂方失火造成建筑物、机器、原料等的损失。间接损失是由于直接损失而引起的损失，包括利润的减少和后果损失等，例如厂方失火后停产造成的收入损失，为了修复厂方和机器而发生的额外费用损失等。

第二节 风险的分类和态度

一、风险的分类

对风险的分类一方面可以加深我们对风险的了解，另一方面可以针对不同的风险实施不同的管理措施，提高风险管理的适用性。风险的分类方法比较多，依据不同的标准以及针对不同的领域，可以产生不同的划分。本书只集中介绍与企业风险管理结合紧密的几种分类方式，如图 7 - 1 所示。

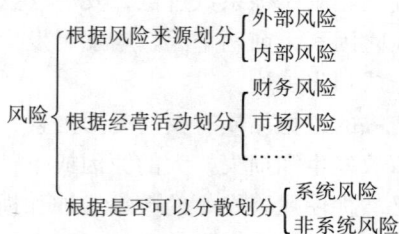

图 7 - 1 风险的分类

资料来源：笔者整理。

（一）根据风险的来源划分

根据风险的来源，大致可以将风险分为外部风险和内部风险。继续划分，就可以衍生出许多具体的类别，如表 7 - 1 所示。这种具体的划分方式在风险管理中具有很大的实用性，方便企业进行风险识别。

表 7 - 1 　　　　　　　　　　　　　　风险分类

外部风险					内部风险				
经济风险	法律风险	社会风险	科技风险	自然风险	人员风险	管理风险	经营风险	技术风险	安全环保风险
经济形势 产业政策 资源供给 利率调整 汇率变动 融资环境 市场竞争	法律法规 监管要求	文化传统 社会信用 教育基础 消费者 行为	技术进步 工艺改进 电子商务	自然灾害 环境状况	高管操守 员工能力 团队精神 人才流动	经营方式 资产管理 业务流程 财务报告 信息披露	财务状况 盈利情况 现金流量	研究开发 技术投入 信息技术 运用	营运安全 员工健康 环境污染

资料来源：笔者整理。

（二）根据经营活动划分

根据企业经营活动的模块，可以将风险按照各部门的运作来归类，分为人力资源风险、财务风险、市场风险、审计风险、信息披露风险等。这种分类方法有利于企业各部门针对自身实际情况进行风险识别和评估。

1. 人力资源风险。人力资源风险与前一种分类中的人员风险基本一致，主要包含以下几个方面：企业高层管理人员及核心岗位人员的道德水平和职业操守；企业员工对工作的胜任能力；员工团队合作的状况及企业文化环境；人才的流动对企业经营活动的冲击等。

2. 财务风险。财务风险主要包含四个方面的内容：第一，筹资风险，即企业由于借入资金而增加的收益的不确定性和偿债能力丧失的可能性；第二，投资风险，即企业投资于项目或证券的收益与其目标偏离的可能性；第三，信用风险，即交易对方在账款到期时不予支付的风险；第四，收益分配风险，即公司在分配实现的净利润时，存在分配给投资者或者留存企业内部这两种此消彼长的方式，这种分配的选择和权衡可能会对企业未来的经营活动产生一定的不利影响。

3. 市场风险。市场风险主要指企业面对的在产品市场和要素市场上，供需状况和价格的变化给企业经营活动带来的不确定性。企业需要管理的主要市场风险是利率风险、汇率风险、商品价格风险和股票价格风险。

4. 审计风险。财务报表是企业经营活动的记录和反映，对于财务报表的审计相当于对企业经营活动的最后一道把关和审查。而这道把关的过程本身也是有风险的，即审计风险。对于审计风险，中国注册会计师协会的定义为："所谓审计风险是指会计报表存在重大错误或漏报，而注册会计师审计后发表不恰当审计意见的可能性。"

5. 信息披露风险。信息披露风险是企业在信息披露过程中因操作不当而给企业带来不利影响的可能性。比如应当披露的信息没有披露，或者应当保密的信息反而传播出去，这样的事件对于企业的声誉会产生极大的损害。对于上市公司，信息披露与股价息息相关，不当的信息流传更容易使公司的股价大幅震荡。

【网络链接】

安然事件：各种风险的综合爆发

安然公司在 2001 年宣告破产之前，身上都笼罩着一层层的金色光环：作为世界最大的能源交易商，安然在 2000 年的总收入高达 1 010 亿美元，名列《财富》杂志"美国 500 强"的第七名；掌控着美国 20% 的电能和天然气交易，是华尔街竞相追捧的宠儿；安然股票是所有的证券评级机构都强力推荐的绩优股，股价高达 70 多美元并且仍然呈上升之势。公司营运业务覆盖全球 40 个国家和地区，共有雇员 2.1 万人，资产额高达 620 亿美元。

2001 年年初，一家有着良好声誉的短期投资机构老板吉姆·切欧斯公开对安然的盈利模式表示了怀疑。他指出，虽然安然的业务看起来很辉煌，但实际上赚不到什么钱，也没有人能够说清安然是怎么赚钱的。据他分析，安然的盈利率在 2000 年为 5%，到了 2001 年初就降到 2% 以下，对于投资者来说，投资回报率仅有 7% 左右。切欧斯还注意到有些文件涉及了安然背后的合伙公司，这些公司和安然有着说不清的幕后交易。作为安然的首席执行官，斯基林一直在抛售手中的安然股票——而他不断宣称安然的股票会从当时的 70 美元左右升至 126 美元。而且按照美国法律规定，公司董事会成员如果没有离开董事会，就不能抛售手中持有的公司股票。

也许正是这一点引发了人们对安然的怀疑，并开始真正追究安然的盈利情况和现金流向。到了 2001 年 8 月中旬，人们对于安然的疑问越来越多，并最终导致了股价下跌。8 月 9 日，安然股价已经从年初的 80 美元左右跌到了 42 美元。10 月 16 日，安然发表 2001 年第二季度财报，宣布公司亏损总计达到 6.18 亿美元，即每股亏损 1.11 美元。同时首次透露因首席财务官安德鲁·法斯托与合伙公司经营不当，公司股东资产缩水 12 亿美元。10 月 22 日，美国证券交易委员会瞄上安然，要求公司自动提交某些交易的细节内容。并最终于 10 月 31 日开始对安然及其合伙公司进行正式调查。11 月 1 日，安然抵押了公司部分资产，获得 J.P. 摩根和所罗门、史密斯巴尼的 10 亿美元信贷额度担保，但美林和标普公司仍然再次调低了对安然的评级。11 月 8 日，安然被迫承认做了假账，虚报数字让人瞠目结舌：自 1997 年以来，安然虚报盈利共计近 6 亿美元。11 月 9 日，迪诺基公司宣布准备用 80 亿美元收购安然，并承担 130 亿美元的债务。当天午盘安然股价下挫 0.16 美元。11 月 28 日，标准普尔将安然债务评级调低至"垃圾债券"级。11 月 30 日，安然股价跌至 0.26 美元，市值由峰值时的 800 亿美元跌至 2 亿美元。12 月 2 日，安然正式向法院申请破产保护，破产清单中所列资产高达 498 亿美元，成为当时美国历史上最大的破产企业。

安然从辉煌走向破产的主要原因有五：其一是违规经营，滥用金融衍生工具进行能源信用交易，这种发展"其兴也勃，其亡也忽"。为了筹资，安然公司创造了新的金融衍生工具，即具有期货性质的能源交易合约，包括石油衍生性商品、利率交换契约以及信用状等。其总额达 330 亿美元。安然公司除了运用这些金融工具进行能源产品的金融化运作以外，还大量运用金融互换协议进行套期保值。金融创新本无可厚非，但必须服务于本业，且套期保值蕴含着极大的金融风险，赢则暴利，亏则巨损。这种潜在的筹资风险导致的偿债能力丧失是安然破产的直接原因。其二是盲目扩张，举巨债以求大发展，试图以尽可能少的资金控制尽可能多的企业，从而产生最大化的财务协同效益。20 世纪 90 年代，安然利用美国放松能源市场管制的机会，进入能源交易市场，并将业务延伸至国外，先后投资 75 亿美元兴建印度的达博尔电站项目和英国的埃瑟军—克斯水处理项目，均惨遭失败。投资风险加剧了安然的亏损。其三，安然的高层对于公司运营中出现的问题非常了解，但长期以来熟视无睹甚至有意隐瞒。包括首席执行官斯基林在内的许多董事会成员一方面鼓吹股价还将继续上升，另一方面却在秘密抛售公司股票。而公司的 14 名监事会成员有 7 名与安然关系特殊，要么正在与安然进行交易，要么供职于安然支持的非营利机构，对安然的种种劣迹睁一只眼闭一只眼。在破产前的十个月内，安然还因为股票价格超过预期目标而向董事及高级管理人员发放了 3.2 亿美元的红利。这样的管理层缺乏基本的诚信和对企业的忠诚，危机来临，只求自保，这构成了安然的人力资源风险。其四，股票价格的骤然下跌导致安然市值从 800 亿美元跌至 2 亿美元将安然逼上了申请破产保护的绝境，这是股票价格风险对企业造成的巨大影响。其五，长期以来负责安然财务报表审计业务的安达信会计师事务所丧失了审计的独立性、客观性和公正性，协同造假、虚报利润、隐瞒巨额债务，巨大的审计风险和信息披露风险导致了安然和安达信的同时灭亡。

（资料来源：笔者根据媒体相关报道整理）

（三）　根据是否可以分散划分

根据风险是否可以分散从而将风险分为系统风险和非系统风险。

现代投资学认为，造成股价波动有两大原因：一是与整个股市有关的系统风险；二是与企业有关的非系统风险。系统风险是整个股票市场本身所固有的风险，它是指由于某种因素使市场上所有的股票都出现价格变动的现象，它在不同程度上影响所有股票的收益。例如，经济政策的变化、有关法规的颁布。股票的系统风险主要有股市价格风险、利率风险、购买力风险和政策风险等。20 世纪 30 年代美国经济大萧条时期，整个股市一落千丈，1986 年经济回升时，整个股市扶摇直上，就是系统风险的典型反映。

非系统风险也叫公司特有风险，是指某一企业或行业特有的那部分风险，它影响个别股票的收益。一个公司的股票不但受市场、国民经济和消费者信心的影响，同时还受到所在行业和这个公司特有因素的影响。例如产品市场占有率、管理水平、技术开发、竞争对手、成本费用等。换句话说，即使整个市场风平浪静，这个公司的股票价格也会因这种非系统风险而波动。对于非系统风险，在实务中主要考虑企业经营风险和财务风险。一般来说，系统风险对投资者来说是无法通过技术操作可以避免的风险，所以是不可分散风险，而非系统风险则可以通过科学合理的投资组合得以规避。

二、对风险的态度

经济学将人们对待风险的态度分为三种：风险厌恶；风险中性；风险偏好。
如果投资者当前的投资选择有：
选择1　无风险投资，期末有确定性收益10万元。
选择2　风险性投资，期末有50%的概率获得20万元收益，有50%的概率什么都得不到。
两个选择的期望收益是相等的，都是10万元。若投资者选择了1，则叫作风险厌恶。若两种选择对投资者来讲没有差异，则叫作风险中性。若投资者选择了2，则叫作风险偏好。
大多数人都会选择1，即是风险厌恶者，因为如果现实生活中的人是理性的，他所拥有的财富的边际效用是递减的，即随着财富的增加，等额财富带来的边际效用会越来越小。当"理性经济人"在金融市场上进行投资时，可以直观地认定是"稳健、保守"的，是厌恶风险的。经济学中的"理性经济人"在金融经济学中就是"风险厌恶型"的投资者，对这样的投资者而言，在未来预期财富额等值的情况下，无风险财富的效用显然要大于风险性财富的效用。

第三节　风险管理的概念与过程

一、风险管理的概念

以上我们对风险进行了详细的分析，并了解了人们对风险的态度，下一步就是对风险进行管理了。本节阐述风险管理的概念，总结风险管理的原则。
关于风险管理的概念，目前还没有一个较为统一的定义。在风险管理的研究过程中，不同时代的学者们研究的出发点、侧重点不同，因而对风险管理的定义也提出了不同的说法。
早期比较有影响的风险管理定义是由美国学者威廉姆斯和汉斯提出的，1964年在他们的著作《风险管理和保险》中指出：

"风险管理是通过对风险的识别、衡量和控制，以最小的成本，使风险损失达到最低程度的管理方法"。

另一个著名的定义是 1998 年由美国学者斯凯伯提出的，在其著作《国际风险与保险》中给出了这样的定义：

> "风险管理是指各个经济单位通过对风险的识别、估测、评价和处理，以最小的成本获得最大安全保障的一种管理活动"。

2004 年，美国著名的 COSO 机构发布了《企业风险管理——整合框架》的报告，其中对风险管理给出了一个较为全面的定义：

> "企业风险管理处理影响价值创造或保持的风险和机会，定义如下：企业风险管理是一个过程，它由一个主体的董事会、管理当局和其他人员实施，应用于战略制定并贯穿于企业运营之中，旨在识别可能会影响主体的潜在事项，管理风险以使其在该主体的风险容量之内，并为主体目标的实现提供合理保证。"

综合以上定义，我们可以得出风险管理的几个原则：

➤ 风险管理不是一种静态的制度，而是一个动态的循环的过程，贯穿于企业的整个经营活动之中，渗透于每一个员工的思想和行动之中，风险管理是每一个员工的工作。

➤ 风险管理的目的是将风险程度和风险损失降低到企业可以承受的范围之内，为企业提供安全保障，提高管理的质量和水平。

➤ 风险管理所针对的风险不仅仅是只会带来损失的纯粹风险，也包括损失和收益并存的机会风险。

➤ 风险管理的过程也要遵循成本效益原则，力争用最小的成本来达到降低风险的目标。

企业风险管理的功能是识别可能对公司运作产生影响的潜在事件，通过制定应对风险的策略，将不可避免的风险降至最低水平，最小化损失。风险管理会占用公司一部分资源，所以降低了运用于其他投资活动的资源的数量，所以风险管理要考虑机会成本的问题，理想的风险管理期望用最少的资源去防范和化解最大的风险危机，但现实中风险管理更为复杂，而且风险管理的效果也不明显，常常被其他活动所掩盖。所以只有当突发事件给企业造成不可挽回的损失时，企业才会意识到自身风险管理的重要性。

【网络链接】

法国兴业银行隔离门失守致损 49 亿欧元

法国兴业银行是法国第二大银行，创建于 1864 年，该行至今在全世界 80 个国家拥有 500 多家分支机构，在全世界拥有 500 万私人和企业客户，分别在巴黎、东京、纽约证券市场挂牌上市。该银行在复杂的股票衍生金融产品投资领域享有盛名。

兴业银行 2008 年 1 月 24 日披露，由于旗下一名交易员私下越权投资金融衍生品，该行因此蒙受了 49 亿欧元（约合 71.6 亿美元）的巨额亏损。这是世界银行业迄今为止因员工违规操作而蒙受的单笔最大金额损失，也创下了有史以来个人欺诈行为涉及金额的最高纪录。该事件起因是，期货交易员热罗姆·盖维耶尔从 2007 年上半年以来，利用大量虚拟交易掩藏其违规投资行为，更致命的是，该名员工利用其在兴业银行工作的经验，轻而易举骗过了该行的安保系统。从 2008 年年初开始，他预计市场将出现上涨，擅自设立仓位，大量投资于欧洲股指期货，但随后全球主要股市大幅下跌，给兴业银行造成巨额损失。

在有关欺诈案的消息传出后，各方均对盖维耶尔凭借一己之力成功避开兴业银行的层层监管感到诧异，同时对法国银行监管机构未能有效防范此案的发生表示疑惑。法国兴业银行的声誉在此次事件中受到了严重的影响。显然，风险管理意识的弱化和内部监控机制严重缺失是酿成此次危机的重要原因。

（资料来源：杜莉．不确定环境中公司的内部控制与风险管理研究 ［M］．
上海：立信会计出版社，2009．及根据相关媒体报道整理）

二、风险管理的过程

企业风险管理的过程分为四个部分：目标设定、风险识别、风险分析、风险应对。四个步骤循环相接，形成一个完整的、动态的、循环的风险管理过程，如图 7 - 2 所示。

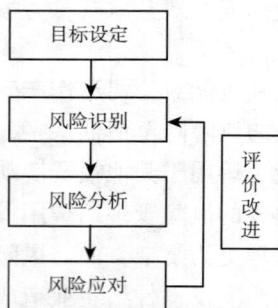

图 7 - 2　风险管理过程

1. 目标设定。这一步骤是风险管理的开端，是风险识别、风险分析和风险应对的前提。在这一阶段一定要明确，企业希望风险管理来做什么，达到什么样的目的，以及为此要付出多少代价。风险管理与企业的经营活动是相辅相成、紧密联系的，同样，风险管理的目标也是与企业经营的目标紧密结合的。可以说，风险管理的目标是在风险层上为企业的经营目标服务的，通过控制风险来帮助企业实现股东价值最大化这一根本目标。因此，要在企业经营目标的基础上，确定企业的整体风险承受能力，并在具体业务层次上确定各自的可接受风险水平。

2. 风险识别。这一阶段在风险管理工作中承前启后，位于"咽喉"位置，是风险管理中非常重要的一个环节。风险识别从企业所面临的内部和外部环境中，寻找影响企业经营目标的、容易引起风险事故和损失的风险因素。在进行风险识别的时候，往往根据对风险的分类，结合企业情况一项一项地具体研究，争取做到算无遗策。在风险识别阶段，重要的是全面，即尽可能地寻找和发现影响企业目标的所有风险因素，贵多不贵精。对各风险因素的分析和排序，则是下一阶段风险分析的工作。所以，管理层要充分了解企业所面临的风险。风险管理中最大的问题是没有认识到潜在的障碍威胁。

风险识别方法很多，常见的方法有：生产流程分析法、财务报表分析法和保险调查法。生产流程分析法是对企业整个生产经营过程进行全面分析，对其中各个环节逐项分析可能遭遇的风险，找出各种潜在的风险因素。生产流程分析法可分为风险列举法和流程图法。风险列举法指风险管理部门根据本企业的生产流程，列举出各个生产环节的所有风险。流程图法指企业风险管理部门将整个企业生产过程一切环节系统化、顺序化，制成流程图，从而便于发现企业面临的风险。财务报表分析法是通过对企业的资产负债表、损益表、营业报告书及其他有关资料进行分析，从而识别和发现企业现有的财产、责任等面临的风险。采用保险调查法进行风险识别可以利用两种形式：一是通过保险险种一览表，企业可以根据保险公司或者专门保险刊物的保险险种一览表，选择适合本企业需要的险种。这种方法仅仅对可保风险进行识别，对不可保风险则无能为力。二是委托保险人或者保险咨询服务机构对本企业的风险管理进行调查设计，找出各种财产和责任存在的风险。[①]

3. 风险分析。识别出对企业的各个层级有影响的风险后，下一步是对各种风险因素可能带来的风险影响程度进行充分评估，为风险应对策略的制定提供依据。风险分析的重点是确定各种风险因素所引起的风险发生的可能性和影响程度，依据这两个维度的标准，将风险进行排序和分级，确定企业应当重点关注和防范的风险。在风险分析阶段，存在着许多种评估的定性和定量方法，如何选择或者建立正确的方法来对风险进行准确评估，是企业风险管理中的关键问题。当风险本身无法量化时，或者量化评估所要求充足的可靠的数据实际不可获得或数据获得和分析不符合成本效益原则时，管理者通常会采用定性的分析技术。定量的分析技术更加精确，一般用于复杂多变的活动，作为定性分析的补充。一个企业不需要在每个业务部门都使用同样的评估技术，相反，对评估技术的选择应反映出对精确性的需要和该业务部门的文化。在任何情况下，该业务部门所使用的评估技术应有利于企业在整个企业范围内对风险的评估。

用以评估风险影响的常见的定性方法是制作风险评估系图。风险评估系图识别某一风险是否会对企业产生重大影响，并将此结论与风险发生的可能性联系起来。这种方法能够为确定业务风险的优先次序提供框架。如图 7 - 3 所示，与影

---

① 摘自：郭延安. 风险管理 ［M］. 北京：清华大学出版社，2010.

响较小且发生可能性较低的风险（图中点 A）相比，具有重大影响且发生可能性较高的风险（图中点 B）更加值得关注。

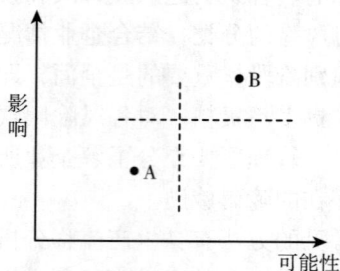

图 7-3　风险评估系图

此外，还有大量的工具可用来确定风险对企业的影响，比如情景设计、敏感性分析、决策树、计算机模拟、软件包和对现有数据的分析。

（1）情景设计。通常借助企业内部的讨论，形成关于未来情况的各种可能的看法。

（2）敏感性分析。该分析从改变可能影响分析结果的不同因素的数值入手，估计结果对这些变量变动的敏感程度。

（3）决策树。常用于目标管理中，以证实每个阶段存在的不确定性，根据每种可能的结果出现的可能性及包含的现金流量，评估项目的期望值。

（4）计算机模拟。利用概率分布，并重复运行，为某项目识别许多可能的情景和结果。

（5）软件包。旨在协助风险识别和分析程序。

（6）对现有数据的分析。对现有数据作出分析能够有效地掌握过去风险的影响。

4. 风险应对。在之前风险识别和分析的基础上，针对不同的风险，结合企业的风险管理目标和风险承受能力，制定风险应对策略和应对方法。一般而言，风险应对策略分为四种类型：降低风险、消除风险、转移风险和保留风险。风险应对方法有两大类：其一是改变风险的措施；其二是风险发生后进行补偿的措施。在确定风险应对策略和应对方法之后，通过对决策和计划的实施和执行，来达到降低风险的目的。然后，对实施风险管理措施之后仍然存在的剩余风险，要进行评估并采取相应的应对措施。

（1）降低风险。"降低风险"的风险应对策略，也称风险缓解。不同的实际情况适用于不同的风险降低方法。常用的一种形式是风险分散，即通过分散的形式来降低风险，比如在多种股票而非单一股票上投资。不愿将"所有鸡蛋放在一个篮子里"的企业会采用的是风险分散策略。

（2）消除风险。"消除风险"策略包括风险规避、风险化解、风险排斥和风险终止。采用风险消除的目的是，预期出现不利后果时，一并化解风险。

（3）转移风险。采用风险转移的目的是，将风险转移给另一家企业、公司或机构。合同及财务协议是转移风险的主要方式。转移风险并不会降低其造成损失可能的严重程度，只是从一方转嫁给另一方。

转移风险时，管理层应考虑各方的目标、转移的能力、存在风险的情景以及成本效益。其中一种转移风险的方式是购买保险，购买保险具体来说就是企业向非关联的第三方付款，让其代为承担风险。接受被转移风险的一方，通常要收取保费。问题是，所支付的保费是否低于风险发生时转移风险的可能成本。

（4）保留风险。保留风险包括风险接受、风险吸收和风险容忍。采取风险保留的策略，或者是因为这是比较经济的策略，或者是因为没有其他备选方法（比如降低、消除和转移）。采用风险保留时，管理层需考虑所有的方案，即如果没有其他备选方案，管理层需确定已对所有可能的消除、降低或转移方法进行分析来决定保留风险。此外，商业环境不是一成不变的，因此，企业在短期内可能出现新的备选方案，比如保险合同、外包或开发其他市场。通过定期风险复核，控制风险情景并清楚何时应作出决策，这是非常重要的。要确保不会与备选措施失之交臂，需要进行积极的风险管理。而且，如果已经特意做出了保留风险的决策，那么管理层应对付诸实施的影响及风险发生的可能性十分清楚。

此外，必须强调，风险管理是一个动态的、循环的过程。在风险应对办法实施之后，还应该对风险管理的效果进行评价，对整个过程进行改进，借助风险管理信息系统等信息化手段，将风险管理贯彻在企业的经营活动中，循环执行。"唯一不变的就是变化本身"，企业所面临的外部和内部环境时刻都在变化。因此，风险管理不是一个一劳永逸的制度设计，而是一种与企业经营活动一样的管理过程，是手段而非目的。

对风险管理效果的评价可以参考成本收益原则，也就是将在风险管理过程中为了降低风险所付出的代价，与风险管理措施所降低的风险损失进行比较，计算如下效益比率：

$$效益比率 = \frac{风险管理措施所降低的风险损失}{实施风险管理措施所付出的直接成本和机会成本}$$

如果该比率的值小于1，那么这样的风险管理方案明显是失败的。有效的风险管理方案应当使该比率大于1，并且比率越大，该方案的经济性越强、效率越高。

第四节　风险管理的局限性

尽管风险管理为企业起到了保驾护航的作用，可以帮助管理者实现企业目标，但进行风险管理的时候，必须认识到风险管理也是有局限性的。无论企业风险管理设计得如何完善、运行得如何有效，它并不能完全消除风险，只是能够降低风险和减少风险所带来的损失。这就是风险管理的局限性，其产生的原因在于以下两点。

1. 成本。对风险进行管理是有成本的，要耗费企业的人力、物力和财力。风险管理的设计必须反映企业资源稀缺的现实，而风险管理的收益必须对应风险管理的成本，风险管理必然会遵循成本收益原则。这样，就不可能也没必要对所有的风险都进行深入分析，企业也不能把所有的风险都降低到一个严格的标准。因此，风险管理后必定会有部分剩余风险存在。

2. 主观性。风险是客观存在的，但是对风险的评估是主观的。对风险的分析和评估针对的是未来时间，是对未来的判断，其基础是人们的知识和经验，主观性很强。另外，风险分析量化的工具和方法也是建立在主观估计的基础上的。主观性的存在使得对风险进行精确评估不太现实。人为的失败，如简单失误或错误所造成的故障随时可能发生，两个或两个以上的人串通可以规避控制，并且管理层有能力凌驾于企业风险管理决策之上。这些局限性使得董事会和管理层不可能绝对保证实现企业的目标。

综上所述，可见风险管理不是万能的，也是有一定局限的。但是，决不能因此否认风险管理。没有风险管理是万万不能的，风险管理是不可替代的。

本章小结

本章是企业风险管理的原理篇，对于我们学习企业风险管理技术起基础性的作用。本章的学习，首先，应从了解风险的含义和构成入手。不同学者对风险有不同的定义，通过了解四种不同观点，能够让我们对风险的内涵有个比较全面的认识。从风险的定义中，可以发现风险具有普遍性、损失性等特征。风险由三个基本因素——风险因素、风险事故和损失构成，这三者的关系简单地说就是原因、过程和结果的关系。

其次，我们要了解风险的分类和对风险的态度。现代社会生活极其复杂，企业面临着各种各样的风险，从不同的层面上可以将风险分为不同的种类。按风险来源划分，可以分为外部风险和内部风险；按企业经营活动划分，可以分为人力资源风险、财务风险、市场风险、审计风险、信息披露风险等；按是否可以分散划分，可以分为可分散风险和不可分散风险。风险的分类不固定也不唯一，企业可以根据自身业务特点和生产需要划分不同的种类。一般认为，对风险的态度可以分为风险厌恶、风险中性和风险偏好。如果经济学中的"理性人"假设成立，则投资者大多数都是风险厌恶的。

再其次，在对风险有了全面了解的基础上，我们引入风险管理的概念，风险管理是一个动态持续的过程，这个过程中伴随着成本和收益的权衡。此外，风险管理不单是企业行政管理层的角色，所有的雇员均对监察和维持内部控制负有一定的责任，所以风险管理是企业内每个人的责任。风险管理的四个主要程序是：目标设定、风险识别、风险分析和风险应对。风险管理程序要求识别和了解企业面临的各种风险，以评估风险的成本、影响及发生的可能性，并针对出现的风险制定应对办法，制定文件记录程序以描述发生的情况及实施的纠正举措。

最后，我们应该了解风险管理的局限性。风险管理不是万能的，良好的风险管理只能降低企业面临的风险而不能杜绝风险。风险管理面临着成本效益的权衡和人自身不可避免的主观失误，这些形成了风险管理的固有局限。

重要名词

风险
风险管理

练习题

一、单选题

1. 根据风险的来源，大致可以将风险分为（　　）。

A. 外部风险和内部风险　　　　　　　　B. 人力资源风险和财务风险

C. 审计风险和信息披露风险　　　　　　D. 市场风险和审计风险

2. 下列哪个选项不属于人们对待风险的态度（　　）

A. 风险厌恶　　　　B. 风险中性　　　　C. 风险偏好　　　　D. 不存在风险

3. 风险管理不是一个静态的制度，而是一个（　　）的过程，贯穿于企业的整个经营活动之中。

A. 风险厌恶　　　　B. 动态的循环　　　C. 动态的直线　　　D. 被动应对

4. 风险管理所针对的风险不仅仅是只会带来损失的纯粹风险，也包括损失和收益并存的（　　）。

A. 非系统风险　　　B. 市场风险　　　　C. 机会风险　　　　D. 财务风险

5. 目标设定是风险识别、风险分析和风险应对的（　　）。

A. 前提　　　　　　B. 结果　　　　　　C. 过程　　　　　　D. 客观条件

6. （　　）从改变可能影响分析结果的不同因素的数值入手，估计结果对这些变量变动的敏感程度。

A. 决策树　　　　　B. 敏感性分析　　　C. 计算机模拟　　　D. 软件包

二、多选题

1. 风险具有（　　）特征。

A. 客观性　　　　　B. 普遍性　　　　　C. 损失性　　　　　D. 可变性

2. 财务风险主要包含（　　）方面的内容。

A. 筹资风险　　　　B. 投资风险　　　　C. 信用风险　　　　D. 市场风险

3. 根据风险是否可以分散化从而将风险分为（　　）。

A. 系统风险　　　　B. 投资风险　　　　C. 非系统风险　　　D. 市场风险

4. 企业风险管理的过程包括（　　）。

A. 目标设定　　　　B. 风险识别　　　　C. 风险分析　　　　D. 风险应对

5. 下列属于风险识别常见方法的有（　　）。

A. 风险评估系图　　B. 生产流程分析法　C. 财务报表分析法　D. 保险调查法

6. 风险分析的重点是确定各种风险因素所引起的风险发生的（　　）。

A. 可能性　　　　　B. 影响程度　　　　C. 金额　　　　　　D. 标准

三、判断题

1. 发生损失的可能性越大，风险越大。　　　　　　　　　　　　　　　　　（　　）

2. 损失是指非计划、非故意和非预期的经济价值减少或人身伤害。　　　　　(　　)

3. 信息披露风险是企业在信息披露过程中因操作不当而给企业带来不利影响的可能。

（　　）

4. 系统风险是整个股票市场本身所固有的风险，它影响个别股票的收益。　　(　　)

5. 风险管理的目的是将风险程度和风险损失降低到最低。　　　　　　　(　　)

6. 在风险分析阶段，存在着许多种评估的定性和定量方法，如何选择或者建立正确的方法来对风险进行准确评估，是企业风险管理中的关键问题。　　　　　(　　)

思 考 题

1. 企业风险管理与内部控制有何联系？

2. 为什么说风险管理是企业内每一个人的责任？

3. 有哪些风险分析和评价的方法？

4. 造成风险管理固有局限性的原因是什么？

企业风险管理的组织与方法

在本章中，你将学到：

1. 风险管理的影响因素
2. 风险管理的组织
3. 风险管理方法
4. 风险管理委员会的运行流程

◇ **本章重点与难点**

1. 风险管理方法
2. 风险管理委员会的运行流程、职责与权力

引例

这些大企业为何会轰然倒下?

2018 年 1 月,从年入 3.5 亿元到负债 6 亿元的知名运动品牌德尔惠宣布停业,多处资产被挂牌抵押拍卖;1 月 30 日,金盾控股董事长周建灿坠楼身亡,留下了一家濒临破产的上市公司,以及 98.99 亿元的债务。

5 月,浙江绍兴的中国 500 强企业盾安集团爆发出 450 亿元的债务危机,濒临破产。

7 月,深圳坪山 100 亿元级企业沃特玛电池公司被曝整体债务 221.4 亿元,逾期债务 19.98 亿元,公司濒临破产;7 月 20 日,"大豆之王""中国民营企业 500 强"的山东晨曦被裁定破产。

7 月 31 日这一天,北京邻家便利店 168 家门店全部关停;极路由创始人王楚云发表公开信,宣布公司面临危机,随时可能倒闭;北京尚品国际旅行社宣布倒闭,拖欠员工薪水达数百万元;深圳容一电动宣布倒闭清算,总欠款 8 225 万元。

8 月,苦心经营 20 年,资产曾达 30 亿元的中国家具行业领头羊诚丰家具宣布破产;经营 17 年,门店 600 余家的好来屋厨柜被曝已进入破产清算阶段,欠薪近 500 万元;红极一时的浙江温州江南皮革厂破产清算再分配方案通过。

9 月,曾被誉为"中国酱油第一股"的上市公司加加酱油卷入债务危机中。

10 月,辉煌一时的金立手机被曝负债百亿元、裁员万人、董事长失联,一代手机巨头消失。

2018 年濒临破产和已经破产的企业远不止这些大型民营企业集团,还有一些国资背景的企业:世界 500 强企业渤海钢铁正式破产,负债 1920 亿元;世界 500 强化肥企业子公司兖矿鲁南化肥厂因为累积 37 亿元巨亏宣告破产;长期因为亏损资不抵债,六国化工子公司江西六国申请破产重组;国内最大轮胎企业山东永泰因资金链断裂,正式宣告破产清算;湖北宜化子公司内蒙古鄂尔多斯联合化工有限公司因冬季天然气供应受限被迫停产……

在中国倒闭的大企业不少都是因为财务风险导致的,当企业扩张过快资金链出现问题时,企业表现在现金流量上就是不断地融资并付息、不断地拆东墙补西墙、不断地累积应付账款和推迟还款;再加上国家经济去杠杆化,银行银根收紧、加强收贷和清理不良资产,这些内外因素交织在一起让企业在"病榻"上沉疴死亡。

从前的巨人集团由于投资做长期产业导致现金流不足,于是抽掉主营业务的钱投入非主营业务,欠下供应商的货款长期不支付,结果导致供应商不供货致使企业停产而破产。

从前的中国最大民营企业,号称"股市第一强庄"的德隆集团用短期融资去做长期投资,10 个杯子 6 个盖,怎么也周转不过来,庞大的商业帝国半年就轰然倒下。

(资料来源:笔者根据媒体相关报道整理)

第一节 风险管理的影响因素与组织

一、风险管理的影响因素

影响企业风险管理的因素有很多，有客观方面的因素，比如行业的因素，也有主观方面的因素，比如组织及管理者的因素、组织内部的沟通因素等。还有些因素因风险而异，企业面临的风险多种多样，需要具体问题具体分析。

行业因素，是对企业所处行业的发展趋势、目前形态和存在的主要问题进行分析，确保企业的竞争优势、制定中长期的发展方向和竞争策略。若所处行业本身存在较大的风险或者无任何竞争优势，企业就应考虑适时的退出策略；若所处行业竞争非常激烈，本企业又具备竞争优势应采取适当的措施分散风险，并通过加强技术力量，努力降低成本或产品多元化等办法来增强竞争力。

组织因素，比如管理层的风险偏好程度、组织自身抗风险的能力，是对企业组织机构的效率、企业内部组织机构与企业目标之间的适应性、企业组织机构与外部环境之间的适应性、管理制度的合理性等因素进行综合分析。

沟通因素，即相关人员信息传递的及时性、准确性以及有效性，以便于针对问题迅速做出恰当的反应，将风险控制在影响范围较小的阶段。

二、风险管理的组织

健全的风险管理组织是实现企业风险管理目标的组织保障。由于企业内外部环境的不同，不同企业的风险管理组织也应有所不同。企业应当从自身实际出发，建立有效的风险管理组织。

设立专门的风险管理机构对于加强风险管理、降低风险损失、促进企业内部风险管理的信息沟通具有重要的意义。依赖一个健全的组织来实施风险管理，对于风险管理的成败有重要影响。现代西方企业风险管理的流行做法是在董事会之下设置风险管理委员会，并在企业中设立独立于业务部门的风险管理机构专门负责企业风险管理事宜。

国务院国有资产监督管理委员会于 2006 年 6 月 6 日发布的《中央企业全面风险管理指引》明确规定："企业应建立健全风险管理组织体系，主要包括规范的公司法人治理结构、风险管理职能部门、内部审计部门和法律事务部门以及其他有关职能部门、业务单位的组织领导机构及其职责。"该指引也规定，具备条件的企业，董事会可下设风险管理委员会。目前，许多商业银行和其他金融机构均设立了专门的风险管理委员会以及资产负债风险管理、信贷风险管理等委员会。

第二节　风险管理的方法

风险管理方法是指遵循组织的风险管理方针与策略，对特定风险依据其性质、程度所作的具体管理手段与方法。

风险管理方法包括风险规避、风险抑制与控制、风险转移、风险保留和风险利用。

1. 风险规避。以放弃、拒绝某种业务或行为来回避如果发生损失可能造成的影响。这是一种不作为的、消极的、简单的风险管理方法。如为了防止呆账坏账带来的损失而拒绝使用赊销的形式，结果可能是降低了销售额，流失了客户。实际中不宜采取简单的"一刀切"的极端方法，而是针对不同的客户评价其信用等级，给出不同的信用条件和额度。

适合采用风险规避方法的情况有两种：一是某特定风险导致的损失概率和损失程度较大；二是采用其他的风险管理方法不符合成本效益原则，而采用风险规避方法可使企业受损失的概率降到零。

2. 风险抑制与控制。对待风险只采取规避的方式过于保守，而不作任何防范则过于冒失。

风险抑制与控制是指企业对于某些可能会带来收益的风险，通过查找风险因素借助风险事故形成损失的起源，尽量降低损失发生的概率、频率和程度，使风险与收益相对称的一系列控制措施与方法。这一系列控制措施与方法实质上就是企业"内部控制制度"。与风险规避相比，这是一种积极的风险管理方法。

3. 风险转移。企业通过契约、经济、金融工具等形式将损失的财务负担和法律责任转嫁于他人，从而降低风险发生的概率、频率和损失幅度。

与风险规避相比，风险转移也是一种积极的风险管理方法。与风险控制相比，风险转移更强调与企业外部合作来管理风险，风险控制与抑制则注重靠自身的能力来管理控制风险。从手段上看，风险控制是直接的控制手段，而风险转移是间接的管理手段。

风险转移的形式有控制型非保险转移、财务型非保险转移、保险三种形式。

控制型非保险转移是以契约的形式将财务负担和法律责任转嫁于他人从而降低自身的风险威胁。包括外包、租赁、出售、回租等方式。

财务型非保险转移是以经济手段转移相关风险。包括保证、再保证、证券化等形式。企业还可以采用投保的方式转移风险，即保险。

4. 风险保留。即风险接受。当某种风险不可避免，或由于风险的回报较高时，由自身保留承担的风险。

5. 风险利用。即把风险当作不可多得的机遇，运用风险战略，开拓市场，达到更大的战略目的。这是最为积极的风险管理方法。

风险利用的具体方法有多样化、扩张、创造、重新设计等。

第三节　风险管理委员会设置、职责与权力

根据国情和公司文化的不同，风险管理业务的归属和负责也会相应变化。有的公司倾向于将风险管理业务分散于各个部门之中，有的公司倾向于将风险管理业务集中于独立的部门。经验表明，设立独立的风险管理机构——风险管理委员会，由专职人员负责风险管理可以节约风险管理成本。

一般来讲，风险管理委员会是企业中风险管理实施的主要负责部门。风险管理实施的时候，一个常用的模式是"几上几下"（见图8-1）：

➢ 由风险管理委员会牵头和推动，由各个职能部门和业务单元对其面临的风险因素进行自我识别和评估，将结果上传至风险管理委员会。

➢ 风险管理委员会综合各部门的因素，进行整体考虑和分析，补充各部门遗漏的风险和企业整体的风险，并据此制定风险应对策略、建立风险管理流程，将应对措施落实到各部门的业务流程中。然后将此结果传递给各职能部门。

➢ 各职能部门得到应对策略和流程控制指导后，结合部门实际，将风险管理流程融入业务流程中，落实风险管理的实施。并且对风险管理的效果进行评估，将评估结果反映给风险管理委员会。

➢ 风险管理委员会对各部门实施的结果进行评价，据此对各责任人进行考核，然后根据实施的效果对风险管理进行改进，再将制定的改进措施传递到各部门，如此不断循环。

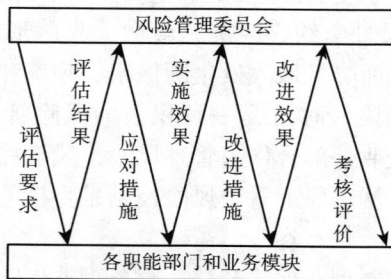

图8-1　风险管理的运行

一、机构设置与成员素质要求

风险管理的运行需要企业全体员工的认同和参与。因此，风险管理委员会应当在企业组织中处于一个较高的层次，并被赋予适当的考核权力，才有利于其开展工作，减少阻力。通常，风险管理委员会设置在董事会下，直接对董事会负责，委员会委员为公司的董事或高管，如图8-2所示。

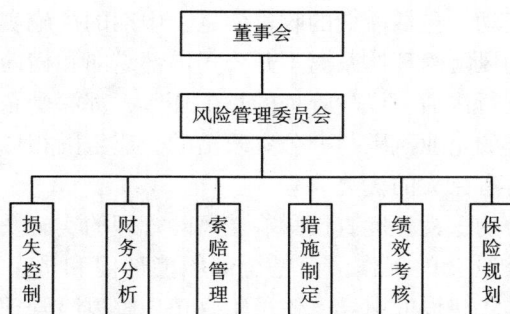

图 8 - 2　风险管理委员会的组织结构

风险管理委员会对建立和发展公司的风险管理体系负有整体责任，对其组成人员的素质要求比较高。具体包括：

➤ 责任感。风险管理责任重大，在某种程度上类似于对人体的健康管理一样。平时没有什么特别的体现，好像没有产生什么业绩。但一旦出现问题，就有可能是致命的危险。风险管理人员的工作关乎企业命运，因而责任感是对任职人员素质的第一要求。

➤ 懂得风险和风险管理。风险管理者要有敏锐的眼光和面向未来的观念，能够对即将发生的风险进行识别，并且能够恰当地衡量分析风险，据此提出解决办法和控制措施。

➤ 富有专长和工作经验。对企业商业模式和业务流程的了解是进行风险识别的基础。风险管理者应该在公司中具有丰富的工作经验，熟知企业的内外部环境和工作流程。

➤ 沟通能力。风险识别离不开企业工作人员的配合，而且风险管理措施也需要企业所有工作人员来落实和执行。因此，风险识别的调查、风险措施的传达、风险理念的灌输、实施效果的考核等，都需要风险管理人员与各部门工作人员的沟通和交流来实现。良好的沟通能力在这一过程中不可或缺。

二、职责与权力

（一）风险管理委员会的职责

风险管理委员会的职责主要有七个方面，具体如下所述。

1. 识别并营造风险管理的内部环境。内部环境是风险管理的基础要素。COSO 的《企业风险管理——整合框架》提出的风险管理八要素的第一个要素就是内部环境。内部环境包括风险管理哲学、风险偏好、风险文化、组织结构、职业操守、价值观、管理哲学、经营风格、人力资源等方面。风险管理委员会应识别、分析企业的内部环境，并致力于内部环境的营造，将环境塑造为有利于风险管理的氛围。

2. 引导企业文化建设，加入风险理念。风险管理过程包含着许多与企业各职能部门的沟通和互动，包括前期的收集信息、中期的措施实施以及后期的评价考核等。一个有效的风险管理体系离不开公司内部纵向和横向的沟通，甚至需要与公司外部关系人进行沟通。风险管理的每个环节，都深受企业文化的影响。不言而喻，开放、合作的企业氛围与办公室政治的企业氛围相比较，前者风险管理的开展条件就比后者有巨大的优势。

企业员工对风险的重视程度直接影响着风险管理的实施及效果。毕竟风险管理不只是风险管理委员会的工作，而是全部职能部门和员工都在参与的管理活动。要通过对企业文化建设的引导，使员工真正理解风险管理的重要性，明确风险管理的目标。最终要达到"管理风险是每个人的工作"这一理念被公司大多数员工所认同。

因此，塑造良好的公司文化氛围，在公司文化中植入风险理念，可以为风险管理的开展打下坚实的基础。协助企业文化的建立，并加入风险导向，这也是风险管理委员会的职责所在。

3. 建立风险管理制度，制定并明确风险管理负责人的职责。风险管理不应仅仅是风险管理委员会的职责，而应是企业每一个员工的工作。风险管理涉及企业的方方面面：资金和资产保全部门、高级管理层、运营人员、法律顾问、内部审计部门等。因此，在风险管理过程中，各部门的协同合作尤为重要。风险管理委员会要通过制度建设，促成这种沟通和协作，最终使其变为企业文化的一部分。

此外，要制定并明确每个风险管理参与人员的职责，通过责任制和考核体系来调动员工参与风险管理的积极性，降低推行的阻力。

4. 合理分配风险管理资源，为风险管理过程提供保障。根据风险管理的实施活动，合理分配企业资源，确保风险管理的资金和人员到位。同时，要合理规划时间安排，将时间进度与工作强度和难度相匹配，避免出现为了短时间赶工期而不得不牺牲工作质量的无奈情况。

5. 制定风险管理措施，将风险控制在可接受的水平之内；建立风险管理流程，将风险管理活动整合到企业的经营业务流程之中。这主要针对风险管理的实施。风险管理的流程和活动应该与企业的经营业务活动形成一个有机的整体，而不是作为日常工作的附属流程。特别是风险应对中的内部控制措施，则更是公司业务流程中不可或缺的一部分，来控制运营风险的产生。

6. 监督风险管理的具体实施，并进行考核和评价，形成透明有效的监督机制和信息反馈机制。应该认识到，风险管理进行的过程本身就存在不确定性，也就是存在风险的。对这部分风险的控制就要靠对风险管理的监督来完成。监督的目的是确保风险管理过程高质量地完成，防止偏差的发生。

在风险管理的各个阶段都容易出现偏差。例如在风险识别阶段，可能出现与职能部门的沟通不足、风险因素的识别不全面；风险识别人员经验不足，对风险管理不熟悉；会前准备不充分，致使会议效果打折；会议组织不力，部分参会人员无法出席等偏差。

通过对风险管理的监督，并对其实施考核和评价，是保证风险管理落到实处、真正为企业创造价值的手段。此外，还要建立信息反馈机制，形成风险管理报告，建立信息系统和数据库，使得管理层能够及时了解风险管理实施的过程和效果，并据此进行评估和改进。

对以下问题的回答，可以对风险管理体系的监督和评估提供一个初步的指引：

➢ 公司高管层是否赞成风险管理理念，并明确支持？

➢ 公司高管是否起到风险管理的推动作用？

➢ 企业文化和管理风格是否有利于风险管理的推行，或者至少不构成障碍？

➢ 是否跟公司员工进行过风险管理理念的沟通？

➢ 公司员工是否认同风险管理理念？

➢ 信息的上传下达及反馈是否准确、通畅？

➢ 风险管理与公司目标是否联系紧密？

➢ 风险管理活动是否融入了公司的日常经营管理活动中？

➢ 公司的业务流程组成中是否存在有效的风险控制流程？

➢ 风险管理是否恰当地授权给各职能部门？

➢ 风险管理的责任是否落实到人？

➢ 来源于各方面的风险是否都被识别？

➢ 对风险因素的分析是否准确？

➢ 对识别出的各种风险是否制定了应对措施？

➢ 风险评估活动是否经常进行？

➢ 风险管理确定的应对策略和措施是否被员工理解并执行？

➢ 风险管理体系和流程是否透明？

➢ 风险管理的工作绩效是否已经纳入员工的考核体系中？

7. 定义一致的风险语言，并在公司内推广使用。风险管理的运行过程，实质上相当于对公司的策略、流程、人力资源、知识、技术等的重组和整合。在此过程中，涉及方方面面的沟通和协作。每个人对事物的理解和认识是不同的，并且各个职能部门的员工在考虑风险的含义时，自然会从本部门的知识和经验出发来理解。这样，沟通不畅、交流错误就有可能发生。交流错误带来的损失有可能是企业所不能承受的，而且也是本不应该承受的。因此，需要一种通用的、一致的风险语言来支持沟通，保证交流的准确通畅，促进交流和决策。风险语言的统一，为风险管理提供了交流和沟通的平台，是风险管理过程中的基础要素。

对风险语言的统一工作，首先，就是风险管理委员会对风险管理过程中所涉及的术语、关键词等进行定义和统一，明确各种要素的范围及所指，避免理解差异。其次，在对员工进行风险管理教育和培训的过程中，将风险语言的教育融入其中，使员工理解并使用统一的风险语言。

在风险管理中，需要定义的风险语言主要是风险分类中，各大类及各细节风险的定义词汇。

（二）风险管理委员会的权力

任何工作岗位的设置，都应做到责任和权力的统一。风险管理委员会责任重大，必须赋予其相应的权力，使其能够有效地调动公司上下的资源和人力，才能保证风险管理工作的顺利实施。

风险管理委员会的权力主要分为两部分：调动资源的权力和人事考核的权力。

➤ 调动资源，指风险管理委员会能够有一定的预算资金可以调用，用来支持风险管理的实施。

➤ 人事考核，指风险管理委员会在风险管理的过程中，能够对实施风险管理措施的相关部门工作人员进行考核，并据此进行一定程度的奖惩和激励。

三、风险评估与控制计划

风险评估与控制计划由风险管理委员会制定，是进行风险管理工作的基础。一般来讲，计划中需要明确以下几个要素：

➤ 需要进行哪些工作事项？

➤ 各工作事项又可分为哪些更小的事项？

➤ 各工作事项的目的是什么？

➤ 各工作事项的起止时间是什么？

➤ 由谁来进行该项工作？

➤ 该项工作的预算是多少？

➤ 工作结束后的考核如何进行？

此外，风险评估与控制计划中还需要定义所需的工作文档格式和沟通方式，定义统一的风险语言，以利于各部门之间的有效沟通。

第四节　风险管理委员会工作条例实例

一、某公司董事会风险管理委员会实施细则

第一章　总　　则

第一条　为了完善公司治理结构、加强内部控制、提高公司对风险的控制能力和水平，根据《中华人民共和国公司法》《中华人民共和国证券法》《上市公司治理准则》及其他有关规定，本公司董事会特设立风险管理委员会，并制定本实施细则。

第二条　风险管理委员会是实施风险管理的专门工作机构，对董事会直接负责。

第二章 人员组成

第三条 风险管理委员会由四至六名董事及公司高管组成，并设立委员会主任一名。

第四条 风险管理委员会委员由董事长提名，通过董事会多数董事选举同意后决定其任免。

第五条 风险管理委员会委员的任期与董事会任期一致。委员任期结束后，经过再次选举仍然当选的可以连任。在任期内如果有委员不再担任公司董事职务，自动失去委员资格，并由董事会重新选举补充委员。

第三章 职责权限

第六条 风险管理委员会的主要职责是：

（一）引导企业文化建设，将风险理念加入公司文化，落实到员工的培训中。

（二）与各部门沟通，建立风险管理制度，制定并明确各风险负责人的职责。

（三）审议公司业务流程和具体项目，提出决策建议。

（四）建立风险管理流程，并将其整合到公司业务流程之中。

（五）定期分析、识别企业各方面的风险，进行评估并给出控制建议，将结果汇报给董事会。

（六）监督风险管理的具体实施，并进行考核和评价，形成透明有效的监督机制和信息反馈机制。

（七）董事会授权的其他事宜。

第七条 风险管理委员会对董事会负责，委员会的决策建议和报告提交董事会审议决定。

第四章 议事程序

第八条 公司相关业务及各部门负责人应当协助风险管理委员会的工作，并提供有关的书面材料：

（一）监管部门的相关规定。

（二）部门风险状况报告。

（三）部门风险管理和内部控制措施。

（四）公司资产质量分析报告。

（五）部门业务具体流程。

（六）其他相关材料。

第九条 遇有突发风险事件时，应及时报告风险管理委员会成员，并通告董事、监事及其他相关人员。

第十条 风险管理委员会定期召开会议，进行讨论，并将相关风险评估结果及实施情况书面报告给董事会。

第五章 议事规则

第十一条 风险管理委员会会议定期召开，或者由董事长、委员会主任根据需要召开。会议召开前至少提前两天通知全体委员，确保至少三分之二的委员出席会议。会议由委员会主任主持，委员会主任不能出席时可委托其他委员主持。

第十二条 风险管理委员会会议应由三分之二以上的委员出席方可举行。每名委员有一票的表决权。会议决议必须经过半数以上的委员通过，同时应在决议书后附上投反对票委员的意见。

第十三条 风险管理委员会会议的表决方式为投票表决，并在决议书上签字。临时会议或紧急事项也可以采取通信表决的方式。

第十四条 公司总经理和董秘出席风险管理委员会会议，必要时可邀请非委员董事、监事以及其他高级管理人员列席会议。

第十五条 必要时，风险管理委员会可借助外脑，聘请外界管理咨询机构、中介机构等为其决策提供专业意见，费用由公司支付。

第十六条 风险管理委员会会议通过的议案必须遵守法律、有关法规和公司章程的规定。

第十七条 风险管理委员会会议应当保留会议记录，出席会议的委员在每次会议记录上签名确认。会议记录由公司董秘保存。

第十八条 风险管理委员会会议通过的议案及其表决结果，应以书面形式呈报公司董事会。

第十九条 出席风险管理委员会会议的人员负有保密义务和责任，不得擅自对外披露、传播相关信息。

第六章 附　　则

第二十条 本实施细则自董事会决议通过之日起实行。

第二十一条 本实施细则未尽事宜或与本实施细则生效后颁布的法律、法规、行政规章和公司章程的规定相冲突的，以法律、法规、行政规章和公司章程的规定为准。

第二十二条 本实施细则解释权归公司董事会。

二、某企业安全保卫委员会工作条例

一、企业安全保卫工作领导委员会

主　　任：企业经理

副主任：主管领导

委　　员：各部门经理、租户代表

二、企业安全保卫综合治理领导小组

组　　长：主管领导

副组长：安保部经理

组　　员：办公室主任、物业部经理、人事部经理、财务部经理、企业主管领导、外聘保安队长、租户安全主管人员等

三、企业安全保卫工作委员会职责与任务

（一）建立健全各项治安保卫工作制度，完善内部防范机制，加强治安保卫工作的管理，预防违法犯罪和治安灾害事故的发生，为企业创造一个良好的内部

治安环境。

（二）落实"治安保卫责任制"，实行目标管理，将责任层层分解，落实到每个职能部门、基层单位和员工个人身上。实行逐级负责制，做到任务明确、职责清楚、责任落实、定期考核、奖优罚劣。

（三）对员工进行经常性的安全和遵纪守法教育，增强安全和法制观念，加强思想政治工作，采取有效措施调解、疏导、处理内部纠纷，防止矛盾激化。

（四）查破一般案件，协助公安机关侦破重大案件。

（五）加强对现金、票证，图书和易燃易爆、剧毒等物品的管理，完善治安防范措施，配备必要的技术预防装置。

（六）按照市政府的有关规定，确定本单位的要害部门和重点部位，严格落实各项安全措施。

（七）组织安全检查，及时发现和消除治安隐患。凡单位有条件排除的隐患要及时排除；对暂时难以解决的治安隐患，在采取临时安全措施的同时，逐级向上反映解决。

（八）保护刑事、治安案件和治安灾害事故现场，抢救受伤人员和物资，及时向公安机关和上级部门报告，并积极协助公安机关侦破、处理。

（九）按照市政府暂住人口管理的规定，做好对外来人口的管理工作。严格登记办证制度，认真做好审查工作，落实"谁用工、谁留住、谁负责"的治安承包责任制。

（十）积极参加所在地区组织的社会治安综合治理工作。

四、企业安全保卫工作要求

（一）安全保卫工作要坚决坚持党的领导、群众路线，贯彻"预防为主，确保重点，打击敌人，保障安全"的方针和"谁主管，谁负责"的原则。

（二）建立健全保卫组织。根据需要设置保卫机构，配备专职或兼职保卫人员。

（三）实行"治安保卫责任制"，落实治安综合治理。

（四）预防治安灾害事故，应当以防火、防爆炸为重点，加强防护措施，消除事故隐患。

（五）治安保卫工作，必须作为单位管理的一项重要内容，层层落实，与工作、经营同计划，同部署，同检查，同总结，同批评，严格考核，奖优罚劣。

（六）对公安机关指出的隐患和提出的改进建议，要在规定期限内解决，并将结果报告给公安机关。

五、企业安全保卫工作任务区分

（一）各部门、单位要按业务工作及所属管理范围建立相应的安全工作制度，企业负责下达各部门、各单位的安全保卫责任区，严格执行"谁主管，谁负责"的原则，逐级、逐岗位、逐人明确安全工作责任。责任不清的直接由主管负责。

（二）各部门、单位所属区域，不论属于公共部分还是自管部分，发生安全问题，均由所属部门、单位负责（除物业管理明确承担的以外）。

（三）企业每年与所属部门、单位签订《安全保卫目标管理责任书》，并监督检查落实情况。各部门、单位必须在此基础上，与所属部门和人员签订《安全保卫目标管理责任书》。将管理目标值量化分解到岗位、人员。

（四）企业各部门、单位按职责分工，对所属人员财务、物品的安全负有相应的管理、检查责任。

六、企业安全保卫工作制度

（一）值班制度：设24小时领导值班制度，全权处理企业所属各单位、部门工人、经营活动中发生的治安问题，并负责组织指挥应急状态下各种处置方案的实施。

（二）检查制度：由"综合治理领导小组"组织，每季度对企业下属部门、单位进行一次全面安全检查和一次抽查。

（三）例会制度：企业由"综合治理领导小组"结合每季度定期检查，召开一次例会。重要活动及特殊要求由企业"综合治理领导小组"主任或副主任随时召开例会。

（四）汇报制度：每月各部门、单位向企业"委员会"以书面形式汇报一次安全工作情况。

（五）请示制度：企业下属各部门、单位，在工作、经营中凡涉及安全保卫问题的，必须先请示后行动。请示未正式批复前，不得随意行动，否则后果自负。

（六）奖罚制度：各部门、单位全年完成《安全保卫目标管理责任书》要求的，由企业"委员会"报请董事会给予表彰，企业"委员会"给予物质奖励；由于单位没有做好安全保卫工作而发生刑事、治安案件和火灾、火情、火警的，取消部门、单位年终评奖，并扣减利润提成的1%～5%，造成重大损失的还要追究刑事责任。

七、企业防火安全工作职责与任务

（一）认真执行消防法规和消防技术规范，按照领导机关和消防部门的要求，制定和落实防火安全制度和措施。做到各部门、各单位、各岗位熟知防火安全责任和要求。

（二）对员工进行防火安全宣传，定期进行防火知识教育和灭火技术训练，开展群众性的防火安全竞赛活动。

（三）做好员工岗前防火安全培训，尤其是重点、要害部位，关键岗位人员必须接受岗前防火安全培训，考试合格后方能上岗。

（四）重点防火部位，必须有严格的防火安全制度和安全措施，制定灭火方案，建立防火档案，并设专人负责防火安全工作。

（五）经常进行防火安全检查，及时制止、纠正违法、违章行为，防止和消除火险隐患。对暂时难以消除的火险隐患，必须采取应急措施，确保安全。

（六）加强干部值班，建立夜间值班、巡逻制度。值班人员应责任心强，并具备一定的防火、报警、灭火知识，及时发现、处理不安全因素。

（七）建立防火安全组织，制定灭火方案，定期组织灭火演习，发生火灾应立即报警，组织扑救，抢救人员、物资，并保护火灾现场，协助公安消防机关做好事故查处工作。

（八）单位借租房屋和场地三个月以上，须经单位领导批准，保卫部门备案。应与租用单位签订防火安全责任书，明确各自的防火责任，并将责任书上报委员会。

（九）建立防火安全责任制的考核、奖励制度，奖优罚劣。

八、企业防火安全工作要求

（一）消防工作实行"预防为主，防消结合"的方针。每个部门、单位和个人都必须遵守消防法规，做好消防工作。

（二）各部门、单位实行防火安全责任制度，确定一名主要领导为防火安全负责人，全面负责消防安全工作。

（三）各单位应当根据防火、灭火的需要，配置相应种类、数量的消防器材、设备和设施，并指定有关人员负责保养、维护和管理，保证完好和应有的使用效能。

（四）任何单位和个人都有责任维护消防设施，不准损坏和擅自挪用消防设备、器材，不准埋压和圈占消防水源，不准占用防火间距、堵塞消防通道。

（五）各单位应建立义务消防队。义务消防队应当定期进行教育训练，熟练掌握防火、灭火知识和消防器材使用方法，做到能防火检查和扑救火灾。

（六）任何人发现火灾都有义务迅速报警，单位应迅速组织力量，扑救火灾、抢救生命和物资。参加救火的单位和个人都必须服从总指挥的统一指挥。

附：配置轻便消防器材的部位要求：

（一）餐厅、观众厅、舞台等公共活动场所。

（二）各楼层服务台、电梯前室、走廊。

（三）配电室、消防控制室、计算机房、发电机房、图书室和厨房。

（四）车库、可燃物品库房等重要部位。

九、企业重点、要害部位及安全保卫工作要求

（一）企业重点、要害部位：贵宾厅、贵宾电梯、剧场贵宾包座、剧场前区贵宾席、硅控室、配电室、企业财务部、计算机房、库房和宿舍。

（二）安全保卫工作要求。

1. 确定重点、要害部位应履行审批手续，由保卫部填写《要害审定书》，报请本单位主管领导审定，并向公安机关备案。

2. 制定重点、要害部位防火、防盗窃、防破坏的安全保卫制度和措施，并纳入岗位责任制。

3. 重点、要害部位的工作由政治可靠、作风正派、忠于职守、技术胜任的人担任，并对安全承担责任。

4. 企业必须定期对重点、要害部位进行安全检查，对安全隐患，要即期解

决或采取临时安全措施。

5. 对易发生重大火灾、爆炸事故的部位，必须制定切实可行的应急方案，从组织上和物质上做好安全防范工作。

6. 各单位必须建立要害部位安全保卫档案，要害部位安全保卫档案统一由保卫部管理。

十、库房防火安全管理规定

（一）库房防火安全实行岗位责任制，谁主管、谁负责。

（二）库房应采用防爆型照明设备，并按规范安装。禁止私自拉临时线路，不准超负荷用电，保险装置应灵敏有效。

（三）库房内严禁吸烟，禁止动用明火、使用电炉等电热器具。

（四）库房内应按照国家有关消防技术规范，设置、配备消防器材，并经常维护、检查、保养，保证完好有效。

（五）经常对电源、火源、易燃易爆物品进行安全检查，消除火险隐患。

（六）库房保管员应熟悉保管业务知识、防火安全制度，掌握消防器材的操作使用和维护保养办法。

（七）非管理人员不得进入库房。库房内不准住人和存放私人物品。

（八）库房保管员每日下班时要进行安全检查，关闭电源，确定无问题后方可离开。

十一、对施工人员的管理

（一）外来施工的单位，必须统一由工程部接洽管理，并办理施工安全协议书，在保安部接受安全教育后方能施工。

（二）施工人员一律佩戴保安部配发的临时工作证，从指定的门出入，进出要自觉接受保安人员的检查。货物一律凭部门或工程部负责人签发的出门证明放行（私人物品除外）。凡有证不戴、无证进出、使用他人或过期证件者均给予处罚。

（三）施工人员要注意仪表仪容，不得赤脚，不准穿背心、拖鞋进入企业，如搬运大件器械，要通知保安部门并按指定通道通行。

（四）施工人员必须执行企业有关施工规定，不得擅自进入客房和办公室及其他与施工无关的区域，不得使用客用设施，未经批准不得使用员工福利设施（洗澡、用餐等）。

（五）施工单位及人员要严格执行企业消防和动火、用电、使用易燃物品的规定，动用明火必须由工程部同意，保安部门开动火证。动火人员要有电气焊许可证。

（六）施工单位应对所属人员妥善管理，如给企业造成损害，保安部门应对其单位及时交涉，报请企业领导处理，同时要求对方赔偿经济损失。

十二、企业经理治安保卫责任制

（一）企业经理是企业的最高行政领导，对企业内的安全保卫工作负有全面领导责任。

（二）认真贯彻有关安全工作方针、政策、规定和指示，将安全保卫工作纳入工作议事日程与经营管理工作同计划、同部署、同检查、同总结、同评比，并做到奖优罚劣。

（三）加强对保卫组织建设的领导，使之适应实际工作的需要，发挥保安部门的职能作用。

（四）领导企业治安保卫责任制的贯彻落实，并按规定审批奖惩。

十三、企业治安保卫主管责任制

（一）在企业经理领导下，具体组织领导企业的安全保卫工作，并负有主要领导责任。

（二）贯彻执行有关安全保卫工作的方针、政策、法律、法令和规定，以及公安机关、上级主管部门的要求、指示，并监督、检查落实情况。

（三）坚持预防为主的方针，加强治安防范工作，维护内部治安秩序，保卫企业财产和员工、顾客的人身安全。

（四）负责健全和完善各种规章制度，组织实施治安保卫责任制，签订所属各部门、单位《安全保卫工作目标管理责任书》，督促、检查、考核逐级治安责任制的贯彻执行情况。

（五）经营开展以防火、防盗、防破坏、防治安灾害为主要内容的"四防"活动，进行安全检查，整改治安灾害隐患，改善消防条件，完善消防设施。

（六）总结治安保卫工作，审查、推广典型经验，组织评选先进单位和个人，处置责任案件和责任事故，定期向公安监督机关汇报工作情况。

（七）对发生的各种治安案件和重大治安事故及时上报，并组织保护现场，积极配合公安保卫机关侦破和查处。

十四、各部门主任、单位经理治安保卫责任制

（一）认真贯彻执行企业治安保卫责任制，摆正安全与经营、业务的关系，不违章指挥，切实做到经营、业务工作与安全保卫工作同计划、同部署、同检查、同评比，并在保证安全的条件下进行工作。

（二）加强对钥匙、现金、票证、易燃易爆、有毒、放射性物品及刀具的管理，建立相应措施和制度，责任落实到人。

（三）签订《安全保卫目标责任书》，并严格执行各条款，加强对易发案部位的管理，做到职责明确、责任到人。减少一般治安、刑事案件，杜绝一般火灾和重大治安、刑事案件的发生。

（四）凡因部门未向本部门人员宣传并贯彻安全保卫责任制和上级有关方针、政策、指示而造成事故者，除追究肇事者的责任外，也要追究部门领导的责任，视情节轻重批评教育、行政处罚或纪律处分。

（五）每季研究一次安全保卫工作，针对存在的问题，采取果断措施，难以解决的问题应及时向企业主管领导汇报，提出改进意见，同时采取安全防范措施，保证安全。

（六）要经常开展以"四防"为主要内容的活动，进行安全大检查，发现漏

洞和安全隐患及时整改。一旦发生刑事、治安案件和各种事故必须及时上报，保护好现场，积极配合保卫部门查处，做好善后抢救工作，查明原因，堵塞漏洞，加强防范措施。

（七）安全保卫责任制是部门经营管理责任制的重要内容之一。对在安全保卫工作中做出好成绩的员工，应给予表彰和奖励。

十五、各单位治安保卫主管责任制

（一）贯彻执行各项安全保卫工作法规和有关指示、要求，落实本单位"治安保卫责任制"，组织领导本单位安全保卫工作并负全责。

（二）建立健全本单位安全工作各项规章制度，制定各种客观安全措施和特殊情况下安全保卫方案、紧急状态下工作预案。

（三）组织签订本单位《安全保卫目标管理责任书》并检查落实。

（四）经常进行安全检查，及时纠正违章、违纪现象，发现安全问题和隐患，要及时整改，确保安全。

（五）对员工进行经常"四防"宣传教育，普及安全知识，增强安全观念和法制观念，提高员工遵纪守法的自觉性。做好新员工、临时工上岗前安全培训。

（六）组织领导所属保安人员、专职消防员和义务消防组织开展工作。加强管理训练，不断提高人员素质、职业技能和工作能力，努力做好本职工作。

（七）定期组织防火安全训练，使专职人员和全体员工掌握消防器材使用方法，适时组织灭火演练。

（八）管理和维护消防设施、设备、器材，根据规定和需要，组织配置、检查和更换，使其处于良好状态，保证应有的使用效能。

（九）监督落实"治安保卫工作责任制"，总结安全工作。对上级机关提出的问题按规定时限加以解决，定期向上级机关报告安全工作情况。

（十）调查治安事故，保护事故现场，协助机关调查处理。

十六、领班、员工治安保卫责任制

（一）领班对本班（组）的安全保卫工作负全责。

（二）严格遵守国家的法律、法令和企业各项规章制度，不扰乱企业工作、经营秩序和社会治安。

（三）严格执行"四防"安全制度和规定及安全操作规程，对存在的不安全因素，应及时排除，权限范围以外的除及时采取措施外，还应立即向领导汇报并提出改进意见。

（四）领班要坚持执行每日班后检查制度，同本班（组）员工共同做到下班关闭门窗、切断电源、及时消除易燃物，认真做好本岗位防火、防盗、防治安灾害事故等预防工作。

（五）对自己使用的更衣箱、柜等，必须锁好，严禁存放贵重物品和大量现金，领班每日检查，如违反本制度造成丢失的，保安部只协助查找，不立案处理。

（六）严格执行消防、交通安全管理制度，不擅自运用和破坏消防设施和器材。

（七）坚决同违法犯罪行为和不良倾向做斗争，积极协助公安、保安部门揭发、检举犯罪和违法行为，不包庇坏人。

十七、财务人员治安保卫责任制

（一）财务部门要严格按银行规定，每天核对库存现金，不得超过规定限额。

（二）各银行取、送巨款，必须有专车，由两人以上办理，中途不得停留办其他事项。

（三）出纳人员应严格执行国家现金管理制度，支票使用时方可加盖公章和会计印章，严禁事先盖章备用，妥善保管印章。

（四）要加强对现金、票证的保管，现金、票证必须放入保险柜，保险柜的使用要定人、定措施，钥匙要保管好，不得放在办公桌内。

（五）财务部门的门窗要安全牢固，一旦发生门窗被撬要立即报案，保护好现场，任何人不得进出，积极配合公安保安部门查处。

（六）严格执行《安全保卫工作目标管理责任书》的条款，凡因财会人员忽视安全保卫工作而发生的案件，视其情节给予批评教育、纪律处分，直至追究刑事责任。

三、前车之鉴

风险管理委员会形同虚设：中航油

曾经的辉煌

中国航油（新加坡）股份有限公司（以下简称中航油）成立于1993年，由中央直属大型国企中国航空油料控股公司控股，总部和注册地均位于新加坡。公司成立之初经营十分困难，一度濒临破产，后在总裁陈久霖的带领下，一举扭亏为盈，从单一的进口航油采购业务逐步扩展到国际石油贸易业务，并于2001年在新加坡交易所主板上市，成为中国首家利用海外自有资产在国外上市的中资企业。

经过一系列扩张运作后，公司已成功从一个贸易型企业发展成工贸结合的实体企业，实力大为增加。短短几年间，其净资产增长了700多倍，股价也是一路上扬，市值增长了4倍，一时成为资本市场的明星。

公司几乎100%垄断中国进口航油业务，同时公司还向下游整合，对相关的运营设施、基础设施和下游企业进行投资。通过一系列的海外收购活动，中国航油的市场区域已扩大到东盟、远东和美国等地。

2003年，《求是》杂志曾发表调查报告，盛赞中国航油是中国企业"走出去"战略棋盘上的过河尖兵，报告称，公司的成功并无特殊的背景和机遇，完全是靠自己艰苦奋斗取得的。同时，国资委也表示，中国航油是国有企业走出国门、实施跨国经营的一个成功典范。

公司经营的成功为其赢来了一连串声誉，新加坡国立大学将其作为 MBA 的教学案例，2002 年公司被新交所评为"最具透明度的上市公司奖"，并且是唯一入选的中资公司。公司总裁陈久霖被《世界经济论坛》评选为"亚洲经济新领袖"，陈久霖还曾入选"北大杰出校友"名录。

关键词：期权、OTC、借钱赌博

中国航油（新加坡）股份有限公司是用借来的钱，在场外交易（OTC）市场上，卖出石油期权而遭来灭顶之灾的。这里的关键词有三个：期权、OTC 市场和借钱。

中航油卖出的期权，就是一项合约，赋予买方以特定价格买入一定数量航空煤油的权利。为此，买方支付一定的费用，即权利金，卖方中航油则收取权利金。显然，在这中间，买方的风险是有限的，顶多就是期权作废，损失权利金；但作为卖方，中航油的风险极大，因为期权结算时，高于限价的部分都要由中航油承担。这实际上就是豪赌油价下跌，并且这次赌博的收益和风险完全不对等。收益只是有限的权力金，而风险在理论上来说却是没有限度的。

对于这一期权头寸，是着实令人费解的。首先，中航油的定位是向国内航空公司供应航空煤油，因此，中航油应在石油市场上做多，这样才与其实物头寸一致，达到套期保值的目的。但事实是，由于卖出限价期权，中航油实际上在做空。其次，即使看跌油价，需要做空，也可以选择买入看跌期权这种方式，风险有限——最多亏损期权费，而收益无限——跌得越多收益越大，何苦反其道而行之，选择收益有限而风险无限的方式呢？

另一个关键词——OTC 市场，也意味着风险。有别于在交易所进行的场内交易，OTC 场外交易的风险更高，而其好处是灵活，买卖双方可以自行洽谈条件。

更要命的是，这些高风险交易的资金，其风险程度也很高。中航油年报透露，2003 年 7 月 18 日，公司与十家国际银行签署了 1.6 亿美元银团贷款协议。而这就是中航油进行石油衍生品交易的资金主力。

用借来的钱在高风险的 OTC 市场进行高风险的期权交易，稍有闪失，资金链接不上，便会导致崩盘。果然，前期国际油价的猛涨，不仅引爆危机，而且更令亏损达到 5.5 亿美元之巨。

违规入场

中国一些大型国有企业从 20 世纪 80 年代后期开始在国际期货市场上闯荡，90 年代前期曾相继爆出巨亏丑闻。1994 年底，中国证监会等国家有关部门曾发出联合通知，严禁国有企业从事境外期货交易。不过，1997 年赴新的陈久霖并没有受到这种"严禁"的束缚，也从未认真审视同行们的前车覆辙。

至 90 年代末，他领军的中航油（新加坡）即已进入石油期货市场，也曾多有盈利。2001 年 11 月中航油（新加坡）上市，招股书上已经将石油衍生品交易列为业务之一。在 2002 年的年报中显示，中航油（新加坡）凭投机交易获得相当盈利。2003 年 4 月，中航油（新加坡）的母公司中海油集团也成为第二批国家批准有资格进入境外期货交易的企业。

2003 年下半年开始，中航油（新加坡）进入石油期权交易市场。除了对冲日常业务的风险外，公司也从事投机性的交易活动。到年底，公司的盘位是空头 200 万桶，而且赚了钱。其实，公司当时已明显违背《国有企业境外期货套期保值业务管理办法》中对投机交易的禁止规定，涉身险地，从事投机性交易。

然而，陈久霖对此事看得很平常。"身在海外并且受新加坡法律管辖。"陈久霖觉得公司做投机生意是合法的。据了解，在中航油（新加坡），该项期权交易由交易员 Gerard Rigby 和 Abdallah Kharma 操盘，两人分别在市场上有 14 年及 18 年经验，均为资深外籍交易员。陈久霖后来不止一次地告诉熟人说，两名操盘手进入期权市场他事先并不知情，事后也并没有要求报告。"亏损了才报告。他们这样做是允许的，也可以理解，他们都有业务指标。"

亏损第一阶段：580 万美元

亏损在 2004 年一季度显现。由于 Gerard Rigby 和 Abdallah Kharma 在头三个月继续卖空，而石油价格一路上涨，到 3 月 28 日，如果当时进行结算，公司已经出现 580 万美元账面亏损。这是一个不小的数目。

此时正是中航油（新加坡）年度财务报告公布的前夜，公司更处于股价持续攀升的火热局面。据知情人回忆，陈久霖当天召开了有两名交易员和七名风险管理委员会成员参加的会议，讨论解决方案，但久议难决。次日，风险管理委员会主任 Cindy Chong 和交易员 Gerard Rigby 前往陈久霖办公室，提出了展期的方案。陈久霖接受了这一建言。因此，在期权交易中的盘位大增。于是，中航油决定延期交割合约，同时增加仓位，寄希望于油价能回跌。

两天之后，中航油（新加坡）宣布了 2003 年年报，全年盈利 3 289 万美元，股价冲至 1.76 新元高位。

亏损第二阶段：3 000 万美元

然而，油价没有停止上涨的步伐。二季度，油价再升，到 2004 年 6 月时，中航油账面亏损增至 3 000 万美元左右，公司因而决定再将期权延后到 2005 年和 2006 年交割，并再次增仓。

这一回，在又一次风险管理委员会的会议中，有人担心"会不会搞大"了。据一位知情人回忆，当时大部分人仍觉得可以展期持仓，而陈久霖再次显示出"魄力"，同意把所购期权的到期时间全部后挪至 2005 年和 2006 年，在新价位继续卖空。这种做法已远远超过《管理办法》中只允许炒 12 个月的上限，交易量被进一步放大。

亏损第三阶段：1.8 亿美元

到 2004 年 10 月，油价创新高。中航油持有的期权总交易量已达到 5 200 万桶之巨，超过公司每年实际进口量的 3 倍以上，公司账面亏损再度大增已达 1.8 亿美元，公司现金全部耗尽。

10 月 10 日，面对严重资金周转问题的中航油，首次向母公司呈报交易和账面亏损。账面亏损高达 1.8 亿美元，另外，已支付 8 000 万美元的额外保证金。

母公司注血，扩大黑洞

10 月 20 日，母公司中国航空油料集团配售 15% 的股票，将所得 1 亿多美元资金贷款给中航油，但此时已回天乏术。

市场油价继续攀升。集团公司派出高层人员前往新加坡现场了解情况并指示运作。10 月 26 日，中航油（新加坡）在期权交易中最大的对手日本三井能源风险管理公司正式发出违约函，催缴保证金。在此后的两天中，中航油（新加坡）因无法追加部分合约保证金被迫在 WTI 轻油 55.43 美元的历史高价位上实行部分斩仓，账面亏损第一次转为实际亏损 1.32 亿美元。至 11 月 8 日，公司再度被逼斩仓，又亏损 1 亿美元。

此时，中航油（新加坡）既未索性斩仓止损，亦未披露真实情况。11 月 12 日，中航油（新加坡）在新加坡公布第三季度财务状况，仍然自称："公司仍然确信 2004 年的盈利将超过 2003 年，从而达到历史新高。"

国资委壮士断腕

面对越来越难以把握的局面，中国航油集团管理层着手向主管机关请示。据《财经》杂志了解，国资委作为中央国有资产的总管家，曾经对中国航油集团有意救助的想法进行研究，其间一度给予认可，据称向外管局申请了数亿美元的保证金额度；后来又进一步统一意见，否定了最初的想法，认为不应对单个企业违规操作招致的风险进行无原则救助，应由企业自己对自己的行为负责。国资委还阻止了国内另一家国有企业试图先出资后入股"救助中航油（新加坡）挺过难关"的非常规做法。一度经批准的数亿美元保证金也始终没有汇出。中航油（新加坡）的资金链最后终于断裂。

尽管国资委已经给出明确意见，中国航油集团高层还在救与不救之间徘徊，而可以相对减少损失的斩仓时机继续被错过。至 11 月 25 日，高调的三季度财报公布后 13 天，中航油（新加坡）的实际亏损已经达到 3.81 亿美元。相比 1.45 亿美元的净资产中航油（新加坡）已经技术性破产。

直至此时，中航油（新加坡）仍未正式公告真相，7 000 多小投资者仍蒙在鼓中，但机构投资者中的先知先觉者亦不乏其人。中航油（新加坡）的股价一直在下跌，至 11 月 27 日周五收市，中航油（新加坡）的股价已跌至 0.965 新元。比一个月前向公司配股时跌了四成。

11 月 29 日，周一，中航油（新加坡）申请停牌。翌日，公司正式向市场公告已平仓合约累计亏约 3.9 亿美元，而未平仓合约潜在亏损约 1.6 亿美元，并向法院申请债务重组。市场大哗。

风险管理制度并非缺位，而是让位于人性的弱点

中航油（新加坡）爆仓之后，很多人怀疑公司内部根本就没有风险控制体系。其实，体系在形式上一直存在。公司聘请国际知名会计师事务所安永会计师事务所编制了《风险管理手册》，设有专门的风险控制员及软件监控系统，还规定了严格的预警和止损制度。公司内部也有风险管理委员会，由七人组成，包括四名专职人员、一名运作部主任、一名财务部主任和一名财务经理，均为新加坡

公司员工。根据安永的设计，风险控制的基本结构是从交易员——风险管理委员会——内审部交叉检查——CEO（总裁）——董事会，层层上报。每名交易员亏损 20 万美元时，交易员要向风险管理委员会汇报；亏损达 37.5 万美元时，向CEO 汇报；亏损 50 万美元时，必须斩仓。

显然，中航油引以为傲的风险管理和内部控制制度，在关键时刻根本没有发挥作用。中航油规定，每位交易员损失 20 万美元以上的交易要提交公司风险管理委员会评估；累计损失超过 35 万美元的交易必须得到总裁同意才能继续；任何将导致 50 万美元以上损失的交易将自动平仓。中航油共有 10 位交易员，也就是说，损失上限是 500 万美元，这与 5.5 亿美元的数字极不相称。不知道这是由于交易员隐瞒了交易及其亏损的规模，还是管理层低估了期权隐含的巨大风险，或是对其视而不见，不及时止损，却希望有朝一日能挽回损失。

此外，根据国家有关规定，只有经批准的少数国企能够从事境外期货套期保值业务，但是，几千万桶的仓位，显然已经远远超出套期保值的需要，而几乎都是在投机，这一点，公司在其公告中承认了。不知是否因为中航油是在新加坡注册的公司，所以不必受上述规定的约束。

（资料来源：笔者根据媒体公开报道整理）

本章小结

本章主要介绍了风险管理的影响因素、方法与组织。风险管理受到组织的特点以及管理者自身等因素的影响。根据管理者对风险的厌恶与偏好程度不同，风险管理方法分别有风险规避、风险抑制与控制、风险转移、风险保留、风险利用。

此外，健全的风险管理组织是实现企业风险管理目标的组织保障。有些企业设立独立的风险管理机构——风险管理委员会，由专职人员负责风险管理。

重要名词

风险规避

风险抑制与控制

风险保留

风险转移

风险利用

风险管理委员会

练 习 题

一、单选题

1. （　　）是指以放弃、拒绝某种业务或行为来回避如果发生损失可能造成的影响。

A. 风险规避　　　　　　　　　　　B. 风险抑制与控制

C. 风险转移　　　　　　　　　　　D. 风险保留和风险利用

2. (   ) 是指企业通过契约、经济、金融工具等形式将损失的财务负担和法律责任转嫁于他人。

A. 风险规避   B. 风险利用

C. 风险转移   D. 风险保留

3. (   ) 是企业中风险管理实施的主要负责部门。

A. 各职能部门   B. 风险管理委员会

C. 审计部门   D. 法律管理部门

4. 通常，风险管理委员会设置在 (   ) 下。

A. 总经理   B. 董事会

C. 监事会   D. 独立董事

5. 下列选项中不属于风险管理委员会职责的是 (   )。

A. 识别并营造风险管理的内部环境

B. 引导企业文化建设，加入风险理念

C. 企业日常经营管理

D. 合理分配风险管理资源，为风险管理过程提供保障

6. 风险评估与控制计划应由 (   ) 制定。

A. 各职能部门   B. 董事会

C. 风险管理委员会   D. 管理层

二、多选题

1. 影响企业风险管理的因素有 (   )。

A. 行业因素   B. 沟通因素

C. 损失因素   D. 组织因素

2. 下列属于企业风险管理组织体系的有 (   )。

A. 公司法人治理结构   B. 风险管理委员会

C. 内部审计部门   D. 法律事务部门

3. 下列属于风险管理方法的有 (   )。

A. 风险规避   B. 风险抑制与控制

C. 风险转移   D. 风险保留和风险利用

4. 风险管理委员会组成人员的素质要求包括 (   )。

A. 富有专长和工作经验   B. 责任感

C. 懂得风险和风险管理   D. 沟通能力

5. 风险管理委员会的权力主要包括 (   )。

A. 调动资源的权力   B. 生产流程管理

C. 人事考核的权力   D. 保险调查

6. 风险评估与控制计划需要明确的要素包括 (   )。

A. 需要进行哪些工作事项   B. 各工作事项又可分为哪些更小的事项

C. 由谁来进行该项工作   D. 该项工作的预算

三、判断题

1. 若所处行业本身存在较大的风险或者无任何竞争优势，企业就应考虑适时的退出策略。

(   )

2. 风险规避是一种积极的、简单的风险管理方法。   (   )

3. 当某特定风险导致的损失概率和损失程度较大时，适合采用风险规避的方法。(   )

4. 风险利用是最为积极的风险管理方法。　　　　　　　　　　（　　）

5. 风险管理进行的过程本身就不存在不确定性，也就是不存在风险。（　　）

6. 风险管理的运行过程，实质上相当于对公司的策略、流程、人力资源、知识、技术等的重组和整合。　　　　　　　　　　　　　　　　（　　）

思 考 题

1. 风险管理的影响因素有哪些？如何理解这些因素对风险管理的影响？

2. 风险管理的方法有哪些？

3. 风险管理委员会的职责和权力分别有哪些？

企业风险管理的目标设定与风险识别

在本章中，你将学到：
1. 企业经营层面的目标
2. 风险层面的目标
3. 风险识别工具
4. 风险识别方法

◇ **本章重点与难点**
1. 经营层面目标与风险层面目标的关系
2. 损失发生前与发生后目标的区别
3. 风险识别的工具
4. 风险识别的方法

引例

从魏则西事件看百度搜索竞价排名机制的缺陷

大学生魏则西 2014 年检查出得了滑膜肉瘤。这是一种恶性软组织肿瘤，一种罕见的癌症，迄今为止世界上没有有效的治疗手段，生存率极低。在经过手术、化疗、放疗等各项传统的治疗方法无效后，魏则西通过百度搜索找到排名领先的北京武警二医院，曾四次前往该医院进行生物免疫疗法。父母为他治病花光了家里最后的积蓄，又跟亲戚朋友借钱，但花费 20 多万元治疗后，到 2015 年年底，肿瘤转移到肺部。魏则西于 2016 年 4 月"医治无效"死亡。

在魏则西事件引起全国舆论广泛关注后，中国国家网信办与中国国家工商总局、国家卫生计生委和北京市有关部门成立联合调查组，集中围绕百度搜索在"魏则西事件"中存在的问题、搜索竞价排名机制存在的缺陷进行了调查取证。

调查组公布结果认为，"百度搜索相关关键词竞价排名结果客观上对魏则西选择就医产生了影响，百度竞价排名机制存在付费竞价权重过高、商业推广标识不清等问题，影响了搜索结果的公正性和客观性，容易误导网民，必须立即整改。"

风险的动态识别是每个公司面临的难题，百度也不例外，在"魏则西事件"上暴露出的搜索竞价排名机制存在的缺陷若能被及时发现，便不会出现上述事件。

（资料来源：笔者根据媒体相关报道整理）

目标设定是风险评估与控制的第一个环节，是风险识别、风险分析和风险应对的前提。风险管理是为企业经营提供服务的，在进行企业风险评估与控制的时候，需要根据企业的经营活动目标来制定风险管理目标。因此，在目标设定阶段，需要明确两个层次的目标：企业经营活动层目标和风险层目标。

风险识别则是要在风险事故和损失发生之前，在企业所处的内部环境和外部环境中，寻找引起风险的各种风险因素。应当说，风险识别是企业风险管理中最为关键，同时也是最为困难的一环。说它关键，因为它处于风险管理过程的"咽喉"位置，向前对应着企业目标和风险管理目标，向后是风险分析和应对的基础，只有先"发现敌人"，才能"消灭敌人"。说它困难，因为它是一项复杂的系统工程。从横向来讲，企业所面临的风险是多方面的，既来自企业内政建设也来自外部环境威胁，既受宏观经济环境的影响也摆脱不了行业周期的波动，既要担心产品市场的波动也要防范原材料供应的变化等。如何对来自各方面的风险进行充分识别，并且不遗漏重要的风险因素，这本身就是一项挑战。此外，还要从全局的角度，将全部风险综合起来考虑，这就对风险管理人员的素质和经验提出了更高的要求。从纵向来说，企业在发展，市场在变化，各种风险也不会一成不变。今天识别出的风险，到了明天可能就会完全不同。

第一节 企业经营活动层目标

企业经营活动层目标共分为四类：战略目标；经营目标；报告目标；合规目标。

战略目标立足于公司的使命，是具备高度的、长远的目标，反映了公司的定位特征以及为股东创造价值的观念取向。

经营目标、报告目标、合规目标统称为相关目标，它们更加细化，将战略目标落实到各个业务部门，使公司各个单元认识战略目标的构成要素。相关目标是战略目标的具体化表现，通过完成相关目标促使战略目标达成。三个相关目标中，报告目标和合规目标往往是企业可以控制的，而经营目标的实现则容易受到不可控因素的影响。

一、战略目标

企业的战略目标，实质上就是基于企业目前在环境中的位置分析，提出企业将要达到的位置。

（一）波特五作用力模型

五作用力模型是进行产业结构分析的有力工具，一个产业内部的竞争状态取决于五种基本的竞争作用力，这些力量汇集起来决定了该产业的最终利润潜力。这五种竞争作用力分别是：进入威胁、替代威胁、买方砍价实力、供方砍价实力和现有竞争对手的竞争（见图9-1）。

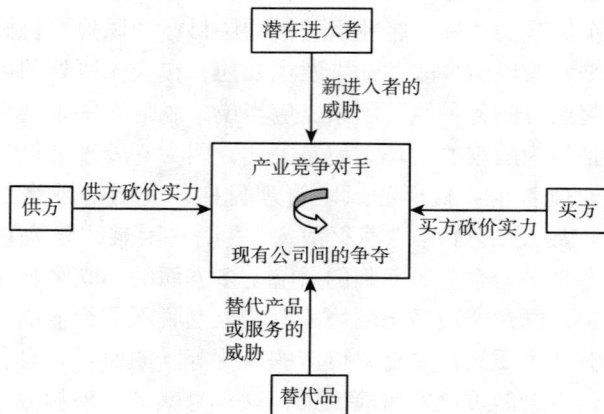

图9-1 波特竞争战略模型

以上五种作用力共同决定了一个产业的利润性质，即它是暴利行业还是微利行业。经济学中将其称为垄断市场和完全竞争市场，现在又出现了新的名词——蓝海和红海。通过对五种竞争压力来源的深入分析，企业就可以认清所处产业的性质以及自己在产业中的定位，明确自己的强项和弱项，从而制定正确的竞争战略，抗击五种竞争力。

1. 进入威胁。经济学理论中，在完全竞争的情况下，如果某一行业的利润率高，那必然会吸引新的竞争对手进入，最终激烈的竞争将把经济利润压为零。而现实中许多暴利行业还是一直存在的，其原因就是存在进入壁垒，使得市场无法呈现完全竞争的状态。除进入壁垒外，新进入者还要面对原有企业的防守和报复措施。

进入壁垒主要有以下七种：

（1）规模经济。大规模生产的经济性集中表现为单位产品的成本随着产量的增加而降低。面对规模经济的产业，新进入者只有两个选择：要么斥巨资投入大规模生产从而承担巨大的风险；要么以小规模生产试水从而承担成本过高的劣势。

（2）产品歧异。产品歧异是指原有企业由于产品特色、服务质量、广告宣传积累等获得的商誉以及顾客忠诚度。新进入者只有通过重新投资打造一个新的品牌来争夺顾客忠诚度，这无疑使初始阶段非常容易亏损。

（3）资本需求。有些产业需要大量的投资，尤其是高风险、不可回收的前期投资，如广告、研发等。资本的高门槛本身就拦截了一大部分潜在进入者。

（4）转换成本。对于顾客而言，从一个供应商转换到另外一个供应商是有成本的，这就是转换成本。其中包括雇员重新培训成本、新的配件成本、学习新技术的成本、中断老关系的心理成本等。新进入者要想让顾客克服转换成本选择自己，就必须在产品和服务方面有重大的改进，相应的投入也必然增加。

（5）获得分销渠道。新进入者的产品也需要分销渠道才能到达消费者手中，在寻找分销渠道的过程中也会遇到壁垒。因为许多理想的分销渠道已经被原有企业占有，新进入者必须付出更多的成本才能挤进渠道。

（6）与规模无关的成本劣势。除了规模外，原有企业在其他方面也有许多成本优势，如专有的产品技术、原材料来源优势、地点优势、政府补贴、学习曲线以及无法模仿和复制的经验等。

（7）政府政策。有些产业，政府会限制甚至封锁新企业的进入，比如通过许可证、行业政策等。此外，对污染标准、产品的安全性、食品的健康性的检验标准也对部分新进入者构成壁垒。

2. 替代威胁。替代品的存在为该产业所有企业产品的价格设置了上限，从而压制了该产业的利润水平。替代品的威胁往往不只针对一个企业，而是对整个产业都有影响。较大的替代品具有这样的特征：（1）它们有更好的性价比从而比原产业产品有优势；（2）替代的产品其行业利润率高。

3. 买方砍价实力。买方往往会压低价格、要求更高的产品质量、索取更多的服务，并且从多个企业彼此竞争的状态中获利。这样的行为模式也压低了产业的利润。买方砍价实力在下面的情况中往往较强：

（1）相对于卖方的销售量，购买是大批量的、集中的。

（2）买方购买的产品占据其自身成本或购买数额的很大部分，这使得买方为了压价不惜耗费大量精力。

（3）买方购买的产品是标准的、非歧异的，因此有多个供应商可以选择。

（4）买方的转换成本低。

（5）买方的利润水平低。

（6）买方采取了后向整合或部分后向整合。

（7）购买的产品对买方自身产品和服务的质量没有重大影响。

（8）买方掌握了充分的信息，包括需求、市场价格、成本等方面。

4. 供方砍价实力。供方企业可以提价、降低其供应的产品或服务的质量，从而对产业中的企业造成压力。具备下述特点的供方往往具有较强的砍价实力：

（1）供方产业垄断程度高，由少数几个公司支配。

（2）供方的替代品少。

（3）该产业并非供方的主要客户，在供方的销售比重中份额不大。

（4）供方产品是该产业的主要投入品。

（5）供方产品歧异化，或者已经建立起转换成本。

（6）供方采取了前向整合。

5. 现有竞争对手的竞争。产业内企业竞争的激烈程度集中反映了该产业的性质。竞争往往以人们熟悉的形式展开，如价格战、广告战、推出新产品等。当一个产业具有如下特征时，其业内竞争往往比较激烈：

（1）存在众多的或势均力敌的竞争对手，这样秩序不容易建立，容易陷入价格战的泥沼。

（2）产业增长缓慢，扩张有限，因而竞争的目的是瓜分有限的市场份额。

（3）存在高额的固定成本或库存成本，逼迫企业加大销售量才能赢利。

（4）产品歧异或者转换成本欠缺，顾客忠诚度低。

（5）竞争对手形形色色，多角化和多元化强。

（6）在产业中立足对于某企业具有高额战略利益，因而它将不计代价地占领市场份额。

（7）产业的退出壁垒大。退出壁垒包括：专用性资产、退出的固定成本、内部战略联系、感情障碍和政府及社会约束。

（二）战略选择

波特在提出上述五作用力模型的同时，也总结了三种提供成功机会的基本战略：成本领先战略（overall cost leadership）、差异化战略（differentiation）和目标集聚战略（focus）。

1. 成本领先战略。成本领先战略要求企业建立起具备规模的生产设施，组织具备规模经济的大批量生产，在经验的基础上全力降低成本，控制研发、服务、营销、广告、管理等各方面的费用，以达到成本优势。具有成本优势的企业在市场上处于"进可攻、退可守"的不败之地。

采用成本领先战略的风险在于维持这一地位的沉重负担，因此对于许多风险极为敏感：

（1）技术进步的风险。技术上的变化有可能使公司原有的生产技术和规模不具优势。

（2）新进入者的风险。新进入者有可能采用全新的设备和技术进行大规模生产，以此拉低单件成本。

（3）市场风险。公司的注意力集中在成本上，因而忽视了市场的变化，没有及时跟进。

（4）品牌风险。低成本战略在塑造品牌上存在先天的劣势。

2. 差异化战略。差异化战略就是将企业的产品或服务标新立异，在某方面形成独特性，例如品牌形象、技术特点、外观独特、客户服务、营销网络等。具有独特型的方面越多，公司的差异化战略就越成功。差异化战略的实质是造成了某种程度的垄断，避开了竞争，因而可以为企业带来不同程度的超额利润。

实行差异化战略也面临一系列的风险：

（1）低成本的竞争对手其产品价格与本企业差距过大，以至于差异化带来的好处不足以弥补价格上的差距，无法笼络顾客。

（2）顾客对差异化的需求下降。

（3）竞争对手的模仿使得差异化不再显著。

3. 目标集聚战略。目标集聚战略就是公司集中资源主攻某个特定的顾客群、某个细分产品或者某个地区市场。围绕这一特定的目标，公司全力以更高的效率和更好的效果为其提供产品和服务，或是实现了差异化，或是实现了低成本，也可能二者兼有。最终公司在这一狭窄的市场上获得优势地位。

目标集聚战略的风险有：

（1）采用成本领先战略的对手，其价格与目标集聚的企业差距过大，使得目标市场的优势被价格的差距所抵消。

（2）目标市场对产品和服务的需求差异化变小，与整体市场趋同。

（3）竞争对手也使用目标集聚战略，并成功地从本公司的目标市场中划出一块对手更具优势的细分市场。

二、经营目标

经营目标具体可分为绩效目标、利润目标、资产安全目标等。

1. 绩效目标，例如，提高产品质量，使产品合格率上升到98%；开辟二线城市市场，使公司产品进入省会及各中型城市；在目标市场消费者中将品牌知名度提高 10% 等。

2. 利润目标，例如设定今年完成利润 7 000 万元；比上年利润增长 20% 等。

3. 资产安全目标有些类似于"守成"的目标，例如，实现金融资产的保值增值；确保厂房、仓库、原材料及半成品等实物资产不受火灾等灾害的损毁，不因盗窃等蒙受损失。

经营目标要反映两个"E"——effective and efficient（工作有效和有效率）。经营目标的设定可以采用外推的方法，即依据历史业绩和增长速度外推得到本期的目标。在确定经营目标的时候，要注重立足实际、着眼市场，整合公司内外资源。

1. 立足实际。根据公司的现实情况，脚踏实地，制定合适的目标。目标制定得太高和太低都起不到激励的作用，反而对企业有害。好高骛远，目标制定得太高，基本不可能实现，对企业尤其有害。此种情况下，如果公司上层利用薪酬等手段，极力压迫员工去实现这一"不可能完成的任务"，这时候公司员工就很容易出现抵触心理，站到公司目标的对立面上。反之，如果目标制定得过低，太容易实现，也失去了制定目标的价值和作用。员工轻松地完成了目标之后，就容易出现守成的心理，不再积极进取，只等着拿年终奖了。好的目标应当是高标准的，同时通过积极的努力又可以完成的。

2. 着眼市场。市场是变化的，但在不断的变化中会出现一定的潮流和趋势。能否准确地认清并抓住这种潮流和趋势，这就是企业将市场变化转变为机会还是风险的区别所在。在企业发展的不同阶段，对潮流和趋势的把握和利用也是不同的。

（1）第一阶段，在发展的初期，刚进入市场的企业往往缺乏经验，未必能够准确地识别市场的走向，因而往往采用被动地模仿策略，即模仿和跟随同行业企业的做法，知其然而不知其所以然。

（2）第二阶段，等到企业有了一定时间和经验的积累，对该市场的认识加深，对消费者行为模式也有了一定的掌握，这时就应该能够从细微的变化中感知潮流的来临，提前部署，借着趋势的东风扩大生产和规模。

（3）第三阶段，企业发展壮大之后，在行业中居于领跑者的方阵，对市场有了一定的话语权，对消费者的行为能够产生一定的影响，这时候就可以"唯恐天下不乱"地主动地制造变化，创造对自己最有利的潮流，通过引领时尚、重塑文化等策略来给企业重新定位、对市场重新洗牌。更强势的公司甚至可以制定行业标准，将公司的优势格局定死，长期保持龙头的地位。

3. 整合公司内外部资源。资源的形式多种多样，有资金、人员、技术、资产、商誉、销售渠道、媒体网络、社会资本等。商场如战场。公司的资源就是一支军队。指挥官必须善于用兵，将不同的力量部署到相应的地方，将它们各自的作用发挥到极致，尽可能为胜利创造一切条件。"君子性非异也，善假于物也"。这一过程贵在整合，将原本零散的资源融会贯通，有机结合，穿成一线，打造成企业的一段价值链，为达到公司的目标服务。

三、报告目标

公司报告按照受众来划分可以分为内部报告和外部报告；按照内容划分可分为财务报告和非财务报告。内部报告向管理层及时准确地传递完整的信息，帮助管理层制定公司决策、监控企业运营状态。外部报告向公司外部传递信息，例如，上市公司对外披露的公告、财务报表及附注；向监管部门送交的报告等。

报告目标就是要保证报告的真实性、可靠性、准确性、有效性、完整性和及时性，无论是内部报告还是外部报告。内部报告没有达到目标规范，会导致管理层不能及时得到企业经营信息，错失商机或导致错误决策。外部报告没有达到目标规范，则有可能导致企业受到监管部门的处罚和商誉的损害。

四、合规目标

合规目标就是要保证公司的经营活动符合法律及规范。包括符合法律、环保、健康安全、税收、行业规范、国际贸易规则以及各种管理办法等。如果经营活动不符合法规，不仅会使企业丧失法规的保护，而且会导致企业受到法律和监管部门的惩罚。

第二节　风险层目标

风险管理的总体目标在于通过使风险成本最小化实现企业价值最大化。具体而言，企业的风险管理目标必须和企业的目标相一致，为实现企业的目标服务。

风险管理的具体目标是要在损失发生前提供经济有效的保证，在损失发生后能够达成令人满意的复原。

一、风险成本

风险成本主要分为三类：损失成本、风险控制成本、剩余风险成本。

（1）损失成本指的是风险构成三要素中的损失要素，包括直接损失和间接损失。例如，当公司由于产品质量问题而遭受诉讼时，其损失成本包括：对当事人赔偿的损失，诉讼的费用，由于诉讼导致的销售减少的损失，对同批次产品进行回收的损失，挽回声誉花费的攻关费用，以及如果金额巨大导致公司不得不借贷渡过难关的筹资成本。

（2）风险控制成本主要包括两部分：一是为了降低风险发生的概率和损失程度而付出的努力的成本，例如对产品质量进行安全测试等；二是为了将风险对冲、规避或转移而付出的成本，例如采用期货来对冲价格风险，分散化的成本，以及保险费用等。

（3）剩余风险成本。风险管理并不能完全消除风险，只能将风险水平降到可接受的范围之内。在进行了风险管理之后仍然会有剩余风险，还是有可能造成潜在损失，这部分成本就是剩余风险成本。

这三种风险成本存在着互相替代的关系。例如，加大风险控制成本的投入，可以有效地降低损失成本以及部分降低剩余风险成本。风险管理的目标就是在于权衡风险控制成本的投入，使总的风险成本最小化，从而达成企业价值最大化。

二、损失发生前和发生后目标

风险管理要在损失发生前提供经济的、有效的保证，在损失发生后能够达成令人满意的复原。

（一）损失发生前目标

1. 经济性目标。经济性是风险管理的首要目标。风险管理者要权衡风险损失成本和风险控制成本，分析比较各种风险控制工具和方法，谋求以最经济的投入来提供风险总成本最小的保证。

2. 减少恐惧和担忧。有时候风险事故可能带来严重的后果，使人们心理产生恐惧和担忧。这种心理障碍对内会影响员工的工作积极性和满意度，对外会影响顾客的行为。例如飞机失事风险就容易使人们产生恐惧和担忧。风险管理通过对风险的识别、评价和控制，要尽量减少人们心理的负担，创造一个具有安全感的环境。

3. 社会责任目标。风险往往不只是对企业造成损失，也会危及社会。企业投入成本来控制风险、降低损失，也是企业社会责任的一部分。因为这样会产生正的外部性，在企业受益的同时，也使社会得益。并且，这也有助于提升企业的社会形象，增加声誉。

（二）损失发生后目标

1. 维持生存。风险事件发生后，风险管理最基本、最首要的目标就是维持企业的生存，防止企业一蹶不振，在危机面前倒下。实现生存的维持是一切发展的前提。

2. 使经营活动迅速恢复正常。维持了企业的存续后，下一步目标就是要尽快使企业的经营活动恢复正常，继续创造收益来补偿风险的损失。

3. 实现收益稳定和持续增长。企业恢复元气之后，应该继续向前发展，保持原有的增长势头，消除风险的负面影响。

4. 履行社会责任。风险的发生不仅仅对企业造成损失，也可能给社会的相关方面造成损失。企业从风险事件中恢复后，应当履行其社会责任，对之前造成损失的社会各方给予补偿。

三、风险偏好

每个企业对风险的偏好程度是不同的。往往根据企业所处的行业、企业的发展阶段、企业目前的基础实力以及管理层的风格来确定企业的风险偏好。例如，对于时刻变化的电子消费品行业，很难想象其中的企业对风险持一种很保守的态度。只有不断地加入新技术、推出新产品，站在时尚的风口浪尖上的企业，才能在竞争激烈且变化多端的电子消费品行业中立足。而这种主动去追寻变化的态度，必然决定了其对风险不能持过于保守的态度。

风险偏好往往调整着企业战略的制定，影响着企业决策的风格。特别是对于诸如新市场的开拓、新产品的研发等业务环节的决策上，风险偏好的影响就更大。公司制定战略目标时，一定要使战略目标的风格与公司的风险偏好一致。相对于风险偏好而言，过于激进或者过于保守的战略，在实际执行中都会自觉不自觉地受到风险偏好的调整。

四、企业整体风险承受力

如果说风险偏好是企业主动承担风险的主观意愿，风险承受力就是企业能够承担多大风险的客观能力。企业整体风险承受力与许多因素有关，最主要的是企业的基础实力因素，其他因素还有所处行业、人员、业务流程、资金、负债、收入的持续性等。风险偏好与风险承受力，是企业战略制定时不得不仔细考虑的影响因素。

"没有金刚钻，别揽瓷器活。"一般来讲，公司的风险偏好应该绝对低于风险承受能力，否则会"力不从心"，容易陷入财务困难或是危机的泥沼中。

五、各业务模块可接受的风险水平（风险容忍度）

可接受的风险水平，又称风险容忍度，是指企业可接受的目标偏离程度。例如，企业对产品质量的目标是合格率为99%，同时确定了风险容忍度为1%，也就是说最终实现的合格率在98%～100%都是可以接受的。这里的偏离程度1%，就是风险容忍度。

风险容忍度和风险偏好一起，决定了企业对不同风险的应对策略，对什么样的风险是可以承担的，而什么样的风险是必须回避的。

第三节　企业风险识别

　　企业风险识别是企业风险管理中最为关键，同时也是最为困难的一环，它是一个连续的、动态的过程，与时俱进，持续不断。只要企业还在经营，风险管理活动就不会停止。

　　风险识别对参与人员的素质和经验要求较高，具体有以下四个方面：

　　1. 熟悉风险管理的相关知识和工具。

　　2. 对公司的业务流程有深入的了解，最好是业务骨干，在企业有过多年工作经验。

　　3. 沟通能力强，能够组织各职能部门员工进行交流。

　　4. 对公司所处行业有较深入的理解，对经济形势、行业趋势等具有前瞻性的敏感。

一、风险识别的基础

　　风险识别的基础是对企业自身及所处位置的认识和评估。"知人者智，自知者明。"认清自己往往并不是一件容易的事。在认识自己的基础上进行风险评估，才能有的放矢。并且，自身评估所形成的结果，如组织结构图、业务流程图等，就是对风险识别最好的指引，使风险识别水到渠成。

　　1. 对企业自身的认识，要涵盖以下七个方面：

　　➢ 公司治理结构。

　　➢ 组织机构设置。

　　➢ 企业文化。

　　➢ 人力资源政策。

　　➢ 内部控制制度。

　　➢ 内部审计机制。

　　➢ 公司业务流程和盈利模式。

　　2. 对企业处境的认识，可以采用 SWOT 分析法，即从优势、劣势、机会和威胁（strength，weakness，opportunity and threat）四个方面来对企业的处境进行评估。这种方法在确定企业战略的过程中得到了广泛应用。

　　（1）企业优势的体现，往往是在市场或者细分市场上能够形成某种形式的垄断，一般有以下七个方面：

　　➢ 技术优势。技术先进，工艺复杂，竞争对手无法模仿，或者技术独特，受专利保护。

　　➢ 质量优势。产品质量高于竞争对手，形成差异化，可以走高端路线。

　　➢ 成本优势。同样的产品成本低于对手，具有价格优势。

➢ 资本优势。资金雄厚，拥有自然资源存储、现代化车间厂房和设备、地产资源等。

➢ 商誉优势。良好的品牌形象，累积的商业信用，领先的市场份额。

➢ 人员优势。拥有关键的技术人才，积极上进的员工，进取的公司文化。

➢ 管理优势。完善的管理信息系统，健全的质量和成本控制体系，快速的市场反应能力，较短的新产品开发周期，强大的营销网络。

（2）企业的劣势。一般来讲，一个企业不太可能同时拥有上述所有的优势，只会拥有部分的优势。相对于竞争对手而言，本身优势的缺失就是企业的劣势。自然，在激烈的市场竞争中，如何扬长避短，寻找属于自己的蓝海，这是每个企业都要面对的问题。另外，需要强调，对优势和劣势的分析，其立足点应该是站在用户或者是客户的角度上的，而不是站在企业本身的角度。对客户形成利益的因素才是企业的优势。

（3）机会和威胁。这两者与环境的变化有关，变化的趋势和方向往往决定了是机会还是威胁。与机会和威胁有关的环境变化有：

➢ 人口结构的变化导致客户群的变化。

➢ 技术的更新换代。

➢ 纵向或横向并购。

➢ 企业前向或后向整合。

➢ 对竞争对手的并购。

➢ 市场进入壁垒变化。

➢ 市场需求、消费者观念和行为的变化。

➢ 替代品进入或退出市场。

➢ 汇率或外贸政策的变化。

➢ 供应商的变化。

➢ 竞争对手的动向，如推出新产品等。

另外，对于 SWOT 四个方面的分析也是动态的，在评估过程中要加入时间因素，即估计每种优势建立的时间、能够持续的时间、竞争对手做出反应需要的时间等。这样才会对企业自身及其处境有一个正确的认识，从而为风险识别打下坚实的基础。

二、风险识别的要点

风险识别要注意以下六点：

（1）以企业目标为中心，确认影响战略和目标的因素。

（2）识别过程中综合运用多种方法和技术。

（3）考虑风险事件的相互依赖性。

（4）对风险因素应该进行分类，便于分析和处理。

（5）注意区分风险和机会。

（6）尽量全面，力争找出所有可能的风险因素。

1. 风险识别贵在全面。风险识别是对风险进行分析、采取应对措施的前提条件。风险识别是否全面，直接影响着企业风险管理的质量。特别是有可能对企业造成重大损失的风险因素的遗漏，更是容易对企业形成致命伤害。如果说风险管理是扫除"地雷"的过程，风险识别就是要对影响企业发展的"地雷"进行定位，关键就是要发现所有的"地雷"，确保不留下未识别的风险隐患。

2. 风险事件是相互依赖的。一方面，一个事件往往会引发其他事件的发生；另一方面，多个事件有可能同时发生，共同影响企业的风险。因此，风险识别的过程中要注意风险事件之间的关联，联系地看问题而不是将各个风险因素孤立。例如2007年我国经济的"流动性过剩"现象，其中利率、汇率、股票价格、消费价格、房地产价格等在货币流动性过剩的刺激下发生联动，因此将个别风险因素孤立地对待是不可取的。

3. 将风险因素进行分类。分类是处理问题的好方法，能够起到提纲挈领、纲举目张的效果。按照内外部、业务模块、部门单位等条件将各类风险因素进行分类汇总，有助于管理层更好地理解因素之间的关系，从整体上把握风险和机会，并且有助于各职能部门更好地认识和关注与其直接相关的风险。

三、风险识别的工具——商业风险模型

商业风险模型将风险分为三大类：

一是环境风险（environmental risk），是指外部因素引起的，影响公司目标实现或使公司发生损失的风险。

二是流程风险（process risk），是指由于公司内部业务流程没有得到有效实施、资产未得到有效保护等因素而产生的风险。

三是决策信息风险（information for decision-making risk），是指由于战略决策、经营决策和财务决策所使用的信息不恰当、不可靠或未被正确使用而产生的风险。

在前述三大类的基础上，继续细分，可得到更多的风险因素，它们共同构成了商业风险模型，具有较广的适用范围。最初的商业风险模型有73种细化风险。表9-1所示为经过补充后的商业风险模型，共有77种细化风险。

表9-1 商业风险模型

环 境 风 险

竞争对手 顾客需求 技术进步 敏感性 股东关系
资金 政治 法律 监管 行业 金融市场 灾害损失

续表

流 程 风 险		
经营风险	授权风险	财务风险
顾客满意度	领导能力	价格
人力资源	权力/限制	利率
产品开发	外包	货币
效率	业绩激励	权益
生产能力	变化应对	商品
性能差距	沟通	金融工具
周期		流动性
货源	信息处理/技术风险	现金流量
渠道有效性	相关性	机会成本
合作伙伴	系统整体性	集中
陈旧/跌价	接触途径	信用
合规性	可获得性	违约
经营中断	基础设施	集中
产品/服务失败		清偿
环保	诚信风险	担保
健康与安全	管理层舞弊	
商标价值损失	雇员/第三方舞弊	
	违法行为	
	未经授权的使用	
	声誉	

决 策 信 息 风 险		
经营决策	财务决策	战略决策
定价	预算和计划	环境监控
合同承诺	会计信息	经营种类组合
考核（经营层）	财务报告评估	估价
一致性	税务	组织结构
报告合规	养老金	考核（战略层）
	投资评估	资源分配
	报告合规	计划
		生命周期

（一）环境风险

环境风险列示了影响公司目标和战略的外部因素，共有 12 项细化风险。

1. 竞争对手风险（competitor risk）。竞争对手的行为、市场新的进入者，这些对公司都是某种程度的威胁。最为常见的是竞争对手的价格战。此外还有竞争对手提高产品质量、推出新产品、对自己产品的仿效、大幅提高广告投入、结合奥运等媒体关注题材进行整合营销等。特别是，竞争对手的某些营销策略会削弱自己巨资营销计划的效果。

2. 顾客需求风险（customer wants risk）。顾客需求总是在不断变化的，有些变化对企业而言可能意味着需要增加成本，如顾客对质量的要求提高、对快速邮递的要求更严格等；有些变化对企业来说可能并不需要增加成本，而是需要进行技巧性的改进，如顾客对时尚潮流的偏爱、顾客口味的变化、顾客健康观念和意识的增强等。无论哪种变化，企业必须实时地对变化进行监控，掌握其趋势并做出反应。落后者在竞争中是没有希望的。

此外，顾客本身也在不断的变化。社会在发展，人口结构也在变换，如老龄化趋势、中国的男多女少趋势、丁克家庭趋势等。这些变化影响公司目标客户群的数量，从根本上改变着对公司产品和服务的需求。

3. 技术进步风险（technological innovation risk）。技术进步的风险对企业的影响是巨大的。因为技术进步往往意味着更好的质量、更强的性能和更低的成本。如果企业落后于技术进步的大潮，其结果绝对是致命的。IT 行业就是这样的典型，整个行业的发展可以看作一部科技进步的历史。甚至在行业中广为流传着一个定律——摩尔定律，大意是说微处理器的性能每 18 个月就翻一倍，而价格下降一半。

4. 敏感性风险（sensitivity risk）。当公司过分投入资源或者对未来经营活动产生的现金流过分依赖时，就可能产生敏感性风险，这时公司的价值链紧绷，对外界的风吹草动都极为敏感，对环境变化的应对能力很弱。

另外，公司对外界的变化极不敏感、反应迟钝，不能根据环境的变化来调整自身的经营活动，这种因迟钝不敏感而产生的风险也归入敏感性风险。

5. 股东关系风险（shareholder relation risk）。投资者信心的减弱会直接影响公司的筹资能力。现有的和潜在的投资者，如果对公司的赢利模式、战略等缺乏了解，或者怀疑公司赢利和实现战略目标的能力，进而怀疑公司给他们带来投资回报的能力，这样公司股权融资的通道就会堵塞，对公司无疑是巨大的威胁。

此外股价过低除了融资受阻外，还会产生其他恶果，例如影响公司形象，无法对管理层实施股权激励，甚至更严重的是吸引恶意收购者。

6. 资金风险（capital availability risk）。资金风险是指公司缺乏有效的筹资渠道，从而威胁其成长能力、实现赢利模式的能力以及产生未来回报的能力。在企业的发展过程中因缺乏资金支持而引发资金链断裂的后果是不可想象的，有时候甚至会"一分钱难倒英雄汉"，像前面讲述的巨人集团案例那样，短时间的资金匮乏就可能把企业逼到绝路。

7. 政治风险（sovereign/political risk）。如果公司在某个国家进行了重大投资，那么该国的政治动向、相关政策法规的出台等就会对公司产生重大影响。影响程度与公司在该国的业务量、签订的合同是否受法律保护等因素有关。政治风险一旦发生，其损失往往是巨大且难以挽回的，例如可能的国有化措施、外汇管制、外贸壁垒设置等。

8. 法律风险（legal risk）。法律风险主要在以下几种情况下发生：法律的变化，新的立法出现，公司的经营活动违反法律，合同协议有法律漏洞，公司遭受诉讼等。尤其是旷日持久的诉讼的威胁，不仅有损公司名誉，还会分散公司注意力和资源，败诉后还会发生惩罚性损失。

9. 监管风险（regulatory risk）。国家、地方或行业监管者变更法规条例，改变市场规则会对企业发生直接影响。法规条例的改变往往意味着市场环境的改变，或者对公司业务某些方面的限制，这都容易造成公司的竞争压力增大。

10. 行业风险（industry risk）。行业风险指的是该行业失去吸引力和价值的可能性，这种风险与公司战略目标的制定和实现息息相关，如行业的生命周期、行业的进入和退出壁垒强度等，这些往往会对公司的长期业绩产生决定性影响。行业风险是系统性风险，对该行业的所有企业都会产生影响。

11. 金融市场风险（financial market risk）。金融市场风险是指由于金融市场价格的变动（如汇率、利率、股价等），或者是金融市场本身的变动（如交易规则等），影响公司的收入、费用、资产、负债、股价等的计量价值，从而影响公司的筹资成本、筹资能力、盈利能力和公司价值。

对上市公司而言，金融市场风险有两方面的含义。一方面，企业的资产、负债、收入、费用等相关项目，可能与金融市场关系密切，甚至以金融资产的形式体现。此时，这些项目就有金融市场的风险敞口。另一方面，公司的股票本身就是一种金融资产，自然要面临金融市场的风险。

对于前一类金融市场风险，商业风险模型在财务风险模块中有详细的细分阐述。对于后一类风险，也就是公司股票本身的风险，在此要尤其注意。主要需要防范两种情况：一是公司股价剧烈波动。股价无论是"火箭发射"还是"高台跳水"，对于公司都不是好现象。二是防止公司股价过低。因为一旦股价过分地低于其价值，公司就会面临被恶意收购的危险。

12. 灾害损失风险（catastrophic loss risk）。意外灾害也威胁着公司的生存，有可能导致公司丧失持续经营的能力、无法提供产品和服务、不能收回运营成本等。灾害根据其可控程度，往往可以分为两类。

（1）不可抗力。这种属于"天灾"，非公司的能力所及。例如风暴、地震、洪水、火灾、战争、恐怖活动等。虽然它们的发生是不可控制的，但是对于其可能造成的损失却是可控的。一方面，大多数商业合同中都包含着发生不可抗力事件时的免责条款，损失由双方共同承担。另一方面，通过保险的手段，可以将潜在的损失大大降低。

（2）可控灾害。这种灾害其源头是公司可以控制的，例如对环境的污染，公司所提供产品的安全事故（如汽车）、公司所提供食物的缺陷、顾客在接受服务时的安全事故（如客运公司）等。此类事故一旦发生，不仅会直接对公司造成金钱上的损失，而且很有可能使公司名誉遭受损害。对于这类灾害，就要通过公司内部控制来消灭源头的隐患。

（二）流程风险

流程风险细分为五个大的类别。

（1）经营风险。经营运作效率低、效果差，无法顺利完成公司的盈利模式、满足客户需求、实现公司在质量、成本和耗时方面的目标。

（2）授权风险。管理者和员工之间可能由以下情况产生的风险：没有正确地引导；不知道做什么、怎样做以及何时做；做事超越了其权限；有做错事的动机等。

（3）信息处理/技术风险。公司的信息技术使用不当带来的风险，例如，信息技术没有按计划运行；数据和信息的完整性和可信性存在问题；把公司的重要资产暴露于潜在损失或滥用的风险；暴露公司核心业务能力的风险。

（4）诚信风险。诚信风险是典型的"人祸"，表现为公司管理层、员工的舞弊，非法的行为，未授权的举动等，这些都有可能使公司遭受财务损失或名誉降低。

（5）财务风险。公司的现金流和财务风险未被有效地管理、没有达成成本收益原则，从而无法完成下列目标：保持足够的现金可得性；减少货币、利率、信用及其他金融风险；在需要的时候快速而无损地转移资金。

1. 经营风险（operations risk）。

（1）顾客满意度风险（customer satisfaction risk）。

顾客满意度 = 公司产品和服务的质量 – 顾客的期望。

当公司产品和服务的质量低于顾客的期望时，就会导致顾客的不满意。在我国，可以说目前企业的顾客满意度管理水平普遍较低。

与其他风险不同，这部分风险是"暗"的，没有明确的体现。因为你很难知道到底流失了多少顾客。顾客流失可能由多种原因引发，例如公司名誉受损、口碑不佳等。

口碑的重要性目前还未被我国的多数企业所重视。例如，一个最基本的原则，很多企业都做不到：公司对于客户是一体的。是一个公司，共同承担责任，而不是很多散落的部门，相互推诿。企业失去的是什么呢？是口碑，是顾客的心。

（2）人力资源风险（human resource risk）。公司业务的某些核心职位往往对任职人员的素质要求较高，需要其具备相应的知识、技能和经验。缺乏的核心职位人员或者该人员不称职都会影响企业目标的实现。此外，在找到称职的员工后，还要注意其离职的风险。最坏的一种情况是该人才跳槽到企业的竞争对手处。这对公司的打击无疑是巨大的。因此，需要采取各种激励手段来加强员工的忠诚度，尤其是对于核心岗位。

（3）产品开发风险（production development risk）。产品开发面临的主要风险在于，与市场需求脱节，开发出的产品不符合消费者的需求。可能有以下几种情况：

➤ 该产品消费者不喜欢或者不需要。

➤ 该产品成本过高，导致价格过高，高于消费者的期望或承受能力。

➤ 该产品进入市场的时机不对，与消费习惯相比太早或太晚，或者比竞争对手晚。

> ➢ 该产品未能成功地形成差异化形象。
> ➢ 该产品在性能、成本方面未能超越竞争对手，卖点少。

（4）效率风险（efficiency risk）。公司业务的低效率运作，会导致为顾客提供产品和服务时的高成本和高耗时。而这两者无疑会大大降低顾客满意度，使公司在竞争中丧失优势。效率风险是所有企业都要面对的考验。

在某些行业，效率就直接代表着公司形象。例如物流、快递行业，将物品快速、准确地送达目的地的能力，就是公司的核心竞争力。在这一过程中，效率至关重要。高效的公司不仅能够占领巨大的市场份额，还可以因为快速的服务而收取更高的价格，因而比竞争对手赚取更高的利润。

（5）生产能力风险（capacity risk）。生产能力风险产生于企业的生产能力与需求不匹配，即生产能力低于或者高于企业产品的需求。生产能力过低，即使全部人员循环开工也无法满足需求，这不仅直接导致需求的流失、利润的减少，更重要的是，企业会错失扩大规模和市场份额的良机。生产能力过高，企业开工不足，无法利用所有的生产能力，这样会导致固定成本在少量产品中分摊，单位产品成本过高，从而降低利润甚至引起亏损。

（6）性能差距风险（performance gap risk）。绩效差距是指公司的生产和提供服务的能力不强，生产流程管理不完善，从而使得产品性能与竞争对手存在明显差距，从而在竞争中处于不利地位。

（7）周期风险（cycle time risk）。公司业务流程中，不需要的和不相关的活动会增加业务流程的总体时间，从而使得公司业务周期的时间过长。一个完整的业务周期包括产品开发、订购、生产、运输等环节。

（8）货源风险（sourcing risk）。货源风险是指与供应商有关的风险，公司可能需要从供应商处采购原材料、零件、成品等，而货源的价格、质量、及时性等方面的变动对公司生产和销售会产生巨大影响。所以，一般的企业都会同时跟进多个供应商，一来增加谈判能力，二来可以通过分散化降低货源风险。

（9）渠道有效性风险（channel effectiveness risk）。有效的渠道，应该能够使公司的产品及产品信息顺利地、准确地接触到产品的目标客户。如果渠道所接触的顾客并不具备或者超越了该产品的购买能力，这样的渠道就很难为企业创造利润。产品的渠道主要是指公司的营销和物流渠道。产品信息的渠道主要指广告。广告投放的效果不太容易衡量，更应该注意与目标客户群体的匹配。

（10）合作伙伴风险（partner risk）。无效率、无效果的外部伙伴关系，如合作、联盟、会员、合资公司等，会损害公司的竞争力。这部分风险的发生可能产生于：选择了错误的合作伙伴、无效的执行过程、索取比付出多因而失去合作伙伴、未抓住合作时机、联盟缺乏有效的约束机制等。

（11）陈旧/跌价风险（obsolescence/shrinkage risk）。公司的存货和其他实物资产随着时间的推移，会面临陈旧过时、跌价以及损毁的风险，使公司损失。这一概念我们并不陌生，会计中需要对实物资产进行折旧和计提准备，针对的就是这类风险。

（12）合规性风险（compliance risk）。合规性风险，又称遵守风险，是指公司对外未能符合客户要求、没有遵守法律法规，内部未能按照规定的政策和程序来进行业务流程等，导致低质量、高成本、收益损失和不必要的延迟等。

（13）经营中断风险（business interruption risk）。当企业进行生产的必要元素，如原材料、有经验的技术工人、信息、机器设备等不能得到及时供给时，就会产生经营中断，陷入不能持续经营的困境。经营的中断不仅会直接给企业带来损失，也有可能引发合同无法完成，造成赔偿的潜在损失。

（14）产品/服务失败风险（product/service failure risk）。公司的产品质量不合格、服务出现问题，会导致顾客的投诉、索赔、维修、退货、换货、折扣、责任追究甚至诉讼。这类风险危害巨大，不仅会直接带来损失，而且会影响公司声誉、降低市场份额。

（15）环保风险（environmental risk）。公司的生产和经营活动如果可能对环境产生危害时，就涉及环保风险。对环境的污染会给企业带来潜在的责任，如导致第三方人身伤害、财产损失的赔偿责任，支付给第三方清除污染的成本，支付给政府的相应罚款等。当企业对环境的污染巨大、破坏严重时，还面临着被强制关停的风险。

（16）健康与安全风险（health and safety risk）。企业未能给员工提供一个安全的工作环境，致使其健康和安全受到损害，这样的结果是严重的。企业将面临支付医疗费用的责任和赔偿责任，同时公司的名誉也会受损。

（17）商标价值损失风险（trademark/brand erosion risk）。随着时间的推移，企业商标或品牌的价值可能会逐渐减少甚至消失，这将极大削弱公司保持其产品和服务的需求的能力，以及保持未来收入增长的能力。

商标价值的损失可能由于多种原因，如产品质量低、服务质量差、提供的产品或服务过程产生事故、很长时间未进行宣传、假冒商品的出现等。

2. 授权风险（empowerment risk）。

（1）领导能力风险（leadership risk）。公司的管理层领导能力有限，员工缺乏有效的领导。俗话说："兵熊熊一个，将熊熊一窝。"拙劣的领导所引起的后果尤为严重：使员工缺乏方向感，缺乏以顾客为中心的意识，没有足够的激励使员工努力工作，员工对管理层缺乏信任，员工不被理解和关注因而缺乏工作热情等。

管理应以人为本。很多时候，员工需要的不仅仅是薪水、福利等硬件的激励，也需要理解、亲和、尊重、成就感等软性的因素。领导者的个人能力和人格魅力在打造一个经营团队的过程中也是必不可少的。

（2）权力/限制风险（authority/limit risk）。在管理中，授权是一个很具有艺术性的问题，往往不太容易把握，并且受人的因素影响很大。在授权的同时，又需要对下放的权力进行限制和制衡，并且与责任捆绑，做到责、权、利三者的统一。授权中，责、权、利三者的大小要统一。权力、责任和利益三者是矛盾的统一体，共同存在，相互制约。三者的大小务必统一，否则会出现以权谋利或者消极怠工等结果，使授权机制扭曲。

（3）外包风险（outsourcing risk）。承接外包的第三方服务提供者，其动机和行为可能与公司的战略目标不一致，因而其行为有可能超越了商定的界限，或者提供的服务质量不足影响公司的价值链实现，或者外包方在市场上与本公司形成竞争等。

（4）业绩激励风险（performance incentives risk）。公司经理和员工的工作最终要通过绩效考核来评价。业绩激励风险指的是绩效考核的方法不切实际、被误解、过于主观或者不具操作性等，致使经理和员工的行为与公司的目标、战略、道德标准或者谨慎的商业行为不一致。简言之，就是业绩激励的方向与公司的目标方向偏离。

（5）变化应对风险（change readiness risk）。对于外界市场的变化，公司人员无法实施有力的产品和服务流程改造，无法赶上市场变化的速度，使企业的产品和服务面临被淘汰的风险。

（6）沟通风险（communication risk）。企业内部无效的沟通无疑是捆住了自己的手脚。纵向沟通无效，会导致：高层无法及时得到信息，不能及时了解业务实际的进展情况，无法迅速地做出决策；低层员工无法及时接到上级的决策、指导或建议，感到孤立无援，或者行为超出授权的界限等。横向沟通无效，会导致：各职能部门各自为政，出现问题互相扯皮，企业的价值链环节断裂，无法改善公司业务流程等。

3．信息处理/技术风险（information processing/technology risk）。

（1）相关性风险（relevance risk）。相关性风险是指公司的信息收集与汇总系统所产生的信息与信息的使用目的不相关。决策时，不相关信息的使用有可能会对决策产生负面的影响。

（2）系统整体性风险（integrity risk）。这一风险涉及信息系统中各项业务的授权、完整性和准确性，以及各项业务在信息系统中处理、汇总和报告的各环节。信息系统对公司业务的整合过程本身就存在风险。

（3）接触途径风险（access risk）。接触途径风险指的是人员与信息的接触途径和限制不当所引起的风险。信息接触限制不足会导致不应当接触信息的人接触到机密信息，从而给公司造成损失。尤其是如今网络木马的盛行更是给黑客窃取信息提供了方便。然而，信息接触限制过于严格也对公司不利，将使得员工无法及时利用信息来完成其工作责任，降低了工作效率。

（4）可获得性风险（availability risk）。即重要的信息在需要的时候却无法得到的风险。这可能是由通信中断、电脑设备故障等造成的信息系统无法持续工作。

（5）基础设施风险（infrastructure risk）。公司缺乏实现信息技术的基础设施，例如硬件、网络、软件、人员和流程，这些基础设施用来支持现在或未来公司的信息需求，使信息系统以高效率、低成本和控制良好的方式运行。

4. 诚信风险（integrity risk）。

（1）管理层舞弊风险（management fraud risk）。公司治理的首要问题就是企业的经营权和所有权分离，以及由此带来的委托代理问题。股东是委托人，管理层是代理人。股东的目标是实现其股权价值的最大化，而管理层的目标是实现自身价值的最大化。因此，管理层存在舞弊的动机，通过牺牲股东的价值来增加自身的利益。例如管理层粉饰财务报表以得到业绩奖励，从事行贿、收取回扣等其他损害公司价值的行为。

（2）雇员/第三方舞弊风险（employee/third-party fraud risk）。雇员、客户、供应商、代理人、经纪人或第三方管理者的舞弊，例如对公司实物资产、财务资产和信息资产的占用或挪用等，也会损害公司的利益。

（3）违法行为风险（illegal acts risk）。公司经理或员工的违法行为，会导致公司或相关人员罚款、入狱、制裁等，并且失去顾客、利润和公司名誉。

（4）未经授权的使用风险（unauthorized use risk）。公司的实物资产、财务资产和信息资产被未经授权的员工或其他人使用，会使公司资源浪费和遭受财务损失。更严重的是，信息资产（如专利技术、流程设计、顾客名单或其他商业机密）有可能泄露，从而丧失竞争优势。

（5）声誉风险（reputation risk）。不良声誉会使公司失去顾客、核心人才和竞争力，最终丧失收益。不良声誉可能由许多原因产生，如对待顾客的态度不好、大规模拖欠供应商货款、产品质量问题引发公众的信任危机等。出现问题或危机的时候，务必秉承这样的原则：公司的声誉是第一位的，暂时的利益得失是次要的。

5. 财务风险（financial risk）。财务风险与公司的财务报表关系紧密，是人们比较熟悉的一类风险，它包含三种类型：价格风险、流动性风险和信用风险。金融理论和金融市场的发展也为人们规避财务风险提供了许多有力的工具。

（1）价格风险（price risk）。价格风险是指市场要素价格的变化导致公司的收入或净价值的变化，从而影响公司的收入、费用以及资产负债表各项的价值。价格风险是一种典型的机会风险，价格向一个方向变化可能会给公司带来损失，但是反向变化就可能给公司带来收益。价格风险分为五类：

➢ 利率风险（interest risk）。利率是资本的价格。利率的升高可能会使公司筹资成本增加、投资收益降低或者某些资产（如国债）价值减少。反之，利率的降低也可能会给公司带来某些好处。

➢ 货币风险（currency risk）。货币风险即汇率风险。当公司在国外市场上有经营业务、投资国外的证券产品、在国外金融市场融资时，就会存在汇率风险的敞口。

➢ 权益风险（equity risk）。权益风险产生于上市公司。当公司投资于上市公司的权益类证券（如股票、基金、可转换债券、股票期权等）时，该权益类证券价格的变动就有可能给公司带来财务损失。此外，公司本身就是上市公司时，也会面临权益风险，当公司的股价过低时，就会面临恶意收购的危险。

➢ 商品风险（commodity risk）。公司需要从商品市场购买原材料或者进货，生产出的产品又要进入商品市场，因而公司会在两个方面面临商品的价格风险。商品价格的变动直接影响公司的利润。

➢ 金融工具风险（financial instrument risk）。常见的金融工具有：债券、外汇、股票、基金、期货、期权等。品种多样的金融工具为公司提供了套期保值和规避风险的工具，同时，对金融工具组合的复杂性管理不善也可能导致公司付出额外的管理成本或者损失。

（2）流动性风险（liquidity risk）。流动性风险是指无法及时地、低成本地满足公司现金流的需求而造成损失的风险。其中也包括由于市场缺乏足够交易者或者买卖极度不均衡，公司的资产或交易头寸不能以合理的价格在短时间内变现或成交的风险。流动性风险包括三类：

➢ 现金流量风险（cash flow risk）。流动性风险的发生，往往是由于公司的现金流入与现金流出没有匹配造成的。由于运营需求、偿还债务、资本支出等，企业面临一项必需的现金流出时，如果没有足够的现金存量和一笔足额的现金流入，企业将不得不提前变现资产或者增加额外负债，这都会导致收益的减少和筹资成本的增加。更严重的，企业需要钱而无处筹资时，就面临资金链断裂的危机。

➢ 机会成本风险（opportunity risk）。机会成本是一个经济学概念，指的是从事一项业务所放弃的业务中最好的收益。资金的使用方式不当，没有选择最佳途径，有可能导致其收益小于机会成本。这样，虽然在会计上是盈利的，但其经济价值却是亏损的。在考虑资金的机会成本时，尤其要考虑资金的时间价值和交易成本因素。

➢ 集中风险（concentration risk）。公司的融资渠道过窄，过于集中于少数几个资金来源，使公司不得不接受掠夺性的高额融资成本；或者参与一个狭窄的、参与者不多、流动性不强的金融市场，使公司无法以合理的价格在合理的时间期限内完成交易。

（3）信用风险（credit risk）。信用风险是在以信用关系为纽带的交易过程中，与公司有商务关系的经济实体或法人无法履行其承诺的义务而给公司造成损失的风险。信用风险分为四类：

➢ 违约风险（default risk）。违约风险是信用风险最常见的表现形式，即公司的交易对手无法履行义务。

➢ 集中风险（concentration risk）。指公司的客户或交易对手过分地集中于一家或者一群相近的公司，这些公司容易受同样的事件影响，因而有可能出现同时违约的风险。

➢ 清偿风险（settlement risk）。当公司的投资或业务涉及多个地区的金融市场时，就会产生清偿风险，又称为交割风险。不同地区的金融市场开放的时间不同，首先支付的一方就面临后支付的一方拖欠、违约或者因系统故障等原因不能履行义务的风险。这是一种短期风险，一般在 24 小时内比较突出。

➢ 担保风险（collateral risk）。由于担保，公司间接用于筹资的资产价值可能会部分或全部损失，尤其是这种担保所对应的筹资并非公司所得，而是为了其他关系实体的时候。

（三）决策信息风险

决策信息风险与公司价值创造过程的各个环节有关，分为三个大类：经营决策风险、财务决策风险和战略决策风险。

1. 经营决策风险（operational decision-making risk）。

（1）定价风险（pricing risk）。定价决策时，缺乏相关的和准确可信的信息，就容易造成定价不当。

缺乏系统的市场调研结果或顾客需求信息，容易造成定价过高的风险，致使定价超出了顾客所愿意支付的价格，需求不足。

缺乏研发、生产、运输、销售渠道等信息，容易造成定价过低的风险，以至于该价格没有涵盖所有生产环节的成本，或者没有对汇率风险等销售渠道风险的补偿。

（2）合同承诺风险（contract commitment risk）。缺乏相关信息，可能导致在订立合同时增加某些不利于公司总体最佳利益的承诺。例如合同中往往会详细划分各种风险的承担责任，如果对于这些风险及通常的避险做法和责任分担方法不熟悉，就有可能使公司做出过多的合同承诺，承担不必要的风险。

（3）考核（经营层）风险［measurement（operations）risk］。财务指标的考核比较容易控制，比较容易实现信息的准确反映。但是经营过程中非财务指标的考核控制难度较大，有可能考核体系与经营业绩不相关、不能准确反映绩效等。

（4）一致性风险（alignment risk）。一致性风险是指公司业务流程的目标和绩效考核方式与公司层面和业务单元层面的目标不一致，因而在公司内部产生矛盾冲突或者不合作的行为。

（5）报告合规风险（regulatory reporting risk）。企业的经营信息报告应该符合监管机构的要求，做到完全、准确、及时，否则将会面临罚款等制裁。

2. 财务决策风险（financial decision-making risk）。

（1）预算和计划风险（budget and planning risk）。预算和计划不存在、不符合实际、没有基于准确的数据、没有被管理者接受、流于形式等，都容易造成不恰当的结论，做出错误的财务决策。

（2）会计信息风险（accounting information risk）。将会计信息用于管理业务流程时，过于强调财务信息的重要性和绩效导向，而没有把财务信息与经营业务有机结合。这样容易导致员工操纵业务成果以达到财务目标，而丧失了对顾客满意度、质量检测、工作效率等非财务目标的关注和实现。

（3）财务报告评估风险（financial report evaluation risk）。由于缺乏公司外部和内部的相关、可信的信息，致使无法评估财务报表是否需要调整或者某些事项是否需要披露，造成财务报表不能公允地反映公司经营状况。

（4）税务风险（taxation risk）。税务风险有两个方面：一是由于信息不足，对税务法律法规的了解不足，造成纳税方面没有遵循税收的法律法规，从而遭受罚款等处罚；二是由于信息不足和经验不够，以致原本可以合法避税的事项没有避税，给公司造成损失。

（5）养老金风险（pension fund risk）。企业的养老金制度不完全、不健全，不足以确保及时地完成对员工的福利责任，这样会导致道德和声誉受损、士气不振、工作停歇、诉讼和额外资金需求的风险。

（6）投资评估风险（investment evaluation risk）。投资项目的相关信息不足，决策者无法准确地评估该项投资的收益和风险，从而造成决策失误，给公司带来损失。

（7）报告合规风险（regulatory reporting risk）。公司的财务报告要符合规定，及时、准确地反映公司信息，以便管理层及时掌握公司状况。对上市公司而言，还需要及时向公众披露，否则会受到处罚并丧失名誉。

3. 战略决策风险（strategy decision-making risk）。

（1）环境监控风险（environmental scan risk）。公司没有有效地监控外界环境的变化，或者对外界环境变化的理解基于错误的假设或理论，这都可能会使公司的战略过时，在变化的竞争中处于劣势。

（2）经营种类组合风险（business portfolio risk）。经营种类组合风险是对具有多种产品和业务部门的多元化公司而言的。对于决策者来说，各部门的信息汇总后往往呈现多元性和复杂性，甚至大量信息与决策不相关。这就容易造成对经营组合的管理失效，没有有效地确定各产品的优先次序或者平衡各产品的比重，从而使公司资源在各产品的配置上没有达到最优。

（3）估价风险（valuation risk）。信息的缺乏使得管理层无法准确地衡量某一业务或某一部门对公司的价值，从而影响公司对自身业务的评估和做出正确的战略调整决策。

（4）组织结构风险（organization structure risk）。公司的组织结构不支持公司战略目标的实施，或者管理层缺乏评估组织结构有效性的信息，从而无法对组织结构实施有效的变革。

（5）考核（战略层）风险〔measurement（strategy）risk〕。这一风险主要是指公司的考核体系没有体现公司的战略目标，激励的方向不对从而影响目标的实现。

（6）资源分配风险（resource allocation risk）。公司缺乏资源分配的流程以及支持资源分配的信息，将阻碍公司将资源用于建立竞争优势上。

（7）计划风险（planning risk）。公司的计划流程不完善，基于不准确的历史数据，没有根据环境变化及时更新，对自身竞争力没有准确的认识，计划不具可操作性等，都会阻碍公司形成有效的战略。

（8）生命周期风险（life cycle risk）。缺乏足够的数据和信息，造成企业对行业和产品生命周期的认识不充分、不准确，从而采取了错误的战略来应对当时的生命周期阶段。

四、风险识别方法

风险识别方法共有七种，分别是现场调查法、列表检查法、财务报表分析法、触发器法、流程图法、座谈讨论法和问卷调查法。

（一）现场调查法

现场调查法是最为常用的方法之一，其优点是可以获得第一手的资料，减少了对中间人报告的依赖性。同时，现场调查的过程本身也是一种沟通过程，可以与现场工作人员建立良好的关系，宣传风险理念，为之后风险管理措施的落实作铺垫。

现场调查法的缺点是耗时长、成本高。因此，往往只能在某些重要环节的识别上采取现场调查法。此外，现场调查过程中如果沟通处理不好，或者现场工作人员的风险意识不强，现场调查容易导致工作人员的反感，给风险识别工作增加阻力。

现场调查往往采用相关表格来记录调查结果，如表9-2所示。

表9-2　　　　　　　　　　　风险现场调查表

编号		调查人		调查时间	
项目名称		涉及部门		负责人	
项目状况	潜在损失列示	影响程度和范围	作用时间	已有的控制措施	控制措施是否有效

（二）列表检查法

将企业可能面临的风险及潜在损失分类，并按照一定的顺序进行排列，就得到了风险识别用表。对照风险列表的各项，逐项检查，可以避免遗漏风险。风险识别用表可以采用保险业及风险管理协会等公布的、通用的潜在损失一览表，也可以根据企业的实际情况自行制作风险识别用表。

表9-3列示了美国风险管理与保险协会制定的一份潜在损失一览表。

表 9-3		风险列表
直接损失风险	无法控制和无法预测的损失	1. 电力中断：雷电、火灾及各种损坏 2. 物体下落：飞机失事、树、建筑材料 3. 地壳运动：火山、地震、滑坡 4. 声音及震动波：飞机、震动 5. 战争、暴力、武装冲突、恐怖活动 6. 水损：洪灾、水位提高、管道破裂等 7. 冰、雪损害 8. 风暴：台风、飓风、龙卷风、冰雹 9. 土地下沉、倒塌、腐蚀
	可控制和可预测的损失	1. 玻璃或其他易碎物品的破裂 2. 毁坏：工厂设施的毁坏 3. 起始或降落时的碰撞：飞机碰撞、船舶碰撞 4. 污染：流体、固体、气体、放射污染 5. 腐蚀 6. 雇员疏忽或大意 7. 爆炸事故 8. 环境控制失败所致损失：气候、温度、气压 9. 咬伤：昆虫等动物 10. 火损 11. 建筑物损坏：倒塌 12. 国际性的毁坏 13. 航海风险 14. 物体变化所致损失：收缩、蒸汽变色、变质、膨胀 15. 邮箱或管道破裂 16. 烟损、污点 17. 物体溢出、漏出 18. 电梯升降事故 19. 交通事故：翻车、碰撞 20. 无意识过错 21. 故意破坏与恶作剧 22. 欺骗、伪造、偷窃、抢劫
	与财务有关的主要损失	1. 雇员不诚实：伪造、贪污 2. 没收：国有化、逮捕、充公 3. 欺诈、偷窃、抢劫 4. 事实、专利、版权、公证的无效 5. 库存短缺：无故消失、乱放丢失 6. 作废
间接损失或因果损失		1. 所有直接损失的影响：供给、顾客财产、人身或财产转移、雇员 2. 附加费用增加 3. 资产集中损失 4. 样式、品位和需求的变化 5. 破产 6. 营业中断损失 7. 经济波动 8. 疾病、流行病、瘟疫 9. 技术革命：折旧费增加 10. 版权侵权 11. 管理失误：市场、价格、产品投资等

续表

责任损失	1. 航空损失 2. 运动责任 3. 出版商责任 4. 汽车责任 5. 契约责任 6. 雇主责任 7. 产品责任 8. 职业责任	

资料来源：洪锡熙. 风险管理［M］. 广州：暨南大学出版社，2005.

（三）财务报表分析法

1. 按照财务报表逐项检查。财务报表是企业资产状况和经营活动的集中体现和汇总，企业的盈利和损失最终都要在财务报表上体现。因此，通过对企业财务报表的分析来发现企业经营活动中的潜在损失，是风险识别的一种有力手段。尤其是对于财务风险的分析，财务报表就是一份最好的风险清单。

2. 财务比率分析。财务比率分析是评估公司经营情况的利器。财务报表显示的是绝对值，而财务比率分析通过将一项财务指标与另外一项作比较，得出相对值，消除规模的影响，从而更有利于人们的解读和判断。

在财务比率分析中，经常被关注的是反映企业三个方面能力的财务比率：盈利能力、营运能力和偿债能力。盈利能力是反映企业获取利润的能力；营运能力是反映企业利用资源的效率；偿债能力是反映企业偿还到期债务的能力。对于上市公司而言，还有投资收益的指标也需要关注。

（1）反映盈利能力的财务比率。盈利是企业的终极目标，是企业的生命线所在，也是企业的管理层、投资者和债权人等最为关注的能力。分析盈利能力要抓住公司的主营业务，关注主营业务收入的持续性、稳健性和增长性，并且要剔除非主营业务和暂时性收入的影响。

➢ 毛利率 =（销售收入 – 销售成本）/销售收入

这是公司主营业务获利能力的最直接反映。

➢ 净利率 = 净利润/主营业务收入

➢ 总资产收益率 = 净利润/总资产平均值

➢ 净资产收益率 = 净利润/所有者权益平均值

➢ 经营指数 = 经营现金流量/净利润

➢ 主营业务收入收现比率 = 销售商品提供劳务所收到的现金/主营业务收入

其中，后两个财务比率反映的是盈利中能收到现金的比例。毕竟收到现金方可落袋为安，实现收入。前者反映了公司净利润中收到现金的比例，后者反映了主营业务收入中现金收取的比例。

（2）反映营运能力的财务比率。

➢ 应收账款周转率 = 净销售额/平均应收账款

> 存货周转率 = 产品销售成本/平均存货
> 流动资产周转率 = 主营业务收入/流动资产平均值
> 固定资产周转率 = 主营业务收入/固定资产平均值
> 总资产周转率 = 主营业务收入/总资产平均值

（3）反映偿债能力的财务比率。

反映短期偿债能力：

> 流动比率 = 流动资产/流动负债
> 速动比率 = （流动资产 - 存货 - 待摊费用）/流动负债
> 现金比率 = （货币资金 + 短期投资）/流动负债

反映长期偿债能力：

> 资产负债率 = 总负债/总资产
> 利息保障比率 = 营业利润/年度利息费用

（4）上市公司投资收益比率。

> 市盈率 = 普通股每股市价/普通股每股收益
> 每股收益 = （净利润 - 优先股股利）/普通股数
> 每股净资产 = 所有者权益/普通股股数

3. 财务比率的综合分析——杜邦分析体系。该方法最早由杜邦公司使用并流传下来，所以称为杜邦分析。杜邦分析体系中提供了对财务比率进行综合分析的方法，它将财务比率逐层分解，揭示了比率之间的相互联系，从而为我们寻找财务问题的关键所在提供了一种有力工具。

如图 9 - 2 所示，杜邦体系以净资产收益率为切入点，以总资产收益率为核心，通过层层展开，将企业的重点财务指标有机地结合在了一起。杜邦体系可以按层来认识和理解，帮助我们来对企业进行风险识别。

第一层将净资产收益率分解为总资产收益率与权益乘数的乘积。这种分解告诉了我们不同企业对股东回报的差异来源：一是企业更强的综合盈利能力（总资产收益率）；二是更激进的融资手段（负债比率越高，权益乘数就越大）。从中我们可以评价企业的债务风险。适度的负债可以帮助企业提高对股东的回报，但其前提是借债的资金在企业中的回报率必须高于融资成本。同时，过度的负债也容易使企业陷入偿债风险。

第二层将总资产收益率分解为净利润率和总资产周转率的乘积。其中，净利润率反映了公司的获利能力，总资产周转率反映了公司的营运能力。这就揭示了企业的综合盈利能力的差异是由什么引起的，是来自业务本身的获利能力，还是来自公司的营运能力。这一层次的划分是杜邦体系的神来之笔，因为获利能力和营运能力这两者的相对强弱，实际上反映了企业的战略选择，提示了战略风险。采用成本领先战略的企业，往往营运能力较强，但是其净利润率往往较低。采用产品差异化的企业，其利润率较高，业务盈利能力较强，但是其周转率往往不高。可见，这种分解揭示了企业的战略成效。企业要么选择成本领先战略，要么选择产品差异战略，两种优势往往不太可能同时具备。

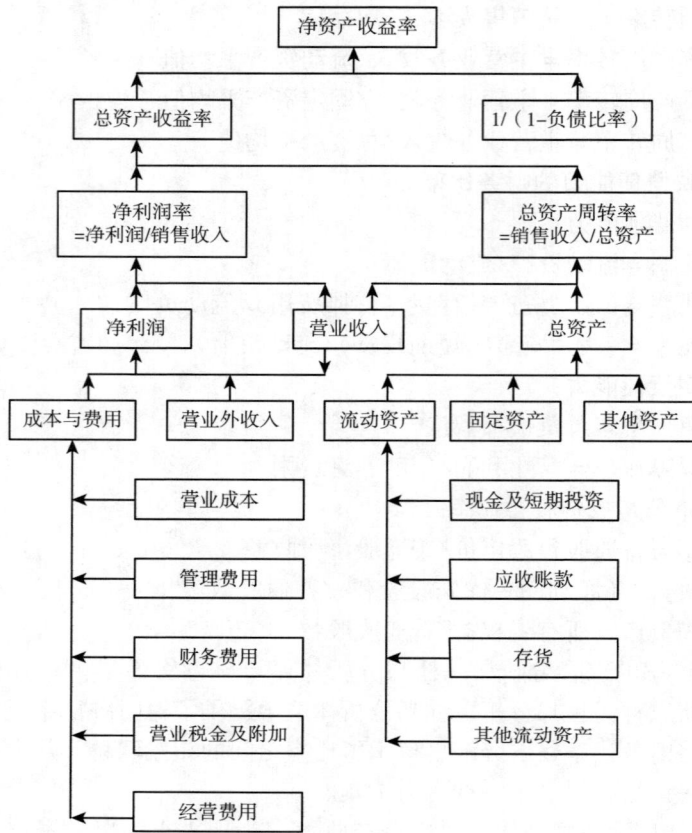

图 9 - 2　杜邦财务分析体系

第三层将净利润率和总资产周转率进一步分解。净利润率为净利润和营业收入的比值，总资产周转率为营业收入和总资产的比值。

第四层将净利润和总资产细分，揭示各组成部分。净利润由营业收入与营业外收入的和减去成本与费用得到，总资产由流动资产、固定资产和其他资产组成。

第五层继续细分，将关键的组成部分，例如成本与费用、流动资产等细分，这样我们就可以了解各个具体的组成，针对不同的战略选择，找到风险的集中部分。

（四）触发器法

触发器法类似于预警系统，将影响公司目标的关键指标设定一个预警范围，一旦指标超出该范围之后，立即向管理层汇报，引起风险管理及业务相关部门的注意，分析问题的原因，寻找对策，将风险扼杀在摇篮之中。

触发器范围的设定往往与公司的风险容忍度有关，但一般而言，由于触发器的作用和目的在于先知先觉，所以触发器范围的设定要比风险容忍度小，并且监控时间单位要小于目标的时间单位。例如对于销售量，公司的风险容忍度是可以偏离目标销量的 10%，那么触发器范围的设定就要低于 10%，比如设定为 5%；公司的目标时间单位一般为年，如 2008 年完成多少销售量，那么触发器监控的时间单位就要为季度或者是月，针对每季度或者每月的销售量数据进行监控。只有这样才可以达到先知先觉的效果，而不是亡羊补牢。

一般来讲，需要设定触发器的指标有：销售量、主营业务收入、应收账款周转率、存货周转率、流动比率、速动比率、利息保障比率、资产负债率、股票价格、市盈率等。

（五）流程图法

企业的经营活动由多个流程组成，每个流程又由许多细节模块组成。一般将公司的流程分为三大类：客户流程、生产流程和管理流程。通过对公司业务过程的详细解读，将业务流程用图示的方法详细描述，然后据此分析影响每个细节模块的内部因素和外部因素，是寻找风险因素、把握风险敞口的有力工具。

要把风险管理融入企业的日常经营活动中，就必须对公司的业务流程进行认识和分析。从流程中来，到流程中去。从流程中寻找风险因素，并将风险应对措施细化加入流程之中，使风险管理和控制成为业务流程不可缺少的组成部分。

（六）座谈讨论法

这种定性的方法不仅要利用公司内部的信息，也往往需要利用外部的资源提供信息。这既包括消费者、供应商、股东等企业利益相关方，也包括外部专家、审计机构、监管机构、管理咨询顾问等。

实践中，往往采用小组讨论的形式，借鉴管理层、员工及其他相关人员的经验，共同寻找风险因素。具体实行的时候往往以公司业务模块为单位，比如由市场营销部门的负责人召集市场部、采购部、广告部等相关人员进行讨论，集合每个成员的智慧，挖掘影响公司销售目标的潜在风险。

（七）问卷调查法

现场调查法费时费力，当风险涉及面太广时，风险管理者往往不可能对所有的现场都亲自检查，这时就需要依赖岗位工作人员的报告。然而岗位工作人员对风险识别往往又不太了解，所以采取问卷调查的形式，由风险管理者设计问卷，岗位人员填写问卷，就可以两全其美了：既利用了风险管理者的专业知识，也涵盖了岗位人员对实际情况的了解。此外，问卷调查还有第三个优点，就是为细类风险控制措施提供了实施纲领。例如表 9-4 所示的对仓库火灾风险的调查问卷，同样也可以作为仓库火灾风险防范的实施手册来逐项检查。

表9-4　　　　　　　　　　仓库火灾风险调查问卷表

编号	HZ20070039	调查时间	
问卷填写人		风险责任人	
问题		答案	应采取什么行动
所有货物是否分类并码放整齐?			
所有货物是否都离开地面?			
所有防火门是否正常工作?			
灭火器是否过期?			
灭火器是否按照指定位置足量存放?			
烟雾报警系统是否正常工作?			
自动淋水系统是否正常工作?			
所有货物是否采取了防淋水措施?			
所有易燃物品是否都存放在单独的防火室?			
是否有专人确保入库人员禁烟?			
与仓库有关的工序中是否存在火灾隐患?			
是否定期实施消防演习?			
仓库工作人员是否熟悉消防手册内容?			
您认为还有哪些火灾隐患?			
您认为本问卷还需要增加哪些问题?			

　　　　　　　　　　　　　　　　　　　　　　　　　　　　填写人签字：

　　问卷调查法是实行效率较高的一种风险识别方法，但该方法对问卷设计人员的素质要求较高，需要设计人员根据风险管理的方法，结合企业不同部门所面临的不同风险的实际情况，分别设计出不同的调查问卷。这样才能保证问卷调查的结果对风险识别有实质性的帮助。

本章小结

　　本章首先介绍了企业经营活动层面的目标，包括战略目标、经营目标、报告目标、合规性目标，这是企业的基本目标。企业的风险管理目标必须和企业的目标相一致，为实现企业的目标服务。风险管理的具体目标是要在损失发生前提供经济有效的保证，在损失发生后能够达成令人满意的复原。包括损失发生前的目标和损失发生后的目标。

　　在明确了风险管理目标的基础之上进行风险识别。这是风险管理中最为关键也是最难得的一个环节。本章介绍了七种风险识别的方法，分别是现场调查法、列表检查法、财务报表分析法、触发器法、流程图法、座谈讨论法和问卷调查法。

重要名词

战略目标

经营目标

合规性目标

风险成本

风险偏好

风险识别

练 习 题

一、单选题

1. 风险管理的总体目标在于通过使风险成本（　　）实现企业价值最大化。

A. 降低　　　　　　　　B. 最大化　　　　　　　C. 最小化　　　　　　　D. 提高

2. 当公司由于产品质量问题而遭受诉讼时，对当事人赔偿的损失、诉讼的费用属于（　　）。

A. 剩余风险成本　　　B. 损失成本　　　　　　C. 风险转移成本　　　　D. 风险控制成本

3. 风险识别的基础是（　　）。

A. 对企业自身及所处位置的认识和评估　　　B. 对产品质量进行安全测试

C. 公司治理结构　　　　　　　　　　　　　D. 公司业务流程和盈利模式

4. 下列不属于风险识别要点的是（　　）。

A. 风险识别贵在全面　　　　　　　　　　　B. 风险事件是相互依赖的

C. 注意市场进入壁垒变化　　　　　　　　　D. 将风险因素进行分类

5. 下列选项中不属于环境风险的是（　　）。

A. 竞争对手风险　　　　　　　　　　　　　B. 顾客需求风险

C. 技术进步风险　　　　　　　　　　　　　D. 人力资源风险

6. 公司缺乏资源分配的流程以及支持资源分配的信息，将阻碍公司将资源用于建立竞争优势上属于（　　）。

A. 资源分配风险　　　　　　　　　　　　　B. 计划风险

C. 组织结构风险　　　　　　　　　　　　　D. 生命周期风险

二、多选题

1. 企业经营活动层目标共分为（　　）。

A. 战略目标　　　　　　B. 经营目标　　　　　　C. 报告目标　　　　　　D. 合规性目标

2. 在进行战略选择时，可选择的基本战略包括（　　）。

A. 成本领先战略　　　B. 差异化战略　　　　　C. 目标集聚战略　　　　D. 营销战略

3. 风险成本主要分为（　　）。

A. 机会成本　　　　　　B. 风险控制成本　　　　C. 剩余风险成本　　　　D. 损失成本

4. 下列选项中属于风险控制成本的有（　　）。

A. 为了降低风险发生的概率和损失程度而付出的努力的成本

B. 对产品质量进行安全测试等

C. 为了将风险对冲、规避或转移而付出的成本

D. 采用期货来对冲价格风险，分散化的成本，以及保险费用

5. 风险识别方法包括（　　　）。

A. 现场调查法　　　　　B. 列表检查法　　　　C. 财务报表分析法　　　D. 触发器法

6. 风险识别的工具——商业风险模型将风险分为（　　　）。

A. 环境风险　　　　　　B. 流程风险　　　　　C. 细化风险　　　　　　D. 决策信息风险

三、判断题

1. 风险识别是企业风险管理中最为关键，同时也是最为困难的一环。　　　　（　　　）

2. 在确定经营目标的时候，要注重立足实际、着眼市场，整合公司内外资源。　（　　　）

3. 内部报告没有达到目标规范，则有可能导致企业受到监管部门的处罚和商誉的损害。

（　　　）

4. 企业的风险管理目标必须和企业的目标相一致，为实现企业的目标服务。　（　　　）

5. 风险管理能完全消除风险。　　　　　　　　　　　　　　　　　　　　　（　　　）

6. 风险管理要在损失发生前提供经济的、有效的保证，在损失发生后能够达成令人满意的复原。　　　　　　　　　　　　　　　　　　　　　　　　　　　　　　　　　　（　　　）

思 考 题

1. 企业经营层面的目标有哪些？在这一层面如何降低企业的风险？

2. 风险管理的目标是什么？

3. 如何理解风险偏好对于风险管理的影响？

4. 风险识别的方法有哪些？

企业风险分析与评价

在本章中，你将学到：

1. 人力资本风险分析

2. 财产风险分析

3. 法律责任风险分析

4. 金融市场风险分析

5. 风险衡量的概率技术

6. 风险衡量的非概率技术

7. 企业风险评价方法

◇ **本章重点与难点**

1. 人力资本风险分析

2. 财产风险分析

3. 法律责任风险分析

4. 金融市场风险分析

5. 敏感性分析

6. Z计分法

7. 企业风险评价的具体方法

引例

山东墨龙内幕交易案

2017 年 10 月 13 日，证监会披露山东墨龙石油机械股份有限公司（以下简称山东墨龙）内幕交易案，直指其公司大股东滥用信息优势和控股地位，在上市公司重大亏损内幕信息发布前抛售公司股票，鱼肉市场，情节恶劣，是"吃相"难看的典型案例，严重侵害了中小投资者的合法权益。证监会依法对其处以罚没款总计约 1.2 亿元。

据证监会披露，山东墨龙控股股东、董事长、实际控制人张某荣分别于 2014 年 9 月 26 日、2017 年 1 月 13 日减持"山东墨龙"1 390 万股、3 000 万股，减持比例分别为 1.74%、3.76%；副董事长、总经理张某三于 2016 年 11 月 23 日减持"山东墨龙"750 万股，减持比例为 0.94%。张某荣与张某三系父子关系，两人作为一致行动人，在上述期间累计减持"山东墨龙"5 140 万股，合计占山东墨龙总股本的比例为 6.44%。张某荣所持山东墨龙已发行的股份比例累计减持 5% 时，未按照《证券法》第 86 条规定及时履行相关的报告和公告义务，也未停止买卖上市公司股票，依据《证券法》第 193 条规定，证监会决定对张某荣信息披露违法行为责令改正，给予警告，并处以 30 万元罚款。

同时，张某荣系山东墨龙截至 2016 年三季度末发生重大亏损并持续至 2016 年全年重大亏损这一内幕信息的知情人，在内幕信息敏感期（2016 年 10 月 10 日至 2017 年 2 月 3 日）内，张某荣卖出"山东墨龙"3 000 万股，避损金额约 1 625 万元；张某三卖出"山东墨龙"750 万股，避损金额约 1 434 万元。张某荣、张某三的上述行为违反了《证券法》第 73 条、第 76 条规定，依据《证券法》第 202 条规定，证监会决定对张某荣内幕交易行为没收违法所得约 1 625 万元，并处以约 4 877 万元罚款；对张某三内幕交易行为没收违法所得约 1 434 万元，并处以约 4 303 万元罚款。

此外，山东墨龙通过虚增收入、虚减成本的方式虚增利润，致使 2015 年一季报、半年报、三季报及 2016 年一季报、半年报、三季报披露的经营业绩存在虚假记载，且 2016 年 6 月对其子公司增资 3 亿元已达到临时信息披露标准，而山东墨龙未及时履行信息披露义务。

（资料来源：笔者根据媒体相关报道整理）

第一节 企业风险分析的思路

企业在经营过程中，可能会面临各种各样的风险；而企业风险管理中一个很重要的环节，就是在识别自身风险因素的基础上，有针对性地对风险发生的可能性和影响程度进行分析，通过有效的风险衡量和风险评价为此后确定风险应对策略提供基础和依据。

一般来说，企业应当关注的内部风险因素包括人员素质因素、财务和信息管理因素、基础经济实力因素、技术开发和应用因素及安全环保因素等；其应关注的外部风险因素则包括宏观经济因素、政策法律因素、文化社会因素、科技发展水平因素和自然环境因素等。与此相对应，企业应当结合自身情况，着重从人力资本风险、财产风险、法律责任风险和金融市场风险四个主要方面展开风险分析。本节将对这四项风险分析的主要内容分别进行介绍，而相关衡量和评价方法将在此后两节中集中阐述，以便企业风险管理部门在建立起总体框架后再选择和查阅合意、适用的具体方法进行进一步风险分析。

应当指出的是，虽然广义的企业风险管理既包括通过控制风险来减少其可能带来的损失，也包括通过在风险和回报之间进行主动权衡来最大化企业收益；但本章将主要着眼于风险对企业所可能产生的负面影响，从控制损失的视角出发对各种风险进行分析。

一、人力资本风险分析

（一）人力资本风险的含义

企业所面对的人力资本风险是指由于员工的死亡、受伤、生病、年老或其他原因的失业和辞职而造成的损失的不确定性。虽然这些风险完全是员工个人及其家属所直接面临的，但是如果企业风险管理部门能够将这些风险管理起来，就可以一方面解决员工的后顾之忧，使之更好地为企业服务，从而提高劳动生产率和企业赢利能力，另一方面建立起良好的企业文化，在给予员工更好福利（如提供保费更加低廉的团体保险）的同时增强其集体归属感，实现人力资本的规模效应。当然，相关法律法规、公众舆论、同业竞争等也可能从客观上对某些企业提出进行更好的人力资本风险管理的要求；更有雇主甚至从主观上感到自己对员工的生老病死负有一定责任，认为自己应该为雇员提供良好的人文关怀。

（二）人力资本风险发生的主要原因

如前所述，人力资本风险发生的主要原因包括员工死亡、因受伤或生病丧失工作能力、退休、失业和辞职等。以下将主要从这些风险发生的频率、可能造成的损失程度和可预测性等方面来进行定性说明。

1. 死亡。首先，按照大数法则，随着企业规模增大，实际死亡率与预期死亡率之间的差异会缩小。因此，员工的死亡对中小企业来说可能是难以精确预测的。其次，死亡是一种全部损失。对一个家庭来说，家庭成员的死亡意味着其为家庭的挣钱能力和服务能力的丧失，另外还会发生丧葬等费用。对一个企业来说，员工死亡表示其对企业将来服务功能的全部丧失，另外还会发生替换其工作岗位的人的聘用和培训等额外费用。从风险管理角度来看，衡量一个员工的死亡损失程度应注意其给企业带来的经济损失。

2. 丧失工作能力。丧失工作能力对员工的企业和家庭有着双重不利影响，它既减少或终止了收入，又发生额外的医疗费用。丧失工作能力的损失频率大于死亡率。在大中型企业中，员工病假工资是日常的开支，而且医疗费用开支也增加很快。因此，丧失工作能力和死亡在损失程度方面的一个明显区别是，丧失工作能力几乎总会引起持续和相当多的费用。员工丧失工作能力的情况非常复杂，而其所造成损失程度的变动范围也很大，加上医疗费用上涨、医疗条件和技术的改善等因素的影响，要对这种风险损失进行精确预测是非常困难的。

3. 退休。与死亡和丧失工作能力相比较，退休的一个重要特点是，退休一般是有计划的。但对企业来说，员工退休仍有两个不确定性：一是企业提供退休员工的养老金和其他福利的成本是多少；二是员工达到退休年龄后是否还会被聘用。

4. 辞职和失业。对企业来说，员工辞职是否属于人员损失取决于辞职者是否是一个重要人物或一个重要部门的人员。但是，企业解雇员工一般在眼前看来总是有利于本企业的。而这里的失业主要指的是由经济原因引起的非自愿性失业，如摩擦性失业、周期性失业和结构性失业等。失业是影响个人收入能力的一个重要因素。很多企业都会通过政府强制的失业保险为员工提供失业方面的保障，这要求风险管理部门对企业员工所面临的各种失业都有清楚的了解，以降低由于失业所引起的损失。

（三）人力资本风险给企业带来的影响

人力资本风险，特别是处于重要工作岗位上的人员损失对企业的影响可能是暂时的，也可能是长期的；可能是正常的，也可能是非正常的。

1. 暂时影响和长期影响。确定暂时影响需要对某员工缺勤的时间、找到合适的替代人员需要的时间、寻找和培训一个合适的替代人员的成本、替代一个合适人员在工资和福利方面对企业增加的负担、企业由于新手工作上的错误或不熟练而导致的额外费用等问题进行考察。而当企业失去的是一个处在重要岗位上的人员时，除了以上问题以外，还需要了解企业经营程序是否会有所改变以及是否需要放弃一些特殊项目，这时人力资本风险就会给企业带来长期的影响了。

2. 正常影响和非正常影响。所谓正常影响是指企业在总体上能够预测到其频率和程度的损失。非正常影响一般是超出预测的频率和程度的损失。就人力资本风险而言，无论企业的规模大小，每天都有人请病假，每年都有人辞职、退休、死亡，这些都属于正常的损失，虽然在个案上难以预测，但在总体上是可以预测的。而正常或非正常人员损失的主要区别在于对其影响的管理难易程度不同。对正常的人员损失可以作准确的预算和进行有效的风险控制，而对由于随机事件造成的非正常的人员损失应注重风险筹资措施。

二、财产风险分析

（一）财产风险的内容

财产风险是企业常常会面临的一种风险，在风险管理发展初期，对企业财产所面临的风险进行管理就是风险管理者的主要工作，到了今天，这仍然是企业风险管理的重要部分。

就财产的含义而言，它比实物资产或有形资产的范围大得多，指的是一组源自某项有形的实物资产的权利或者是关于该有形的实物资产的某一部分的一组权利，前提是这项实物资产具有独立的经济价值。而财产所指的实物资产包括不动产和动产两类：不动产是指土地以及在土地上生长、建造或固定的任何实物，通常包括土地、土地上的湖泊、河流、地下水、矿藏、景观、动植物、建筑物及其附属物等；动产是指除不动产之外任何被拥有的财产，包括除不动产之外的其他物品，如货币和证券、机器、原材料、生产流程中的未成品、成品、存货、运输工具、重要文件和记录、办公用品和设备等。此外，有的时候无形资产也被列为是财产的一部分，包括商誉、版权、专利权、商标、租赁权益、营业执照、商业秘密等。

企业财产风险分析包括两个方面：一是对可能导致财产损失的原因进行分析；二是对财产的价值和权益等进行评估，确定财产风险可能带来哪些方面的影响。本节将分别从这两个方面对财产风险进行定性分析。

（二）财产风险发生的主要原因

财产风险发生的具体原因各种各样，但大体可以分为以下三种类型。

1. 自然原因。自然原因是指由自然力造成的财产损失的原因，例如水灾、干旱、地震、风灾、虫灾、塌方、雷击、冰雹、温度过高和疫病等，这些原因的发生频率及其损失程度在很大程度上归因于自然，人类难以控制，但可以采取有效的减损措施来控制其损失程度。

2. 社会原因。社会原因包括违反个人行为准则，如纵火、爆炸、盗窃、恐怖活动、恶意行为、疏忽大意等，其发生频率和损失程度在一定程度上能人为地加以控制。

3. 经济原因。经济原因指的是经济衰退等方面的原因，这些原因不像自然原因和社会原因那样有着明显的影响，它对财产的致损作用更加隐蔽和复杂。如股价下跌导致股票贬值，技术进步导致设备贬值等。

需要指出的是，这三种损失原因有时会出现一些重叠。例如，火灾既可能是雷击这一自然原因所造成的，也可能是人们的疏忽这一人为原因造成的。另一个例子是环境风险，这是近年来出现的一种新的基本风险，指人类行为可能造成的对人的伤害，以及对自然环境的灾难性损害，如核风险、全球变暖、污染等。面对这些复杂原因所造成的财产风险，企业风险管理部门需要进行更为灵活和透彻的分析。当然，某些由众多的人或政府的行为（如联合抵制、罢工、暴乱、战争等）和巨灾所产生的财产风险会巨大到难以由某个企业独自承担，这就一般不由企业风险管理人员分析、处理了。

（三）　财产风险会给企业带来的影响

从财产风险给企业造成影响的性质上来看，可以将其分为直接影响、间接影响和时间因素影响；从财产损失的具体内容上来看，又可以从价值和权益两方面来确定财产风险可能给企业带来的影响。以下将从这两个角度分别进行介绍和分析。

1. 直接影响、间接影响和时间因素影响。

（1）直接影响是指财产风险直接作用于真实物体，引起此物体价值的改变。一般来说，这种改变都是物体价值减少，即直接损失。当然，直接影响并不一定都是损失，投机风险的一些直接后果就可能是收益。

（2）间接影响指的是，在风险因素对物体发生直接作用，导致直接后果以后，进一步产生的影响。例如，暴风雨摧毁了输电线，使得企业的某些需要冷藏的存货变质了；这里，直接影响是修复受损电线的费用，间接影响是变质产品的价值。显然，存货变质所带来的损失并不是由暴风雨直接造成的。同样，间接后果也可能是收益。

（3）时间因素影响实质上也是一种间接后果，但和一般的间接影响不同的是，它的大小和时间有很大关系。一般地，如果财产受到直接损失后，有一段时间无法使用，那么在这段时间内就会发生时间因素损失。换句话说，时间长度和由此带来的后果之间的密切关系是时间因素影响区别于其他间接影响的重要特征。

2. 财产的价值与权益。

（1）财产价值。当财产遭受损失后，财产所有人或用户除了财产本身价值丧失外，还会丧失使用该财产所得的收益，这些都是财产风险可能对企业带来的影响。因此，在分析财产风险时还需要考虑场地清理费、拆除建筑物未遭受损坏部分的费用、增加建筑费用、部件损失造成的整件价值明显减少、继续经营价值损失等。

此外，从现金流价值的角度考虑，损失风险还可能造成企业收入减少或费用增加，在企业的净收入方面产生影响。其中，从收入减少的方面来说，应当考虑到由于营业中断所带来的损失、制成品利润损失、租金收入减少和应收账款减少等；从费用增加的方面来说，经营费用增加、租金增加和加急费用都应计入考虑。

值得指出的是，在从损失价值的角度出发确定财产风险的影响时，风险管理部门还必须注意选择适当的估价标准。原始成本、账面价值、重置成本、复制成本、功能重置成本、市价、实际现金价值、经济或使用价值等都是可供选择的估价标准，具体决策则应由风险管理部门根据本企业的实际情况做出。

（2）财产权益。对财产拥有合法权益的任何个人或组织会因财产损毁而遭受经济损失，从这方面来说，财产风险造成的影响范围常常会超出进行风险管理的企业主体。于是，对财产权益的归属有一个清晰的认识将有利于企业分门别类地对财产风险进行分析和管理。一般来说，财产权益包括所有人权益、放款人权益、卖方和买方权益、受托人权益、出租人和承租人权益等，其具体界定都可以在相应的法律法规中查到，这里不再赘述。

三、法律责任风险分析

（一）法律责任风险的含义

法律与风险管理之间有着密切的联系，法律责任风险是企业面临的另一种普遍风险。法律责任可能使企业遭受沉重的经济负担，甚至破产。因此，企业有必要认识和分析自身所面临的法律责任风险。总的来说，企业的法律责任可能因损害他人被起诉而产生，也可能因违约而需赔偿他人遭受的损失而产生。企业的责任损失则由损害赔偿金、调查费用、辩护费用、违约金等部分组成。

（二）法律责任风险的主要内容

具体地，根据违反法律责任所涉及的损害方来分类，企业的责任损失分为刑事责任和民事责任。违反对社会所承担的责任引起的公诉属于刑事责任；违反对某个人所承担的责任，受损害方提起诉讼的属于民事责任。民事责任由合同责任和侵权责任组成。合同责任是由于违约而引起的，有时合同责任是由于使用合同方式转移而产生的，由受让人来赔偿转让人的损失。其他民事责任属于侵权责任。另外，违反不成文法和成文法也可以使企业承担刑事、合同和侵权责任。不成文法是未经国家有权机关制定，但经国家认可而赋予法律效力的行为规则，而成文法是由立法、行政和管理机构颁布的法律。

法律法规体系的复杂性决定了法律责任风险内容庞杂，难以一一道来。以下将从企业常常会面临的一些典型法律责任问题进行分析，涉及产品责任风险、环境污染责任风险和员工伤害责任风险。

1. 产品责任。产品责任是指因产品有缺陷造成他人财产和（或）人身损害，产品制造者、销售者所应承担的民事侵权责任。随着工业的发展，产品致人损害的案件层出不穷。最初，为了保护消费者免受缺陷产品的侵害，使其在受到损害时能够得到比较公平的法律救济，立法者借助合同法来实现此目标，即明示担保与默示担保。随后，由于担保理论的局限，许多国家的产品责任法逐渐突破合同法的框架，产品责任被部分或全部地确认为过失或严格责任。而与产品责任的这种严格化相伴随的，就是企业产品责任风险的加剧。

但是，产品责任有一个核心条件，即只有责任主体生产或销售的产品存在缺陷时才可能构成产品责任，因此缺陷在产品责任中是一个十分重要的概念。通常，人们将缺陷分为三类：设计缺陷、制造缺陷和营销缺陷。其中，如果产品带来的可预见性的伤害风险可以通过采取合理的、更为安全的设计而减少，就称为存在设计缺陷。而制造缺陷是指因产品原材料或配件存在缺陷或者在装配成最终产品的过程中出现某种错误，导致产品具有不合理的危险性。当制造商没有提供警示或是没有正确解释与使用产品有关的风险时，致使其产品在储运或使用等情况下具有不合理的危险时，就称为存在营销缺陷。这些方面是企业风险管理部门在分析产品责任风险时应当熟悉和了解的，否则就可能产生严重的管理失误。

2. 环境污染责任。环境污染指的是自然因素的总体发生了不良变化，污染环境的行为通常表现为排放废水、废气、废渣、粉尘、恶臭气体、放射性物质以及噪声、振动、电磁波辐射等对环境造成污染和危害的行为，以及一些直接破坏天然的自然因素（如植被等）而造成环境污染的行为。近年来，日益严重的环境问题对人类生存与可持续发展的相关权益造成的侵害越来越严重，被称为世界性"公害"。当污染环境造成他人损害时，污染环境者就应当承担赔偿责任。

环境污染责任的构成要件包括：存在环境污染的行为、污染造成损害的后果以及污染行为和损害后果之间存在因果关系。只要存在这三个要件，环境污染责任即可构成。需要指出的是，由于一些污染环境行为的结果需要高水平的科技手段才能确定，污染环境行为和污染损害后果之间的因果关系界定有的时候也很复杂，因此我国规定污染环境致害的举证责任在侵害人。不过，如果因某些特殊原因造成污染损害，污染者也可以通过抗辩免除责任。这些原因包括：不可抗拒的自然灾害、受害者自身的责任、第三者的故意或者过失以及其他抗辩事由，如《中华人民共和国海洋环境保护法》中就规定了完全由于战争、负责灯塔或者其他助航设备的主管部门在执行职责时的疏忽或其他过失行为造成海洋环境污染损害的，污染者不承担赔偿责任。

3. 员工伤害责任。员工伤害责任是指员工在从事雇佣活动中遭受损害，雇主所应承担的赔偿责任。工伤事故是工业化社会中最先发生的社会问题，雇佣关系使得雇主对员工的安全承担一定责任。世界上许多国家都已经建立起约束员工伤害责任的法律体系。

美国是员工赔偿制度比较完善的国家，但中国没有单独的员工赔偿法，只在《关于审理人身损害赔偿案件适用法律若干问题的解释》中有涉及员工赔偿的相关规定（如第 11 条）。事实上，分析员工伤害责任风险还有必要跳出法律手段的局限，从其他角度考虑问题，如商业保险领域责任保险的发展和社会保险领域员工强制保险的出现等。

四、金融市场风险分析

（一）金融市场风险的含义

金融市场风险是指在资金的融通和货币的经营过程中，在各种事先无法预料的不确定因素的影响下，资金经营者的实际收益所面临的不确定性。在现在的市场经济中，任何一个企业都会面临商品价格、利率、汇率、法律或流动性等方面的风险，这些因素的变化会给企业带来损失或收益。这些风险都属于金融市场风险。金融市场风险是企业面临的重要风险之一，对它的分析与评估直接决定着企业经营的成败。

（二）金融市场风险的主要类型

按照表现形式的不同，金融市场风险可以分为市场风险、信用风险、流动性风险、操作风险、法律风险、国家风险和关联风险等类型。

1. 市场风险。市场风险是指由于受到证券、利率、汇率或商品价格的不确定变动的影响而遭受损失的不确定性，具体包括利率风险、汇率风险、证券价格风险和商品价格风险。

（1）利率风险。利率风险是指由于市场利率的不确定变动而使行为人遭受损失的不确定性。利率风险是许多企业面临的主要金融风险之一，其根本来源是货币供求及宏观经济环境的变动。利率风险的影响主要表现在两个方面：一是会导致企业的现金流量不确定，从而使得融资成本和收益不确定；二是会对企业的经营环境产生影响，进而影响到企业的利润。当企业的经营环境对利率敏感时尤其如此。

（2）汇率风险。汇率风险是指由于汇率的不确定变动而使行为人遭受损失的不确定性。一国的宏观经济状况和实力是影响该国货币汇率变动的最基本因素。利率风险的影响主要有三个方面，分别称为交易暴露、换算暴露和经济暴露。交易暴露是指企业预期的现金流量因为汇率的不确定变动而面临的不确定性。换算暴露是指涉外企业会计科目中以外币计的各种科目，因汇率变动引起的账面价值的不确定变动。经济暴露比较间接，它是指汇率变动会影响到一个国家的经济环境，进而使得企业的成本结构、销货价格、融资能力等受到影响。

（3）证券价格风险。证券价格风险是指证券价格的不确定变化导致行为人遭受损失的不确定性。金融市场是整个市场体系的一个重要组成部分，金融市场中的国债、企业债、股票等证券的价格每天都处于波动之中，尤其是股票价格，变幻莫测，不确定性很大。证券价格风险的影响因素有很多，涉及政治、经济、社会、心理等很多方面，甚至还与一些自然风险有关。证券价格的变动会影响到企业的投资收益以及融资成本。

（4）商品价格风险。企业在生产经营过程中会涉及多种商品，这些商品价格的不确定变化使得企业面临损失的不确定性，这就是商品价格风险。

2. 信用风险。信用风险是指交易对手不能或不愿按照合同的约定到期还款付息而使企业遭受损失的风险。更一般地说，信用风险还包括由于债务人信用评级的降低，致使其债务的市场价格下降而导致的损失风险。信用风险的风险因素来源于主观和客观两个方面。主观风险因素主要指债务人是否有还款意愿，这可以从债务人的品质等角度进行考察。客观风险因素主要指债务人是否有能力还款，这可以由债务人的资本金所处的环境、债务人的经营水平等决定。

3. 流动性风险。流动性包括产品的流动性和现金的流动性两种含义，而流动性风险更多的是强调后者。如果企业持有的资产能随时得以偿付，能以合理的价格出售，或者能够在短时间内以合理的价格借入资金，则其现金的流动性风险小；反之风险则大。企业面临现金流动性风险，可能会导致违约或发生财务损失。

4. 经营风险。经营风险是指因一些经营管理方面的不确定性而使企业遭受损失的风险。经营风险主要体现为决策风险和操作风险两个方面。决策风险是由决策的错误制定导致的风险，源于环境因素的变化，某些有一定可能发生的情况，可能会使得事先制定好的决策面临一定的不确定性。操作风险是在决策的执行过程中发生的风险，它在整个业务运作的过程中都会发生。

5. 法律风险。法律风险是指由于法律或法规方面的原因而使企业的某些市场行为受到限制或合同不能正常执行而导致损失的不确定性。法律风险包括合规性风险和监管风险。交易对方不具备法律或法规赋予的交易权利，违反国家有关法规进行市场操纵、内幕交易、不符合监管规定等，都会导致法律风险。由于各国的法律法规有所不同，对不同类型金融机构的监管要求不同，不同交易对手的法律风险存在较大差异。

6. 国家风险。国家风险指的是在国际经济活动中发生的，至少在一定程度上由外国政府控制的事件或社会事件引起的，而非企业或个人控制下的事件造成的，给国外债权人（出口商、银行或投资者）造成损失的不确定性，可根据引发风险的事件性质不同分为国家政治风险和国家经济风险两类。前者是指由于一个国家的内部政治环境或国际关系等因素的不确定变化而使他国的经济主体遭受损失的可能性；后者是指由于经济原因造成一个国家不愿意或不能够偿还其外债或外部责任的风险。

7. 关联风险。关联风险是指由于相关产业或相关市场发生严重问题，而使行为人遭受损失的不确定性。现代经济中，许多企业之间的联系都非常紧密，一个企业发生问题，可能会导致其他一些企业受到牵连，尤其在金融领域，可能会因为一家银行的问题，波及整个市场，诱发银行危机。

总的说来，金融市场风险与一般的风险概念有着显著的区别，它是专门针对资金借贷而言的风险，例如长、短期资金借贷以及资金经营，证券投资、外汇投资等金融活动所带来的风险，因此，它的外延比一般风险的外延范围小。同时，金融风险具有双重结果，既可能导致经济损失，也可能带来额外收益，它的内涵比一般风险要丰富。

第二节　企业风险衡量技术

在对风险进行了初步的分类式定性分析后，就应进一步考察风险发生的可能性和影响程度，通过选择和运用合意的企业风险衡量技术和评价方法，深化对不同风险类别的了解和把握，以便在此基础上采取有效的风险应对策略。本节将主要介绍已经成熟的风险衡量技术，为风险管理人员提供一个较为广泛的方法选择空间。下一节则将主要介绍较为通用的风险评价方法，指出在将风险实现部分或全部的量化后，如何对其进行合理的排序，以确定本企业风险管理的重点。

风险管理和许多别的工商学科一样，是不可能对不能计量的对象实施良好的管理的。也许在企业运转良好的时候，仅停留在定性分析阶段的风险管理还可以使一切从表面上看来风平浪静；但是一旦企业的境况出现变化，不得不面临风险所带来的挑战或危机时，这种管理方式就力所不逮，常常使得企业处于严重的危险之中却束手无策、无所适从了。所以，风险计量分析是风险管理过程中十分重要的一部分，从中孕育出的风险衡量技术更是所有企业的风险管理部门都应当了解和熟悉的。

所谓风险衡量，是指用现代定量分析的方法来估计和预测某种特定风险发生的概率及其结果。风险的大小与未来各种可能结果变动程度的大小有关。因此，对风险大小的衡量，经常使用概率论和数理统计方法，如传统概率分析、贝塔指标分析法、在险价值、经济资本等，被统称为概率技术。此外，还有诸如敏感性分析、情景测试、压力测试、设定基准、层次分析法和各种记分方法等非概率技术。以下将分别对这些技术和方法进行具体的介绍。

一、风险衡量的概率技术

（一）风险衡量的主流概率技术

1. 传统概率分析。传统概率分析是风险管理理论中较成熟的一种度量方法。根据企业风险的涵义，风险体现了实际损失或收益和预期损失或收益的偏差，这种偏差可以借助一些概率统计量来衡量，包括损失或收益率的期望值 $\bar{k}$、方差 δ^2、标准差 δ、差异系数 CV 等。这些统计量事实上是测量损失或收益率围绕其期望值变化的程度，如果围绕期望值发生剧烈变化则表明收益率具有很大的不确定性。

为了度量偏差，首先要确定损失或收益的期望值，或者更广义的来说，对存在风险的目标进行中心趋势的测量，这是确定风险概率分布中心的重要方法。在各种不同的中心趋势测量方法中，主要有以下五种方法：

（1）算术平均数。算术平均数是指用平均数表示的统计指标，分为总体的一般平均指标和序时平均指标。一般平均指标是指同质总体内某个数量标志（在一定时间内）的平均值；序时平均指标是指某一个统计指标在不同时间的数量平均值。假设 k_1，k_2，$\cdots$，k_n 是变量 K 的 n 个观测值，则平均指标为：

$$\bar{K} = \frac{k_1 + k_2 + \cdots + k_n}{n}$$

在平均指标的计算中，给予每一次观察值的权数是相等的，即认为各种情况出现的概率是相同的。

（2）加权平均数（期望值）。与算术平均数相对应的是加权平均数，即我们所常说的期望值，它是用每一项目或事件的概率加权平均计算出来的。仍假设 k_1，k_2，$\cdots$，k_n 是变量 K 的 n 个观测值，V_1，V_2，$\cdots$，V_n 是各变量观测值出现的次数，则其加权平均数（期望值）是：

$$\bar{k} = \frac{k_1 V_1 + k_2 V_2 + \cdots + k_n V_n}{V_1 + V_2 + \cdots + V_n}$$

或者，如果已经通过经验数据获知了 k_1，k_2，$\cdots$，k_n 发生的概率分别为 P_1，P_2，$\cdots$，P_n（对于各种可能损失或收益率下的概率确定，需要根据企业历史资料、市场分析和行业特点、现状、前景及社会经济环境等因素进行综合考虑），则有：

$$\bar{k} = \sum_{i=1}^{n} k_i P_i$$

加权平均数（期望值）是中心趋势测量中最为常用的方法。

（3）中位数。衡量变量中心趋势的另一种方法是计算中位数。中位数也称中值，位于一组数据的中心位置。确切地说，将任意一组数据 k_1，k_2，$\cdots$，k_n 按由小到大的顺序排列，得到数列 $k_{(1)} \leqslant k_{(2)} \leqslant \cdots \leqslant k_{(n)}$，若 $n = 2m + 1 n = 2m + 1$，则 $k_{(m+1)}$ 就是中位数；若 $n = 2m$，则处于中心位置的两个数为 $k_{(m)}$ 和 $k_{(m+1)}$，这时称它们的算术平均数为中位数，记作 MeK，即

$$MeK = \begin{cases} k_{(m+1)}, & n = 2m + 1 \\ (k_{(m)} + k_{(m+1)})/2, & n = 2m \end{cases}$$

在衡量了风险目标的中心趋势后，需要进一步量化变量与期望值之间的离散程度，方差 δ^2、标准差 δ 和差异系数 CV 都是这一类指标。

（4）方差和标准差。仍假设 k_1，k_2，$\cdots$，k_n 是变量 K 的 n 个观测值，并已知 $\bar{K}$ 是 K 的算术平均值，则称 $(k_i - \bar{K})^2$，$i = 1$，2，$\cdots$，n 为观测值 k_i 的平方偏差，称 $(k_1 - \bar{K})^2$，$(k_2 - \bar{K})^2$，$\cdots$，$(k_n - \bar{K})^2$ 的算术平均数为这组数据的平均平方偏差，简称方差（或均方差），即：

$$\delta^2 = \frac{1}{n} \sum_{i=1}^{n} (k_i - \bar{K})^2$$

方差的算术平方根就是标准差或根方差。变换为概率式表示法，其公式为：

$$\delta = \sqrt{\sum_{i=1}^{n} (k_1 - \bar{k})^2 P_i}, \text{其中} \bar{k} = \sum_{i=1}^{n} k_i P_i$$

具体说来，方差、标准差越大，表明各种可能结果的数值距离期望值就越远，则期望值的代表性就越差，风险就越大；方差、标准差越小，表明各种可能

结果的数值距离期望值越近，则期望值的代表性就越强，风险就越小。

（5）差异系数。如果与其他行业、企业比较，期望值往往不同，在这种情况下，应该使用差异系数指标来衡量风险。变异系数是标准差与均值或期望值之比，也称标准差系数或平均偏差系数。风险的稳定性可以通过差异系数反映出来。差异系数越大，风险的稳定性越弱，风险也就越大；相反，风险的稳定性越强，损失的风险越小。其具体计算公式如下所示：

$$CV = \frac{\delta}{\bar{k}}$$

其中，δ 和 $\bar{k}$ 分别为变量的标准差和期望值。

以上是用绝对数的统计指标反映风险大小，也可以用相对数的统计指标反映风险的大小，如可以用企业的总资产收益率（ROA）的标准差反映经营风险的大小，用权益资本收益率（ROE）的标准差反映企业总风险的大小等，这里不再赘述。

总的来说，传统概率分析法具有较强的理论依据，可信度较高，容易理解，使用方便，且不需要太高的理论知识。但其缺点在于概率分布较难确定，要靠经验判断，具有一定的主观性，而对于连续性变量的估计和计量还需一定的专业知识。

2. 贝塔指标分析法。贝塔指标分析法是近年西方发展起来的风险计量方法，是一种重要的整体性分析方法。其优点在于运用数理统计理论，具有较强的科学依据，能够反映收益与风险的关系；而缺点则在于贝塔系数的计算相对比较复杂，需要选择技巧及较强的专业理论知识和判断能力。而且，这种分析方法主要适用于金融市场风险的分析，具有一定的局限性。

贝塔指标按使用分析的数据不同可分为市场 β 值和会计 β 值，现分别介绍如下：

（1）市场 β 值。市场 β 值是使用单项资产和资产组合市价的历史数据，运用线性回归技术进行估计的。其具体步骤为：首先计算出企业股票的收益率与市场组合收益率，然后再将两者进行回归拟合，所得回归直线的斜率即为该股票的市场 β 值。相关详细做法可以参见一般的财务管理书籍，这里不再进行过多说明。

这种方法的最大局限是只有在股票被交易并方便得到市场价格的时候才能使用。对于公开上市时间不长的公司和想要估计其股权成本的企业分支机构来说，这种方法的使用受到限制。此外，计算过程中对市场指数的选择应十分谨慎，选择的合理与否直接影响到 β 值的可靠性。

（2）会计 β 值。会计 β 值可以通过计算企业的每季或每年的收益率相对于同一时期行业的收益率进行回归求得，其特点在于，会计 β 值的计算是基于本公司的会计收益而不是基于交易价格进行的。这种方法在实际中主要应用于非公开上市的公司。

就金融市场的角度而言，企业风险可以分为非系统风险（不能为系统因素所解释的风险）和系统风险（市场风险）。在这两种风险中，前者由市场偏差所产生，因而不可能通过多样化的方法进行分散；后者则可以通过多样化的方法消除。总的来说，贝塔指标分析表明在风险和收益之间存在一种简单的线性替代关系，被广泛应用于企业的风险投资组合分析和管理。但是，这种对风险收益的描述是一种期望形式，因此在本质上是不可检验的。而该模型的一系列严格假设和对市场指数的过于依赖，也使这一风险计量方法受到了不少质疑。

（3）在险价值（value at risk，VaR）。G30 集团于 1993 年在题为《衍生产品的实践和规则》的报告中提出了这一方法，它后来在企业（尤其是金融行业）对市场风险的分析中得到了广泛的应用。在确定了时间区间和一个置信水平 α 以后，某项风险资产的 VaR 值就是该资产可能以 $1-\alpha$ 的概率减少的价值。例如，如果取 $\alpha=99\%$，那么风险给该资产所带来的价值损失只有 1% 的可能性超过其 VaR 值（在实际操作中，VaR 值一般被看作给定时间区间和置信水平下预期的最大损失额，即最坏情况下的损失额），这用公式可以简单表示为：

$$\mathrm{Prob}(\Delta P \leqslant -\mathrm{VaR}) = 1 - \alpha$$

其中，Prob( ) 表示某事件的概率；ΔP 表示投资组合价值的变动；α 表示置信度水平。

而图 10 − 1 则从直观上表示出了 VaR 值的含义：

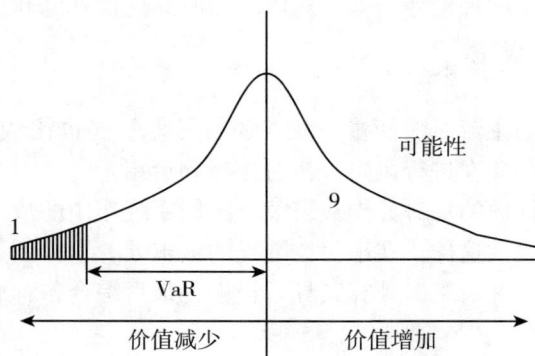

图 10 − 1　在险价值

总的来说，在险价值分析法具有很强的科学性，提供了一个统一的方法来测量不同行业的风险，并充分考虑到了不同资产价格变化之间的相关性。但是，这一方法同样需要较强的数理统计知识，并且也是在金融市场风险领域发展得较为成熟，有待进一步拓宽适用范围。

3. 经济资本。在风险分析中，另一个常用的计量项目是经济资本金。在企业整体水平上，经济资本代表了在给定的置信水平和企业期望承担的风险之下，为了确保企业的偿付能力，企业理论上必须拥有的财政资源的数量。因此，经济资本是两个变量的函数：企业的所谓偿付能力标准和它的风险。

企业的偿付能力标准是合意的企业信用度，并且可以从其（合意的）债务评级中推断出来。例如，一家机构具有的目标偿付能力标准为99.9%，则平均而言，它每1000年只会违约一次。粗略地说，这相当于被标准普尔（Standard & Poor）信用评级服务公司授予"A"的评级。

对于给定的风险水平，较高的偿付能力标准意味着要拥有较多的经济资本。换言之，一个企业承担的风险越大，为了维持给定的偿付能力标准，它必须具有越多的财政资源。这一分析思路是建立在罗伯特·莫顿（Robert Merton）的违约模型的基础之上的，它强调公司股东有权在支付债权人时违约，并且如果公司权益价值（"净资产"）下跌到零，将会这么做。因此，债权人会通过要求相对于提供的资金的无风险息率而言的息差，向股东征收违约风险费用。此外，违约概率是由公司净资产值的当前水平和潜在变化（概率分布）所决定的。

一个企业的经济资本的计算一般是自下而上的。换句话说，企业应先针对每一类风险分别估算经济资本，然后在把分散化效应考虑进来的情况下进行汇总计算，以得到整个企业的总经济资本。具体来说，就是先计算出每一种风险源所引起的企业价值变化的单独分布，然后把单独分布联合起来，并以合意的目标偿付能力标准为基础计算出总经济资本，最后基于每一项业务活动所产生的风险额，把经济资本进行划归。

经济资本是一种具有前瞻性的风险衡量，采用这种方法分析风险将赋予企业更多的主动性，并且可以有效计量可能会给企业带来严重后果的尾部风险。美中不足的是，这种方法的理论性很强，难以在短时间内被熟练掌握和运用。

（二）其他概率技术

除了以上介绍的主流风险衡量方法，还有另外一些也比较常用的概率技术，现介绍如下，以供企业在进行风险分析时选择和运用。

事件树法。事件树的每一分支代表某一控制系统作用的成功或失败，并给出其成功或失败的概率。这样，在事件树分支的最末处，就得到了在各种情况下的风险后果。针对每一种后果，计算其导致损失，最后综合各种后果及其概率得到该危险的总风险。

概率影响图。概率影响图是影响图的一种特殊形式，它将概率论和影响图理论结合，专门处理随机事件间的相互关系，对随机事件进行概率推理，并在推理过程中对事件发生的概率及其依赖与其他事件的发生概率做出完整的概率评估。

贝叶斯推断原理。当未来决策因素不完全确定时，必须利用所有能够获得的信息，包括样本信息和先于样本的所有信息，其中包括来自经验、直觉、判断的主观信息，来减少未来事物的不确定性，这就是贝叶斯推断原理。

模糊数学法。风险的不确定性常常是模糊的，所以模糊数学方法可用于风险评估和分析。模糊数学从二值逻辑的基础上转移到连续逻辑上来，把绝对的"是"与"非"变为更加灵活的东西。在相当的限度上去相对地划分"是"与"非"，这并非是数学放弃它的严格性去造就模糊性，相反是以严格的数学方法去处理模糊现象。

　　蒙特卡罗模拟法。蒙特卡罗风险模拟法的基本思想是将待求的风险变量当作某一特征随机变量。通过某一给定分布规律的大量随机数值，解算出该数字特征的统计量，作为所求风险变量的近似解。蒙特卡罗模拟已经被用来计量各种不同类型的风险，包括信用、市场、保险和营运风险等。

二、风险衡量的非概率技术

　　1. 敏感性分析。敏感性分析是针对潜在的风险性，研究项目各种不确定因素变化一定幅度时，计算其主要经济指标变化率及敏感程度的一种方法。换句话说，这是一种弹性分析方法，主要分析各个风险因素变化对损益变化的影响。例如，计算当销售价格或原材料价格变动一个百分点时，企业损益变动的百分比是多少，就是在做敏感性分析。在这种个别分析的基础上，再找出对项目影响较大的因素，然后绘出敏感性分析图，分析敏感度，找出不确定因素变化的临界值即最大允许的变化范围，就可以对不同类型的风险进行比较和评价了。

　　敏感性分析法简单易懂，使用方便，是一种实用性很强的风险衡量技术。但是，这一分析需要使用准确的企业内部数据，而且当因变量随多个自变量变化时，就会变得难以区分和判定每个变量对其的影响。

　　2. 情景测试。情景测试是考虑多个因素的变化而达到某个状态时，通过对风险标志性指标报告的预测，来分析公司的整体风险。这是一种自上而下的，考虑"如果—什么"问题的分析方法，衡量的是某事件或事件组合对企业将会产生的影响。情景分析的一个例子是评估类似于 1997 年 10 月的股市震荡对财务产生的影响。

　　情景测试可以结合经营连续性计划或估计系统故障或网络故障的影响来使用，从而反映风险对企业经营的全面影响。如果企业风险管理部门试图把增长、风险和利润连接起来，在战略计划编制中就可以实施情景分析，从而有预见性地制定风险应对方案。

　　在实际操作中，企业通常会按照以下三种情景来分析预测风险指标数据，并进而评估相应风险：乐观激进情景，即内外部环境都有利的情形；保守情景，即内外部环境都不利的情形；中性状态情景，即以事项发生的最大可能性作为预测基准。

　　3. 压力测试。压力测试是情景分析的一种特殊形式，专门针对特定的风险因子，评估那些具有极端影响的事项的影响。压力测试不同于一般的情景分析，因为它集中关注的是单个事项或活动在极端情况下的变化对企业产生的直接影响，而一般的情景分析更加集中关注正常规模的变化所产生的影响。压力测试一般被用作概率度量方法的补充，来分析那些通过与概率技术一起使用的分布假设可能没有充分捕获到的低可能性、高影响事项的结果。与敏感性分析类似，压力测试通常用来评估经营事项或金融市场活动中各种变化的影响，目的是避免大的意外和损失。例如，压力测试包括估计下列事项迅速和大规模变化的影响：产品生产缺陷的增加；外汇汇率的变动；利率变动；衍生工具所基于的一个基础因素价格的变动；固定收益投资组合价值的利率增加；影响一个生产厂家运营成本的能源价格提高；投资组合中违约率的变化；等等。

应当指出的是，情景测试和压力测试并不意味着捕捉可能发生的绝对最坏的情况（事情总是可能变得更坏），而是给出了在高级管理层心目中可能发生的最严重事件。另外，压力测试的缺点之一是它只专注于极端不利的事件，而不能捕捉不那么极端但更可能发生的不利事件的影响。处理这个问题的一种分析方法是对某一特定的风险因子或风险因子集合（比如，各种利率）的一系列情景进行模拟，如应用前面提到过的蒙特卡罗模拟法。

4. 设定基准。一些企业使用设定基准技术从可能性和影响方面来评价一个特定的风险，再以此为基础寻求改善风险应对决策、降低其可能性或影响的途径。基准数据能使企业风险管理部门根据其他组织的经验了解风险的可能性或影响。设定基准也用于经营过程中的活动，以识别过程改进的机会。

实践中通常所采用的指标评价标准有两类：一是公认标准，即对各类企业不同时期都普遍适用的指标评价标准；二是行业标准，即反映某行业水平的指标评价标准。在比较分析时，既可以采用本企业指标与同行业平均水平指标进行对比，也可以用本企业指标与同行业先进水平对比（标杆比较法），还可以用本企业指标与同行业公认的指标标准进行对比。此外，企业还可以在其内部把一个部门或子公司的度量与同一主体的其他部门或子公司进行比较。而对于不同行业的企业之间，则可以根据行业与行业之间的换算表进行转换后进行比较。

企业通过为典型风险指标设定对比基准，可以帮助其确定自身的风险水平、明确本企业所处的地位和及时发现风险管理运作中需要改进的地方（早期预警系统），从而制定适合本企业的有效的风险应对策略。因此，这个方法最大的优点就在于将企业与行业内的企业联系在一起，再不是脱离企业生存的外部环境闭门造车，为各个风险管理层次提供知己知彼的机会。

5. 层次分析法。层次分析法是美国运筹学家匹茨堡大学托·沙蒂（Thome L. Salty）教授于 20 世纪 70 年代中期提出的一种系统分析方法。这是一种将与决策有关的元素分解成目标、准则、方案等一系列层次结构，在此基础之上进行定性和定量分析，以确定多目标、多方案优化决策问题中各个指标权重的决策方法。这种方法的特点是在对复杂的决策问题的本质、影响因素及其内在关系等进行深入分析的基础上，利用较少的定量信息使决策的思维过程数学化，从而为多目标、多准则或无结构特性的复杂决策问题提供简便的决策方法，尤其适合于对决策结果难于直接准确计量的场合。

层次分析法的具体步骤是：

（1）通过对系统的深刻认识，确定该系统的总目标，弄清规划决策所涉及的范围、所要采取的措施方案和政策、实现目标的准则、策略和各种约束条件等，广泛地收集信息。

（2）建立一个多层次的递阶结构，按目标的不同、实现功能的差异，将系统分为几个等级层次。例如，图 10 - 2 就是以递阶层次表示的企业选择供货商的一般结构。

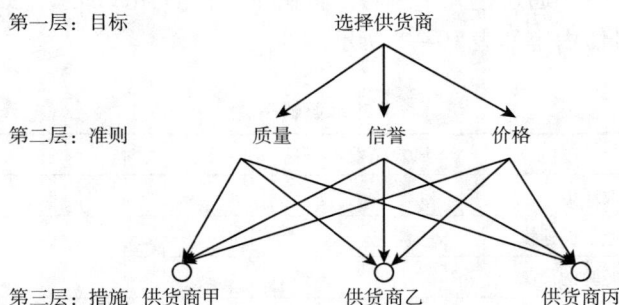

第一层：目标　　　　　　　　选择供货商

第二层：准则　　　　质量　　信誉　　价格

第三层：措施　供货商甲　　　供货商乙　　　供货商丙

图 10 - 2　选择供货商的一般结构

（3）确定以上递阶结构中相邻层次元素间相关程度。通过构造两两比较判断矩阵及矩阵运算的数学方法，确定对于上一层次的某个元素而言，本层次中与其相关元素的权重。

（4）计算各层元素对系统目标的综合权重，进行总排序，以确定递阶结构图中最底层各个元素在总目标中的重要程度。

（5）根据分析计算结果，考虑相应的决策。

6. 各种计分方法。为了简化对风险的衡量，人们也经常运用各种计分方法来量化风险，以下对四种主要的计分方法进行介绍。

（1）专家打分法。专家打分法是根据具体评价对象，确定恰当的评价项目，并制定评价等级和标准，每个等级标准用打分的形式体现的风险衡量方法。专家打分法计算方法简单，且选择余地比较大，这种方法在定性和定量分析的基础上，以打分的方式对风险做出衡量，其结果具有一定的数理统计特性。但是，专家打分法的最大优点却是，在缺乏足够统计数据和原始资料的情况下，仍可以做出定量估价，特别是当需要评价的项目在很大程度上取决于政策和人的主观因素，而不是主要取决于或不便适用定量指标时，专家打分法较其他方法更为适宜。但在一般情况下，需要通过综合多位专家的打分以消除某一专家对打分的影响，保证评价结果的客观性和准确性。

由美国兰德公司于 1964 年发明的德尔菲法是对专家打分法的改进。德尔菲法首先通过向参加评价且互不知晓的专家们分别发放咨询表，完全消除了相互间的影响；然后对每一轮专家打分的结果做出统计，并将其作为反馈材料发回给各专家，供下一轮评价时参考；如此反复几次，直至专家们的评定意见比较吻合时为止。专家打分法赋权，由于是同行专家共同评定的，因而得到的指标权重一般比较客观。且这种赋权方法相对而言比较简单，而且也容易理解。正因为如此，在社会问题的综合评价中，专家打分法使用得比较广泛。

（2）风险暴露计分法。美国哈佛商学院的罗伯特·西蒙斯（Robert Simons）教授于 1999 年在《哈佛大学企管评论》中提出企业风险来源于企业内部压力，并根据此主张提出一套评估机制——风险暴露计分法。该模型将风险分为企业成长、企业文化和企业信息管理三个类别，每个类别又分别由三个子因素所组成，每个因素赋值 5 分，通过把九个风险因素衡量所得的分数加总，针对总分的落点进行分析。其具体内容如表 10 - 1 所示。

表 10 - 1　　　　　　　　　　　　　　风险暴露计分法

类别	风险因素	得分
企业成长	绩效压力	1 ~ 5
	企业扩展速度	1 ~ 5
	无经验的员工	1 ~ 5
企业文化	因承担创新风险所产生的报酬	1 ~ 5
	高层主管对坏消息的抗拒	1 ~ 5
	企业内部竞争程度	1 ~ 5
企业的信息管理	交易的复杂性与变化速度	1 ~ 5
	绩效衡量诊断的缺失	1 ~ 5
	企业决策权的分散程度	1 ~ 5
		合计：　　分

注：9 ~ 20 分为安全区；21 ~ 34 分为警告区；35 ~ 45 分为危险区。

风险暴露计分法是一种估计风险大小和可能导致重大事故或危机的诊断工具。根据专业人员的经验和主观感受给每个指标确定一个分数，这种赋权方法相对而言比较简单，而且也容易理解。正因为如此，在社会问题的综合评价中，此法使用得也比较广泛。

（3）沃尔评分法。由于从某种意义上来说，财务管理是一切企业管理工作的核心和落脚点，因此通过考察财务状况来衡量风险也是一种合意的选择。而财务状况综合评价的先驱者之一亚历山大·沃尔在《信用晴雨表研究》和《财务报表比率分析》中提出了信用能力指数的概念，把若干个财务比率用线性关系结合起来，以评价企业的信用水平（与其风险水平密切相关）。他选择了 7 个财务比率即流动比率、产权比率、固定资产比率、存货周转率、应收账款周转率、固定资产周转率和自有资金周转率，分别给定了其在总评价中占的比重，总和为100 分，然后以行业平均数为基础确定标准比率，将实际比率与标准比率相比，得出相对比率，将此相对比率与各指标比重相乘，得出总评分。这种综合比率评价体系把若干个财务比率用线性关系结合起来，可以用来衡量企业的财务状况。

简单来说，沃尔比重评分法的公式为：评分 = 实际比率 ÷ 标准比率 × 比重；其具体计算方法见表 10 - 2。

表 10 – 2			沃尔评分法		
财务比率	比重 ①	标准比率 ②	实际比率 ③	相对比率 ④＝③－②	评分 ①×④
流动比率	25				
净资产/负债	25				
资产/固定资产	15				
销售成本/存货	10				
销售额/应收账款	10				
销售额/固定资产	10				
销售额/净资产	5				
合计	100				

沃尔评分法将彼此孤立的偿债能力和营运能力指标进行了组合，做出了较为系统的衡量。因此，对通过评价企业财务状况来衡量其风险状况具有积极的意义。

（4）Z 计分法。在风险衡量技术中，奥特曼提出的"Z 计分法"也较具代表性。该方法主要适用于股票上市公司，其具体做法是：首先从企业财务报告中计算出一组反映企业财务危机程度的财务比率；其次，根据这些比率对财务危机警示作用的大小给予不同的权重；最后进行加权计算得到一个企业的综合风险总判分 Z，将其与临界值对比就可知企业（财务）危机的严重程度。

Z 计分法的公式为：$Z = 1.2X_1 + 1.4X_2 + 3.3X_3 + 0.6X_4 + 1.0X_5$，其中：

$$X_1 = \frac{营运资产}{总资产}; X_2 = \frac{留存收益}{总资产}; X_3 = \frac{税前利润}{总资产}; X_4 = \frac{股价市值}{债务账面价值}; X_5 = \frac{销售收入}{总资产}$$

根据对过去经营失败企业统计数据的分析，奥特曼得出一个经验性临界数据值，即 Z＝3.0。Z 计分值高于 3.0 的企业为较安全企业，低于 3.0 的企业则存在财务危机或破产风险。此外，奥特曼在对经营失败企业经验分析中还发现，如果一个企业的 Z 计分值低于 1.8，则该企业实际上已经潜在破产，如果不采取特别有力的措施，将很难步出深渊。关于临界值的具体说明如表 10 – 3 所示。

表 10 – 3	Z 计分值的含义
Z 计分值	短期出现破产的概率
1.8 以下	很可能正走向破产。很难指望 Z 分值在 1.8 以下的企业能恢复过来
1.8 ~ 2.7	可能在两年内破产。企业处于灰色区域，要幸存必须采取较大变革
2.7 ~ 3.0	从预测破产的角度上讲，企业可能是安全的，但处于灰色区域之中
3.0 及以上	从财务数据来判断，该企业的运营是安全的。当然，管理失误、欺骗、经济下滑以及其他因素都可能会造成难以预见的问题

第三节　企业风险评价方法

一、企业风险评价的要素

在对风险进行了定性分类和定量度量后，风险分析的工作还没有结束。为了更加有针对性地对企业所面临的风险采取应对措施，还需要将其进行排序。这一步骤就是风险评价。风险评价是企业风险管理从理论认识过渡到实践操作的重要环节，它有时与风险衡量是同时进行的，更多情况下则是建立在风险衡量的基础之上。因此，企业风险管理部门并不一定需要确切划分哪一步骤属于风险衡量、哪一步骤属于风险评价，但却应当熟悉掌握风险评价的方法，以便在需要的时候灵活地加以运用，更好地为确定风险控制措施提供依据。

从定义上来说，风险评价是指在风险识别和风险衡量的基础上，把损失频率、损失程度以及其他因素综合起来考虑，分析风险的影响，并对风险的状况进行综合评价。如果说风险衡量是对风险状况的客观反映的话，那么风险评价是依据风险衡量的结果对风险及其可能造成的损失，进行总体的认识和评价，并且一般融合了风险管理人员的主观评价，受到其风险态度的影响。另外，风险评价在需要定量分析结果的同时，还离不开特定的国家、社会经济和政治制度，受到相关规制因素的制约。

二、企业风险评价的具体方法

风险评价按照不同的分类标准可以划分为不同的类型。按照风险评价的阶段划分，风险评价可以分为事前评价、中间评价、事后评价和跟踪评价。按照风险评价的角度划分，可以分为技术评价、经济评价和社会评价。以下则是以风险评价方法为侧重点，介绍了一些重要并且常用的定性、定量和综合评价方法，包括风险度评价法、检查表评价法、优良可劣评价法、单项评价法、指标评价法、直方图评价法、矩阵评价法和风险综合评价法等。

1. 风险度评价法。如果把每种风险看作与特定损失对应的概率分布，那么评价风险的大小就是要对这些概率分布排列顺序，用数值的大小来代表其顺序即为风险度。而风险度评价就是指风险管理部门对风险事故造成故障的频率或者损害的严重程度进行评估。风险度评价可以分为风险事故发生频率评价和风险事故造成损害程度评价。一般来说，风险度评价可分为 1 ~ 10 级，级别越高，危险程度越重。

在实际操作中，无论风险单位、损失事件和损失形态的组合如何，风险管理部门为了风险管理的目的，都可以宽泛地将损失频率评价为以下四种：几乎不会发生、不太可能发生、偶尔发生和经常发生。同时，也可以将损失程度分为轻微损失、中等损失、重大损失和特大损失。这种不严格的风险评价方式方便了风险的管理。但是，也应该看到，这种简单的风险评价已经越来越不适应风险管理的需要。为了准确地评价风险，可以根据风险发生的概率细分为以下六类，如表 10 - 4 所示。

表 10 - 4　　　　　　　　　基于风险发生概率的风险度标准

风险发生的可能性	概率	风险度标准
很高：风险的发生几乎是不可避免的	≥1/2	10
	1/3	9
高：　风险的发生与以往经常发生的事故类似	≥1/8	8
	1/20	7
中等：风险的发生与以往有时发生的事故有关，但不与主要营运流程有关	1/80	6
	1/400	5
	1/2 000	4
低：风险的发生较少，与以往偶尔发生的事故有关	>1/15 000	3
很低：风险的发生很少，与以往极少发生的事故相同	1/15 000	2
极低：风险不太可能发生，与过去极少发生的事故相同	1/150 000	1

为了评价风险，也可以根据风险造成的后果将其细分为以下十类，如表 10 - 5 所示。

表 10 - 5　　　　　　　　　基于风险后果的风险度标准

后果	评价	风险度标准
无警告的严重危害	可能危害财产或人员；风险可以严重影响系统安全运行；不符合法规；发生时无警告	10
有警告的严重危害	可能危害财产或人员；风险可以严重影响系统安全运行；不符合法规；发生时有警告	9
很高	企业运营被严重破坏；系统无法运行，基本丧失功能	8
高	企业运营破坏不严重；系统能够运行，性能下降	7
中等	企业运营破坏不严重；系统能运行，但舒适性或方便性项目失效	6
低	企业运营破坏不严重；系统能运行；舒适性或方便性项目性能下降	5
很低	企业运营破坏不严重；产品有缺陷	4
轻微	企业运营破坏较轻；部分产品有缺陷	3
很轻微	企业运营破坏较轻；极少产品有缺陷	2
无	没有影响	1

风险度评价法可以按照风险度评价的分值确定风险的大小，分值越大，风险越大；反之，则风险越小。据此，就可以做出风险事故因素的排列图。风险事故排列图可以用来确定风险管理部门采取措施的顺序，这不仅可以找到风险事故发生的主要原因，而且可以连续使用，找出复杂问题的最终原因；然后，根据风险事故排列图，对风险的等级进行评价。

2. 检查表评价法。检查表评价法是指，根据安全检查表，将检查对象按照一定标准给出分数，对于重要的项目确定较高的分值，对于次要的项目确定较低的分值，总计100分。然后按照每一检查项目的实际情况评定一个分数，每一检查对象必须满足相应的条件时，才能得到这一项目的满分，当条件不满足时，按一定的标准将得到低于满分的评定分，所有项目评定分的总和将不超过100分，由此，就可以根据被调查风险单位的得分，评价风险的程度和等级。例如，日本大正海上火灾保险株式会社防火检查表就是按这种方法评价的。

这种风险评价方式的优点是可以综合评价风险单位的状况，而检查表设计得是否翔实、是否考虑到引发风险的各方面因素是检查表评价是否准确的关键。

3. 优良可劣评价法。优良可劣评价法是从企业特点出发，根据企业以往风险管理的经验和状况，对人为因素、机械设备因素、物的因素、环境因素和管理因素等风险列出全面的检查项目，并将每一检查项目分成优、良、可、劣四个等级。在进行风险评价时，由风险管理人员和操作人员共同进行，以此确定被检查单位的风险状况。如果风险管理主体达不到规定的标准，评价结果为可以或者较差时，就需要采取相应的措施加以控制。

优良可劣风险评价标准比较直观，可操作性强。例如，建筑施工、电气防爆、化学试验、工艺操作等，都可以采取这种方法评价风险。此外，检查表式综合评价法和优良可劣评价法都是通过观察和分析，借助于经验和判断能力进行评价的方法。这些方法适用于风险不特别严重，或者事故发生后不会产生严重后果的情况。

4. 单项评价法。单项评价法是指风险管理部门列举各项符合标准的项目，凡是具有一项或者一项以上的项目符合标准者，就评价为风险管理项目。例如，生产企业风险管理部门可以从产量、质量、成本、交货期、安全生产等方面将企业设备分为七类，只要有一项达标者，即为风险管理中重点管理的项目：（1）不管有没有备用机，一旦突然停机，马上会使整条生产线停工的设备；（2）产生故障后，会影响到关联设备的正常作业，无备用机或虽有备用机，但是转化难度大，转换时间长的设备；（3）对产品的加工质量有较大影响的设备；（4）意外事故需要大笔抢修费或者会使产品制造的成本有较大上升的设备；（5）计划外故障会经常影响交货期，引起索赔或失去较多销售机会的设备；（6）精度高而且修理难度大的设备；（7）发生意外事故会影响安全操作和污染环境的设备。单项评价法的风险管理设计比较难，但风险评价比较简单，既可以达到查漏补缺的目的，又较易突出风险管理的重点。

5. 指标评价法。指标评价法是通过选择企业的某些风险评价指标与性质相同的指标评价标准进行比较，给出评价，最终通过风险评价矩阵来分析企业风险的大小并进行排序的方法。通常所选用的风险评价指标是财务指标，如评价流动能力、营运能力、偿债能力、盈利能力等的指标。通过分析上述指标，再结合企业所属行业的性质、在行业中的地位和所占市场份额，综合评估企业的风险水平。

这一方法可以借鉴平衡记分卡，将评价企业风险的指标分为财务指标方面与非财务指标方面，从多个角度去分析和评价企业的风险，如表 10 - 6 所示。

表 10 - 6　　　　　　　　　企业风险评价矩阵

指标	很好	较好	正常	较差	很差
财务方面					
1. 流动能力					
2. 营运能力					
3. 偿债能力					
4. 盈利能力					
5. ……					
非财务方面					
1. 顾客满意程度					
2. 内部运作能力					
3. 自身发展能力					
4. ……					

风险的指标评价法比较简单而且实用，涵盖了企业的财务和非财务指标，而且可以根据企业自身情况随时更换指标和权重。但是其评价的过程难免带有主观成分，权重的设置也要谨慎，总的来说，不失为一种实用的风险评价方法。

6. 直方图评价法。直方图形象直观地反映了数据分布的情况，通过直方图可以观察和分析风险的概率分布，从而直观地对其做出评价。建立直方图的步骤是：首先，以各组风险数据 u_1，u_2，…，u_r，u_{r+1} 为端点标在直角坐标系的横轴上；其次，分别以线段 $[u_i，u_{i+1}]$ 为底边，以相应频率密度 f_i 为另一边作矩形，于是 r 个矩形就构成了直方图。显然，频率直方图中每个小矩形的面积等于相应风险数据组的频率，而各矩形的总面积恰好等于 1。

直方图图形分为正常型和异常型两种类型。其中，正常型是左右对称的山峰形状，图的中部有一峰值，两侧的分布大体对称，且越偏离峰值方柱的高度越小，符合正态分布，如图 10 - 3 所示。

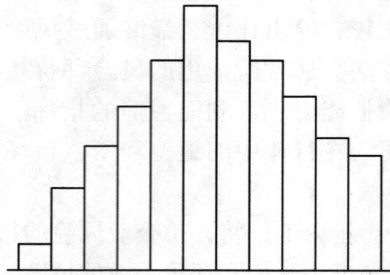

图 10 - 3　正常型直方图

　　该图表明数据所代表的风险处于稳定状态。与正常型分布状态相比，带有某种缺陷的直方图即为异常型直方图，这类图形表明数据所代表的风险项目处于不稳定状态。常见的异常型直方图主要有偏向型（直方的顶峰偏向一侧）、双峰型、平峰型、高端型（直方图的一侧出现陡壁状态）、孤岛型（在远离主分布中心处出现孤立的小直方图）、锯齿型等，分别代表管理需要改进或数据出现问题。

　　当然，观察直方图的形状只能判断风险管理过程是否稳定正常，并不能判断是否能稳定地管理风险，而将直方图和公差相比较，即可以达到风险管理的目的。在这里，公差是指企业可以容忍和允许的风险变动范围，而对比的方法是观察直方图是否都落在公差范围内，是否有相当的余地以及其分布是否没有过于偏离中心位置。一般来说，较理想的状态是数据分布范围充分居中，处于公差范围的上下界限内，而且具有一定余地，如图 10 - 4 所示。

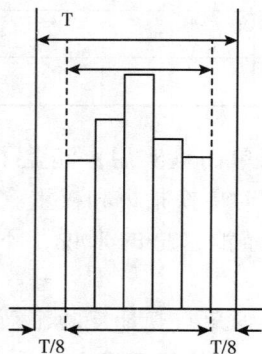

图 10 - 4　直方图分布与公差范围（T）的理想状态

　　这种状态表明风险管理处于正常状态，目前不需要调整。与此相比，如果出现偏向型、无余地型、余地过多型状态，可以判断风险管理对象存在异常因素，应当采取措施进行控制，尽量将主要异常因素消除在萌芽状态，使直方图分布向理想状态靠近。

　　7. 矩阵评价法。矩阵图是一种利用多维思考去逐步明确问题的方法，就是从问题的各种关系中找出成对要素 L_1，L_2，…，L_i，…，L_n 和 R_1，R_2，…，

R_i，$\cdots$，R_n，用数学上矩阵的形式排成行和列，在其交点上标示出 L 和 R 各因素之间的相互关系，从而确定关键点的方法。通过在交点处给出行和列对应要素的关系与关系程度，就可以大致判断出评价风险的关键因素。在矩阵图中，一般会用不同的符号表示要素之间的相互关系。通常用◎表示与引发风险关系密切的风险因素，用○表示与引发风险有关系的风险因素，用△表示可能与引发风险有关系的风险因素。按照矩阵图的型式可以将其分为四类：L 型、T 型、X 型和 Y 型。

L 型矩阵图是一种最基本的矩阵图，如图 10 - 5 所示，是由 X 和 Y 因素二元配置组成的矩阵图，这种矩阵图适用于若干个目的和实现目的的手段或若干结果及其原因之间的关联。

因素	因素 Y_1	因素 Y_2	因素 Y_3	……
因素 X_1				
因素 X_2				
因素 X_3				
……				

图 10 - 5　L 型矩阵图

T 型矩阵图是由 Z 类风险因素和 X 类风险因素组成的 L 型矩阵图与由 Z 类风险因素和 Y 类风险因素组成的 L 型矩阵图组合在一起的三维矩阵图，如图 10 - 6 所示。T 型矩阵图表示 Z 类风险因素分别与 X 类风险因素和 Y 类风险因素对应的关系。

……							
因素 X_3							
因素 X_2							
因素 X_1							
因素 X / 因素 Y	因素 Z	因素 Z_1	因素 Z_2	因素 Z_3	因素 Z_4	因素 Z_5	……
因素 Y_1							
因素 Y_2							
因素 Y_3							
……							

图 10 - 6　T 型矩阵图

X 型矩阵图是由 X 类风险因素和 W 类风险因素、W 类风险因素和 Y 类风险因素、Y 类风险因素和 Z 类风险因素、Z 类风险因素和 X 类风险因素的四个 L 型矩阵图组合在一起的矩阵图。这是一种可以表示 X 和 W、Z，W 和 X、Y，Y 和 W、Z，Z 和 X、Y 四对风险因素关系的矩阵图，如图 10 – 7 所示。

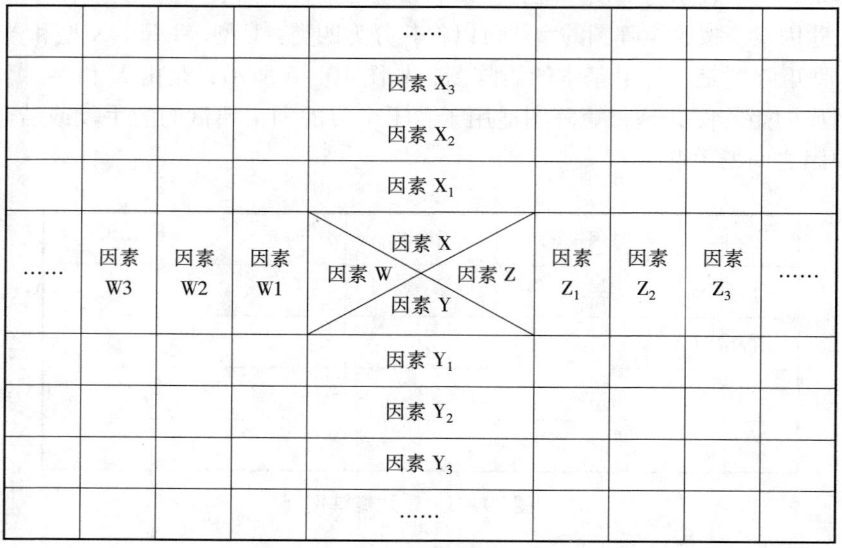

……				因素 X₃				

图 10 – 7　X 型矩阵图

采用矩阵图法评价风险是一种比较有效的风险管理方法，可以发现引发风险的重要因素。但是，用◎、○或△等符号表示不良现象及其原因等造成的关联程度时，由于容易掺入评价者的主观见解，所以要完全真实反映风险的状况具有一定的困难。不过，如果能够得到多数有经验者的一致意见，也是可以在短时间内得到由长期经验所证明的满意结果的。

8. 风险综合评价法。由于每一种评价方法都有各自的优点和缺点，所以企业如果能够灵活运用两种或两种以上的方法去评价系统的风险，往往可以取长补短，更加接近评价精确和切合实际的目标。但是在这一过程中，也有出现矛盾结果的可能。在这种情况下，就需要再次对不同风险进行权衡，按照可容界限对风险进行综合排序，做出最终的风险评价。其中，人们常常采用的一个评价方法就是"成本—效益"分析，即研究当采取某种措施的情况下，必须付出多大代价，以及可取得多大的效果。在实际风险管理操作中，这一分析就是贯彻"两利相衡取其重、两害相衡取其轻"的原则进行风险评价和抉择。

第四节　企业风险分析工作表

依据前面对风险分析的说明和介绍，我们在这里给出一个企业风险分析工作表。它既是对相关内容的总结和提炼，也为企业风险管理提供了一份切实可行的操作清单，如表 10 – 7 所示。

表 10 – 7　　　　　　　　企业风险分析工作表

步骤一：在风险识别的基础上，通过定性分析确认需要进一步衡量和评价的重点风险类别			步骤二：针对企业面临的重点风险，选择合适的计量技术对其进行量化衡量		步骤三：在量化分析的基础上，对重点风险进行评价和排序，为权衡应对策略提供可靠依据	
风险种类	项目及编号（可根据实际情况进行再细分和编号）	确认是否属于重点风险	可供选择的风险衡量技术	应用此种衡量技术的风险编号	可供选择的风险评价方法	最终风险排序的结果
人力资本	1. 死亡	是/否	概率技术	传统概率分析		风险度评价法	
	2. 丧失工作能力	是/否		贝塔指标分析法		检查表评价法	
	3. 退休	是/否		在险价值		优良可劣评价法	
	4. 辞职和失业	是/否		其他概率技术		单项评价法	
财产	5. 价值	是/否				指标评价法	
	6. 权益	是/否				直方图评价法	
法律责任	7. 产品责任	是/否				矩阵评价法	
	8. 环境污染责任	是/否					
	9. 员工伤害责任	是/否	非概率技术	敏感性分析		风险综合评价法	
金融市场	10. 市场风险	是/否		情景测试			
	11. 信用风险	是/否		压力测试			
	12. 流动性风险	是/否		设定基准			
	13. 操作风险	是/否		各种计分方法			
	14. 法律风险	是/否					
	15. 国家风险	是/否					
	16. 关联风险	是/否					
其他	其他特有风险	是/否		其他风险衡量技术		其他风险评价方法	
备注							

本章小结

　　本章主要介绍了风险分析的思路与风险评价方法。具体介绍了人力资本风险分析、财产风险分析、法律责任风险分析、金融市场风险分析的含义，各风险产生的原因以及可能给企业带来的影响。风险衡量的技术有概率技术和非概率技术。风险评价的具体方法有风险度评价法、检查表评价法、优良可劣评价法、单项评价法、指标评价法、直方图评价法、矩阵评价法和风险综合评价法。

重要名词

人力资本风险
财产风险
法律责任风险
金融市场风险
概率分析
风险度评价

练习题

一、单选题

1. 财产风险发生的主要原因包括（　　）。

A. 自然原因　　　　　B. 社会原因　　　　　C. 经济原因　　　　　D. 财产原因

2. 下列不属于企业常常面临的法律责任风险的是（　　）。

A. 产品责任风险　　　　　　　　B. 环境污染责任风险

C. 财务风险　　　　　　　　　　D. 员工伤害责任风险

3.（　　）是指由于市场利率的不确定变动而使行为人遭受损失的不确定性。

A. 利率风险　　　　B. 汇率风险　　　　C. 证券价格风险　　　D. 商品价格风险

4.（　　）方法的最大局限是只有在股票被交易并方便得到市场价格的时候才能使用。

A. 传统概率分析　　B. 市场β值　　C. 差异系数　　D. 加权平均数（期望值）

5.（　　）是针对潜在的风险性，研究项目各种不确定因素变化幅度时，计算其主要经济指标变化率及敏感程度的一种方法。

A. 层次分析法　　　B. 敏感性分析　　　C. 情景测试　　　D. 压力测试

6.（　　）风险评价方式的优点是可以综合评价风险单位的状况。

A. 直方图评价法　　B. 检查表评价法　　C. 矩阵评价法　　D. 单项评价法

二、多选题

1. 人力资本风险发生的主要原因包括（　　）。

A. 死亡　　　　　　B. 丧失工作能力　　C. 退休　　　　　　D. 辞职和失业

2. 企业财产风险分析包括（　　）。

A. 对可能导致财产损失的原因进行分析

B. 能够预测到其频率和程度的损失

C. 对财产的价值和权益等进行评估，确定财产风险可能带来哪些方面的影响

D. 寻找和培训一个合适的替代人员的成本

3. 金融市场风险包括（　　）。

A. 产品责任风险　　B. 市场风险　　　　C. 信用风险　　　　D. 流动性风险

4. 按照风险评价的阶段划分，风险评价可以分为（　　）。

A. 事前评价　　　　B. 中间评价　　　　C. 事后评价　　　　D. 跟踪评价

5. 下列属于企业风险评价具体方法的有（　　）。

A. 风险度评价法　　　　　B. 检查表评价法

C. 优良可劣评价法　　　　D. 单项评价法

6. 下列关于优良可劣评价法的说法正确的是（　　　）。

A. 评价标准比较直观

B. 可操作性强

C. 不需要借助于经验和判断能力进行评价的方法

D. 适用于风险特别严重，或者事故发生后会产生严重后果的情况

三、判断题

1. 广义的企业风险管理既包括通过控制风险来减少其可能带来的损失，也包括通过在风险和回报之间进行主动地权衡来最大化企业收益。　　　　　　　　　　　　　　（　　）

2. 从财产风险给企业造成影响的性质上来看，可以从价值和权益两方面来确定财产风险可能给企业带来的影响。　　　　　　　　　　　　　　　　　　　　　　　（　　）

3. 在从损失价值的角度出发确定财产风险的影响时，风险管理部门还必须注意选择适当的估价标准。　　　　　　　　　　　　　　　　　　　　　　　　　　　　（　　）

4. 产品责任有一个核心条件，即只有责任主体生产或销售的产品存在缺陷时才可能构成产品责任。　　　　　　　　　　　　　　　　　　　　　　　　　　　　　（　　）

5. 金融市场风险与一般的风险概念有着显著的区别，它是专门针对资金借贷而言的风险。（　　）

6. 传统概率分析法具有较强的理论依据，可信度弱，容易理解，使用不方便。　（　　）

思 考 题

1. 人力资本风险发生的原因是什么？会给企业带来哪些影响？

2. 财产风险发生的原因是什么？会给企业带来哪些影响？

3. 法律责任风险的主要内容是什么？

4. 金融市场风险有哪些类型？

5. 风险衡量的概率技术有哪几种？

6. 风险衡量的非概率技术有哪几种？

7. 企业风险的评价方法有哪些？

企业风险应对策略与措施

在本章中，你将学到：

1. 风险的应对策略
2. 风险控制措施
3. 止损机制和危机处理

◇ **本章重点与难点**

1. 风险应对策略
2. 止损的必要性和机制
3. 危机处理

引例

乐视手机，巨亏百亿

2016 年 11 月，乐视手机供应链爆发资金危机，乐视帝国陷入危局。这家昔日名重一时的明星企业，开始了漫长的困境之路。

乐视手机销量，业绩非常出众。乐视手机在进入市场后，短短一年半的时间，累计销量就超过了 2 000 万台。这个数字，仅次于华为荣耀品牌独立后的运作纪录，荣耀在独立一年后，销量就做到了 2 000 万台，创下国产手机的纪录。

而乐视手机作为一个新品牌，取得这样的成绩绝对是不俗的。如果好好耕耘，未来乐视品牌手机超越魅族，在国内三线站稳脚跟一点不成问题，再加上它收购的酷派，乐视系手机进入国产手机二线阵营是非常有可能的。可是，乐视系手机却上演了流星般的轨迹。在交出一年半时间累计销量 2 000 万台的纪录后，乐视系手机却迅速从巅峰坠落了。先是巨额亏损曝出，接着 2017 年由于资金链问题、供应商关系问题，导致销量大幅下滑，与 2016 年相比，仅为 1/5 左右的销量。

孙宏斌在融创 2017 年上半年年报发布会上给出了亏损的具体数字——92 亿元。

乐视手机短短一年半的时间，销量累计 2 000 万台，在国产手机中也堪称纪录级的。可是，销量背后却欠下了近百亿元，引爆乐视帝国资金危机，它本是一手好牌，最终却打出无奈结果。

（资料来源：搜狐网站）

第一节　企业风险的不确定性

企业只要经营，就会产生风险，导致企业经营遭受损失或重大不确定性的因素是多样的，如决策失误、管理不善、市场竞争激烈、人才流失等。企业风险有三个不确定性。

1. 企业生存空间的不确定性。企业生存空间的不确定性，指一定的企业在一定的时期存在于一定的生存空间中，如有的企业只能在邻近地销售，有的企业可以进入国际商场销售，有的企业生产一种产品，出现风险，将别无选择，有的企业跨行业多元化，因而具有较大的生存空间等。由此可见，生存空间的不确定性造成了企业的生存风险。

2. 企业从事业务活动的复杂性。企业的多重使命和任务使得企业经营活动日趋复杂，增加了企业经营失败的可能性。

3. 企业能力与实力的有限性。当外部环境的变化、生产经营活动的复杂性与难度超过企业的实力与能力时，企业生存风险就可能随之发生。

第二节 企业风险的应对策略

当企业面对不同风险的时候，可以采取不同的风险应对策略。我们认为有以下四种风险应对策略：（1）企业风险回避；（2）企业风险承担；（3）企业风险降低；（4）企业风险分担。

一、企业风险回避

风险回避是指考虑到影响预定目标达成的因素，结合决策者自身的风险偏好和风险承受能力，从而做出的中止、放弃某种策略方案、改变某种策略风险的处理方式，风险回避的前提在于企业对自身的条件和外部形式、客观存在的风险的属性及大小有准确的判断与认识。风险回避的优点体现在以下两点；第一，风险回避在风险产生之前将其化解于无形，大大降低了风险发生的概率，有效避免了可能遭受的损失；第二，节省了企业的资源，减少了不必要的浪费，使得企业有的放矢，在市场经营中有所为有所不为。

（一）企业风险回避的类型

风险回避的类型可以分为积极的风险回避与消极的风险回避。积极的风险回避与消极的回避有不同点，但也存在着相同点。相同点在于两者都认识到企业自身的实力不足以承受可能遭受的损失，都希望能够尽可能在风险发生之前，减少其发生的可能性。从风险的偏好来说，积极的风险回避者和消极的风险回避者同属于风险厌恶者，但两者对于风险认识的能动性是不同的。消极的风险回避者更惧怕风险，风险承受能力和应对能力也较差，消极的风险回避者不会去主动地识别风险，更谈不上应对风险。积极的风险回避者不会一味地回避风险，从而丧失获得的商业机会，只不过其对自身的能力更了解，更有自知之明，能够更好地应用"有所为与有所不为"这条法则。

（二）企业风险回避的策略

企业风险回避并不是一味地、盲目地回避风险，而是在恰当的时候，以恰当的方式回避风险，是一种策略性回避，主要适用于以下情况：（1）当某项活动风险极大时，企业确实无力加以防范和控制；（2）当实现某项活动有许多方案，而各种方案的风险程度高低不同时，可选择低风险的方案；（3）当实现某项活动的过程中遇到不可逾越的风险因素时，采取措施绕道，迂回包抄。风险回避可采用以下四种策略。

1. 步步为营。企业中的某项经营活动，若一步到位可能跳跃太大，不确定因素增加，为企业所不能单个承受。如果分步实施，则可能回避部分风险，增加安全性。

2. 避实就虚。就是指不与风险正面冲突，从风险小处着手，绕过风险障碍，待竞争能力和抵抗风险的能力增强、时机成熟后，再进入较大的风险领域。

在企业经营活动中，竞争对手之间存在着技术水平、产品质量、销售、品牌以及经济实力等的高低强弱之分。实力较弱的企业若遇竞争对手正面交锋，则难免处于劣势，此时可绕道行之，在他处发挥自身优势，积累实力，然后与竞争对手进行正面交锋。

3. 瞒天过海。竞争风险来自竞争各方的较量。因此，若能够瞒过对手，趁其不备突然袭击，可令对手不防，风险自解。

4. 移花接木。指企业将有限的资源投放在有把握、风险较小的项目上，或者回避某种政策或技术壁垒而采取的一种风险回避策略。

二、企业风险承担

在企业经营过程中，有时候面临的风险无法分散，也无法回避。只要企业经营，就会面临着这样的风险，只能承担。比如说系统风险。

系统风险是指由于全局性的共同因素引起的投资收益的可能变动，这种因素以同样的方式对所有证券的收益产生影响。在现实生活中，这些因素包括社会、政治、经济等各个方面。由于这些因素来自企业外部，是单一证券无法抗拒和回避的，因此又叫不可回避风险。这些共同的因素会对所有企业产生不同程度的影响，不能通过多样化投资而分散，因此又称为不可分散风险。系统性风险包括政策风险、经济周期性波动风险、利率风险和购买力风险等。

不管投资多样化有多充分，也不能消除全部风险，即使购买的是全部股票的市场组合。

由于系统风险是影响整个资本市场的风险，所以也称"市场风险"。由于系统没有有效的分散方法，所以也称"不可分散风险"。

对于不可分散风险，企业唯一能做的就是承担风险。这样的风险不是企业所能选择的，而是存在于企业经营的过程中，和企业经营活动、投资活动相联系。承担了系统风险，能得到市场的平均报酬。对于这种风险，不管是风险偏好者还是风险厌恶者，都只能承担。要得到更高的报酬率，只能从事风险高于系统风险的项目。

当预计到从事某项经营活动的风险太高，而此项活动又无法避免的时候，可以通过购买保险这种方式，承担一定的风险，把损失控制在可接受的最小数额以下。这种承担风险的方法，需要预先对发生此项损失的概率，以及发生损失后的损失额进行概率估计和区间估计。

承担风险的方法还有投资组合，"不要把所有的鸡蛋放在一个篮子里"，就是这个道理。

进行充分的投资组合，可以抵消掉生产经营活动中存在的非系统风险，组合越充分，承担的系统风险就越小。就算一项投资遭受损失，其他投资的收益也可以对此进行弥补，可以说是"失之东隅，收之桑榆"。

三、企业风险降低

风险降低是指风险承担主体将自身可能遭受的损失或承担不确定性的后果转嫁给他人的风险处理方法。风险降低主要通过风险转移的手段来实现。尽管风险转移的手段各异，但都试图达到同一目的，即将可能由自己承担的风险，转移给他人，从而降低自身承担的风险。风险转移可以通过保险、外包和出售的方式来实现。

1. 保险与风险转移。保险的基本运作机制在于：投保人与保险人共同签订保险合同，投保人向保险人交纳保费，来换取保险人对投保人遭受的经济损失给予补偿，或在约定时间发生时给予一定保险金的承诺。保险人利用大数原则，通过大量的互相独立的风险将个别风险的不确定性转化为可以预测的稳定支出，实现风险的降低。

保险是风险降低中一项很普遍、容易操作的方法。它可以规范各方关系，保护企业利益。

保险公司接受风险转移是因为可保风险是有规律的。通过研究不同风险的发生概率，寻找规律，为众多企业的顾虑提供了保障。

2. 外包与风险转移。企业在生产经营活动中注重核心竞争力的培养，强调根据企业自身特点，主要从事某一领域、某一业务，在某一方面形成自己的竞争优势，这必然要求企业将其非核心业务外包给其他企业。外包业务的根本出发点在于：确定企业的核心竞争力，把企业内部优势资源集中在具有核心竞争力的活动上，剩余的其他业务交给最好的专业公司。在企业竞争过程中，环境、技术、市场需求瞬息万变，企业投资于自身非核心竞争优势的业务存在巨大的风险。通过外包策略，可以将这种风险转移给外包商，从而降低自身的风险。

企业外包业务有助于以下三方面风险的转移，从而能做到降低自身风险：

（1）质量方面的风险转移。在外包业务中，企业通过采取严格有效的合同方式，产品质量、服务质量、交货时间等问题全部由外包商承担，同时将由质量问题导致所承担的风险也一并转移给外包商。

（2）资金占用风险的转移。通过外包，合同制造商将帮助企业解决一部分资金占用，从而降低资金占用的风险。具体表现在：第一，通过外包，可以帮助组织重构财务预算，从而避免对未来投资的不确定性；第二，通过外包将不能创造价值的业务单元或者设备资产转交给外包商，企业能够获得一笔现金流，从而释放出一部分资源进行其他投资；第三，外包将固定成本业务转化为可变成本业务，有利于企业规模组织结构的扁平化。

（3）技术风险转移。外包有利于企业获得原先无法凭自身实力而取得的技术和技能，通过外包，企业可以将价值链中的每个环节由最适合企业情况的、最好的专业公司来完成。常常能获得最先进、最前沿的技术和技能。除此之外，企业可以获得外部可利用的服务设备等资源，能降低自身的技术风险。

3. 出售与风险转移。出售也是一种风险转移的方式，通过这种风险转移，降低了出售方的风险。企业认为不可取而拟转让的资产或实体，对于受让方来说未必就是糟粕。因为各个企业由于自身的经营所处的行业、自身的技术以及特殊的财务资本结构与经营方式等不同，对于同一项资产或实体的评价是各不相同的，正是"横看成岭侧成峰"。实体的权属问题与风险概念是密不可分的，以实体所有权的转移时间作为风险转移的时间，其理论依据在于：转移实体所有权是买卖合同的主要特征和法律后果，风险和收益都是基于所有权而产生的。因此，当所有权因买卖合同生效而发生转移时，风险就随之发生转移。

当实体在卖方手中时，他就不可避免地承担着占有或经营此实体的风险。通过出售，所有权从卖方手中转移到买方手中，买方就需要对该实体承担全部的风险。

出售的风险转移方式常常发生在经济不景气、资源紧缩、产品滞销以及企业财务状况恶化的时期，或者企业原先的经营领域处于明显劣势的时候。当企业原有经营领域的市场吸引力微弱，获利丧失而趋向衰退时，市场占有率受到侵蚀，企业经营活动受阻而有意从原有的领域抽身，另辟蹊径，将实体出售给新的进入者，从而实现企业长远的经营目标。通过这种方式，企业能够合理配置资源以发展新的事业领域，从而转移风险。

四、企业风险分担

风险分担指的是由于单个企业的风险承受能力是有限的，企业选择与多个风险承受方共同承担属于某市场、产品或服务的总量一定的风险，从而降低单个企业承担的风险。风险分担与收益分摊是相辅相成的。由于风险与收益对称，所以联合投资可以起到分担风险的作用。

风险分担是投资项目巨额投资资金的客观要求。一个项目从萌芽、开发、生产到投放市场，通常建立在巨额资金投入的基础上，而单独一家企业的筹资能力是有限的，难以单独满足项目资金上的要求。通过一家企业发起，多家企业联合起来共同投资于一家企业，从而做到了风险的分担。

对于一定的风险项目，企业投资该项目所需承担的风险是一定的，但因自身资金实力有限、主观认识的局限性以及风险感知的偏好，个别企业往往不具备独自承担全部资金风险的能力。因此，联合投资是一种给予风险分担的要求，它通过联合投资协议，各方根据自身的资金特点，选择不同的时期投入资金，在保证投资项目顺利进行的情况下，企业共享投资收益的同时，分担各自承担的风险。

在联合投资中，由于不同企业投入项目的风险资金存在差距，除此之外，联合投资方对项目的风险认识以及项目的前景认识很难达成一致。所以各个企业对于风险愿意付出的监督成本、管理水平等与资金的投入不成严格的比例。这样，就存在着"搭便车"的现象，这对联合投资是一项障碍。避免"搭便车"的关键在于通过完善联合投资契约，加强对双方或者多方的约束力，以及对风险资金管理与使用的认识。

对于风险投资业，联合投资方式已经成为迅速集聚资金、降低风险，发挥协同管理作用的最受欢迎的方式。在现代经营环境中，可以通过联合具有技术优势、管理优势、资金优势及营销优势的企业，共同进行联合投资，从而充分分担风险。这在分担风险的同时，也实现了优势互补。

第三节 企业风险控制措施

一、企业风险控制视角

企业风险控制就是通过前置或过程调查，获得合作对方资金、信用、资质、意图等各种信息资料，评估合作可能，降低企业风险的过程和方法。提供企业征信、证据收集、情报研究、风险预警、危机处理、策划顾问等系列服务。

具体包括：生产经营风险控制、投资项目风险控制、技术开发风险控制、商业秘密风险控制、合同陷阱风险控制、员工雇佣风险控制等服务项目。

通过专业机构提供风险控制方案，企业可以减少运作损耗，降低风险概率，提高成功保障，争取较大利润。风险控制方案可以将企业的风险可能、亏损根源扼杀在摇篮中，真正做到防患于未然，胜敌于不战。

二、企业风险控制措施

为了预防各种风险，投资者就必须从本身进行严格的内部管理，减少损失发生的可能性。具体来看，主要有两个方面：一是进行有效的资金管理；二是采取有效的操作策略和操作手段。

1. 进行有效的资金管理。在股指期货市场上，投资者的资金总是一个至关重要的因素。从具体操作角度看，在资金管理风险时，应该实现以下一系列的规则和程序：定期检查和预测资金需求情况；建立资金调动限额；制定市场突发情况时的应变计划；提取各种风险准备金等。

2. 通过操作策略控制操作风险。任何一个重大的投资计划，实际上其主要风险从决策过程即已开始。实现有效的战略性决策，是防范操作性风险的第一步。

第一，把握决策方向性的正确。从投资的最终绩效看，决策初期对市场基本政策形势判断的正确性是首要的决定条件。

后续阶段性的政策，也要予以充分重视，特别是要注意其中所存在的阶段性和时效性。总而言之，对后续阶段性的市场趋势有清醒的认识，是进行投资的前提。

第二，保持决策的动态调整。在不少的投资决策过程中，往往是最初阶段的酝酿过程时间很长，而后来觉得时间紧迫时，常常忽略后续的一个或数个决策环节而直接作出决定。由于缺乏关键的全面论证，导致项目在实行过程中产生顾此失彼的结果。因此，一方面保持决策的及时性；另一方面也要保持决策的动态性，随时间和环境变化而调整。

第三，保持交易的计划性。在进行投资之前，必须制定好交易计划，避免盲目操作。交易计划应包括：当前的趋势及其后势演变分析；入市基点、交易方向、交易量及盈利目标；市场突变或判断失误时，能承受的风险值以及止损目标。

第四节　止损机制和危机处理

确定了企业的风险偏好和风险承受能力之后，下一步就要制定企业的止损指标。止损指标的制定非常重要，一项业务或投资的损失在达到止损指标时就应该立刻斩仓停止，壮士断腕，以免更大的损失发生。

止损指标的制定有两方面需要注意：一是对于不同的部门和业务，需要根据实际情况制定不同的止损指标，不能搞"一刀切"；二是止损指标制定后，应当作为一项严格的制度执行，损失一旦触及指标立即止损，不可使其形同虚设，丧失了止损指标"防火墙"的作用。

一、止损的含义与必要性

> 概念解释：
>
> 止损是指当某一投资出现的亏损达到预定数额时，及时斩仓出局，以避免形成更大的亏损。其目的就在于投资失误时把损失限定在较小的范围内。股票投资与赌博的一个重要区别就在于前者可通过止损把损失限制在一定的范围之内，同时又能够最大限度地获取成功的报酬，换言之，止损使得以较小代价博取较大利益成为可能。股市中无数血的事实表明，一次意外的投资错误足以致命，但止损能帮助投资者化险为夷。

（一）止损的含义

止损既是一种理念，也是一个计划，更是一项操作。止损理念是指投资者必须从战略高度认识止损在股市投资中的重要意义，因为在高风险的股市中，首先是要生存下去，才谈得上进一步的发展，止损的关键作用就在于能让投资者更好地生存下来。可以说，止损是股市投资中最关键的理念之一。止损计划是指在一项重要的投资决策实施之前，必须相应地制订如何止损的计划，止损计划中最重要的一步是根据各种因素（如重要的技术位或资金状况等）来决定具体的止损位。止损操作是止损计划的实施，是股市投资中具有重大意义的一个步骤，倘若止损计划不能化为实实在在的止损操作，止损仍只是纸上谈兵。

（二）止损的必要性

波动性和不可预测性是市场最根本的特征，这是市场存在的基础，也是交易中风险产生的原因，这是一个不可改变的特征。交易中永远没有确定性，所有的分析预测仅仅是一种可能性，根据这种可能性而进行的交易自然是不确定的，不确定的行为必须得有措施来控制其风险的扩大，止损就这样产生了。

止损是人类在交易过程中自然产生的，并非刻意制作，是投资者保护自己的一种本能反应，市场的不确定性造就了止损存在的必要性和重要性。成功的投资者可能有各自不同的交易方式，但止损却是保障他们获取成功的共同特征。世界投资大师索罗斯说过，投资本身没有风险，失控的投资才有风险。学会止损，千万别和亏损"谈恋爱"。止损远比盈利重要，因为任何时候保本都是第一位的，盈利是第二位的，建立合理的止损原则相当有效，谨慎的止损原则的核心在于不让亏损持续扩大。

（三）止损的机制

1. 学会分析风险。经商做生意，投身到市场经济的大海之中，必须要考虑家庭的一切正常开支，考虑一旦你卧病或发生意外导致收入来源中断的风险。因此，你必须学会分析你所处的环境，做好风险预测。

2. 善于评估风险。通过客观分析，预测风险将要带来的破坏程度之高低，做到心中有数。例如，失火将造成危害的程度、货款回收的程度、资金周转可能会出现的不良性循环程度等。

3. 慎重预防风险。一定要采取措施降低风险发生的可能性，例如对客户进行详细的信用调查；制定周密的收款措施；加强保安措施，将当日收入现金及时存入银行；对周围环境进行调查，对可能发生的问题进行弥补。总之，要预防和避免风险的发生。

4. 设法转嫁风险。有一些风险是不可能避免的。例如，你所经营的公司有许多价值很高的设备、仪器，即使你做了安全防范，但仍面临着设备、仪器可能遭到毁损的风险。目前，大多数人还不太习惯于保险，然而，加入财产保险确实是一个转嫁风险的良策，设备、仪器的意外失盗或因洪水、地震、火灾、房屋破坏等造成的意外损失，都会有保险公司的赔偿，这种转移也正是避免风险的良策。

二、企业危机处理

什么是危机处理？一般而言，危机处理是指当企业面对与社会大众或顾客有关的重大事故，在处理这些重大事故时所采取的态度和过程。如果一个企业经营不善，并不一定涉及社会大众的利益，顾客也不一定十分关心，就称不上企业的危机处理，而仅仅是企业经营上的个别问题。所谓企业的危机处理，大多是指企业处理"对外"所发生的各种事故。由于这些重大事故的发生，对社会公众或顾客产生了损害，若处理不当，最终会影响企业形象。所以，企业的危机处理基本上是一场企业形象保卫战。企业形象的塑造，一靠平时所下的功夫，二靠危机当时的处理。在大多数情况下，企业面对危机所采取的处理方式，对企业形象有着更为重要而深远的影响。换言之，企业在面对危机时所采取的不同的态度和方法，对塑造良好的企业形象将会产生"差之毫厘，谬以千里"的效果。

企业在面对危机时，如何应对才能转危为安、战胜危机呢？

1. 立即调查情况、制订计划以控制事态的发展。在处理危机时，首先应组织有关人员，尤其是专家参与，成立危机处理小组，对危机的状况做一个全面的分析：危机产生的原因是什么？是内因还是外因？危机发展的状况及趋势如何？受影响的公众有哪些？谁是危机的直接受害者？谁是间接受害者和潜在受影响者？具体受影响的程度如何？分别是什么形式的？他们可能希望通过什么方式予以解决？危机信息对外扩散的发布渠道和范围是怎样的？这些问题必须弄清楚，因为这将是企业采取补救措施的直接依据。在找到这些依据之后，就可以根据这些依据来制定相应的对策。

2. 把危机真相尽快告诉新闻媒体和社会公众。危机发生后，最关心此事的人，除了企业之外，还有新闻界、受害者和竞争对手。对于新闻界来说，又多了一个宣传热点，有利于吸引社会的关注，同时易于同情弱者，更多地为受害者说话，处于企业的对立面；对受害者而言，力争企业对危机事件给以圆满的答复；至于竞争者，则多了一个竞争的有利砝码。因此，危机发生后，应尽快调查事情原因，弄清真相，尽可能地把完整情况告诉新闻媒体，由其广而告之。只有公布真相后，才有可能避免公众的各种无端猜疑和流言的产生。诚心诚意才是企业面对危机最好的策略。如果一再文过饰非，则终将自食其果。强生公司面对危机，开诚布公地解释症结所在，顺利平息风波，解决了信誉危机。

3. 在某些特殊的危机处理中，企业与公众的看法不一致。难以调解时，必须靠权威发表意见。企业要善于借助公证性和权威性的机构来帮助解决危机。雀巢公司在"雀巢风波"恶化后，开始采取补救措施。其中最有效的就是成立了一个10人专门小组来监督该公司执行世界卫生组织规定的情况。小组成员中有深孚众望的医学家、教授、群众领袖和国际政策专家，并由前任美国国务卿缅因州民主党参议员埃德蒙任主席。这一举措大大增加了公司在公众心目中的可信度。由于在很多情况下，权威意见往往对企业危机的处理能够起到决定性的作用，因此，企业在处理危机时，一方面要作到谦虚自责，勇于承担责任，始终把社会公众的利益放在首位；另一方面也要作到坚持原则。只有这样才能使企业既能控制事态发展，转危为安，又能由此迈上一个新台阶。

4. 做好善后处理工作。企业出现危机时，特别是出现重大责任事故，导致社会公众利益受损时，企业必须承担起责任，给予公众一定的精神补偿和物质补偿。在进行善后处理工作的过程中，企业也必须作到一个"诚"字。只要顾客或社会公众是由于使用了本企业的产品而受到了伤害，企业就应该在第一时间向社会公众公开道歉以示诚意，并且给受害者相应的物质补偿。对于那些确实存在问题的产品应该不惜代价迅速收回，立即改进企业的产品或服务，以表明企业解决危机的决心。只有以诚相待，才能取信于民。

总之，当企业面对危机时，应该以社会公众和消费者利益为重，迅速作出适当反应，及时采取补救措施，并主动地、有意识地以该事件为契机，变坏事为好事，因势利导，借题发挥。不但可以恢复企业的信誉，而且可以扩大企业的知名度和美誉度。正如人们所说的：一个优秀的企业越是在危机的时刻，越能显示出它的综合实力和整体素质。一个成熟的、健康的企业与其他企业的区别就在于此。

本章小结

本章主要介绍了风险的应对策略与控制措施。应对策略包括风险回避、风险承担、风险降低、风险分担。风险控制措施包括进行有效的资金管理和采取有效的操作策略和操作手段。设立一定的止损标准对于防范风险的扩大和避免事态的严重化具有重要意义。企业还应善于做好危机处理工作。

重要名词

风险回避

风险承担

风险转移

风险分担

止损机制

危机处理

练 习 题

一、单选题

1. 一般认为，风险的构成要素包括（   ）。
    A. 风险因素、风险事故和标的   B. 风险因素、风险性格和损失
    C. 风险行为、风险事故和损失   D. 风险因素、风险事故和损失
2. 在风险管理理论中，一个组织或者个人用以降低消极结果的决策过程被称为（   ）。
    A. 风险评价   B. 风险估测   C. 风险管理   D. 保险
3. 在风险管理中，不仅使得风险建立在科学的基础上，而且使得风险分析定量化的风险管理环节是（   ）。
    A. 风险估测   B. 风险识别   C. 风险评价   D. 选择风险管理技术

4. 根据风险管理理论，在风险管理各个环节中最为重要的环节是（　　）。

A. 风险估测　　　　B. 风险识别　　　　C. 风险评价　　　　D. 选择风险管理技术

5. 对风险管理技术适用性及收益情况的分析、检查、修正和评估属于风险管理的内容之一。该环节是（　　）。

A. 风险估测　　　　　　　　　　B. 风险评价

C. 评估风险管理效果　　　　　　D. 选择风险管理技术

6. 在选择风险管理技术时，一般采用避免风险这一技术方式的情况为（　　）。

A. 某特定风险所致损失频率和损失程度相当高

B. 某特定风险所致损失频率相当高和损失程度比较小

C. 处理风险的成本小于其产生的效益时

D. 某特定风险所致损失频率相当低和损失程度比较小

7. 一些单位或个人为避免承担损失，而有意识地将损失或与损失有关的财务后果转嫁给另一些单位或个人去承担的风险管理方式被称为（　　）。

A. 转移　　　　　　B. 预防　　　　　　C. 抑制　　　　　　D. 避免

8. 根据风险理论，下列特征中属于风险特征的是（　　）。

A. 不确定性和客观性　　　　　　B. 确定性和主观性

C. 自然性和特殊性　　　　　　　D. 不确定性和商品性

二、多选题

1. 以下选项中，不属于内部控制要素的有（　　）。

A. 风险评估过程　　B. 对控制的监督　　C. 控制目的　　　　D. 控制测试

2. 下列事项中表明被审计单位很可能存在重大错报风险的有（　　）。

A. 在高度波动的市场开展业务

B. 被审计单位的供应链发生变化

C. 被审计单位从基础设施行业转做风险投资行业

D. 经常与控股股东发生交易

3. 注册会计师可以了解被审计单位的法律环境及监管环境的方面有（　　）。

A. 与被审计单位相关的税务法规是否发生变化

B. 国家货币、财政、税收和贸易等方面政策的变化是否会对被审计单位的经营活动产生影响

C. 是否存在新出台的法律法规

D. 国家对某一行业的企业是否有特殊的监管要求

4. 注册会计师应从被审计单位内部和外部了解被审计单位及其环境。下列各项因素中，仅涉及被审计单位内部因素的有（　　）。

A. 了解被审计单位的相关行业状况

B. 了解被审计单位的目标、战略以及可能导致重大错报风险的相关经营风险

C. 了解对被审计单位财务业绩的衡量和评价

D. 了解被审计单位的内部控制

5. 注册会计师了解被审计单位的性质，包括对被审计单位经营活动的了解。为此应当了解的内容有（　　）。

A. 劳动用工情况以及与生产产品或提供劳务相关的市场信息

B. 主营业务的性质，生产设施、仓库的地理位置及办公地点

C. 从事电子商务的情况，技术研究与产品开发活动及其支出

D. 拟实施的并购活动与资产处置情况

三、判断题

1. 当控制环境存在缺陷时，注册会计师通常会选择在期中实施更多的审计程序。（ ）

2. 关于进一步审计程序的总体方案，针对不同的认定，可以采用不同的总体方案。
（ ）

3. 如果被审计单位的控制环境存在缺陷，注册会计师在对拟实施审计程序的性质、时间和范围做出总体修改时应当主要依赖控制测试获取审计证据。（ ）

4. 如果注册会计师针对特别风险仅实施实质性程序，则应当采取的进一步审计程序包括细节测试和将细节测试与实质性分析程序结合使用。（ ）

5. 注册会计师在执行财务报表审计业务时，不论被审计单位规模大小，都应当对相关的内部控制进行控制测试。（ ）

思 考 题

1. 风险应对的策略有哪些？

2. 风险回避的策略有哪些？

3. 风险控制的措施是什么？

4. 怎样理解止损机制？

5. 如何做好危机处理工作？

企业风险评估与控制系统

在本章中，你将学到：

1. 风险评估与控制系统的设计
2. 信用风险管理模块
3. 需求风险管理模块
4. 财务风险分析模块
5. 问卷调查模块
6. 风险管理过程模块

◇ **本章重点与难点**

1. 风险评估与控制信息系统的设计和实施步骤
2. 各功能模块应实现哪些功能
3. 各数据库的设计思路

引例

某银行风险评估案例

1. 评估对象

某银行有限公司借记卡业务系统

2. 评估范围

◇ 核心业务系统服务器

◇ 柜面业务系统服务器

◇ 硬件加密机

◇ 防火墙

◇ 路由器

◇ IPS 设备

3. 评估内容

◇ 网络安全

◇ 主机系统安全

◇ 应用安全

◇ 数据安全

4. 评估结果

◇ 网络安全方面，网络架构及安全设计符合安全技术要求，实际运行环境与安全设计相符；网络通过防火墙隔离保证外联边界的安全，按不同应用划分网段，统一配置了的网络设备性能监控及故障报警平台。

◇ 主机系统安全方面，采用双人执密方式管理登录口令；管理用户的权限划分合理，自主访问控制机制和强制访问控制设置完善，关闭了不必要的服务和端口。

◇ 应用安全方面，提供了域控制和户名/口令两种身份鉴别措施；提供访问控制措施，不同的角色授予不同的访问权限；限制同一个柜员并发登录；具有剩余信息保护功能，系统容错性较好；制定了源代码管理制度和版本管理控制流程；对应用服务进程进行监控，发现故障可以实时报警；并且自动对应用系统日志进行统计分析。

◇ 数据安全方面，核心服务器采用双机热备；PIN 数据在传输和储存过程中采用硬件加密机进行加解密，实现了 PIN 数据的保密性。

系统安全状况良好，系统存在的风险点较少。通过风险评估的实施，银行了解了其借记卡业务系统的安全现状，增强了对借记卡业务系统安全运行的信心。

（资料来源：中国评测网，www.cstc.org.cn）

风险评估是风险管理的核心部分，风险评估最早出现在 20 世纪 30 年代的保险行业，是为了满足工业化大生产的需要；到 60 年代开始全面、系统地研究应用于企业、环境、市场等领域，并逐步形成风险评估系统，在企业中发挥越来越重要的作用。

风险评估与控制信息系统，是一个由人、计算机及其他外围设备等组成的，能进行风险管理信息的收集、传递、存贮、加工、维护和使用的系统，从而为风险管理决策提供信息化的帮助。风险评估与控制信息系统的组成一般需要四个部分：数据库、软件、硬件和人员。

与一般的管理信息系统一样，风险评估与控制信息系统的设计过程也是要经过几个关键步骤：需求分析、系统设计、功能模块设计和数据库设计。

第一节　需求分析

需求分析是建立信息系统的第一个阶段，其任务是通过对企业经营目标、业务流程、风险管理过程等的分析，确定信息系统需要完成的工作和实现的功能，对系统提出完整、准确、清晰和具体的要求。需求分析的结果是整个信息系统开发的基础，关系到信息系统实施的成败。

需求分析的原则是结合企业实际，务必使风险评估和控制信息系统能够与企业的日常经营工作有机结合，避免由于与实际工作不接轨，而使投入大量人力、财力开发的信息系统被束之高阁的情况。由于一般的企业都有现存的会计信息系统，所以为了避免重复开发、节约成本，本系统的部分数据通过数据接口程序从已有的会计信息系统中提取。

一、对系统功能的要求

1. 信息传递功能。风险管理过程需要信息反复地在各部门之间传递，因此，信息系统应该具备信息传递功能。风险识别过程中涉及许多信息的收集，风险评估与控制信息系统中需要有信息收集的渠道，方便信息从各部门汇总到风险管理委员会。同时，风险管理措施信息也要通过信息系统，从风险管理委员会传递到各部门，此后各部门的实施情况也要通过信息系统反馈给风险管理委员会。

2. 查询功能。风险管理的相关人员，应当可以方便地从信息系统中查询企业的风险状况、对风险的分析和评价、相关风险控制措施的落实情况等。

3. 数据存储功能。信息系统是风险管理信息的集中地，应该存储各种风险数据，形成历史数据的积累，为分析和预测打下数据基础。

4. 数据分析功能。对风险数据进行整合和分类，形成分析结果，以图表的形式输出。

5. 预警功能。对于某些关键风险指标，当公司的运营情况突破了风险指标的设定时，系统提示预警信息，并提取影响该指标的因素，将各因素的状况输出。

6. 用户权限功能。系统应当能够对不同的用户设定不同的权限，限制不同用户所能访问信息的范围，以及能对信息进行的操作——查询、修改、删除等。

二、对系统性能的要求

1. 时间性要求。要求系统对请求进行实时响应。
2. 灵活性要求。系统应该具备较高的灵活性，因为企业所处环境、风险状况、经营活动、业务流程等都在不断变化，系统应该具备灵活性，以便能够及时改变来适应环境的变化。

三、输入输出的要求

1. 输入要求。数据、指令以及相关信息等的输入由用户通过计算机界面手工输入。输入界面应当友好，使对计算机了解不深的员工也能操作。数据的输入采取表格式，指令的输入通过界面上的指令菜单、按钮及快捷键完成。
2. 输出要求。以图表形式为主，屏幕显示，并能够直接打印。

第二节　系统设计

一、架构选取

目前，比较流行的信息系统结构有两种：一是客户端/服务器（client/server，CS）模式；二是 Web 应用模式，或称浏览器/服务器（browser/server，BS）模式。

客户端/服务器（CS）模式将文件存放在服务器中，应用程序的执行在客户端和服务器上合理分配，以达到性能最优。接到用户指令后，客户端向服务器发送处理请求，服务器返回处理结果。传统的管理信息系统的核心一般就是基于此架构。

随着互联网的发展，基于 Internet 的管理信息系统发展起来，其核心是浏览器/服务器（BS）架构。BS 架构比起 CS 架构有着很大的优越性，传统的管理信息系统依赖于专门的操作环境，这意味着操作者的活动空间受到极大限制；而BS 架构则不需要专门的操作环境，在任何地方，只要能上网，就能够操作管理信息系统，从而具有更广泛的应用性。

开发中，应当根据企业的实际情况选取架构模式。BS 模式虽然应用方便、适应性强，但同时也面临着互联网上诸多风险的威胁。CS 模式虽然具有专用性的限制，但同时也提高了安全性，对安全性要求很高的企业往往采用这种模式。

本例中，采用的是流行的 BS 模式，即通过 Web 界面来对风险管理信息系进行访问和操作。

二、系统开发环境

客户端操作系统：Windows XP Professional。
服务器操作系统：Windows 2000 server。
系统开发工具：Microsoft Visual C#. net。
数据库：Microsoft SQL server 2000。

三、系统结构图

风险评估与控制信息系统结构如图 12 - 1 所示。

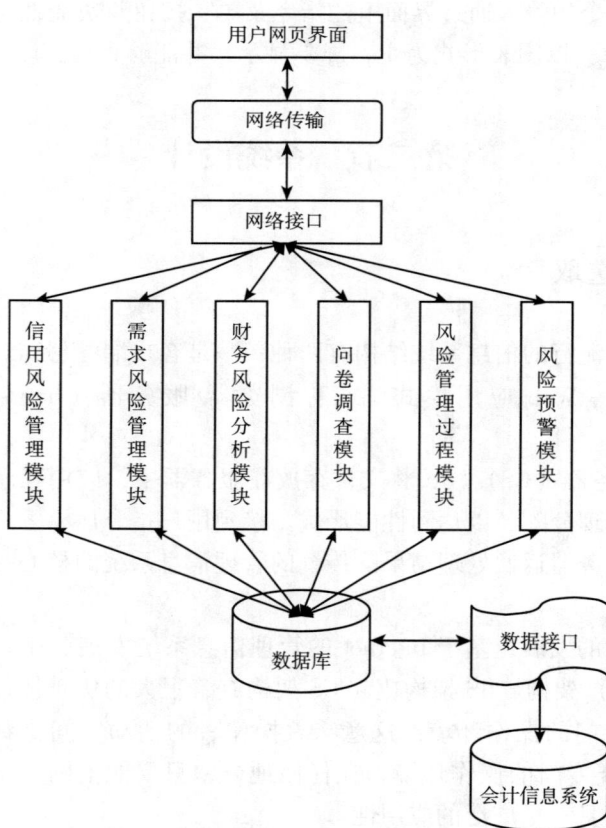

图 12 - 1　风险评估与控制信息系统结构

第三节　功能模块设计

在功能模块上，本信息系统采取"点面结合"的方针，信息全面，突出重点。

"点"：对比较重要的三类风险：信用风险、需求风险和财务风险分别建立管理功能模块。

"面"：建立风险管理过程模块，对风险管理所涉及的信息进行整合。此外，建立问卷调查模块，利用信息系统的效率优势，实现风险问卷的调查和统计。建立风险预警模块，对企业即将面临的风险及时预警提示。

一、信用风险管理模块

本模块通过对企业客户信用数据的记录和分析，来帮助企业识别和控制信用风险。主要实现两个功能：信用评价和账款追踪。

信用评价功能。系统记录每个客户与企业的每一笔交易的详细资料，包括客户名称、时间、地点、产品、数量、价格、金额、付款方式、授信期限、回款用时等，并计算该客户的交易规模、回款率和回款及时性（回款及时性 = 回款用时/授信期限）。系统根据计算出的这三个指标——交易规模、回款率和回款及时性，来对客户进行信用评价，并给出对该客户授信额度的建议。

账款追踪功能。系统可以生成未收回账款一览表，提示所有未收回的账款信息，包括账款金额、授信期限、回款已用时间、回款剩余时间，以及相关的交易信息和客户信息。交易信息包括该笔交易的客户名称、时间、地点、产品、数量、价格、金额、付款方式、授信期限、经办人等。客户信息包括客户的联系人、联系方式、资产规模、行业等。对于已过授信期限的应收账款，以红色字体显示，提醒管理者进行追踪。

二、需求风险管理模块

本模块通过对销售量变化的统计和实时监测，实现对需求风险的识别和追踪。本模块的核心字段是销售量，通过横向和纵向两个方向的统计和比较来进行监控。

横向监控。横向监控是在任一时点横断面，对销售量进行下面四个方面的统计比较：

➢ 行业比较。将本企业产品的销售量与同行业排名前几位的公司比较，以及与本企业的主要竞争对手的销售量比较，以认清企业在同行业中的市场份额。

➢ 地域比较。将本企业产品在不同地区市场的表现进行比较，输出地区销量表和销量地理图，以确定企业的优势市场和劣势市场，从而为不同地区的营销策略制定提供支持。

➢ 客户比较。将不同客户对本企业产品的历史购买量分别统计，并进行排序，确定公司客户中大、小客户的比例，从而为公司选择大客户战略还是长尾战略提供决策支持。

➢ 产品比较。将企业产品线中不同产品的销量进行比较，并进行排序，认清优势产品和劣势产品，从而为企业多元化决策及新产品开发决策提供帮助。

纵向监控：

➢ 历史数据积累和比较。以上四种横向比较中，都能够通过对历史数据的积累，形成变化趋势图，通过与历史的比较，既可以为企业销售量的预测提供趋势参考，也可以从中发现不利趋势从而及时预警。

三、财务风险分析模块

本模块实现的功能是实时提供公司各种财务风险的数据、指标，并且与历史数据以及与同行业其他公司数据的对比，将对比分析结果以图表形式输出，为财务风险分析提供直接帮助。

（一）财务指标分析

本模块以公司的会计电算化系统为基础，通过会计信息系统收集所需财务信息，然后自动生成所要监控的财务指标。所需监控的财务指标体系如表 12 – 1 所示。

表 12 –1　　　　　　　　　　　　财务指标分析

	指标	计算方法	评价
短期偿债能力	流动比率	流动资产/流动负债	该比率越大说明短期偿债能力越强，但是过大的话说明企业流动资产占用过多，利用率低。比率值一般在 2 左右比较适合
	速动比率	（流动资产－存货）/流动负债	与上一比率的意义一致，一般比值在 1 左右为宜
	营运资本资产率	营运资本/总资产	需要具体分析，与同行业比较
长期偿债能力	资产负债率	负债总额/总资产	该比率越小，企业的长期偿债能力越强；如果太小，说明企业没有使用杠杆，失去了放大效应。一般该比率低于 70% 较合适
	产权比率	负债总额/股东权益	与上一比率的意义一致，过大过小都不好。如果该比率大于 1，说明资不抵债，有倒闭的危险
	长期负债权益比率	长期负债/股东权益	过低过高都不适宜，应具体分析

续表

	指标	计算方法	评价
营运能力	应收账款周转率	主营业务收入/应收账款平均余额	反映回款的速度，越大越好
	存货周转率	主营业务成本/存货平均余额	反映销售的速度，越大越好
	总资产周转率	主营业务收入/平均资产总额	反映总资产的利用效率，越大越好
	流动资产周转率	主营业务收入/平均流动资产	反映流动资产的利用效率，越大越好
	固定资产周转率	主营业务收入/平均固定资产净值	反映固定资产的利用效率，越大越好
盈利能力指标	主营业务利润率	净利润/主营业务收入	反映主营业务带来利润的能力，越大越好
	净资产收益率	净利润/股东权益	反映净资产的盈利效率，越大越好
	总资产利润率	利润总额/资产总额	反映总资产的盈利效率，越大越好
	主营业务比率	主营业务利润/利润总额	反映主营业务的盈利在全部盈利中的比重，由于主营业务具有持续性，通常该比率越大，说明盈利构成越健康
	非经常性损益比率	非经常性损益/利润总额	与上一比率的意义相反，通常越小越健康
成长能力指标	主营业务收入增长率	(本年主营业务收入 - 上一年主营业务收入)/上一年主营业务收入	根据企业所处的不同阶段，该比率的数值也不同。处于成长期的企业，该比率通常较大。处于成熟期的企业，该比率较小。处于衰退期的企业，该比率可能为负，此时为危险信号
	总资产扩张率	(本年资产总额 - 上一年资产总额)/上一年主营业务收入	反映企业资产扩张的速度，但由于资产的构成分为负债和权益两部分，所以该比率需要具体分析，看增长的资产属于哪类
	净利润增长率	(本年净利润 - 上一年净利润)/上一年净利润	反映了企业盈利能力增长的长期趋势，越大越好
现金流量指标	每股营业现金流量	经营活动产生的现金净流量/年末普通股股数	越大越好
	主营业务现金比率	经营活动产生的现金净流量/主营业务收入	对主营业务利润率的现金流量修正，越大越好
	结构比率	经营活动产生的现金净流量/总的净现金流量	反映经营活动的现金流量比重，具体分析
	营业活动收益质量	经营活动产生的现金净流量/营业利润	越大越好

资料来源：作者整理。

输出要求：

➤ 横向输出：可以根据用户选择的时间点，输出该时点各指标的计算结果，以及该时点的行业平均水平。输出方式为图和表两种。图中本公司的指标水平和行业平均水平用不同颜色表示。

➤ 纵向输出：根据用户选择的时间段，输出各指标的数值序列，以及各指标的行业平均水平时间序列。输出方式为图和表两种。图中本公司的指标水平和行业平均水平用不同颜色表示。

➤ 杜邦分析图：根据用户选择的时间点，输出该时点企业的杜邦分析图。并且可以由用户自定义细分的级别。各细分级别的定义如第 9 章图 9 - 2 杜邦财务分析体系图所示。

（二）现金流量匹配分析

风险评估与控制信息系统可以根据企业的财务信息，自动生成企业未来一段时间内，现金流入和流出的时间点及数量，并以现金流量匹配图和表的形式输出，提示现金流量风险。其中，销售收入等现金的流入预测，采取根据企业的历史数据按照增长率外推的预测方法。而收回货款、支付贷款、支付利息和工资等现金流预测，按照企业签订的相应合同规定的数值和时间计算。

输出格式如表 12 - 2 和图 12 - 2 所示。

表 12 - 2 现金流匹配预测 单位：元

时间	现金流入预测		现金流出预测	
	事项	金额	事项	金额
20071230	收回货款	500 000		
20071231			支付贷款利息	600 000
20080301	销售收入	1 000 000		
20080401			支付应付账款	500 000
	总计	1 500 000	总计	1 100 000

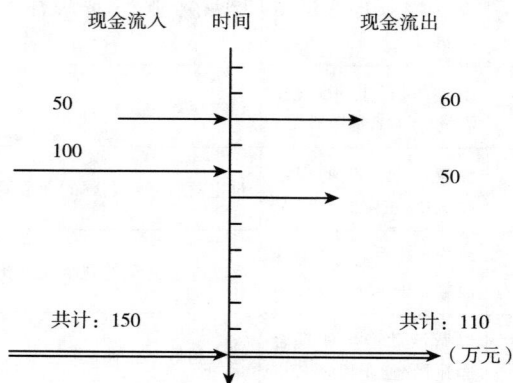

图 12 - 2 现金流量匹配预测

现金流量匹配预测图中，时间轴按时间顺序标注，形成坐标轴。单线箭头表示某一项的现金流入或流出，箭头的长短表示金额，与时间轴的交点表示时间。最下面的双线箭头表示现金流入量和流出量的合计金额。

（三）投资风险分析

风险评估与控制信息系统为企业的每一笔投资建立档案，记录各时点投资价值的历史数据，实时跟踪该投资当前的价值，并计算 VaR（value at risk）来提示风险水平。投资档案的输出如表 12 - 3 所示。

表 12 - 3　　　　　　　　　　　投资风险分析

项目编号	TZ20070056	起止时间	20070801 - 20080801
项目名称	基金投资	初始规模	RMB 1 000 万元
项目类别	股票投资	期限类别	长期
项目描述	以 1 000 万元的投资额，投资股票市场基金，为期一年		
今日价值（20071202）	RMB 1 135 万元	VaR	
投资价值走势图			

此外，风险评估与控制信息系统可以按照类别，对企业各项投资价值进行汇总，输出各类投资价值的历史走势图。也可以把所有投资汇总，输出总体投资的价值走势图。

四、问卷调查模块

本模块实现的功能主要针对风险识别方法中的问卷调查法。利用信息化的手段，可以完成问卷的传播、输入、统计和输出功能。由于有浏览器的支持，可以让许多人在不同的地点同时访问和填写问卷，从而使问卷调查的效率大大增加。

具体功能包括：问卷设计、问卷访问、用户答卷、结果统计。

1. 问卷设计功能针对风险管理委员会的用户，通过在系统提供的界面中输入问题，选择问题的类型（封闭式、开放式），设置相应的选项等，完成问卷的设计。同时，后台自动对问卷生成数据库，为之后结果的保存和统计打下基础。此外，设计者可以设定多份问卷，以针对不同的调查对象。

2. 问卷访问功能类似于网页显示，经过授权的用户可以访问不同的问卷及其统计结果。

3. 用户答卷功能可以实现用户在网页上填写问卷，用户选择保存后，后台自动将结果保存至数据库。

4. 结果统计功能，就是后台程序根据数据库中保存的问卷结果，自动生成调查结果的统计，并且以图和表的形式输出。

五、风险管理过程模块

本模块主要针对风险管理的过程，为风险管理中信息的传递提供一个平台。用户的界面显示的是一个类似风险清单的风险管理过程工作表，对每一类风险，在风险管理的每一阶段的情况进行汇总。从而使用户对于企业风险管理的进展情况有一个整体的把握。样式如表 12 - 4 所示。

表 12 - 4　　　　　　　　　　风险管理过程工作表

风险项目	风险的组成		风险识别	风险分析	等级	风险应对	实施反馈	剩余风险
外部风险	经济风险	经济形势						
		产业政策						
		资源供给						
		利率调整						
		汇率变动						
		融资环境						
		市场竞争						
	法律风险	法律法规						
		监管要求						
	社会风险	文化传统						
		社会信用						
		教育基础						
		消费者行为						
	科技风险	技术进步						
		工艺改进						
		电子商务						
	自然风险	自然灾害						
		环境状况						
内部风险	人员风险	高管操守						
		员工能力						
		团队精神						
		人才流动						

续表

风险项目	风险的组成		风险识别	风险分析	等级	风险应对	实施反馈	剩余风险
内部风险	管理风险	经营方式						
		资产管理						
		业务流程						
		财务报告						
		信息披露						
	经营风险	财务状况						
		盈利情况						
		现金流量						
	技术风险	研究开发						
		技术投入						
		信息技术运用						
	安全环保风险	营运安全						
		员工健康						
		环境污染						

六、风险预警模块

本模块是前述几个模块功能的纵向整合，对于信用风险管理模块、需求风险管理模块、财务风险管理模块、风险问卷调查结果和风险管理过程模块中，超过预定警戒线的风险自动提取并汇总，使风险管理人员及时得到预警信息。

本模块中，各类风险警戒线的设定比较困难，需要对风险管理理论、行业平均水平、企业自身实际情况等进行综合考虑，设定合适的警戒线。

第四节　数据库设计

上述各功能模块的实现离不开相应数据的支持。数据库的设计尤为重要，不仅是功能实现的基础，而且关系着功能实现的效率。下面对系统中处于核心位置的数据进行介绍。

一、信用风险管理数据

信用风险管理模块中，对应于实现的两个功能——信用评价和账款追踪，需要用到以下四个表：交易信息表、客户信息表、信用评价表、账款追踪表。

1. 交易信息表。记录每笔交易的详细信息，本表属于基础信息，在信息系统的许多模块中都会用到。交易信息表包括以下字段：

交易编号、交易时间、地点、产品、数量、价格、金额、付款方式、授信期限、交易状态、回款状态、客户编号、客户名称、经办人。

此外，输出表中的客户编号为超链接，链接到客户信息表，用户可以直接点击查看客户的详细信息。

2. 客户信息表。记录每个客户的详细信息，并对每个客户建立唯一编号标识，以方便在系统中不同的地方引用。客户信息表包括以下字段：

客户编号、客户名称、注册地点、资产规模、行业、简介、联系人、联系方式。

3. 信用评价表。由系统根据交易信息表和客户信息表自动生成，目的是对客户的信用等级做出评价，并计算出建议的授信额度。信用评价表包含以下字段：

客户编号、客户名称、交易规模、回款率、回款及时性、信用等级、建议授信额度。

此外，输出表中的客户编号为超链接。

4. 账款追踪表。由系统根据交易信息表和客户信息表自动生成，显示所有未收回的账款信息。账款追踪表包含以下字段：

交易编号、账款金额、交易时间、授信期限、回款已用时间、回款剩余时间、经办人、客户编号、客户名称。

此外，已过授信期限的账款，用红色字体显示。输出中的交易编号和客户编号均为超链接，分别链接到交易信息表和客户信息表。

二、需求风险管理数据

需求风险管理数据支持需求风险管理模块中的五个功能：行业比较、地域比较、客户比较、产品比较和历史数据比较。

需求风险管理数据的生成依赖于对交易信息表和客户信息表的查询。主要体现在地域比较、客户比较、产品比较和历史数据比较这四个功能上。这四个功能分别对应于交易信息表中的地点、客户编号、产品、交易时间这四个字段，通过进行条件查询来实现不同类别的比较，分别生成地域比较表、客户比较表、产品比较表以及历史趋势图。

对于行业比较数据，除了对交易信息表的统计之外，还需要预先建立竞争对手信息表和竞争对手交易表，从这三个表中提取数据，生成行业比较表。

➤ 竞争对手信息表包括以下字段：

对手编号、对手名称、注册地点、资产规模、简介。

➤ 竞争对手交易表包括以下字段：

对手交易编号、对手编号、交易时间、地点、产品、数量、金额。

实际中，获取竞争对手的交易信息一般比较困难，往往只能根据竞争对手的公开销量统计信息获得。针对这种情况，可以将前述两个表简化为一个表——竞争对手销量统计表，将收集到的信息输入储存。

➤ 简化的竞争对手销量统计表包括以下字段：

对手编号、对手名称、产品、销售量。

三、财务风险分析数据

本部分数据支持财务风险分析模块的四个功能：财务指标分析、杜邦分析、现金流量匹配分析和投资风险分析。

对于前三个功能，系统主要通过数据接口，从企业的会计信息系统的数据库中提取所需数据。经过汇总、计算，输出财务指标计算结果、杜邦分析图和现金流量匹配图表。

对于投资风险功能，需要建立两个数据表支持：投资项目信息表和投资项目价值评估表。

➤ 投资项目信息表包括以下字段：

项目编号、项目名称、起止时间、初始规模、项目类别、期限类别、项目描述。

➤ 投资项目价值评估表包括以下字段：

项目编号、评估日期、当时价值、VaR。

四、问卷调查数据

问卷调查模块主要需要以下几个数据表的支持：问卷表、结果表，以及通过前两个数据表生成的结果统计表。

➤ 问卷表包括以下字段：

问卷编号、问卷名称、问题编号、问题类别（1）、问题类别（2）、问题描述、答案选项。

➤ 结果表包括以下字段：

问卷编号、问题编号、答卷时间、答卷用户、答案。

➤ 结果统计表包括以下字段：

问卷编号、问题类别、问题描述、答案（1）比例、答案（2）比例、……

五、风险管理过程数据

风险管理过程数据主要依靠风险登记表和风险管理过程表来存储。

➤ 风险登记表包括以下字段：

风险编号、风险名称、风险类别（1）、风险类别（2）、风险描述。

➤ 风险管理过程表包括以下字段：

风险编号、风险名称、风险识别、风险分析、主要指标、指标数值、等级、风险应对、实施反馈、剩余风险。

六、风险预警数据

风险预警数据主要包括风险警戒表和风险预警表。

➤ 风险警戒线表包括以下字段：

风险编号、风险名称、警戒指标、一级警戒线设定、二级警戒线设定。

➤ 风险预警表包括以下字段：

风险编号、风险名称、警戒等级、警戒指标数值。

本章小结

本章主要介绍了企业风险评估与控制系统的设计步骤及其功能。重点介绍了信用风险管理模块、需求风险管理模块、财务风险分析模块、问卷调查模块、风险管理过程模块的功能。信用风险管理模块的主要功能是信用评价和账款追踪；需求风险管理模块通过对销售量变化的统计和实时监测，实现对需求风险的识别和追踪；财务风险分析模块的功能是实时提供公司各种财务风险的数据、指标，并且与历史数据以及与同行业其他公司数据的对比。最后，介绍了几种数据库的设计，包括信用风险管理数据、需求风险管理数据、财务风险分析数据、问卷调查数据、风险管理过程数据、风险预警数据。

重要名词

风险评估与控制信息系统

信用风险管理模块

需求风险管理模块

财务风险分析模块

问卷调查模块

风险管理过程模块

练 习 题

一、单选题

1. 财务报表层次的重大错报风险很可能源于（　　　）。

A. 薄弱的控制环境　　　　　　　　　　B. 控制活动执行不力

C. 对控制的监督无效　　　　　　　　　D. 风险评估过程有缺陷

2. 注册会计师了解被审计单位及其环境的目的是（　　　）。

A. 确定重要性水平　　　　　　　　　　B. 控制固有风险

C. 识别和评估财务报表的重大错报风险　　D. 控制检查风险

3. 以下关于控制环境的说法中，不恰当的是（　　　）。

A. 在审计业务承接阶段，注册会计师无需了解和评价控制环境

B. 在评估重大错报风险时，注册会计师应当将控制环境连同其他内部控制要素产生的影响一并考虑

C. 在进行风险评估时，如果注册会计师认为被审计单位的控制环境薄弱，则很难认定某一流程的控制是有效的

D. 在实施风险评估程序时，注册会计师需要对控制环境构成要素获取足够了解，并考虑内部控制的实质及其综合效果

4. 下列需要了解的被审计单位及其环境的内容中，既属于内部因素又属于外部因素的是（　　　）。

A. 相关行业状况、法律环境与监管环境以及其他外部因素

B. 被审计单位对会计政策的选择和运用

C. 对被审计单位财务业绩的衡量和评价

D. 被审计单位的内部控制

5. 关于控制环境，下列说法中错误的是（　　　）。

A. 控制环境包括治理职能和管理职能，以及治理层和管理层对内部控制及其重要性的态度、认识和措施

B. 注册会计师在进行风险评估时，如果认为被审计单位控制环境薄弱，则很难认定某一流程的控制是有效的

C. 良好的控制环境本身就能够防止或发现并纠正各类交易、账户余额和披露认定层次的重大错报风险

D. 有效的控制环境能为注册会计师相信在以前年度和期中所测试的控制将继续有效运行提供一定基础

二、多选题

1. 注册会计师为了了解内部控制的设计和执行，通常实施的风险评估程序有（　　　）。

A. 询问被审计单位的人员

B. 观察特定控制的运用

C. 检查文件和报告

D. 分析程序

2. 下列关于风险评估程序的说法中，正确的有（　　　）。

A. 为了解被审计单位及其环境而实施的程序就是风险评估程序

B. 注册会计师实施风险评估程序是为了识别和评估财务报表重大错报风险

C. 注册会计师应当实施的风险评估程序包括询问管理层和被审计单位内部其他人员、分析程序、观察和检查

D. 注册会计师应当在了解被审计单位及其环境的每一个方面实施询问、观察、检查和分析程序

3. 下列关于控制测试的提法中，恰当的有（　　　）。

A. 如果注册会计师预期内部控制的设计能够防止或发现并纠正财务报表认定层次的重大错报且已执行时，应对控制运行的有效性实施测试

B. 注册会计师应对被审计单位的所有内部控制测试其有效性

C. 如果被审计单位在审计期间内不同时期使用了不同的控制，注册会计师应当考虑不同时期控制运行的有效性

D. 注册会计师可以考虑在评价控制设计和获取其得到执行的审计证据的同时测试控制运行的有效性，以提高审计效率

4. 下列属于注册会计师应当在审计中实施控制测试的情形有（　　　）。

A. 在评估认定层次重大错报风险时，预期控制的运行是有效的（且执行控制测试符合成本效益原则）

B. 在评估认定层次重大错报风险时，预期控制的运行是无效的

C. 每次进行财务报表审计均需要执行控制测试

D. 仅实施实质性程序并不能够提供认定层次充分、适当的审计证据

5. 如果被审计单位的控制环境存在缺陷注册会计师在对拟实施审计程序的性质、时间和范围做出总体修改时应当考虑的有（　　　）。

A. 主要依赖控制测试获取审计证据

B. 在期末而非期中实施更多的审计程序

C. 通过实施实质性程序获取更广泛的审计证据

D. 增加拟纳入审计范围的经营地点的数量

6. 如果注册会计师针对特别风险仅实施实质性程序，则应当采取的进一步审计程序有（　　　）。

A. 细节测试

B. 实质性分析程序

C. 将细节测试和实质性分析程序结合使用

D. 穿行测试

7. 以下有关实质性程序的说法中正确的有（　　　）。

A. 如果针对特别风险仅实施实质性程序，注册会计师可以单独使用细节测试或实质性分析程序，以获取充分、适当的审计证据

B. 如果仅实施实质性程序并不能够提供认定层次充分、适当的审计证据，注册会计师应当实施控制测试，以获取内部控制运行有效性的审计证据

C. 无论评估的重大错报风险结果如何，注册会计师均应当针对所有重大的各类交易、账户余额和披露实施实质性程序，以获取充分、适当的审计证据

D. 当重大错报风险较高时，注册会计师应当在期中实施实质性程序，或采用不通知的方式，或在管理层不能预见的时间实施审计程序

8. 下列说法中，不正确的有（　　　）。

A. 注册会计师在执行财务报表审计业务时不论被审计单位规模大小，都应当对相关的内部控制进行控制测试

B. 注册会计师评估的认定层次的重大错报风险越高，需要实施实质性程序的范围越小

C. 无论选择何种进一步审计程序方案，注册会计师都应当对所有重大的各类交易、账户余额和披露设计与实施实质性程序

D. 当针对其他控制获取审计证据的充分性和适当性较低时，测试该控制的范围可适当缩小

三、判断题

1. 控制风险属于内部控制要素之一。（　　　）

2. 在确定控制活动能否防止、发现并纠正重大错误时，可以使用高度汇总的数据实施分析程序来实现这一目的。（　　　）

3. 在进行风险评估时通常采用的审计程序是实施分析程序以识别异常的交易或事项，以

及对财务报表和审计产生影响的金额、比率和趋势。 （ ）

4. 以被审计单位的名义向欠款单位函证应收账款的期末余额的审计程序属于风险评估程序。 （ ）

5. 在了解内部控制时，注册会计师没有义务实施查找内部控制运行中的所有重大缺陷这一程序。 （ ）

思 考 题

1. 设计风险评估与控制信息系统时，对系统的功能有哪些要求？

2. 各个模块的主要功能是什么？

3. 财务风险分析模块包括哪几部分？

4. 各数据库需要哪些数据？

第十三章

风险的信息披露与审计

在本章中，你将学到：

1. 风险预警
2. 风险预警的评价方法
3. 风险报告的内容与形式
4. 风险审计

◇ **本章重点与难点**

1. 风险预警的评价
2. 风险报告的内容
3. 风险审计的含义及流程

引例

恒丰银行的信用风险预警系统

恒丰银行自 2015 年 9 月以来陆续推出了信贷工厂、消费金融、供应链金融等一系列网贷、平台贷业务，为不同行业、不同规模的客户提供了丰富的信贷类产品。业务规模快速发展的同时，如何快速、全面识别、监测、防范客户信用风险，成了全行风险管理领域最为重要的工作之一。对此，恒丰银行积极筹划，在制度层面制定全面风险管理体系，明确各条线、各部门的风控职责，筑牢风险管理的三道防线之外，提出通过运用大数据技术构建信用风险预警系统，加强风险信息归集、监测、审查的准确性、及时性，强化风险预测能力。

在风险的监测、追踪、预警、预测方面，主要通过构建行业发展景气指数，并从行业、地域维度分析风险暴发情况，辅助业务规划及相关部门调整高风险行业和地域的贷款投向；通过持续追踪国家产业政策的变化，各部门、各地方政府相应细则的落实，协助分支机构紧盯国家、中央层面动向，合理安排信贷投向；通过监测各类突发事件，应用文本挖掘及知识图谱技术快速识别风险类别、风险主体、发生地域等，通知相关部门及时评估事发客户及下游客户风险，启动资产保全措施，及时挽回损失。在该类应用过程中，将对各类风险进行分类、分级，并根据应用系统及不同用户进行差异化消息推送服务，推送方式包括系统消息、邮件及短信等。

恒丰银行信用风险预警系统自投产上线以来，经过模型的不断扩充完善、技术的不断升级、系统性能的不断优化，并经过多个平台贷、网贷业务系统的检验，风控能力逐步提升，在客户风险识别效率、准确率、成本控制等方面较传统风控手段有了大幅提高。

（资料来源：笔者根据媒体相关报道整理）

第一节　企业风险预警

一、预警

目前预警（forewarning）这一概念广泛用于政治、经济、科技、军事、社会、文化、教育、医疗、自然等各个领域，例如，地质灾害预警、食品风险预警、疾病预警、寒潮预警。预警就是事前发出警报，在灾害或灾难以及其他需要提防的危险发生之前，根据以往总结的规律或观测得到的可能性前兆，向相关部门发出紧急信号，报告危险情况，以避免危害在不知情或准备不足的情况下发生，从而最大限度地降低危害所造成的损失的行为。

预警研究可以分为经济预警、社会政治预警和自然灾害预警三类。其中，经济预警包括宏观经济预警与微观经济预警，微观经济预警主要指的就是企业预警，还应该包括个体、家庭、其他法人组织的预警等。

风险的爆发一般要经历酝酿、生成、演化、临近、显现和爆发的阶段，就是风险对某个特定目标产生作用到真正形成破坏和失控状态也同样需要一个过程。因此，对风险进行预警是有可能的。通过有效的预警，可以感知和测评风险所处状态，从而在不同程度上得到转化、分解、控制和有效管理，使风险在爆发失控前得到制止或控制。预警作为发现潜在危机、潜在损失的一种工具，处在风险管理与危机管理流程的前端，是风险管理的高级阶段。

二、风险预警

风险预警，即对风险进行预测和报警。企业风险预警系统就是通过建立风险评估体系，进而进行风险预控，化解风险的发生，并将风险造成的损失降至最低程度的有效手段。也称之为"风险预警系统"。

风险预警系统就是根据所研究对象的特点，通过收集相关的资料信息，监控风险因素的变动趋势，并评价各种风险状态偏离预警线的强弱程度，向决策层发出预警信号并提前采取预控对策的系统。因此，要构建预警系统首先必须构建评价指标体系，并对指标类别加以分析处理；其次，依据预警模型，对评价指标体系进行综合评判；最后，依据评判结果设置预警区间，并采取相应对策。

在风险预警系统中，根据研究对象的实际情况及风险管理者的经验，合理划分风险预警区间，判断风险量处于正常状态、警戒状态还是危险状态。

（一）划定预警区间

划分预警区间包括划分警区和确定警限。风险预警可分为五个预警区，分别为低风险区、较低风险区、中等风险区、较高风险区、高风险区。处于中等风险区，需要关注；处于较高风险区，需要监控；处于高风险区，考虑采取相关措施。

（二）设计灯号显示系统

预警系统可采取类似交通管制信号灯的灯号显示法。因本系统有五个预警区间，故可设计五种灯显示系统，即"蓝灯""绿灯""黄灯""橙灯""红灯"五种标识进行单项预警。针对不同的预警区间，灯号显示所表现的警情也会有所不同。

三、风险预警的不同维度和指标

风险预警既有宏观层面的也有微观层面的。宏观层面预警包括地区层面和行业层面的预警。地区层面的指标包括地区劳动力供给和劳动力需求、经济发展水平指标，社会发展水平指标，环境承载力指标，商业银行的安全性、流动性和盈利性指标等。行业层面的指标因行业而异。例如，金融行业的预警指标有：汇率变动、国际利率和国家风险指标。房地产行业的预警指标有：房地产周期指标，如 GDP、可支配收入、家庭消费支出、投资结构和资产回报；房地产市场发展的独特指标。农业的预警指标有：生物因素指标，如棉铃虫与天敌、棉花、其他寄主状况；非生物因素指标，如气候、防治水平、社会有关因素。

微观层面是指企业内部层面。企业内部的风险预警角度有财务的、营销的、战略的、人力资源的、企业生存的等方面。企业风险预警中最著名、最重要的当属财务风险预警。

四、风险预警评价方法

目前，研究者使用的风险预警评价方法有模糊综合评判法、层次分析法、结构方程模型、Z 值风险模型、主成分分析法、人工神经网络模型等方法。

其中的 Z 值风险模型是由美国纽约大学的教授爱德华·阿尔曼（Edward Altman）首次使用的，也是目前较为著名的财务风险预警模型。阿尔曼教授选取了1946~1965 年间的 33 家破产的公司和正常经营的公司，使用了 22 个财务比率来分析公司潜在的失败危机。该模型是通过五个变量（五种财务比率）将反映企业偿债能力的指标、获利能力指标和营运能力指标有机联系起来，综合分析预测企业财务失败或破产的可能性。

第二节　企业风险报告

风险报告就是将企业正在面临的风险、风险的成因、可能导致的后果以及企业已经采取的风险管理措施以书面的形式对外报出。它的作用类似于财务报告和审计报告。利益相关者可以借此报告更好地了解企业面临的风险及抗风险能力和风险管理能力。

风险报告一般应该包括以下内容：风险评估、风险分析、风险应对策略与措施、风险管理组织体系、由于风险对企业的经营成果和财务状况带来的各种不确定性等内容。

风险报告应具备以下七个原则。

1. 重要性。风险报告中的信息应当覆盖企业所面临的重大战略风险、财务风险、市场风险、运营风险以及法律风险，或者那些会持续影响企业经营的风险因素。

2. 相关性。企业年度风险报告应该从如何保证出资人的利益及国有资产保值增值的角度对企业所面临的风险及管理状况进行报告。报告的内容总体上要侧重关注风险所带来的负面影响，和针对这些负面影响所采取的防范措施。

3. 完整性。风险报告中的信息应该覆盖所有会影响企业经济效益和社会效益的重大风险。报告的内容和边界应包括可能对企业产生实质性影响的因素和方面，以便各利益相关方对企业的经营情况做出评价。

4. 一致性。企业应该按照连贯一致的标准来筛选、编辑和报告有关的风险信息。风险报告应该是定期提交的、连贯的和可以比较的，能够通过企业的风险报告分析企业的变化。

5. 客观性。企业提交的报告要真实地反映企业风险管理的实际情况，包括风险收益及风险带来的损失，不能为满足某些特殊要求而有选择地进行报告。

6. 准确性。报告中的信息应在成本效益可行的前提下达到足够的准确、具体，包括信息来源及收集、处理过程的准确。应尽量减少报告中的不确定因素。

7. 可验证性。风险报告所使用的方法、数据信息等，应可被验证。相关数据及文档的保存要有一定的透明度及可追溯性。

2006 年 6 月，国资委印发了《中央企业全面风险管理指引》。这标志着中国有了属于自己的风险管理标准。该指引要求，中央企业需要向国资委提交《年度风险管理报告》。以下是企业风险管理报告的实例。

深振业 A（000006）2009 年度全面风险管理工作报告

一、全面风险管理综述

报告期内，公司根据《深圳市属国有企业全面风险管理体系建设指导意见》《企业内部控制基本规范》《深交所上市公司内部控制指引》等相关规定，完成了首次风险评估，建立了风险管理制度，加强风险日常监控和风险应对措施落实，积极培育风险管理文化，大大增强了公司抵御风险的能力。

二、风险评估

2009 年度，公司专门成立了全面风险管理领导小组和工作小组，对公司内外部政策和经营环境信息、风险管理案例以及制度、流程进行了全面、系统的梳理和分析，深入各个业务部门进行了实地调研，组织公司中高层管理人员及业务骨干进行了风险专项分析及风险评估，对公司风险环境进行了研究分析，提出目前公司风险环境属于比较中性的范围，强调应采取切实措施改进对外部风险的管理工作。

在风险管理上，公司坚持"突出重点，保障实效"的原则，按内、外部风险进行了排序，并根据经营管理现状，提出了公司需要重点防范的九大风险，其中外部风险有政策风险和市场风险两项，内部风险有合法合规和诚信经营风险、投资风险、工程质量风险、成本风险、合同协议风险、资金风险和战略风险等七项。

三、风险管理策略

公司对发展战略目标、目前业务发展态势和管理基础及面临的外部市场和经济环境进行了综合分析，提出了风险管理策略，包括风险管理原则、目标和管理工具，指出公司风险管理工作要实现"效率、效益、效果"的综合平衡，确定了风险管理工作的损前和损后目标，提出了应对具体风险的工具，强调应对工具的选择应突出重点，综合考虑，打组合拳，不同的风险采取不同的方法或方法组合。

四、风险应对措施

为强化风险管理的有效落实，公司针对重大风险编制了专项应对方案，制订了包括定期召开宏观经济发展和房地产行业形势分析研讨会、实现外包预算审核的规范化、保持集团总部及下属公司资金的集中管理和统一使用等一系列风险防范措施，编制了《重大设计错误应急预案》《重大安全事故应急预案》等风险应急预案，注重全方位的风险防范，确保最大限度规避或减轻风险发生的可能性和影响。同时，将风险应对措施和内部控制的要求融入部门规范中，使风险管理成为公司综合管理体系的有机组成部分，真正保障了风险防范能够落到实处。

五、重大风险日常监控

公司坚持对重大风险实行持续监控的原则，充分利用信息技术提高风险控制的效率和效果，目前已经实现了部分财务监控指标的预警和控制，在费用报销、费用支付等流程中增加了合规性、真实性、准确性等审核标准，并实现了预算执行情况的方便查询，能在超预算时进行预警提示，既有效促进了财务内部规范的落实执行，又对资金支付实现了有效的控制；公司大力加强风险监控系统日常应用管理，通过系统预警信息监控与人工核对相结合、重点监测与抽查跟踪相结合的方式进行风险监控，对预警信息及时跟踪回馈并督促整改；公司加强风险监控信息分析、报告制度，风险责任单位负责各自职责范围内的风险监控，对预警信息进行分析，按照集团《重大信息内部报告制度》要求，编制重大信息内部报告并按程序提交处理。

六、风险管理文化建设

公司大力培育和塑造良好的风险管理文化，树立正确的风险管理理念，保障风险管理目标的实现。报告期内，集团开展了多种形式的风险管理文化宣贯、培训活动，邀请专家进行了全员风险管理培训，在集团 EAS 系统上建设了全面风险管理专栏作为集团内部风险管理知识宣贯及学习的渠道，并定期组织工作小组成员进行风险识别、评估、监控等专题培训，提高了员工对风险的认识水平和实施风险管理的工作能力，培养了员工风险管理的自觉意识和行为习惯，使风险管理体系不仅有其形，且具其神。

七、风险管理组织体系

公司建立了领导、执行和监督分工负责的全面风险管理组织架构。董事会是全面风险管理工作的领导机构，负责对公司层面重大风险事项进行决策；董事会下设战略和风险管理委员会和审计委员会，战略和风险管理委员会负责审议公司层面重大风险事项，审计委员会负责全面风险管理的监督；集团总经理负责推进落实风险管理各项具体工作；管理技术部作为全面风险管理日常办事机构，负责编制全面风险管理体系相关制度、流程，组织开展全面风险管理日常实施工作，提出全面风险管理年度工作报告；集团各部室、各所属企业是全面风险管理实施的具体责任部门，负责对日常工作中本部室（单位）的业务风险进行识别、分析、监控和防范。审计监察部负责对全面风险管理工作进行监督评价。

八、风险管理对战略规划整体目标实现的支持情况

全面风险管理与企业战略的有机结合，是战略管理的内在要求，也是全面风险管理的发展方向。2009 年，公司提出了"百亿企业"发展战略，实现跨越性、大规模发展不仅要求企业具有强大的竞争和发展能力，同时也对企业的风险防范能力提出了更高的要求。

为此，公司在开展全面风险管理工作时始终坚持"战略导向"原则，即在实施战略转型的过程中，通过全面风险管理工作，优化公司治理结构、确保重大信息的内部沟通顺畅，强化信息披露规范；完善以制度流程为核心的内部控制机制，梳理缺失项，补充完善风险因素的控制防范措施，全面提升企业的基础管理水平；建立日常风险信息收集机制、重大风险监控预警机制和应急预案，在企业的日常经营管理过程中能做到对风险的实时、动态管理，及时发现，妥善、迅速处理，大大降低了风险事故发生的可能性和影响，提高了企业的运行效率和经济效益；大力培育风险管理文化，使风险管理意识逐步深入人心，使风险管理融入每位员工的日常工作中，从根本上提升企业的风险管理水平。

通过建立并健全企业的风险管理体系，将战略转型过程中风险控制在公司可承受的范围之内，为战略执行保驾护航，促进了公司战略目标的实现。

九、公司内部和外部环境变化情况与发展趋势

（一）外部环境变化与发展趋势

2009 年，作为国民经济的先导性行业，房地产业在政府税费减免、放松二套房贷等一系列优惠措施刺激下率先走出低谷，房地产开发投资增速逐月上升，一线城市成交量呈"井喷"式上涨，成交均价也在短期内实现了大幅提升。在市场信心回升和销售回暖的带动下，土地市场成交渐趋活跃，房地产业进入新一轮的高速发展时期。

然而，正如两年前繁荣之后随之而来的 2008 年行业调控，2009 年岁末，中央政府出台了一系列调控房价政策，明确提出"遏制部分城市房价过快上涨的势头"，随后各地方政府相继出台房价调控措施，可以预见，受营业税优惠的取消、税收和房贷政策进一步收紧的市场预期影响，短期内高度繁荣的市场盛况难以持续，市场前景存在较大的不确定性，而市场对短期预期的不确定性也加大了房地产市场供给量、成交量、价格走势等因素的短期波动性。

（二）内部环境变化与发展趋势

2009 年，公司围绕"百亿企业"发展战略，在管理架构、营销策划、人力资源、产品管理等方面均进行了卓有成效的实践，为发展战略的全面推进落实奠定了良好的基础。在经营上，公司坚定贯彻以营销为龙头的策略，全面提升公司项目的策划设计、施工管理以及成本管理水平，产品开发销售取得优异成绩。在管理上，公司开展集团管控模式改革，建立符合集团化经营和自身特点的管理模式；深入推进管理标准化和全面风险管理体系建设，有效提升了企业基础管理水

平和抵御风险能力。

2010 年，面对宏观经济和行业发展的种种不确定性和新的挑战，公司将继续苦练内功、固本强基、着重提升公司的战略管控能力和专业能力。一是以深圳公司为切入点开展"总部—地区公司—项目部"三级管理架构试点，建立地区公司的管理标准化体系，打造并完善与现阶段发展战略相适应的管理机制；二是启动住宅产品标准化建设，加强设计、规划、施工建设以及合规性等方面的产品管理，严抓产品品质；三是继续坚持从规划设计、预算管理、施工现场管理、营销等环节加强成本的全过程控制；四是公司将继续加强对宏观经济的研究和微观市场的调研，加强对客户的研究，提升投资决策与营销策划水平；五是公司将加强融资方式的研究与尝试，积极拓展应用，强化资金回笼管理，为公司高速发展提供资金保障。

十、下一年度风险管理工作思路

下一年度公司将继续完善优化全面风险管理体系，采取培训、研讨交流等措施加强风险管理文化建设；强化重大风险监控和预警，构建日常风险信息搜集、报告和处理机制，逐步形成风险动态管理体系；加强对最新风险管理思想、技术发展和房地产行业动态的研究，进行集团内部的深入调研，探讨公司风险管理发展方向和实施思路，形成长效机制，持续提升集团的风险管理能力和科学决策水平，为公司发展战略目标的实现提供坚强保障。

（资料来源：摘自东方财富网上市公司公告）

第三节　企业风险审计

一、风险审计的含义

（一）风险审计的定义

国际内部审计师协会（IIA）在 2001 年修订的《内部审计实务标准》中，第一次将风险管理纳入内部审计的视野，提出了"通过应用系统的、规范化的方法，评价并改善风险管理、控制和治理过程的效果，帮助组织实现其目标"的新理念。自此，风险审计成为企业内部审计的一部分。

2005 年，中国内部审计协会发布了内部审计具体准则第 16 号《风险管理审计》，其中明确了风险管理的主要阶段，要求内部审计机构和人员应该充分了解组织的风险管理过程，审查和评价其适当性和有效性，并提出改进建议。同时明确了风险管理包括组织整体及职能部门两个层面。内部审计人员既可对组织整体风险管理也可对部门风险管理进行审查与评价。

综上，风险审计是由企业内部审计部门实施的一系列系统、规范的措施，通过测试企业风险管理信息系统、各业务循环及相关部门的风险识别、分析、评价、管理等活动，评价机构的风险管理、控制及监督过程，目的是提高工作效率，帮助机构实现既定目标。

（二）风险审计的目标

1. 总体目标。总体目标是指审计主体通过审计活动所期望达到的最终结果。

风险审计的总体目标是审计人员按照风险管理的要求，以风险管理目标为准绳，审核被审计部门在风险识别、评价、管理等方面的合理性和有效性，并能在损失发生之前做出有效部署，使损失发生后所需要的资源与保持有效经营必要的资源，保持必要的平衡，帮助组织实现既定目标。

2. 具体目标。

第一，风险范围确定的合理性，包括战略范围、业务范围、风险范围；

第二，风险评价标准与指标体系的科学性，包括评价基础、评价方法、评价内容、指标计算；

第三，风险识别、评价的科学性，包括风险识别的范围是否全面，风险级别划分是否合理，可控风险与不可控风险划分是否科学；

第四，风险管理措施、方法与程序的合理性；

第五，风险实际处理的合理性。

（三）风险审计与内部控制审计的比较

1. 风险审计与内部控制审计的联系：内部控制的设计和执行应该针对风险管理的要求，风险管理在很大程度上要依赖内部控制的设计和执行。二者在某些方面是相互渗透的，目的都是为增加企业价值。

2. 风险审计与内部控制审计的区别如表 13-1 所示。

表 13-1　　　　　　　　　　　风险审计与内部控制审计的区别

	内部控制审计	风险审计
侧重点	测试企业经营的横向、纵向的制约与协调	审核风险管理政策与企业经营战略方针的矛盾统一
目标	内部控制制度设计的健全性、适当性；执行的有效性	风险管理政策设计的适当性；执行的有效性；风险损失处理的合理性
方法	测试、分析、专业判断	预警分析、专业判断、综合评价

资料来源：笔者整理。

（四）风险审计与风险管理的比较

1. 风险审计与风险管理的联系：二者的对象相同，面对的都是在企业生产经营管理活动中和发展战略目标的实现中产生的不确定因素；目的都是为了企业的健康发展。

2. 风险审计与风险管理的区别，如表 13 – 2 所示。

表 13 – 2 风险审计与风险管理的区别

	风险管理	风险审计
责任不同	需要对风险管理的措施和方法进行设计并负责执行	负责对风险管理的设计与执行情况进行测试、评价，并为管理层提供有关风险管理信息适度保证的责任
方法不同	风险识别、风险分析、风险评价、风险预警等	审阅、函证、分析性复核等
监督层次不同	风险审计比风险管理的监督层次更高	

资料来源：笔者整理。

二、风险审计的流程

1. 编制审计计划，制定审计方案。合理的审计计划可以促使内部审计机构和人员有效率、有效果地完成审计任务。风险审计计划包括三个层次：年度审计计划、项目审计计划和审计方案。

年度审计计划是配合长期和年度风险战略、对年度的风险审计任务所作的事先安排和规划，是组织年度工作计划的重要组成部分。

项目审计计划是对具体风险业务、项目或因素实施审计的全过程所作的综合安排。

审计方案是记录审计计划和各项审计工作时间安排的文件。

2. 确定审计范围。

3. 确定审计目标与审计方法。

4. 出具审计报告。将风险审计发现以及被审计部门的反应通过正规文件形式呈报给适当的人员，这个报告就是审计报告。

5. 后续审计。后续审计应该将注意力集中于最严厉的或潜在的问题上，对一般事项的后续审计可仅限于询问和简短的讨论。后续审计应该跟踪到：对于重大的审计发现，相关部门和环节是否予以纠正；若不予纠正，责任和原因到底在哪。

三、杜邦风险审计模型

杜邦沸腾壶风险审计模型是美国杜邦公司创建的风险审计模型。这种模型以风险管理为基础，审计对象是公司所面临的风险。如表 13 – 3 所示，公司在审计前将风险因素分为八大类，每一类具有不同的风险级别，即高风险、敏感风险、适中风险、低风险。审计主体对不同级别的风险因素进行不同程度的审计，风险级别越高，则配置的审计资源越多。这种方法用图形描述时呈壶状，所以人们称之为沸腾壶法（见图 13 – 1）。

表 13 – 3　　　　　　　　　杜邦风险审计模型的风险因素与级别

顺序	风险因素	风险级别
1	以前审计发现	1 ~ 3 级
2	敏感性	1 ~ 3 级
3	控制环境	1 ~ 3 级
4	管理层的帮助	1 ~ 3 级
5	变化	1 ~ 3 级
6	复杂性	1 ~ 3 级
7	资产结构大小	1 ~ 5 级
8	最后审计日期	

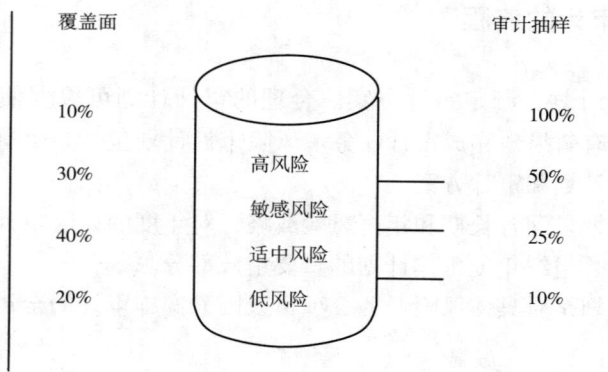

图 13 – 1　杜邦"沸腾壶"——风险审计抽样

在风险因素中，风险结构一般是高风险占 10%，敏感风险占 30%，适中风险占 40%，低风险占 20%。在审计计划资源配置时，对处于高风险层次的风险因素一般要详细全审；对处于敏感风险性质的风险因素一般抽样 50%；适中风险性质的风险因素一般抽样 25%；对低风险抽样 10% 进行审计。

该模型较好地解决了如何确定审计范围和配置审计资源的难题。

本章小结

本章主要介绍了风险预警、风险报告与风险审计。风险预警就是风险预测和报警，它是风险管理的高级阶段。风险报告就是将企业正在面临的风险、风险的成因、可能导致的后果以及企业已经采取的风险管理措施以书面的形式对外报出。利益相关者可以借此报告更好地了解企业面临的风险及抗风险能力和风险管理能力。风险审计是比风险管理更高层次的风险监督，是内部审计的一部分。

重要名词

风险预警

风险报告

风险审计

练习题

一、单选题

1. 风险审计计划不包括（　　）。

A. 年度审计计划　　　　B. 预算方案　　　　C. 项目审计计划　　　　D. 审计方案

2. 审计方案是记录（　　）和各项审计工作时间安排的文件。

A. 控制程序　　　　B. 审计结果　　　　C. 信息系统　　　　D. 审计计划

3. （　　）模型较好地解决了如何确定审计范围和配置审计资源的难题。

A. 波特五种竞争力分析模型　　　　　　B. 杜邦沸腾壶风险审计模型

C. SWOT 分析模型　　　　　　　　　　D. SCP 分析模型

4. 风险管理包括（　　）及职能部门两个层面。

A. 组织整体　　　　B. 股东　　　　C. 董事会　　　　D. 监事会

5. （　　）第一次将风险管理纳入了内部审计的视野。

A.《公司法》　　　　　　　　　　　　B.《风险管理审计》

C.《内部审计实务标准》　　　　　　　　D.《证券法》

6. 关于风险报告的说法不正确的是（　　）。

A. 定期提交

B. 能够通过企业的风险报告分析企业的变化

C. 连贯的和可以比较的

D. 只报告正面影响，不报告负面影响

二、多选题

1. 在风险预警系统中，根据研究对象的实际情况及风险管理者的经验，合理划分风险预警区间，判断风险量处于（　　）。

A. 正常状态　　　　B. 警戒状态　　　　C. 危险状态　　　　D. 事后状态

2. 风险预警区包括低风险区、较低风险区、（　　）。

A. 极低风险区　　　　B. 中等风险区　　　　C. 较高风险区　　　　D. 高风险区

3. 企业内部的风险预警角度有（　　）方面。

A. 财务　　　　B. 营销　　　　C. 战略　　　　D. 人力资源

4. 研究者使用的风险预警评价方法有（　　）等方法。

A. 模糊综合评判法　　B. Z 值风险模型　　C. 层次分析法　　D. 结构方程模型

5. 风险报告一般应该包括（　　）。

A. 风险评估　　　　　　　　　　　　　B. 财务报表

C. 风险分析　　　　　　　　　　　　　D. 风险应对策略与措施

6. 风险范围确定的合理性包括（　　）。

A. 战略范围　　　　B. 业务范围　　　　C. 销售范围　　　　D. 风险范围

三、判断题

1. 企业风险预警系统就是通过建立风险评估体系，进而进行风险预控，化解风险的发生，并将风险造成的损失降至最低程度的有效手段。　　　　　　　　　　　　　　（　　）

2. 风险报告就是将企业正在面临的风险、风险的成因、可能导致的后果以及企业已经采

取的风险管理措施以任意形式对外报出。 （　　）

　　3. 风险报告所使用的方法、数据信息等内容应可被验证。 （　　）

　　4. 内部审计人员既可对组织整体风险管理也可对部门风险管理进行审查与评价。（　　）

　　5. 风险审计的总体目标是审计人员按照公司规章的要求，帮助董事实现既定目标。
（　　）

　　6. 内部控制的设计和执行应该针对风险管理的要求，风险管理在很大程度上要依赖内部控制的设计和执行。 （　　）

思 考 题

1. 什么是风险预警？
2. 风险预警的评价方法有哪些？
3. 什么是风险审计？风险审计的目标是什么？

第十四章

公司治理、内部控制与风险管理

在本章中，你将学到：

1. 公司治理与内部控制的关系
2. 公司治理与企业财务绩效的关系
3. 内部控制与企业财务绩效的关系
4. 内部控制、融资约束与研发效率的关系
5. 内部控制制度环境与会计信息质量
6. 风险审计约束强度与会计信息质量
7. 内部控制制度环境与风险审计约束的交叉作用对会计信息质量的影响

◇ **本章重点与难点**

1. 公司治理结构的衡量
2. 内部控制质量的测量
3. 融资约束的测量
4. 研发效率的衡量
5. 会计信息质量的衡量

引例

铂略咨询举办跨国企业内部控制经验讲座

"会议越开越多，流程越设越长，涉及的部门越来越多，风险是否真的越来越少？""如果每次审批总是进入例外管理的程序，那花费时间讨论正常流程又起什么作用？""内部控制部门是不是文档制造机？如果一个事项应该在几个文档里体现，但实际却只在一个文档中体现，即使我们愿意执行又该怎么执行呢？"铂略咨询举办的这次讲座险些变成了抱怨会，越来越多的 Linked – F 会员将他们公司业务部门的抱怨反映出来。

分享嘉宾对这些抱怨有自己的见解："内部控制工作中最重要的事，就是让其他部门理解内部控制工作是一件重要的事！"王铮是苏州一家著名美资企业的亚太区 CFO，他需要与业务部门保持密切联系以落实内部控制政策。"业务部门的抱怨无非是因为两个原因，要么是因为我们没有向他们讲清楚内部控制是一件什么事情，要么是因为我们内部控制工作没做好。"

我们第一步就是要给业务部门树立正确的内部控制观念，明确业务部门和内部控制部门的业绩区别。我们要告诉业务部门，去问内部控制的"业绩"怎样，本身就是一个错误的问题。业务部门和内部控制部门本来就是不一样的。

业务部门，是要带领企业高质高效地达成企业的经营目标，将其价值最大化。这个目标是企业的自主性目标，是自己给自己的压力，它所实现的措施都是积极性的措施。实现企业的自主性目标，是为了有效率地、有效果地达成企业的价值最大化。而内部控制更多的是外部强加给我们的，它要求我们企业里的每个人应该使用正确的方法，做该做的事情，而不是不择手段地用你的智慧和能力去实现企业价值的最大化。从这个意义上说，内部控制的目标是强制性的，它的措施是防御性的。

所以 COSO 的报告里写道，"再好的内部控制体系也不能把一个劣迹斑斑的或没有经营智商的管理层变成一个非常有经验、有头脑、有能力的管理层。"所以它的作用不在于智慧和能力，它的作用在于使企业在实现主要目标的前提下去完成外界强制要完成的事情。它是一种防御性措施，它所强调的是一种必须做的义务和责任，而不是智慧和能力。

（资料来源：笔者根据媒体相关报道整理）

第一节 公司治理结构、内部控制质量
与企业财务绩效

自从詹森和梅克林（Jenson and Meckling, 1976）创建了委托代理理论以来，人们已普遍认识到由于所有权与经营权的分离，企业经营过程中雇用代理人会产生"代理成本"，阻碍了企业价值最大化目标的实现。为了解决代理问题，降低代理成本，公司治理机制应运而生。布莱尔（Blair，1995）指出，狭义的公司治理即内部公司治理机制，是指公司内部股东、董事会和管理层之间形成的相互制衡的制度安排。公司内部控制是指由公司董事会、经理层以及其他员工实施的，旨在为实现经营活动的效率和效果、财务报告的可靠、相关法律法规的遵循等目标而提供合理保证的过程。

从管理学的角度来看，公司治理和内部控制的目标是一致的，最终目标都是为了促进企业战略目标的实现。那么，我国上市公司的公司治理结构与内部控制活动是否能够有效地减少代理成本、促进企业价值最大化目标的实现？此外，我国国有企业先天的产权残缺，以及由此导致的所有人虚位的情况使得代理问题在国有企业中尤为突出。那么企业的控股股东的性质对公司治理与内部控制的效果是否会产生一定的影响？这是本节试图研究并解释的问题。

一、文献回顾

1. 公司治理结构对企业绩效的影响。近年来关于公司治理结构与企业绩效之间相关性的研究受到了国内外学者的高度重视。很多学者研究了股权结构、董事会规模、董事长与总经理兼任、董事持股比例、独立董事比例、机构投资者比例、高管持股比例、高管薪酬因素等公司治理变量对企业绩效的影响（于东智，2003；程晓陵和王怀明，2008）。也有很多学者将公司治理的诸多影响因素整合成一个综合指数来代表公司治理水平（张会丽和陆正飞，2012；方红星和金玉娜，2013）。我们认为，研究公司治理对企业绩效的影响应更注重公司治理的整体效果，因此本节采用公司治理综合指数来研究公司治理结构对企业绩效的影响。

2. 内部控制对企业绩效的影响。我国内部控制制度的执行相对起步较晚，2008年财政部、证监会、审计署、银监会、保监会等五部委联合发布了《企业内部控制基本规范》，对上市公司提出了强制披露内部控制信息的要求。以制度推进为契机，国内学者对内部控制质量与绩效之间的关系也展开了一些相关研究。张川等（2009）以房地产行业为研究对象，以问卷调查法获取了对企业内部控制的有效性评价意见，研究发现内部控制制度的有效执行对于提高公司业绩有显著作用。钟玮和杨天化（2010）以内部控制五要素为基础构建了银行类上市公司内部控制指数，研究发现内部控制指数与公司业绩存在显著正相关关系。但目前对内部控制质量进行的实证研究还相对较少，采用的评价方法也难免具有一定的主观性和片面性。

3. 公司治理与内部控制的关系。由二者的定义可知，公司治理结构与内部控制是既有所区别又密切联系的两个概念。二者之间既有相互包容的部分又具有各自不同的侧重点。有人认为内部控制是公司治理的前提和基础（杨胜雄，2005），公司治理要靠内部控制来实现。也有人认为公司治理与内部控制所处的层次不同，前者更加侧重于治理层而后者主要面向经营层（李维安和戴文涛，

2013）。杨有红和胡燕（2004）认为，离开特定的公司治理环境研究内部控制不会产生具有根本变革意义的结果，只有以强有力的公司治理为后盾，并通过两者的衔接与互动式结合才能使内部控制制度得到切实可行的贯彻实施，内部控制目标才能得以实现。程晓陵和王怀明（2008）对国内上市公司进行研究，发现公司治理对内部控制质量具有显著影响。刘启亮等（2012）研究发现企业的产权性质与内部控制质量显著相关。

通过文献回顾不难发现，关于公司治理对企业绩效的影响或内部控制对企业绩效的影响已有诸多成果。但是关于公司治理和内部控制对企业绩效共同作用的相关研究，涉及的文献尚不多见，研究的角度和结论也不尽相同。而公司治理与内部控制作为不同层面的公司治理手段，是相互影响、相互制约、共同作用的。因此，本节综合考虑公司治理结构的各方面因素与内部控制质量对企业绩效的影响。

二、理论分析与研究假设

企业经营绩效作为企业在经营活动中追求的重要经营目标，受到很多内外部因素的影响。其中作为反映公司内部管理水平的重要因素——公司治理结构，被认为是能够有效降低代理成本、提升企业价值的重要手段。因此，较好的公司治理水平通常会对企业绩效具有正向影响。白重恩等（2005）构造了涵盖董事会、高管薪酬、股权结构等公司治理结构特征的综合指标，并根据该指标对企业进行排名，结果发现排名较前的企业其市场价值也较高。基于以上分析，我们提出以下假设。

假设 H1：企业的公司治理结构与企业绩效正相关。

根据《企业内部控制基本规范》，建立内部控制是为了实现效率经营、防止舞弊，通过划分职责，包括组织规划、分工、授权审批、独立负责制度，明确各部门、各岗位和员工职责、制定作业标准等实现控制目标。可见，与公司治理机制不同，内部控制通过更为具体的管理与控制活动来推动企业各项制度的有效落实、促进公司治理目标的实现。《企业内部控制基本规范》提出企业内部控制的目标是合理保证企业战略目标、经营目标、报告目标、合规目标和资产安全目标的实现，提高经营效率和效果，促进企业实现发展战略。根据这一目标，完善有效的内部控制体系能够合理保障企业各项目标包括经营目标的实现，因而会有效促进企业经济效益的提高。据此提出以下假设。

假设 H2：企业的内部控制质量与企业绩效正相关。

虽然代理问题在各类企业都会存在，但由于股权性质不同的企业其两权分离程度不同、委托代理的模式和授权程度也有所不同，因此，其代理问题所产生的非效率的程度也有差异。从公司治理角度看，国有企业由于剩余索取权与最终控制权的分离程度最高，产生的代理成本也最大（刘小玄和李利英，2005）。公司治理和内部控制的建设虽然形式上在国有企业受重视程度并不亚于非国有企业，但如果缺乏有效的监督，"内部人"控制的局面很可能导致国有企业的制度建设与制度约束流于形式，发挥不了实质性的作用。因此我们提出以下假设。

H3a：相对于国有企业，民营企业公司治理结构对企业绩效的影响更显著。

H3b：相对于国有企业，民营企业内部控制质量对企业绩效的影响更显著。

三、变量选择与研究设计

1. 样本选择。随着 2006 年《上市公司内部控制指引》的颁布，上市公司开始逐步加强公司内部控制建设、完善内部控制制度与信息披露。因此我们选择 2007～2014 年沪深两市 A 股上市公司作为研究对象。为了保证样本数据的稳定性和代表性，我们对样本数据进行了以下筛选：（1）剔除金融类上市公司；（2）剔除 ST 和 PT 等经营异常的上市公司；（3）剔除无法获取准确数据的样本。最终得到来自 2 176 家上市公司的 13 310 个样本。为了消除极端值的影响，我们对所有连续变量进行了 1% 水平的 winsorize 处理。本节的所有上市公司数据来自国泰安 CSMAR 数据库。

2. 变量选择。

（1）企业绩效代表变量。考量企业财务绩效最基础的指标就是盈利能力指标，常用的盈利能力指标有总资产收益率（ROA）、净资产收益率（ROE）、营业利润率，其中 ROA、ROE 都能够较为全面地反映企业的总体绩效，因此，本章采用 ROA 和 ROE 两个指标作为衡量企业财务绩效的变量。

（2）公司治理结构代表变量。公司治理是指与股东权利、董事会功能和结构以及高管激励等方面有关的一系列利益监督与协调的制度安排。最终反映公司治理水平的不是单一制度的应用，而是制度体系的综合效果，因此，我们借鉴白重恩等（2005）、张会丽和陆正飞（2012）等所采用的主成分分析法，构建一个公司治理综合指数来度量公司治理水平。所选取的公司治理变量在表 14 - 1 中加以说明。

表 14 - 1 公司治理结构代表变量

变量代码	变量名称	变量说明
ShrZ	股权集中度	公司第一大股东与第二大股东持股比例的比值，即 Z 指数
N_share	A 股流通股比例	A 股流通股份总数/公司总股本数
dum_HBO	是否同时境外上市	虚拟变量：如果同时在 B 或 H 股上市取值为 1；没有境外上市取值为 0
BD_size	董事会规模	公司董事人数的自然对数
ID_ratio	独立董事比例	独立董事的人数与董事总数的比例
Dual	两职合一	反映董事长与总经理是否兼任的虚拟变量：兼任取 1；没有兼任取 0
BD_share	董事会持股比例	公司全部董事持股总数/公司总股本数
Ex_share	高管持股比例	公司高管持股总数/公司总股本数
Ln_Di3	前三名董事薪酬	年薪最高的前三名董事薪酬总额取对数
Ln_Ex3	前三名高管薪酬	年薪最高的前三名高管薪酬总额取对数

我们对以上十个变量进行了主成分分析，并选取前三个主成分的综合得分作为公司治理综合指数。在第一主成分中，十个变量 ShrZ、N_share、dum_HBO、BD_size、ID_ratio、Dual、BD_share、Ex_share、Ln_Di3、Ln_Ex3 的载荷系数分别为 0.1714、0.3888、0.1774、0.2747、 - 0.3432、0、 - 0.5059、 - 0.5046、0.1485 以及 0.1927。

（3）内部控制质量代表变量。目前，学术界对于内部控制质量的度量方法主要有两种：第一种是以企业披露的某一条或几条与内部控制相关的信息来判断。如李万福等（2011）将企业内部控制是否具有重大缺陷作为度量内部控制质量的变量。方红星和金玉娜（2013）以公司是否存在亏损，财务报告重述、违规，非标审计意见，经营发生亏损，内部控制重大或重要缺陷等因素来度量企业内部控制质量。第二种方法是建立内部控制指数进行综合评价。目前国内较有影响力的内部控制指数主要有厦门大学内控指数课题组自 2010 年开始披露的上市公司内部控制指数、中国上市公司内部控制指数研究课题组（2011）设计的上市公司内部控制指数，以及深圳市迪博企业风险管理技术有限公司自 2008 年起发布的中国上市公司内部控制白皮书。以多个指标综合度量的内部控制指数看似较为全面，但评价的有效性很大程度上取决于所选指标的相关性与准确性、得分计量方法的科学性。

本节选择以企业内部和外部的内部控制评价来度量企业内部控制质量。内控缺陷（deficiency）反映的是企业内部控制自评报告所揭示的企业当年内部控制活动是否存在缺陷。内部控制审计意见（audit）代表企业是否聘请外部审计师对公司内部控制进行审计，以及内部控制审计结果所揭示的内部控制质量。企业各年度内部控制质量情况如表 14 - 2 所示。

表 14 - 2　　　　　　　　　　内部控制质量评价情况

年度	样本量	披露内部控制自评报告	其中：有缺陷	披露内部审计报告	其中：标准无保留意见
2007	1094	131	2	64	63
2008	1146	496	7	120	119
2009	1299	647	9	333	333
2010	1646	1258	55	536	536
2011	1880	1515	140	861	856
2012	2010	1825	428	1229	1216
2013	2059	1919	374	1461	1435
2014	2176	2090	412	1564	1534
合计	13310	9881	1427	6168	6092

由表 14 - 2 我们可以看出，披露内部控制自评报告与内部审计报告的上市公司呈逐年递增趋势，近年来绝大多数上市公司都已执行内部控制自评报告与内部

审计报告的披露。这在很大程度上归功于《企业内部控制基本规范》提出的分类分批强制执行内部控制自我评价与内部控制信息披露的要求。

（4）控制变量。本节选取了股权性质、公司规模、资产负债率、成长能力、自由现金流等对公司财务绩效具有重要影响的变量作为控制变量，并对年度和行业加以控制。此外，当解释变量为内部控制审计意见时，在回归中对审计师资质（*Big*4）加以控制。

上述被解释变量、解释变量以及控制变量的具体说明如表 14－3 所示。

表 14－3 变量说明

	变量代码	变量名称	变量说明
财务绩效变量	*ROA*	总资产收益率	净利润/平均资产总计，平均资产总计＝（资产总计期末余额＋资产总计期初余额）/2
	ROE	净资产收益率	净利润/平均股东权益合计，平均股东权益合计＝（股东权益期末余额＋股东权益期初余额）/2
公司治理变量	*G_index*	公司治理指数	由 10 个公司治理相关指标通过主成分分析得出的综合指数
内控评价变量	*Deficiency*	内部控制缺陷	企业内部控制存在缺陷取 1，否则取 0
	Audit	内部控制审计意见	聘请外部审计师进行内部控制审计并且获得标准无保留意见取 1，否则取 0
控制变量	*State*	股权性质	国有控股取 1，否则取 0
	Ln_Asset	公司规模	企业年末资产总计的自然对数
	Leverage	资产负债率	负债合计/资产总计
	Growth	成长能力	营业收入增长率 [（营业收入本年金额－营业收入上年金额）/营业收入上年金额]
	fcf	自由现金流	企业自由现金流/资产总计；企业自由现金流＝（净利润＋利息费用＋非现金支出）－营运资本追加－资本性支出
	*Big*4	审计师资质	由国际四大会计师事务所担任公司内部控制审计师取 1，否则取 0
	$\sum Year$	年度虚拟变量	
	$\sum Ind$	行业虚拟变量	

3. 模型的建立。为检验公司治理结构、内部控制质量对企业财务绩效的影响，本章构建如下模型：

$$Per_i = \beta_0 + \beta_1 G\_index + \beta_2 IC_i + \sum Control + \sum Ind + \varepsilon \quad (14-1)$$

其中，Per_i 代表财务绩效，具体包括 *ROA*、*ROE* 两个指标；IC_i 代表内部控制质量，具体包括 *Deficiency*、*Audit* 两个变量。

在模型（14 – 1）的基础上，为了验证股权性质的不同是否对内部控制质量与财务绩效之间的关系产生影响，我们加入了二者的交互项，生成以下模型：

$$Per_i = \beta_0 + \beta_1 G\_index + \beta_2 IC_i + \beta_3 IC_i \times State + \sum Control + \sum Ind + \varepsilon$$
$$(14 – 2)$$

四、实证分析

1. 描述性统计。表 14 – 4 为样本公司的描述性统计。我们根据股权性质的不同，将所有样本划分为两个对照组，分别描述国有企业与民营企业主要变量的均值。分析结果显示，国有企业与民营企业在总体特征上显示出明显差异。例如，国有企业的总资产收益率（ROA）总体上显著低于民营企业，体现出较差的财务绩效。国有企业的公司治理指数（*G_index*）明显高于民营企业。以内部控制自评报告提示存在缺陷的公司数来衡量，国有企业的内部控制质量显著低于民营企业。此外，国有企业相对于民营企业，具有更大的规模、更高的财务杠杆和较低的成长能力。

表 14 – 4 变量的描述性统计

	国有企业（均值）	民营企业（均值）	差异	T 值	P 值
ROA	0.044	0.057	– 0.013	14.240 ***	0.0000
ROE	0.089	0.09	– 0.001	– 1.0747 ***	0.2825
G_index	0.24	– 0.195	0.435	49.180 ***	0.0000
Deficiency	0.226	0.088	0.138	18.076 ***	0.0000
Audit	0.473	0.474	– 0.001	– 0.138 ***	0.8902
Big4	0.109	0.024	0.085	13.112 ***	0.0000
Asset（trillion）	14.3	3.5	10.8	28.5360 ***	0.0000
Leverage	0.503	0.35	0.153	44.705 ***	0.0000
Growth	0.168	0.194	– 0.026	– 4.238 ***	0.0000
FCF（million）	117	5.2	111.8	5.436 ***	0.0000

注：*** 分别表示在 1% 水平上显著。

2. 回归分析。为了检验公司治理、内部控制对企业绩效的影响，我们对样本数据进行了回归分析，分析结果如表 14 – 5 所示。其中，前四列以内部控制缺陷 *Deficiency* 代表内部控制质量，后四列以内部控制审计意见 *Audit* 代表内部控制质量，分别对 ROA 和 ROE 进行解释。列（1）、（3）、（5）、（7）对应模型

（14－1），即未加入交互项的基本回归模型。四个模型的分析结果均显示公司治理指数（G_index）与企业财务绩效（ROA、ROE）呈现显著正相关关系（1%水平上显著）。说明公司治理综合水平越高，公司绩效越好。假设 H1 得到验证。

表 14－5   公司治理结构、内部控制质量与企业财务绩效的回归分析

解释变量	被解释变量							
	ROA	ROA	ROE	ROE	ROA	ROA	ROE	ROE
	(1)	(2)	(3)	(4)	(5)	(6)	(7)	(8)
G_index	0.016 ***	0.016 ***	0.031 ***	0.032 ***	0.016 ***	0.016 ***	0.033 ***	0.033 ***
	(14.824)	(15.013)	(15.825)	(15.986)	(11.827)	(11.848)	(13.176)	(13.187)
Deficiency	− 0.003 **	− 0.009 ***	− 0.006 **	− 0.016 ***				
	(− 2.142)	(− 4.564)	(− 2.506)	(− 4.395)				
Deficiency × State		0.011 ***		0.017 ***				
		(4.180)		(3.642)				
Audit					0.013 ***	0.026 ***	0.030 ***	0.044 ***
					(2.694)	(3.489)	(3.455)	(3.210)
Audit × State						− 0.022 **		− 0.024
						(− 2.310)		(− 1.344)
Big4					− 0.003	− 0.003	− 0.004	− 0.004
					(− 1.293)	(− 1.269)	(− 0.926)	(− 0.912)
State	− 0.010 ***	− 0.012 ***	− 0.020 ***	− 0.022 ***	− 0.010 ***	0.012	− 0.019 ***	0.004
	(− 9.420)	(− 10.297)	(− 9.865)	(− 10.523)	(− 7.368)	(1.246)	(− 7.740)	(0.237)
ln_Asset	0.009 ***	0.009 ***	0.016 ***	0.016 ***	0.008 ***	0.008 ***	0.013 ***	0.013 ***
	(16.813)	(16.755)	(17.076)	(17.022)	(11.498)	(11.479)	(11.023)	(11.009)
Leverage	− 0.131 ***	− 0.131 ***	− 0.100 ***	− 0.099 ***	− 0.129 ***	− 0.129 ***	− 0.101 ***	− 0.100 ***
	(− 46.800)	(− 46.736)	(− 19.728)	(− 19.651)	(− 37.316)	(− 37.254)	(− 15.803)	(− 15.761)
Growth	0.044 ***	0.044 ***	0.078 ***	0.078 ***	0.042 ***	0.042 ***	0.075 ***	0.075 ***
	(29.235)	(29.220)	(29.038)	(29.021)	(22.019)	(22.007)	(21.566)	(21.556)
fcf	0.021 ***	0.022 ***	0.021 ***	0.022 ***	0.017 ***	0.017 ***	0.016 *	0.016 *
	(5.102)	(5.202)	(2.781)	(2.866)	(3.258)	(3.243)	(1.730)	(1.721)
$\sum$ Year	控制	控制	控制	控制	控制	控制	控制	控制
$\sum$ Ind	控制	控制	控制	控制	控制	控制	控制	控制
Constant	− 0.070 ***	− 0.068 ***	− 0.198 ***	− 0.194 ***	− 0.051 ***	− 0.064 ***	− 0.156 ***	− 0.170 ***
	(− 5.897)	(− 5.718)	(− 9.227)	(− 9.070)	(− 3.207)	(− 3.807)	(− 5.370)	(− 5.505)
Observations	8 199	8 199	8 199	8 199	5 254	5 254	5 254	5 254
Number of Year	8	8	8	8	8	8	8	8

注：（1） ***、**、* 分别表示在 1%、5% 和 10% 水平上显著。（2）括号内为相应的 t 值或 z 值。（3）被解释变量和解释变量分别进行了 1% 水平的 winsorize 处理。

内部控制质量与企业财务绩效也表现出一定程度上的显著相关性。具体来说，内部控制缺陷（*Deficiency*）系数为负，检验结果在 5% 的水平上显著，说明内部控制缺陷越多的公司绩效越差。内部控制审计意见（*Audit*）对 ROA 和 ROE 则表现为 1% 水平的正向相关，即聘请外部审计师进行内部控制审计并且获得标准无保留意见的企业绩效明显好于未进行内部控制审计或未获得标准无保留意见的企业。假设 H2 得到验证。

在基本回归模型的基础上，我们加入了内部控制质量与股权性质的交互项，在表 14 - 5 中体现为第（2）、（4）、（6）、（8）列的结果。引入交互项后，内部控制质量对绩效的影响仍然显著，并且 *Deficiency* 的显著性水平有所提高。引入的交互项中有三项系数具有显著性，并与内部控制质量的系数符号相反。这说明国有企业对内部控制质量具有减弱的作用。为了进一步验证内部控制质量在不同的股权性质下产生的效果是否有差异，接下来我们将根据股权性质把全体样本分为两个对照组分别进行研究。表 14 - 6 中的 A 栏与 B 栏分别显示了国有企业和民营企业公司治理结构、内部控制质量对企业财务绩效的影响。分组分析结果显示，公司治理结构（*G_index*）对企业绩效（*ROA*）的影响仍为显著正相关，并且都在 1% 的水平上显著，即无论对于国有企业，还是民营企业，公司治理因素对企业绩效的影响是同样显著的。因此假设 H3a 不能得到验证。

内部控制质量对企业财务绩效的影响在分组检验后则出现了较大的变化。对国有企业样本进行回归分析，发现无论是以内部控制缺陷（*Deficiency*）还是以内部控制审计意见（*Audit*）来代表内部控制质量，其系数都不显著。与之形成鲜明对照的是，民营企业样本中两个内部控制质量变量对 ROA 和 ROE 的回归结果均表现出 1% 水平上的显著相关性。其中，内部控制缺陷（*Deficiency*）与企业财务绩效（*ROA*）负相关；而内部控制审计意见（*Audit*）表现出显著正向相关。假设 H3b 得到验证。分组对比分析的结果说明，股权性质不同的企业，内部控制的实施效果的确有所差异。在民营企业开展的内部控制对企业的经营活动以及经营效果能够产生正面的促进作用；而在国有企业，无论是内部控制制度的建设，还是聘请外部审计师进行内部控制评价，似乎都没有起实质性作用。假设 H3b 得到验证。

表 14 - 6   **不同股权性质下的公司治理结构、内部控制质量**

与企业财务绩效的回归分析

A 栏：国有企业的公司治理结构、内部控制质量与企业财务绩效

解释变量	被解释变量			
	ROA	*ROE*	*ROA*	*ROE*
	(1)	(2)	(3)	(4)
G_index	0.025 *** (10.769)	0.058 *** (11.756)	0.020 *** (7.357)	0.050 *** (8.638)
Deficiency	0.002 (1.258)	0.001 (0.373)		

续表

解释变量	被解释变量			
	ROA	ROE	ROA	ROE
	(1)	(2)	(3)	(4)
Audit			0.005 (1.022)	0.015 (1.452)
Big4			− 0.006 * (− 1.749)	− 0.010 (− 1.374)
ln_Asset	0.005 *** (5.269)	0.009 *** (4.673)	0.006 *** (5.395)	0.010 *** (4.578)
Leverage	− 0.130 *** (− 24.518)	− 0.119 *** (− 10.691)	− 0.126 *** (− 21.105)	− 0.119 *** (− 9.411)
Growth	0.034 *** (20.241)	0.073 *** (19.718)	0.029 *** (14.233)	0.064 *** (14.237)
fcf	0.026 *** (4.864)	0.029 ** (2.538)	0.020 *** (3.215)	0.021 (1.519)
∑ Year	控制	控制	控制	控制
∑ Ind	控制	控制	控制	控制
Constant	− 0.005 (− 0.244) 0.3529	− 0.068 (− 1.509) 0.2372	− 0.032 (− 1.300) 0.3576	0.2305
Observations	3469	3469	2471	2471
Number of Stkcd	783	783	760	760

B 栏：民营企业的公司治理结构、内部控制质量与企业财务绩效

解释变量	被解释变量			
	ROA	ROE	ROA	ROE
	(1)	(2)	(3)	(4)
G_index	0.010 *** (5.632)	0.018 *** (6.150)	0.011 *** (4.915)	0.018 *** (5.318)
Deficiency	− 0.008 *** (− 4.243)	− 0.015 *** (− 4.884)		
Audit			0.018 *** (2.631)	0.038 *** (3.214)
Big4			0.010 (1.391)	0.012 (1.031)

续表

解释变量	被解释变量			
	ROA	*ROE*	*ROA*	*ROE*
	(1)	(2)	(3)	(4)
ln_Asset	0.012 *** (9.473)	0.023 *** (11.627)	0.012 *** (8.052)	0.022 *** (9.417)
Leverage	−0.121 *** (−23.536)	−0.097 *** (−11.421)	−0.129 *** (−20.974)	−0.099 *** (−9.921)
Growth	0.035 *** (21.683)	0.059 *** (21.683)	0.039 *** (17.306)	0.065 *** (17.056)
fcf	−0.013 *** (−3.110)	−0.025 *** (−3.477)	−0.017 *** (−3.049)	−0.031 *** (−3.280)
$\sum Year$	控制	控制	控制	控制
$\sum Ind$	控制	控制	控制	控制
Constant	−0.142 *** (−5.276) 0.3032	−0.364 *** (−8.366) 0.2384	−0.141 *** (−4.374) 0.3104	−0.338 *** (−6.504) 0.2334
Observations	4 730	4 730	2 783	2 783
Number of Stkcd	1 219	1 219	1 184	1 184

注:(1) ***、**、* 分别表示在1%、5%和10%水平上显著。(2) 括号内为相应的 t 值或 z 值。(3) 被解释变量和解释变量分别进行了1%水平的 winsorize 处理。

3. 稳健性检验。公司治理结构、内部控制质量与企业财务绩效的关系也有可能出于反向影响的作用,也就是说有可能存在内生性问题。特别是对于内部控制质量的度量,我们所采用的两个度量标准——企业自评报告披露的信息和是否聘请外部审计师进行内部控制审计并且获得标准无保留意见,与企业的主观披露意愿相关,因此很容易受到企业盈利性好坏的影响。比如说,管理层对于内部控制缺陷的披露有可能是迫于经营业绩较差的压力,而有盈利的公司基本上不存在这种压力。因此,对于盈利为正的公司,如能得到同样显著的结果,就可以在一定程度上排除这种解释。我们以 *ROA* 的正负来区分盈利企业与亏损企业,在整体样本中选取 *ROA*≥0 的公司为新的样本,并重复对模型(14 – 1)的回归过程,表 14 – 7 为对盈利企业样本组进行回归的检验结果。可以看出,在盈利企业样本组中,两个内部控制质量指标仍具有一定的显著性,其中 *Deficiency* 与绩效之间仍然是显著负向相关关系,*Audit* 与 *ROA* 之间具有10%水平的正相关关系。由此可以在一定程度上排除内部控制质量与财务绩效之间的内生性问题。

表 14 − 7　　　　　　盈利企业的公司治理结构、内部控制质量与企业财务绩效

解释变量	被解释变量			
	ROA	*ROE*	*ROA*	*ROE*
	（1）	（2）	（3）	（4）
G_index	0. 014 ***	0. 026 ***	0. 013 ***	0. 024 ***
	(13. 336)	(14. 242)	(9. 860)	(10. 910)
Deficiency	− 0. 006 ***	− 0. 011 ***		
	(− 4. 974)	(− 5. 155)		
Audit			0. 009 *	0. 014
			(1. 763)	(1. 616)
Big4			0. 001	0. 004
			(0. 303)	(0. 983)
State	− 0. 006 ***	− 0. 011 ***	− 0. 008 ***	− 0. 014 ***
	(− 5. 960)	(− 6. 312)	(− 6. 026)	(− 6. 262)
ln_Asset	0. 005 ***	0. 010 ***	0. 004 ***	0. 007 ***
	(10. 991)	(11. 978)	(6. 837)	(7. 037)
Leverage	− 0. 112 ***	− 0. 036 ***	− 0. 111 ***	− 0. 037 ***
	(− 43. 049)	(− 8. 169)	(− 34. 338)	(− 6. 568)
Growth	0. 039 ***	0. 067 ***	0. 038 ***	0. 065 ***
	(27. 539)	(27. 378)	(20. 783)	(20. 593)
fcf	0. 014 ***	0. 005	0. 008	− 0. 001
	(3. 339)	(0. 717)	(1. 574)	(− 0. 147)
$\sum Year$	控制	控制	控制	控制
$\sum Ind$	控制	控制	控制	控制
Constant	− 0. 019 *	− 0. 114 ***	− 0. 004	− 0. 074 ***
	(− 1. 878)	(− 6. 566)	(− 0. 271)	(− 3. 116)
Observations	7 763	7 763	4 970	4 970
Number of Year	8	8	8	8

注：（1）***、* 分别表示在1%、10%水平上显著。（2）括号内为相应的 t 值或 z 值。（3）被解释变量和解释变量分别进行了 1% 水平的 winsorize 处理。

五、贡献与展望

本节的重要贡献在于：第一，我们的研究将公司治理各维度的综合指标与来自企业内外部的内部控制评价纳入同一框架中，研究二者对企业绩效产生的综合影响。第二，对不同股权性质企业的分组对比分析进一步检验了制度体系在不同

性质企业所发挥的作用，从而对代理理论做出了有益的补充。第三，对内部控制质量的度量，我们采用了企业自评报告揭露缺陷与外部审计评价双重标准，以确保内部控制质量评价的可靠性。由于我国近几年才开始要求对内部控制审计和报告强行披露，因此此前很少有文献采用外部内部控制审计意见来度量内部控制质量。

然而，本节的研究也存在一定的局限性。我们所选取的内部控制质量指标虽然能够从一个侧面反映公司内部控制工作的质量与成效，但对于内部控制的整体实施效果，还需要更加全面、有效的考评指标去度量与评估。随着内部控制信息披露要求的不断提高，相信这方面的研究能够得到进一步的延展与深化。

第二节　内部控制、融资约束与研发效率的关系

改革开放40余年以来，我国在经济建设等领域取得了飞速的发展，但是回首这40余年来的进步，有举世瞩目的成绩，也有值得深思的问题。建立在能源高度消耗基础上的经济发展，付出了环境污染和生态恶化的代价，这种经济增长模式需要逐步转变。为了可持续的发展，我国正在对资源消耗型的经济增长方式进行转型，即从"要素型"向"创新型"转变。在"创新型"的发展模式下，政府和企业都在不断加大科技创新的投入力度，研发经费的投入逐年增加，与此同时需要考虑研发的产出是否同比例增长，即研发效率的问题。研发效率不仅能够衡量企业自主创新能力的高低，而且在一定程度上能够影响企业的经营效率和效果，对于提升企业价值有重要意义。

在创新驱动发展和供给侧改革的新形势下，研发活动的特点之一是投入量较大、研发周期可能较长，作为企业的一项长期投资，企业往往希望为其进行融资。然而，由于信息的不对称性，企业为创新活动进行外部融资时面临着融资约束的问题。另外，研发的过程、结果以及成果的转换具有高度的不确定性，即研发活动是一项高风险业务，需要过程风险控制。《企业内部控制基本规范》与《企业内部控制应用指引——研究与开发》指出企业在研发的各个环节与业务流程的主要风险点和关键环节，企业应有针对性地制定有效的控制措施。

目前，已有较多文献关注研发效率的计量问题，以及研发效率的影响因素。本节在前人研究的基础上，试图在内部控制视角下研究融资约束与研发效率之间的关系，研究面临融资约束的企业，实行内部控制对研发活动存在的风险进行管控，从而影响企业的研发效率，即融资约束企业提高研发效率的机制问题。

一、研究理论与假设

1. 融资约束与研发效率。研发投资具有投资大、周期长及不确定性等特点，因此企业在研发方面面临的主要问题包括如何融资以及提高研发效率。已有文献

较多地研究了企业在研发投入方面面临的融资约束问题。现代财务理论认为，由于信息不对称性、研发信息保密性和监管成本等因素的影响，企业在为研发活动融资时面临着严重的限制。在外部融资受到过大的约束而内部资金又不够充足的条件下，公司不得不放弃颇有价值的投资项目，从而失去了进一步提升公司价值的机会。霍尔（Hall，2002）指出，由于研发活动的长期性和不确定性，企业创新主要依靠内部资金。卢馨、刘春玉、鞠晓生等的研究发现，融资约束严重制约了研发投资；高新技术企业研发支出的融资约束问题更为严重，而且研发支出更加依赖股权性融资；在融资约束严重的情况下，中国企业可以通过内部资金积累和营运资本管理持续地进行创新活动。上述文献主要研究的是融资约束对研发投资行为的影响，而且结论基本一致，融资约束对企业研发支出的投资行为会产生重要的不利影响，因此面临融资约束的企业提高投资效率就显得尤为重要。阿尔梅达（Almeida，2013）等以美国企业为研究对象发现融资约束与研发效率之间呈显著的正相关。顾群等（2012）以我国高新技术企业为对象，研究了融资约束对研发效率的影响，发现融资约束显著地影响研发效率，且二者之间是正相关关系，即面临高融资约束的高新技术企业研发效率更高。雷鹏等（2015）以中国工业企业为样本，研究了在融资约束下，政府补助有助于研发规模效率的提高。

代理理论可以在一定程度上解释融资约束与企业研发之间的矛盾——融资约束在限制企业研发投资的同时却能提高企业研发效率。代理理论认为，由于道德风险和逆向选择，管理层会利用在职消费、企业帝国构建等过度投资问题来"自利"从而损害股东的利益。融资约束是对管理层非效率投资的约束，即防止管理层浪费资源以寻求自身利益最大化。在融资约束的情况下，由于可使用资金是有限的，管理层为获得更多的收益，必须提高投资项目的选择标准，选择价值高的投资机会，从而提高投资效率。

假设1：融资约束与研发效率正相关。

2. 内部控制、融资约束与研发效率。敏感性分析是针对潜在的风险性，研究项目各种不确定因素变化一定幅度时，计算其主要经济指标变化率及敏感程度的一种方法。换句话说，这是一种弹性分析方法，主要分析各个风险因素变化对损益变化的影响。例如，计算当销售价格或原材料价格变动1个百分点时，企业损益变动的百分比是多少，就是在做敏感性分析。在这种个别分析的基础上，再找出对项目影响较大的因素，然后绘出敏感性分析图，分析敏感度，找出不确定因素变化的临界值即最大允许的变化范围，就可以对不同类型的风险进行比较和评价了。

研发投资作为企业内部形成无形资产的一项重要投资活动，对于企业未来的成长和现金流增长具有重要的意义，是提升创新型企业价值的根本所在。合理制定并有效实施公司投资决策有助于提高研发效率，促进企业的长远发展。内部控制的目标之一是提高企业的经营效率和效果，因此内部控制在公司投资中的作用成为当前热门话题。2002年美国颁布《萨班斯法案》之后，众多学者研究了内部控制对企业经营、投资效率的影响，如冯等（Feng et al.，2009）、斯卡维

（Skaife，2013）、安杰利斯（De Angelis，2015）、程（Cheng，2013）等。研究结果表明，良好的内部控制可以提高管理层决策的准确性，提高公司内部资本配置决策效率，减少企业的投资不足与过度投资。2008 年我国《企业内部控制基本规范》颁布以来，也有学者研究了内部控制对投资效率与企业价值的影响。如李万福（2011）等、方红星等（2013）、干胜道等（2014）研究发现良好的内部控制可以抑制企业的非效率投资。肖华等（2013）、池国华等（2013）发现良好的内部控制有利于提升公司价值，改善公司价值创造的效果。王运陈等（2015）研究发现高水平的内部控制有助于提高企业的研发效率，使企业的研发投入更可能被市场接受，从而提升企业的价值。

内部控制能够促进研发效率的提高，原因有以下两点。

首先，内部控制是降低代理成本与信息不对称的制度安排。根据代理理论，经济资源的提供者与管理者之间是一种委托代理关系。现代企业中的主要特点是两权分离，由于资金的委托方与受托方在利益目标取向中的差异，受托方（管理人员）就有动机去提高在职消费，或是降低工作强度、减少工作时间而增加休闲娱乐时间。委托方需要对受托方进行监督和激励（产生监督成本），受托方向委托方担保不采取损害委托人行为的成本（产生担保成本）以及其他由于二者之间的不信任产生的机会成本（剩余损失）。为了使委托代理关系能够存续，并维持企业的正常运转，企业必须建立一种信任机制，内部控制就是这种信任机制的一种制度安排。有效的内部控制在缓解代理问题中起着十分重要的作用。解决代理问题的主要手段是建立完善的监督机制。内部控制是自上而下实施的，由企业董事会、经理阶层和其他员工共同参与的，为营运的效率效果、财务报告的可靠性、相关法令的遵循性等目标的达成提供合理保证的过程。公司控制包括两个层次：经营管理层对生产经营过程的控制和股东、债权人等外部利益相关者对经营管理层实施的控制。第一个层次的控制，是对公司内部委托代理关系所实施的监督，它分布在企业经营活动的方方面面，是企业生产经营过程的一部分，并与这些过程紧密地结合在一起，持续地监督决策权力机构设定目标的实施过程并保证其实现。第二个层次的控制，是基于外部的利益相关者和内部经营管理者之间的代理关系而实施的监督活动，它属于公司治理的一部分。公司治理就是一种对组织内外各利益相关者（包括股东、管理人员、债权人）的责任、权力、风险与利益之间进行分配的制度安排。公司治理的本质是一种契约，既包括内部监督机制也包括外部监督机制，既包含正式制度也包含非正式制度。内部监督机制是指由主要股东、董事会和监事会等对企业经营管理者实施监督与控制的机制。这既是公司治理的主体，也是内部控制的核心。通过明确股东大会、董事会、监事会等部门之间权、责、利的分配，建立健全组织结构，形成相互制约、相互监督同时能协调运转的内部控制机制，从而约束、监控管理者的行为，保证利益相关者的利益。胜任的董事会通过建立良好的内部控制环境对管理者进行监控、监督，进而潜移默化地影响企业内部控制制度的贯彻执行，并最终实现企业的经营目标及整体战略目标。

　　企业创新活动涉及大量人力资源、物质资源的投资，而内部控制可以对决策的制定、执行进行全过程的监督。尤其是在员工权利义务的分配、业务流程优化方面的促进作用，可以提高决策的科学性。这些做法本身可以激发公司研究人员的创新热情，促进研发效率的提高。

　　其次，在融资约束严重的企业，可以通过完善的控制环境、健全的控制程序等方面降低风险，减少偏差，提高效率。控制环境中的组织结构与授权的规定从设计开始就明确各个部门的责任和权力，使得各个部门之间可以相互制约；适当的人力资源政策可以通过培训、雇用等环节保证工作人员的道德水准与胜任能力。控制活动中包含的不相容岗位职责分工、授权、凭证记录、财产保护等一系列防范机制可以减少员工的舞弊行为；通过风险评估识别、分析和管理影响目标实现的风险因素，并及时进行防范，以提高企业内部资源配置效率。具体来说，内部控制可以从以下三个渠道提高企业研发效率：第一，由于研发活动的风险较高，投入较大，因此内部控制较好的企业在研发投入方面会更加谨慎，从而减少过度投资。第二，限制内部人机会主义行为。内部控制可以保证研发资金使用的财务合规性，防止挪用和浪费研发资金的贪污腐败行为，减少侵占公司资产。由于研发活动的长期性和不确定性，近期内可能很难看到研发投入的收益。虽然长期来看研发投入能增加股东的价值，但是由于研发费用的增加减少了会计收益，以业绩为基础的薪酬考评制度以及研发失败风险，会诱导管理层在研发活动中的机会主义行为。第三，公司内部信息沟通通畅，提高了工作效率，避免了浪费。良好的内部控制制度下，高层管理人员对分公司或分部的情况更加熟悉，降低了公司内部的信息不对称性。组织中的人员可以高效地获得与研发相关的信息，及时掌握投资项目的真实情况，从而更好地执行投资项目。即良好的内部控制可以促使企业将资金投入到能够获得更多价值的部门，提高资金的使用效率，优化内部资金配置效率。

　　假设2：在内部控制好的企业，融资约束与研发效率的正向关系更加显著。

二、研究数据与方法

　　1. 样本数据。本节选取了我国执行《企业内部控制基本规范》之后5年，即2009～2013年沪深股市主板A股上市公司作为主要研究对象，剔除ST公司、金融类公司以及数据缺失的公司，最终获得704个有效样本。本节中所使用的财务数据来自CSMAR数据库、WIND数据库及中国工业企业数据库，内部控制数据来自迪博公司内部控制指数。深圳迪博公司编制的"中国上市公司内部控制指数"是将企业战略的执行结果、经营效果、经营合法合规情况、信息披露真实完整以及资产安全等因素综合考虑后编制的，因此该指数在一定程度上反映了内部控制的执行水平。

　　2. 融资约束的衡量。由于融资约束很难直接观察，实证研究中使用了多种方法对其进行计量，方法并不统一。本节借鉴拉蒙特（Lamont，2001）、顾群

（2012）的做法，利用 Logistic 回归模型构建融资约束指数。以利息保障倍数作为样本预分组指标并将其按年份进行高低排序，样本中后 25% 的观察值作为高融资约束组（取值为 1），前 25% 的观察值作为低融资约束组（取值为 0）；然后选取净资产收益率（ROE）、现金满足投资比率（Cash）、资产负债率（LEV）和流动比率（LB）这四个财务指标来识别融资约束状态。选取这四个指标的理由是：证券监管部门要求的再融资条件中要求净资产收益率必须达到一定水平；现金满足投资比率反映了企业已有资金对投资的满足程度；资产负债率和流动比率反映了企业的偿债能力以及负债融资的能力。建立二元 Logistic 回归模型构建融资约束指数（FC），见模型（14 - 3），进行回归分析得到表 14 - 8 融资约束 Logistic 回归结果。

$$FC = \alpha_0 + \alpha_1 ROE + \alpha_2 Cash + \alpha_3 LEV + \alpha_4 LB \qquad (14 - 3)$$

表 14 - 8　　　　　　　　　　　　融资约束 Logistic 回归结果

	常数	ROE	Cash	LEV	LB	LR chi2
系数	- 2.628	- 56.00	- 0.179	13.76	- 2.628	
Z 值	- 1.466	- 6.524	- 1.717	4.860	- 2.656	422.41
Sig		0.000	0.089	0.000	0.008	0.000

表 14 - 8 中的检验结果表明，模型拟合度较高，回归系数显著不为零。因此，本节根据模型（14 - 3）回归得到的系数，构建模型（14 - 4），计算得出样本企业的融资约束指数，作为本节研究的自变量。

$$FC = -2.628 - 56 \times ROE - 0.179 \times Cash + 13.76 \times LEV - 2.628 \times LB$$

$$(14 - 4)$$

3. 研发效率的衡量。目前已有文献中对研发效率的衡量方法有数据包络分析法（DEA），如杨惠瑛等（2012）、季庆庆等（2013）；以及随机前沿分析方法（SFA），如原毅军等（2013）、梁彤缨等（2015）。这两种方法是目前经济界进行效率评价的主流方法，各有千秋。SFA 是一种经济计量方法，方法具有统计特性，参数不仅可以测试，而且模型本身也可以进行测试。DEA 是一种数学规划方法，不具备统计特性。除此之外，SFA 方法可以建立随机前沿模型，使得前沿面本身是随机的，更适合面板数据的研究。本节中使用的是面板数据，因此 SFA 模型估计更好。而且，SFA 适合单产出的研究，DEA 更适合多产出的研究，本节中的产出是以产品销售来衡量，是单产出。并且本节侧重于研究内部控制对于企业经营效率效果的影响，即研究开发的经济效果，因此使用 SFA 模型更适合本节研究。

本节采用随机前沿模型来衡量企业的研发效率：

$$\ln rev_i = b_0 + b_i \ln exp_i + v_i - u_i \qquad (14 - 5)$$

其中，rev_i 表示第 i 个企业的研发产出，研发创新产出包括研发活动的直接创新成果和创新成果的商业化。在某种程度上专利数量可以作为研发创新的产出成果，但专利申请或授权只是把研发投入转化为知识输出，并不能代表企业研发的全部或最终产出，不能全面衡量研发产出的经济效益；新产品作为研发的结果，它的销售收入作为衡量研发创新的经济产出指标，可以最大限度体现创新的成果，因此本节将新产品销售收入作为研发产出的指标。exp_i 表示第 i 个企业的研发投入要素，研发活动的投入要素主要包括研发资金和研发人员，本节采用研发支出的增加额作为研发投入的指标。$(v_i - u_i)$ 为复合误差项，v_i 表示随机干扰误差项，服从正态分布 $N(0, \sigma_v^2)$；u_i 表示无效率部分的随机变量，即企业研发效率 RD，u_i 服从正态分布 $N^+(u, \sigma_u^2)$。

4. 研究变量与模型。

表 14-9 为本节实证研究中用到的主要变量。

表 14-9 变量定义

变量代码	变量名称	变量定义
RD	企业研发效率	由模型（14-5）测算出
FC	融资约束	由模型（14-4）测算出
DB	内部控制指数	选取迪博·中国上市公司内部控制指数
SIZE	公司规模	总资产的自然对数
Growth	成长机会	营业收入年度增长率
SOE	产权性质	最终控制人为政府或国有企业，取1；否则取0
OC	股权集中度	前十大股东持股比例之和
Age	公司年龄	公司成立的年限

本节选取公司规模、成长机会、企业的产权性质、股权集中度与公司年龄作为控制变量，说明如下：

（1）公司规模。一般来说，拥有雄厚的资金和技术支持的大型企业，有良好的研发环境，因而其研发效率明显高于小规模企业。然而，企业规模庞大也意味着其内部协调难度大，阻碍了企业研发效率的提升。

（2）成长机会。成长机会是业务收入的年度增长率，成长机会的增加能够吸引更多的债权人和投资者，使企业有足够的资金进行研究与开发，再把研发成果应用于企业生产，提高企业生产效率，创造更多营业收入，进而增加企业的成长机会。拥有更多成长机会，表明企业的建设程度有了进一步的提升，有一定的可能会引发公司规模的扩大等。

（3）产权性质。相对于国有企业，私营企业获取资金的渠道相对较少，难度较大，因此私营企业会更加注重提高资金使用效率。邹辉霞、刘义（2015）研究融资效率、产权性质与研发投入发现，产权性质对于企业研发投入强度有显著影响，私有产权控制型企业高于中央控制型企业。

（4）股权集中度。股权集中度是指全部股东因持股比例的不同所表现出来的股权集中还是股权分散的数量化指标。林宇佳等发现，股权集中度与专利产出呈正相关，股权越集中，越有利于专利产出。股权分散的公司很少从事创新投资，而股权集中有助于企业进行研发创新活动。当企业处于不同发展阶段时，其股权结构对公司治理绩效和创新绩效的影响会存在不同的规律。本节将采用前十大股东持股比例之和来衡量企业的股权集中度。

（5）公司年龄。公司年龄就是到现在为止公司成立的年限。公司成立的时间越长，其经济可能会越稳定，这样公司抽出资金进行项目的研究开发的可能性越大、技术越过硬，研发效率也会越高；相反，成立不久的公司，可能还无暇考虑进行自己公司的技术创新。

构建如下多元线性回归模型，用以检验融资约束对企业研发效率的影响：

$$RD_{i,t} = \beta_0 + \beta_1 FC_{i,t} + \beta_2 SIZE_{i,t} + \beta_3 Growth_{i,t} + \beta_4 SOE_{i,t} + \beta_5 OC_{i,t} + \beta_6 Age_{i,t} + \varepsilon$$

$$(14-6)$$

三、实证结果分析

1. 相关性分析。变量相关系数如表 14 – 10 所示。

表 14 – 10　　　　　　　　　　　**变量相关系数**

	RD	FC	DB	SIZE	Growth	SOE	OC	Age
RD	1							
FC	0.161 ***	1						
DB	0.353 ***	– 0.090 **	1					
SIZE	0.757 ***	0.132 ***	0.440 ***	1				
Growth	– 0.067 *	– 0.0120	0.00500	– 0.0190	1			
SOE	– 0.377 **	– 0.190 **	0.0300	0.352 ***	– 0.099 ***	1		
OC	0.118 ***	– 0.157 ***	0.279 ***	0.188 ***	0.116 ***	– 0.0290	1	
Age	0.298 ***	0.138 ***	– 0.082 **	0.126 ***	– 0.071 *	0.204 ***	– 0.447 ***	1

注：***、**、*分别表示在1%、5%和10%水平上显著。

对表 14 – 10 中的变量进行相关分析得到变量相关系数表。研发效率与融资约束、内部控制、企业规模、股权集中度以及公司年龄在 1% 水平上显著正相关，说明融资约束、良好的内部控制、公司资产规模越大、股权集中度越高、公司成立时间越长，企业研发效率越高。研发效率与产权性质在 5% 水平上显著负相关，与公司成长性在 10% 水平上显著负相关。而融资约束与内部控制在 5% 水平上负相关，说明内部控制越好，企业融资约束越少。为避免多重共线性，本节进行了 VIF 检验，结果发现 VIF 值最小为 1，最大为 1.28，VIF 平均值为 1.12，因此不存在多重共线性问题。

2. 多元回归分析。多元回归结果如表 14 – 11 所示。

表 14-11　　　　　　　　　　　多元回归结果

变量	(1) RD（全样本 N=704）	(2) RD（N=343）	(3) RD（N=361）
Intercept	-16.51 *** (-30.50)	-16.3180 *** (-20.16)	-15.0878 *** -16.97
FC	0.0023 * (1.72)	0.01329 *** 3.29	0.0007 0.58
Size	0.6690 *** (26.11)	0.6638 *** 17.48	0.6019 *** 14.50
Growth	-0.1065 * (-1.83)	-0.3152 * -1.96	-0.0693 -1.16
SOE	-0.2289 *** (-3.37)	-0.1748 * -1.72	-0.2674 *** -2.93
OC	0.0090 *** (4.12)	0.0110 *** 3.44	0.0083 *** 2.72
Age	0.0675 *** (8.92)	0.064621 *** 5.96	0.0694 *** 6.63
R-squared	0.634	0.670	0.529

注：***、*分别表示在1%、10%水平上显著。

经过多元回归分析得到表 14-11 中的结果。（1）列为全部样本的回归结果。模型的调整 R^2 为 0.634，模型的拟合度较高。融资约束与研发效率在 10% 水平上显著正相关，t 值为 1.725，假设 1 成立。

控制变量的回归结果显示，公司规模越大、股权集中越高、公司年龄越长，研发效率越高，非国有企业相对于国有企业，研发效率更高。公司成长机会与研发效率显著负相关，说明成长中的企业研发效率较低，而成熟的企业研发效率较高。

为检验假设 2，本节将全样本按照企业内部控制指数的均值分为高低两组，分别进行回归。高分组有 343 个样本，低分组有 361 个样本。表 14-11（2）列为高分组的回归结果，（3）列为低分组的回归结果。高分组的回归结果显示，调整 R^2 为 0.670，融资约束与研发效率在 1% 水平上显著正相关，t 值为 3.286，相对于全样本回归结果，相关性更加显著；而且系数 0.013 明显高于全样本回归的系数 0.0023。而在低分组回归中，调整 R^2 为 0.529，融资约束与研发效率的相关性不再显著，t 值为 0.579。回归结果说明，在内部控制较好的企业中，融资约束与研发效率的正向关系更加显著，假设 2 通过检验。

3.《企业内部控制基本规范》执行前后的对比分析。为进一步检验内部控制建设对融资约束与研发效率关系的影响，即《企业内部控制基本规范》执行前后，融资约束与研发效率的关系是否有所改变，本节加入了执行《企业内部控制基本规范》之前 3 年的数据，建立模型（14 - 7），进行多元回归分析得到表 14 - 12。

$$RD_{i,t} = \beta_0 + \beta_1 FC_{i,t} + \beta_2 FC_{i,t} \times DSOX_{i,t} + \beta_3 DSOX_{i,t} + \beta_4 SIZE_{i,t}$$
$$+ \beta_5 Growth_{i,t} + \beta_6 SOE_{i,t} + \beta_7 OC_{i,t} + \beta_8 Age_{i,t} + \varepsilon \qquad (14-7)$$

其中，DSOX 是一个二分变量，样本数据的年份在 2009~2013 年则取 1，样本年份在 2006~2008 年为 0。变量 FC × DSOX 的系数可以检验《企业内部控制基本规范》前后融资约束与研发效率关系的变化。

表 14 – 12　　《企业内部控制基本规范》执行前后的对比分析

变量	(1) *RD*（样本 *N* = 1191）
Intercept	− 17.80169 *** (− 42.63)
FC	0.0005 * (1.80)
FC × DSOX	0.0038 (0.86)
DSOX	0.3934 *** (3.50)
Size	0.6894 *** (23.14)
Growth	0.3238 *** (2.69)
SOE	− 0.1603 ** (− 2.13)
OC	0.115 *** (4.63)
Age	0.3721 *** (4.09)
R-squared	0.613

注：*** 、** 、* 分别表示在 1% 、5% 和 10% 水平上显著。

表 14 - 12 反映了样本企业在《企业内部控制基本规范》执行前后融资约束与研发效率关系的变化。融资约束 FC 的符号为正，在 10% 水平上显著。DSOX 的系数为正，且在 1% 水平上显著，说明执行《企业内部控制基本规范》之后，研发效率显著提高。交互项 FC × DSOX 的系数为正，说明执行《企业内部控制基本规范》加强了融资约束与研发效率的正向关系。但是该系数并不显著，说明执行《企业内部控制基本规范》后，短期内并未有效加强融资约束与研发效率的正向关系，其长期影响有待时间的检验和进一步的研究。

4. 内部控制执行较好年份与较差年份的比较。执行《企业内部控制基本规范》前后，融资约束与研发效率的关系并没有显著变化，因此本节继续检验执行后内部控制的总体变化情况。2009～2013 年样本公司内部控制指数的均值分别为 716.62、723.20、704.64、680.59、671.39。从均值看，样本公司内部控制质量各年份间并不一致，也不是逐步提高，而是高低波动。原因可能是企业内部控制执行上的差异，设计得再好的内部控制也会由于执行人员的理解力和执行力的不同而使执行效果不同。本节将样本企业各年份的内部控制平均值进行 T 检验，看各年的内部控制指数是否有显著差异。2009 年是执行《企业内部控制基本规范》的第 1 年，也是迪博公司为全部上市公司编制内部控制指数的第 1 年，因此将 2009 年作为基准年，分别将 2010 年、2011 年、2012 年、2013 年的内部控制均值与 2009 年进行对比检验。

表 14 – 13　　　　　　各年度内部控制均值差异检验（T 检验）

2009/2010 差异检验			2009/2011 差异检验			2009/2012 差异检验			2009/2013 差异检验		
2010 年	Diff	T	2011 年	Diff	T	2012 年	Diff	T	2013 年	Diff	T
723.20	6.58	0.458	704.64	-11.98	-0.91	680.59	-36.03	-2.16 **	671.39	-45.22	-3.6 ***

注：*** 、** 分别表示在 1%、5% 水平上显著。

从表 14 – 13 中可以看出，样本企业 2010 年、2011 年的内部控制均值与 2009 年相比，略有升降，但是没有显著性差异，而 2012 年、2013 年的内部控制均值却显著低于 2009 年。根据这个分析，本节将 2009 年、2010 年、2011 年作为内部控制执行较好的年份，而 2012 年和 2013 年作为内部控制执行较差的年份，然后分组作融资约束与研发效率的回归，回归结果如表 14 – 14 所示。在内部控制执行较好的年份，融资约束与研发效率显著正相关；而在内部控制执行较差的年份，融资约束与研发效率的相关性并不显著。该结果也说明了《企业内部控制基本规范》执行前后融资约束与研发效率的关系并未发生显著变化的原因，即 2009～2013 年内部控制执行效果的平均水平不高。

表 14 – 14　　　　　　内部控制执行较好年份与较差年份间的对比

变量	(1) RD ($N=422$) 2009 年、2010 年、2011 年	(2) RD ($N=282$) 2012 年、2013 年
Intercept	-17.817 *** (-25.98)	-16.882 *** (-17.76)
FC	0.0063 ** (2.21)	-0.0034 (-0.50)
Size	0.7346 *** (23.25)	0.6776 *** (16.17)
Growth	0.0186 (0.38)	0.2341 (1.07)

续表

变量	(1) RD (N = 422) 2009 年、2010 年、2011 年	(2) RD (N = 282) 2012 年、2013 年
SOE	− 0.098 (1.22)	− 0.2459 ** (− 2.27)
OC	0.0122 *** (4.75)	0.0096 *** (2.73)
Age	0.0391 *** (3.98)	0.0419 *** (3.11)
R-squared	0.6404	0.5777

注：*** 、** 分别表示在 1%、5% 水平上显著。

四、政策建议

基于以上研究结论，本节提出以下建议：

（1）面临高融资约束的企业，可通过加强内部控制以缓解融资约束，促进企业将更多的资金投入研发活动中。从本节数据可以看出每年有研发支出的企业数量并不多。研发活动的投资金额大、不确定性高，是高风险的投资经营活动。现代企业制度下两权分离，管理层为了私利可能做出非效率投资，减少研发支出，从而降低了企业的自主研发能力。内部控制是降低代理成本与信息不对称的制度安排。完善的内部控制可以缓解企业的融资约束水平，从而有更多的资金用于研发活动。

（2）面临创新转型的企业，可加强研发活动中的内部控制以提高研发效率。在我国进行创新转型的阶段，企业的竞争优势不仅在于研发投资资金总量，而且在于研发投资效率。提高研发效率，控制非效率因素，为企业创造更大的价值。加强研发投资的过程管理与风险控制对于提高企业研发效率具有至关重要的作用。为此企业应专门制定与研发活动有关的内部控制制度。加强对研发活动的事前、事中和事后的控制。从研发项目立项审批、研发经费支出的审批、研发实际支出与预算的差异、结题验收、研究成果的保护与成果转化等业务流程的主要风险点和关键环节制定有效的控制措施。对企业研发的步骤、组织等方面做出明确的制度性规定与安排。

（3）企业在建立良好的内部控制制度的基础上，应进一步提高内部控制的执行效果。内部控制是为了提高经营的效率效果以及财务报告可靠性而制定的一系列制度与程序。从本节的研究来看，企业在内部控制建设方面虽有一定成效，但是执行效果仍须提高，建立良好的内部控制制度是前提条件，管理层及员工的理解力与执行力对内部控制的实施效果也有重要影响。

第三节　内控制度环境、风险审计约束
与会计信息质量

随着我国社会主义市场经济的深入发展，资本市场在资本配置中的决定性作用愈发明显。资本市场是资本交易的平台，资本交易的基础是信息，资本市场信息的主要来源是会计信息，会计信息的质量决定了资本市场的效率。研究表明，高质量的会计信息可以降低企业的资本成本，提升企业价值，提高资本市场的资源配置效率，而且信息不对称程度越高，会计信息质量就越重要（Francis et al.，2003）。

会计信息的重要作用也使会计信息质量的衡量成为会计领域的永恒课题。会计信息的经典模型是琼斯模型以及在此基础上改进的修正琼斯模型。该模型的核心思想是通过分离出非正常的应计利润和正常的应计利润，并认为管理层可能通过会计政策操纵非正常的应计利润（称为可操控性应计利润），因此，用可操控性应计利润的大小来衡量会计信息质量。财务报告除了包括资产负债表、利润表和现金流量表以外，还包括大量的报表附注和补充信息。有些学者用财务分析师对企业整套信息披露政策的评价来衡量会计信息披露质量；另一些学者用美国证券投资协会的公司自愿性信息披露评级来衡量会计信息披露质量等。由于会计信息披露质量无法直接观测，因此，只能采用不同的估计和判断方法来进行衡量。但是，估计和判断通常是建立在一定的研究假设基础之上的，这样就可能存在一定的误差，这就需要根据研究目的对不同的研究方法进行分析并相互补充，以尽量提高研究结果的稳定性和可靠性（宋衍蘅，2012）。

会计信息质量受多方面因素影响，如会计准则、公司治理等，还包括外部制度环境以及在资本市场中具有重要作用的注册会计师审计。与以往研究不同，本节采用多维综合指标更精确地度量会计信息质量和风险审计约束，以真实、全面反映会计信息质量和风险审计约束状况，并在此基础上研究制度环境、风险审计约束与会计信息质量之间的关系，主要的贡献在于：（1）区别于已有制度环境与会计信息质量以及审计监督与会计信息质量的研究文献，本节从制度环境、风险审计约束与会计信息质量三者间的内在关系视角出发研究了制度环境下风险审计约束程度对会计信息质量的影响，丰富了外部审计在提高会计信息质量方面作用机制和效果的认识；（2）本节研究了不同制度环境下风险审计约束与企业会计信息质量的关系，研究发现市场化程度越高的地区，风险审计约束对提高会计信息质量的效果越显著，制度环境差异会影响审计对于会计信息质量发挥约束功能的程度；（3）本节的研究结论为监管部门进一步改善审计执业制度环境，加强审计行业监管，完善独立审计的鉴证机制，对提高注册会计师执业质量具有一定的指导意义。

一、文献回顾与研究假说的提出

投资者保护理论的主流思想是以拉波尔塔、洛佩兹、施莱费尔和维什尼（LaPorta，Lopez，Shleifer & Vishny，1998）为代表的法律论，他们认为国家法律制度是决定投资者保护水平差异的重要因素。制度环境好的国家或地区，投资者保护较好，企业股权结构相对分散，股东和管理者之间的代理冲突相对严重；高质量会计信息能有效解决公司内部人和外部投资者之间由于信息不对称而引发的代理问题。一些国家企业信息披露制度、司法执行力和资本市场的影响程度会对会计稳健性产生影响，盈余管理行为对负面消息的敏感度会随着司法执行力度的加强而迅速增加。布什曼（Bushman，2006）对国家法律制度与政治制度对会计稳健性的影响进行了研究，认为如果不考虑法律起源等因素，司法体系效率高的国家，企业的盈余管理行为会更迅速传递负面信息。国内学者朱松和夏冬林（2009）研究发现，法制体系越完善与市场化程度越高，政府对企业的介入行为就越少，地区经济发展就越好，企业会计信息就越具有稳健性。修宗峰（2010）基于降低代理成本考虑，企业提供高质量财务会计报告的自愿性动机较强。制度环境好的国家或地区法律制度相对完善，法律执行效果好，公司管理当局将面临较高的会计信息诉讼成本，较高的法律风险使管理当局提供高质量会计信息的强制性动机增强。因此，本节提出了第一个假设：

H1：在其他条件相同的情况下，制度环境与会计信息质量呈正相关关系。

实务中，独立审计监督能够产生公司治理效应的论断已被大量国外文献证实，高质量审计是为投资者提供可靠信息的前提。布什曼（2001）则认为高质量审计能够较好地确保会计信息的披露质量，并有利于降低管理层报告的误差与偏见的可能性，从而为投资者识别投资机会、监督管理层和减少投资者间的逆向选择提供了更有利的条件。独立审计已经成为合理保证资本市场会计信息质量的第一道防火墙。袁园、刘骏（2005）研究发现，根据会计准则制定权的合约安排，对通用会计准则执行和剩余会计准则制定权及实施后果，会计信息质量行使的监督行为是由独立、客观、公正的注册会计师来进行。这一制度安排自然产生了对注册会计师职业服务的需求，引发了一批会计师脱离企业会计领域，以超然独立的身份、态度来提供这种服务，形成注册会计师这一中介职业。注册会计师是会计准则制定权合约这一制度安排是否有效的主体保证力量，其发挥作用的关键是其审计执业行为的独立性程度。注册会计师风险审计约束独立性对会计信息质量的影响是通过对审计质量的影响而发生作用的，也就是说，在其他条件不变的情况下，注册会计师审计执业行为的独立性越强，审计质量就越高，而高质量的风险审计约束又是防止企业提供低质量会计信息需要借助的极为重要的外部手段之一。在审计专业性与会计信息质量关系方面，王艳艳和陈汉文（2006）以上市公司 2001～2004 年数据为样本，研究发现，我国审计质量对会计信息质量其实存在不同程度的影响，如"四大"审计的上市公司会计信息质量显著高于"非四大"会计师事务所审计的上市公司。王鹏和周黎安（2006）的研究则发现那些接受"四大"审计的公司与之前的信息比较表明盈余在增加、控股股东对股东资金的占用在降低。于李胜等（2008）对同期上市公司经验数据研究发现，业务收入前八位的会计师事务所可以通过提高公司预期现金流和降低公司的信息风险来影响权益资本成本，而且会计师事务所的声誉与权益资本成本负相关，意味着中国独立审计质量具有信息价值。代彬、彭程和郝颖（2011）以 2004~2008 年国有上市公司为研究样本，实证研究发现，高质量的外部审计能够提高公司的会计信息透明度，揭示了独立审计在公司治理中发挥了应有的监督作用。由此可知，我国上市公司会计信息质量不仅受到会计准则等制度环境的影响，还受到审计监督质量是否提高的影响。因为强力风险审计约束能有效驱动管理层改进会计信息的透明度，改善契约和监督效果，提高会计信息质量与投资者投资效率间的敏感性，实质降低道德风险和逆向选择。上述理由充分说明在既定制度环境之下，注册会计师独立与到位的风险审计约束或审计监督必然会产生积极的鉴证后果与正面效应，因此，本节提出的第二个假设：

H2：在其他条件相同的情况下，风险审计约束强度与会计信息质量之间呈正相关关系。

近十余年来，如拉波尔塔（1998、2000）等的文献发现，公司的盈余管理的确是随着投资者保护的法律、行政、行业监管等制度环境因素的变化而发生了变化，不过，这些研究的对象是跨国环境下的企业行为，而没有考虑经济转型国家的制度环境变化对企业会计信息披露行为可能产生的效应。独立审计行为对会计信息质量的影响程度实质上取决于各国的法制环境状况，尤其是在法制环境较差的国家或地区审计行为的影响程度会更大，由此认为独立性较强的审计行为可作为政府法制的替代机制发挥作用。但我国证券市场上的大多数上市公司产权是政府控制，事实上政府需要帮国企融通资金和解决就业问题，因而政府行为及其管治环境无疑会对资源配置以及上市公司的财务行为包括会计信息披露质量等产生重要影响。张玲、刘启亮（2009）发现，公司的控制人性质对盈余管理或会计信息质量的影响比较显著，却对于宏观制度环境、有关控制人性质的公司治理环境是如何影响审计行为及其对会计信息质量的研究则较少。笔者认为，在法制和政府行政干预环境影响下，可能导致公司出现盈余管理或会计信息质量差异，相应地审计行业专业优势是否有足够的空间去发挥作用也必然不同。此外，鉴于公司产权性质和审计执业行为质量会对会计信息质量产生不同影响，所以公司产权性质也会影响审计行业约束效应的发挥，而审计行为约束效应如何则又会直接影响会计信息的报告质量。因此，本节提出第三个假设：

H3：在其他条件相同的情况下，制度环境与风险审计约束的交叉作用会对会计信息质量产生显著的正向影响。

二、研究设计

1. 被解释变量。本节从会计信息的可靠性、相关性和信息披露三个维度来衡量上市公司会计信息质量。（1）可靠性指标。采用盈余管理、盈余稳健性、财务报告重述、审计意见四个方面的指标来进行更具体的体现，其中盈余管理采用修正的琼斯模型来计量，盈余稳健性的度量则采用会计稳健性指数（C_Score）来测度盈余稳健性的程度，财务报告重述和"非保准审计意见"则作为会计信息可靠性的减分项目。（2）相关性指标。包括盈余的信息含量和盈余的价值相关性。盈余信息含量使用平均累计超额回报（CAR）来衡量，盈余价值相关性采用当年未预期回报（UR）与未预期盈余（UE）比率作为年报盈余的价值相关性代理指标。（3）信息披露指标。从公司使命与章程、股东、董事会及董事、激励与约束、监事会、社会责任与遵循、审计意见与风险管理机制七个方面分48个具体条目对上市公司信息披露状况进行评价。指标的具体构建方式借鉴了谢志华等（2011，2012，2013，2014）的做法。

2. 解释变量。本节解释变量的选择包括：（1）制度环境。采用樊纲、王小鲁编制的各省区市场化指数。（2）风险审计约束指标。本节从独立性、专业胜任能力和保障功能三个方面构建综合度量指标。同时采用 AHP 方法，确定各指标的权重系数，风险审计约束指标构建如表14-15所示。

表 14-15　　　　　　　　　　风险审计约束指标

一级指标	二级指标	权重（%）	三级指标	指标计算
风险审计约束	曲立性	42.44	客户的重要性（33.3%）	该上市公司审计费用/该会计师事务所全年审计收入
			审计收费合理性（33.3%）	上市公司审计费用/上市公司总资产 - 该行业平均审计费用率
	审计质量	36.52	审计任期（33.3%）	审计任期 - 行业平均审计任期
			审计师的行业专长（50%）	事务所所审客户总资产占该行业上市公司总资产的比重
			行业评价（50%）	中国注册会计师公布的会计师事务所百强排名
	保障性	21.04	事务所的资产规模（100%）	事务所资产规模的自然对数

3. 其他控制变量。主要包括：（1）企业控制权性质。该指标是指某公司持有股份最多的股东是否归国家或政府控股还是私人控股。该指标反映企业资产所有权归属基本情况（是否国有控股）。（2）控制权特征（第一大股东占有的产权份额）。该指标是用以反映公司资产处于何种最终控制状态，即上市公司是否由内部人控制或存在一股独大现象；衡量公司治理结构是否存在潜在问题与控制漏洞等。（3）股权集中度。该指标主要是指第二至第五大股东的持股额之和占公司全部股本额的比例。（4）高管人员持股比重。该指标说明董事会治理效率不

仅受内部治理结构影响，而且还受到高管专业能力与尽职程度的影响。董事会和经理层等高管人员持股比重越高，其利益就越紧密，就越有利于规范公司治理水平与风险审计约束及提高信息披露质量。（5）董事会权力制衡度。该指标指上市公司董事长与总经理两职是否分设。（6）独立董事的比例。该指标是指公司董事会中独立董事人数所占的比重。鉴于公司治理的结构、公司运行的状况与公司的规模大小等方面指标都是可能影响会计信息质量的因素，因而，本节还把资产收益率、资产负债率、营业收入增长率、总资产规模（年末总资产取自然对数）和 12 个行业虚拟变量等具体指标一起作为上市公司会计信息质量评价的控制变量。

4. 样本数据的来源与选择。本节选取 2009 ~ 2013 年 A 股所有上市公司为研究样本，并执行以下筛选程序：（1）剔除了金融行业上市公司，因为这些公司存在行业特殊性；（2）剔除了财务数据不全的公司；（3）为了控制异常值对回归结果的影响，剔除了 1% 分位数和 99% 分位数以外的极端值数据。最后，我们获得了 9789 个公司年样本。数据主要取自国泰安数据库（CSMAR），同时根据研究需要从各公司年报和网站以及中国注册会计师协会网站补充所需数据。

三、实证结果分析

1. 主要变量描述性统计。模型的描述性统计通过对制度环境、风险审计约束与会计信息质量多元回归模型中的主要变量进行描述性统计，统计结果如表 14 – 16 所示。

表 14 – 16　　　　　　　　　　　　主要变量描述性统计

	样本量	均值	标准差	最小值	1/4	中位数	3/4	最大值
Acco_Q	9 789	55.96	9.18	0.00	51.18	56.69	61.76	84.45
environment	9 789	9.16	2.07	0.38	7.65	9.43	10.96	11.80
Audi_B	9 789	57.77	10.06	3.48	51.25	57.06	63.56	99.76
state	9 789	0.43	0.50	0.00	0.00	0.00	1.00	1.00
Firstowner	9 789	35.95	15.41	2.20	23.62	34.06	46.97	89.41
concentrate	9 789	52.74	16.29	2.98	40.64	53.25	65.17	97.41
management	9 789	0.05	0.13	0.00	0.00	0.00	0.01	0.84
duality	9 789	0.23	0.42	0.00	0.00	0.00	0.00	1.00
indiretor	9 789	0.37	0.05	0.09	0.33	0.33	0.40	0.71
roa	9 789	0.06	0.09	− 1.00	0.02	0.05	0.09	0.961
ev	9 789	0.44	0.22	0.01	0.27	0.45	0.62	1.00
growth	9 789	0.28	2.47	− 1.00	0.00	0.02	0.22	89.78
size	9 789	9.44	0.54	6.77	9.06	9.37	9.74	12.10

从样本主要变量的描述性统计结果来看，制度环境指数的均值和标准差分别为 9.16 和 2.07，最大值和最小值分别为 11.80 和 0.38；风险审计约束变量的均值、标准差、最大值和最小值则分别为 57.77、10.06、99.76 和 3.48；会计信息质量指数分别为 55.96、9.18、84.45 和 0。

2. 回归检验与分析说明。从表 14 – 17 制度环境、风险审计约束与会计信息质量等主要变量的多元回归分析结果比较可以看出，无论是单变量回归分析还是多元回归分析的情况下，自变量制度环境、风险审计约束与因变量会计信息质量之间均呈现显著正相关关系，说明上市公司所处的证券市场制度环境、注册会计师的风险审计约束等因素的确与上市公司会计信息质量之间存在着内在联系。模型 4 中，制度环境指标回归系数为 0.302，且在 5% 的水平下通过显著性检验，说明制度环境与会计信息质量显著正相关；风险审计约束指标回归系数为 0.157，且在 1% 的水平下通过显著性检验，说明风险审计约束与会计信息质量也显著正相关；制度环境和风险审计约束交叉项的回归系数为 0.0627，且在 1% 的水平下通过显著性检验，说明制度环境和风险审计约束交叉项与会计信息质量显著正相关，即市场化程度越高的地区，风险审计约束对提高会计信息质量的效果越显著，制度环境差异会影响审计在会计信息质量上发挥约束功能的程度。因此，本节的实证结果与研究假设均相符。

表 14 – 17　　　　　　　　　　　　　　　　多元回归分析结果

	模型 1	模型 2	模型 3	模型 4
常数项	38.78 *** 18.64	27.90 *** 13.09	27.71 *** 12.97	30.97 *** 10.06
environment	0.221 *** 4.72		0.0546 ** 2.16	0.302 ** 2.22
audi_b		0.179 *** 18.59	0.176 *** 17.99	0.157 *** 16.89
environment × *audi_b*				0.0627 *** 2.47
roa	− 3.984 *** (− 3.49)	− 3.986 *** (− 3.55)	− 3.991 *** (− 3.56)	− 4.017 ** (− 3.58)
iev	− 4.307 (− 7.96)	− 4.700 *** (− 8.85)	− 3.56 *** (− 8.71)	− 4.657 *** (− 8.74)
size	2.229 *** 10.51	2.454 *** 11.76	2.440 *** 11.67	2.438 *** 11.66
growth	− 0.117 ** (− 3.12)	− 0.121 ** (− 3.28)	− 0.121 ** (− 3.26)	− 0.120 ** (− 3.25)

续表

	模型1	模型2	模型3	模型4
state	−0.164 (−0.74)	−0.241 (−1.11)	−0.211 (−0.96)	−0.205 (−0.93)
firstowner	0.0149 1.61	0.0132 1.44	0.0131 1.44	0.0132 1.45
concentrate	−0.0114 (−1.26)	−0.00635 (−0.72)	−0.00714 (−0.81)	−0.0072 (−0.81)
management	−1.201 (−1.39)	−1.11 (−1.31)	−1.148 (−1.35)	−1.11 (−1.31)
indirector	−5.106** (−2.93)	−5.275** (−3.08)	−5.198** (−3.03)	−5.234** (−3.05)
duality	0.00013 0	0.0563 0.23	0.0455 0.19	0.0399 0.16
行业	控制	控制	控制	控制
年度	控制	控制	控制	控制
N	9789	9789	9789	9789
adj. R^2	0.023	0.055	0.055	0.055

注： *** 、** 分别表示在1%、5%水平上显著。

四、研究建议

本节的研究结论为国家监管部门制定高效率审计行业监管政策提供了决策参考。即在一定制度环境下，需要全面持续地规制与强化证券市场外部审计的约束功能，通过提高注册会计师执业能力与执业质量会显著提升公司会计信息质量，同时，监管部门需要进一步改善审计行业制度环境，通过健全制度规范，提高风险审计约束强度，构建能逐步改善审计制度环境与提升审计职业质量的全方位监管政策体系，全面促进审计行业的健康发展。本书的研究也存在一定局限性，如本节对相关变量采取专家调查赋值权重建立评价指数困难存在一定主观性，其可靠性有待检验，可能会对研究结果产生一定的影响。

本章小结

本章在委托代理及公司治理的理论框架指引下，实证检验了公司治理结构、内部控制质量与企业财务绩效之间的关系，研究结果表明：公司治理水平越高，企业财务绩效也越高；内部控制质量越好，企业的财务绩效也越好。本章对执行《企业内部控制基本规范》之后5年我国上市公司融资约束与研发效率的关系进行了理论和实证分析，结果表明，面临融资约束的企业研发效率较高，而且在内部控制良好的企业，这种关系更加显著，内部控制起到了正向的促进作用。本章检验了不同制度环境下风险审计约束与企业会计信息质量的关系，研究发现市场化程度越高的地区，风险审计约束对提高会计信息质量的效果越显著，制度环境差异会影响审计在会计信息质量上发挥约束功能的程度。

重要名词

1. 公司治理结构
2. 内部控制质量
3. 企业财务绩效
4. 融资约束
5. 研发效率
6. 制度环境
7. 会计信息质量
8. 风险审计约束强度

练 习 题

一、单选题

1. （　　）是指公司内部股东、董事会和管理层之间形成的相互制衡的制度安排。

　　A. 公司治理结构　　　　B. 公司治理　　　　C. 内部控制　　　　D. 公司财务

2. 从（　　）的角度来看，公司治理和内部控制的目标是一致的，最终目标都是为了促进企业战略目标的实现。

　　A. 社会学　　　　　　B. 管理学　　　　　C. 金融学　　　　　D. 经济学

3. 内部监督机制是指由主要（　　）、董事会和监事会等对企业经营管理者实施监督与控制的机制。

　　A. 各职能部门　　　　B. 风险管理委员会　　C. 股东　　　　　　D. 法律管理部门

4. 内部控制可以（　　），防止挪用和浪费研发资金的贪污腐败行为，减少侵占公司资产。

　　A. 保证研发资金使用的财务合规性　　　　B. 提高代理成本

　　C. 降低资源配置效率　　　　　　　　　　D. 增加财务风险

5. 在其他条件不变的情况下，注册会计师审计执业行为的独立性越强，审计质量就（　　）。

　　A. 先低后高　　　　　B. 无变化　　　　　C. 越低　　　　　　D. 越高

6. 高质量的（　　）能够提高公司的会计信息透明度。

　　A. 资本配置效率　　　B. 投资效率　　　　C. 外部审计　　　　D. 利润率

二、多选题

1. 2008 年保监会联合（　　）等部门发布了《企业内部控制基本规范》，对上市公司提出了强制披露内部控制信息的要求。

　　A. 财政部　　　　　　B. 证监会　　　　　C. 审计署　　　　　D. 银监会

2. 建立内部控制是为了实现效率经营、防止舞弊，通过划分（　　）等职责，明确各部门、各岗位和员工职责、制定作业标准等实现控制目标。

A. 组织规划　　　　B. 分工　　　　C. 授权审批　　　　D. 独立负责制度

3. 下列属于《企业内部控制基本规范》提出的企业内部控制目标的是（　　　）。

A. 合理保证企业战略目标的实现　　　B. 提高经营效率和效果

C. 风险转移　　　　　　　　　　　　D. 促进企业实现发展战略

4. 常用的盈利能力指标有（　　　）。

A. 资产负债率　　　B. 净资产收益率　　　C. 营业利润率　　　D. 总资产收益率

5. 学术界对于内部控制质量的度量方法主要有（　　　）。

A. 以企业披露的某一条或几条与内部控制相关的信息来判断

B. 实际测量

C. 建立内部控制指数进行综合评价

D. 调查问卷

三、判断题

1. 公司治理结构与内部控制是既有区别又密切联系的两个概念。　　　（　　）

2. 离开特定的公司治理环境研究内部控制不会产生具有根本变革意义的结果。　（　　）

3. 较好的公司治理水平通常会对企业绩效具有负向影响。　　　（　　）

4. 最终反映公司治理水平的不是某个单一制度的应用，而是制度体系的综合效果。

（　　）

5. 研发活动不需要过程风险控制。　　　（　　）

6. 高质量的会计信息可以降低企业的资本成本，提升企业价值。　　（　　）

思 考 题

1. 公司治理与内部控制之间存在什么关系？

2. 公司治理与企业财务绩效之间存在什么关系？

3. 内部控制与企业财务绩效之间存在什么关系？

4. 内部控制、融资约束与研发效率关系之间存在什么关系？

主要参考文献

[1] 白重恩，刘俏，陆洲，宋敏，张俊喜．中国上市公司治理结构的实证研究 [J]．经济研究，2005（2）：81 –91．

[2] 程晓陵，王怀明．公司治理结构对内部控制有效性的影响 [J]．审计研究，2008（4）：53 –61．

[3] 方红星，金玉娜．公司治理、内部控制与非效率投资：理论分析与经验证据 [J]．会计研究，2013（7）：63 –69．

[4] 李万福，林斌，宋璐．内部控制在公司投资中的角色：效率促进还是抑制？[J]．管理世界，2011（2）：81 –99．

[5] 李维安，戴文涛．公司治理、内部控制、风险管理的关系框架——基于战略管理视角 [J]．审计与经济研究，2013（4）：3 –12．

[6] 刘启亮，罗乐，何威风，陈汉文．产权性质、制度环境与内部控制 [J]．会计研究，2012（3）：52 –61．

[7] 刘小玄，李利英．改制对企业绩效影响的实证分析 [J]．中国工业经济，2005（3）：5 –12．

[8] 杨雄胜．内部控制理论研究新视野 [J]．会计研究，2005（7）：49 –54．

[9] 杨有红，胡燕．试论公司治理与内部控制的对接 [J]．会计研究，2004（10）：14 –18．

[10] 于东智．董事会、公司治理与绩效——对中国上市公司的经验分析 [J]．中国社会科学，2003（3）：29 –41．

[11] 张川，沈红波，高新梓．内部控制的有效性、审计师评价与企业绩效 [J]．审计研究，2009（6）：79 –86．

[12] 张会丽，陆正飞．现金分布、公司治理与过度投资——基于我国上市公司及其子公司的现金持有状况的考察 [J]．管理世界，2012（3）：141 –150．

[13] 钟玮，杨天化．资本结构、内部控制与公司绩效——基于中国银行类上市公司的实证研究 [J]．经济与管理研究，2010（5）：93 –100．

[14] 杨惠瑛，王新红．高新技术产业 R&D 效率测度 [J]．科技进步与对策，2012（2）：113 –116．

[15] 张明火，何郁冰．我国地方 R&D 活动效率比较研究 [J]．科技进步与对策，2014（2）：24 –29．

[16] 顾群，翟淑萍，苑泽明．融资约束与研发效率的相关性研究——基于

我国上市高新技术企业的经验证据 [J]. 科技进步与对策, 2012 (24): 27-31.

[17] 卢馨, 郑阳飞, 李建明. 融资约束对企业 R&D 投资的影响研究——来自中国高新技术上市公司的经验证据 [J]. 会计研究, 2013 (5): 51-58.

[18] 刘春玉. 研发投资融资约束及其外部融资依赖性——基于上市公司的实证研究 [J]. 科技进步与对策, 2014 (4): 20-25.

[19] 鞠晓生, 卢荻, 虞义华. 融资约束、营运资本管理与企业创新可持续性 [J]. 经济研究, 2013 (1): 4-16.

[20] 雷鹏, 梁彤缨, 陈修德, 冯莉. 融资约束视角下政府补助对企业研发效率的影响研究 [J]. 软科学, 2015 (3): 38-42.

[21] 李万福, 林斌, 宋璐. 内部控制在公司投资中的角色: 效率促进还是抑制? [J]. 管理世界, 2011 (2): 81-99.

[22] 方红星, 金玉娜. 公司治理、内部控制与非效率投资: 理论分析与经验证据 [J]. 会计研究, 2013 (7): 63-70.

[23] 干胜道, 胡明霞. 管理层权力、内部控制与过度投资——基于国有上市公司的证据 [J]. 审计与经济研究, 2014 (5): 40-47.

[24] 肖华, 张国清. 内部控制质量、盈余持续性与公司价值 [J]. 会计研究, 2013 (5): 73-81.

[25] 池国华, 杨金. 高质量内部控制能够改善公司价值创造效果吗?——基于沪市 A 股上市公司的实证研究 [J]. 财经问题研究, 2013 (8): 94-101.

[26] 王运陈, 逯东, 官义飞. 企业内部控制提高了 R&D 效率吗? [J]. 证券市场导报, 2015 (1): 39-45.

[27] 季庆庆, 李向东. 基于三阶段 DEA 模型的企业技术创新效率研究 [J]. 工业技术经济, 2013 (5): 96-105.

[28] 原毅军, 贾嫒嫒, 郭丽丽. 企业研发效率及其影响因素——基于 SFA 模型的研究 [J]. 科学学与科学技术管理, 2013 (11): 65-69.

[29] 梁彤缨, 雷鹏, 陈修德. 管理层激励对企业研发效率的影响研究——来自中国工业上市公司的经验证据 [J]. 管理科学, 2015 (5): 145-154.

[30] 邹辉霞, 刘义. 融资效率、产权性质与研发投入 [J]. 现代财经, 2015 (2): 3-12.

[31] 林宇佳, 谷玉飒, 郭远哲等. 企业创新投入与产出关系实证研究——基于医药行业上市公司的分析 [J]. 会计之友, 2014 (19): 71-78.

[32] 沈艺峰, 许年行, 杨熠. 我国中小投资者法律保护历史实践的实证检验 [J]. 经济研究, 2004 (9): 90-100.

[33] 杨之曙, 彭倩. 中国上市公司收益透明度实证研究 [J]. 会计研究, 2004 (11): 62-70.

[34] 漆江娜, 陈慧霖, 张阳. 事务所规模、品牌、价格与审计行为——国际"四大"中国审计市场收费与质量研究 [J]. 审计研究, 2004 (3): 59-64.

[35] 吴水澎, 李奇凤. 国际四大、国内十大与国内非十大的审计行为——

来自 2003 年中国上市公司的经验证据 [J]. 当代财经，2006 (2)：114 – 118.

[36] 王艳艳，陈汉文. 审计质量与会计信息透明度——来自中国上市公司的经验数据 [J]. 会计研究，2006 (4)：9 – 15.

[37] 陈胜蓝，魏明海. 投资者保护与会计信息透明度 [J]. 会计研究，2006 (10)：28 – 35.

[38] 蒋荣，刘星，刘斌. 中国上市公司外部审计治理有效性的实证研究——基于 CEO 变视角 [J]. 财经研究，2007 (11)：92 – 103.

[39] 魏志华，李常青，曾爱民. 家族控制、审计监督与公司治理——基于年报补充更正视角的经验证据 [J]. 审计研究，2009 (6)：69 – 75.

[40] 修宗峰. 制度环境、会计准则与会计信息价值相关性 [J]. 商业经济与管理，2010 (1)：57 – 63.

[41] 黄新建，张会，饶茜. 政治关联、审计需求与会计信息质量 [J]. 技术经济，2011 (4)：118 – 124.

[42] 易玄. 制度环境、政治关系和会计信息质量 [J]. 财经理论与实践，2012 (1)：56 – 62.

[43] 谢柳芳，谢依彤. 审计师声誉和信息透明度研究 [J]. 财会研究，2013 (11)：69 – 71.

[44] 北京工商大学"会计与投资者保护"项目组. 会计与投资者保护功能及评价 [J]. 会计研究，2014 (4)：34 – 41.

[45] Jensen M. C, and Meckling W. H.. Theory of the Firms: Managerial Behavior, Agency Costs and Ownership Structure [J]. Journal of Financial Economics, 1976 (3)：305 – 360.

[46] Blair M. M. Ownership and Control: Rethinking Corporate Governance for the Twenty – first Century [M]. Washington D. C. : The Broking Institution, 1995.

[47] Hall, B. The Financing of Research and Development [J]. Oxford Review of Economic Policy, 2002 (18)：35 – 51.

[48] Almeida H, Hsu P. H. , Li D. Less is More: Financial Constraints andInnovative Efficiency [R]. SSRN Working Paper, 2013.

[49] Feng, M. , C. Li, et al. Internal Control and Management Guidance [J]. Journal of Accounting and Economics, 2009 (48)：190 – 209.

[50] Skaife, H. A. , D. Veenman, et al. Internal Control over Financial Reporting and Managerial Rent Extraction: Evidence from the Profitability of Insider Trading [J]. Journal of Accounting and Economics, 2013 (1)：91 – 110.

[51] De Angelis, David. On the Importance of Internal Control Systems in the Capital Allocation Decision: Evidence from SOX [R]. SSRN Working Paper, 2015.

[52] Cheng, M. , Dhaliwal, D. , Zhang, Y. Does Investment Efficiency Improve after the Disclosure of Material Weaknesses in Internal Control over Financial Reporting? [J]. Journal of Accounting and Economics, 2013 (56)：1 – 18.

[53] Lamont, O. , C. Polk and J. Saa-Requejo. Financial Constraints and Stock Returns [J]. Review of Financial Studies, 2001 (2): 529 – 554.

[54] LaPorta R. Lopez de Silanes F. , Shleifer A. , Vishny R. Investor Protection and Corporate Governance [J]. Journal of Financial Economics, 2000 (58) : 3 – 27.

[55] LaPorta R. , Lopez de Silanes F. , Shleifer A. , Vishny R. Law and Finance [J]. Journal of Political Economy, 1998 (106): 113 – 155.

[56] Francis J. , Khurana I. , Pereira R. The Role of Accounting and Auditing in Corporate Governance and the Development of Financial Markets around the World [J]. Asian-Pacific Journal of Accounting and Economics, 2003 (10): 1 – 30.

[57] DeAngelo L. E. Auditor Size and Audit Quality [J]. Journal of Accounting & Economics, 1981 (12): 183 – 199.

[58] Bushman R. M. , Smith A. J. Transparency, Financial Accounting Information, and Corporate Governance [J]. FRBNY Economic Policy Review, 2003 (4): 64 – 87.

[59] Bushman R. M. , Piotroski J. D. , Smith A. J. What Determines Corporate Transparency [J]. Journal of Accounting Research, 2004 (2): 207 – 252.

[60] Teoh S. , Wong T. J. Perceived Auditor Quality and the Earnings Response Coefficient [J]. The Accounting Review, 1993 (4): 346 – 366.

敬 告 读 者

　　为了帮助广大师生和其他学习者更好地使用、理解、巩固教材的内容，本教材提供课件和习题答案，读者可关注微信公众号"会计与财税"浏览课件和习题答案。

　　如有任何疑问，请与我们联系。

QQ：16678727

邮箱：esp_bj@163.com

教师服务 QQ 群：606331294

读者交流 QQ 群：391238470

经济科学出版社

2019 年 11 月

会计与财税

教师服务 QQ 群

读者交流 QQ 群